MÉMOIRES

D'UN MINISTRE

DU TRÉSOR PUBLIC

—

TOME III

Comte MOLLIEN

MÉMOIRES
D'UN MINISTRE

DU

TRÉSOR PUBLIC

1780 — 1815

Avec une notice par M. Ch. GOMEL

TOME TROISIÈME

PARIS

GUILLAUMIN ET C

ÉDITEURS DU JOURNAL DES ÉCONOMISTES

RUE RICHELIEU, 14

1898

MÉMOIRES

ANNÉE 1811.

~~~

Je ne puis assez le redire, je n'ai pas entrepris de décrire dans ses divers et magiques ressorts la domination que Napoléon a exercée sur une grande partie de l'Europe à une époque où la raison publique ne s'élevait pas encore contre les dangers de l'abus du pouvoir ; je n'ai pas non plus la prétention d'expliquer par quel art il avait forcé tous les partis qui avaient divisé la France à n'avoir plus d'autre ambition que celle de servir la sienne ; ni d'analyser cette puissante mais souvent hasardeuse politique par laquelle, sur une route semée de tant d'écueils, il était parvenu tant de fois à conjurer tant de tempêtes soulevées contre lui : mon but serait plutôt d'indiquer à ceux qui, tout en accusant le conquérant, cherchent en lui le type de la force et de la puissance, combien, en la supposant possible, l'imitation du système de gouvernement qu'avait établi Napoléon, serait plus dangereuse encore pour tout autre.

C'est surtout à la démonstration de cette vérité que je m'attache, quand, en rendant compte des soins personnels que Napoléon donnait à la seule administration du trésor public, je fais entrevoir par ce fait, entre tant d'autres, à quelle condition il achetait la jouissance de cette suprématie vigilante, qui ne trouvait rien d'indigne de son examen dans les détails, comme elle ne supportait rien au-dessus d'elle dans l'exercice du pouvoir.

Sans doute, les ressources inépuisables de son génie, l'audace et la rapidité de ses combinaisons déconcertèrent souvent, dans les puissances rivales, la routine d'une prévoyance méthodique ; sans doute aussi, comme tout s'enchaîne dans l'influence réciproque que les hommes exercent les uns sur les autres, quelques-uns des plus grands actes de sa vie peuvent s'expliquer par cette continuité d'efforts de tous les jours, de tous les moments, dont il avait pris l'habitude, et qui commandait, de la manière la plus efficace, la réciprocité d'ardeur et de constance, à tous les exécuteurs de ses ordres. Les difficultés mêmes de l'exécution entretenaient, irritaient cette émulation de zèle. Aussi, à cette époque, que d'obstacles surmontés en tout genre qui, jusqu'alors, avaient été jugés insurmontables ! Mais, comme il arrive que du sommet des hautes montagnes l'œil seul mesure mal les distances, au faîte de la puissance Napoléon avait méconnu, et dans lui et dans les autres, la limite des efforts humains.

Il disait souvent que le métier de roi était trop facile pour lui, et qu'il avait pris celui de premier ministre.

Mais, lorsque ce premier ministère embrassait le monde, et que, d'un même coup d'œil, il voulait tout diriger, à Madrid, à Vienne, à Berlin, comme dans la capitale de la France ;

Lorsque, par exemple, dans une année de disette, au milieu des opérations militaires, et campé sur les frontières de l'Europe, il voulait, seul et par ses propres calculs, pourvoir à la subsistance de quelques centaines de mille hommes réunis sous ses drapeaux, et en même temps à l'approvisionnement de Paris et des principales villes de la France ; amener à ce but les opérations du commerce, dont ses plans contrariaient les spéculations sur tant d'autres points ; statuer le même jour sur le budget municipal de quelques villes de France et sur le sort de deux ou trois royaumes d'Allemagne ; pénétrer les secrets de tous les cabinets étrangers et ceux des moindres salons de Paris ; suffire seul à la correspondance la plus étendue et la plus variée ;

Quoique sans doute encore ses décrets, ses décisions, ses lettres, reproduisent les mêmes traits de

lumières et surtout cette précision qui naît de l'habitude du commandement et de l'aptitude à commander ; on conçoit combien d'intérêts graves
pouvaient se trouver compromis par cette multitude d'ordres et de mesures qui tendaient à un seul
but, souvent aux dépens de tous les autres ; combien l'action administrative devait se compliquer
par cette foule de dispositions et d'exceptions
locales ; combien leur application exigeait de
modifications et pouvait subir d'interprétations
diverses ; combien enfin un état de guerre perpétuel
devait entretenir de trouble et d'incertitude dans
toutes les transactions commerciales et privées
et retarder pour la France, même au milieu de
l'auréole de gloire dont elle était entourée, la prospérité qui lui était due.

Il jetait sans doute un grand éclat, ce gouvernement qui ne se laissait entraver par aucune censure, et la forte administration dont la France avait
été dotée en 1800 frappait surtout les étrangers par
l'importance des résultats auxquels elle concou-
rait. Elle assurait bien en effet une prompte obéissance à la volonté ferme qui l'avait créée et qui la
dirigeait. Napoléon aimait assez à se faire à lui-
même un mérite, auprès des autres souverains, de
l'exactitude et de la facilité avec lesquelles, au milieu de tant de ressorts, de tant de rouages, et
malgré les distances, chaque mouvement venait

aboutir à lui-même comme à son principe et à son but. Mais il était impossible que ce gouvernement, qui agrandissait chaque année son orbite par des conquêtes nouvelles, des efforts sans relâche et des entreprises sans borne, ne négligeât pas quelquefois des devoirs dont la violation ou le simple oubli est une faute que l'esprit du siècle actuel ne pardonne plus au pouvoir. Cet esprit, bien jugé, n'est autre chose que le sentiment plus éclairé, la conscience plus exacte des moyens de conservation les mieux appropriés aux nations et à leurs membres : ces notions ont fait, en effet, de grands progrès, pendant ce siècle, parmi les peuples d'Europe !

C'était malheureusement moins au profit de leurs développements qu'à celui de sa grandeur et de sa puissance que Napoléon avait fini par employer l'autorité que la France lui avait donnée sur elle ; et cependant elle n'a pas reculé devant les nombreux sacrifices qu'il lui imposait ; mais plus il croissait en puissance, plus il parvenait à acquérir à sa grandeur de hautes garanties, plus aussi l'Angleterre cherchait à se donner et à acheter à tout prix sur le continent, qui paraissait si soumis à Napoléon, des complices de sa haine profonde contre un tel rival en domination. C'est dès cette époque de 1811 que vont successivement apparaître les symptômes avant-coureurs du grand événement de 1814, insensibles d'abord, se manifestant toute-

fois partout où Napoléon étendait son pouvoir au
delà de ses justes limites, et se multipliant avec ses
actes, sous le masque même de la soumission des
nations et de leurs chefs, que les subsides anglais
devaient bientôt détacher entièrement de la France.

La gloire et la fortune de l'empereur paraissaient
cependant alors être à leur apogée. De son union
avec une archiduchesse d'Autriche venait de naître
l'héritier sur lequel semblait reposer le sort de sa
dynastie ; et cet événement, qui promettait à la
France le bienfait de la stabilité dans son gouvernement, avait été accueilli par elle avec une véritable satisfaction. J'épargnerais à la fragilité des
sentiments humains la mention, si contrastante avec
une autre époque, de tant d'élans de joie dans l'intérieur, de tant de félicitations de toutes les cours
de l'Europe ; mais je dois dire qu'au milieu de
cet enthousiasme, il se trouvait, auprès même de
Napoléon, un petit nombre d'hommes prévoyants
(et ils n'étaient pas les moins bons serviteurs de
l'État) qui ne voyaient pas sans peine l'héritier de
Napoléon naître déjà *roi* et *roi de Rome*. Ils trouvaient un tel emploi du plus auguste des titres mal-
séant pour tous les autres rois, et surtout pour
deux souverains, l'empereur d'Autriche qui, certes,
quelques années plus tôt, n'avait pas abdiqué le
titre de roi des Romains en faveur d'un petit fils
qu'il n'attendait guère alors, et le chef de l'Église

chrétienne, que l'Europe ne regardait pas comme déchu de la souveraineté de Rome. Quelque délicate que fût une telle remontrance, je puis affirmer qu'on eut le courage de la faire et qu'on en fut quitte pour quelques railleries *sur la politique des hommes timides.* Quant à cette foule de *Pindares,* qui, des rives du Tibre, du Danube et de la Seine, saluaient le berceau de l'enfant-roi, Napoléon, qui n'avait jamais aimé les lieux communs de la flatterie, faisait peut-être intérieurement justice de leur emphase ; mais comme c'était pour le public qu'il accueillait leurs chants, que c'était sur lui qu'il désirait leur effet, il ne trouvait jamais qu'ils s'élevassent plus haut que la hauteur du sujet ; il était si plein de la grandeur de sa destinée qu'il aurait voulu que la pensée des poètes fût grande comme elle.

Cependant, au milieu des impressions différentes qui suivirent la naissance du jeune prince, à côté des intérêts moraux de la politique qui étouffaient encore leurs plaintes, des signes de mécontentement moins circonspects s'élevaient, dans toutes les parties de l'Europe, contre la lésion des intérêts réels de toute espèce d'industrie ; et l'industrie est aujourd'hui pour chaque peuple une seconde propriété plus intelligente, plus active, plus irritable que la première. L'aggravation des rigueurs du système continental soumettait toutes nos manu-

factures à la plus rude des épreuves. L'Angleterre
sans doute en avait aussi souffert ; ses produits s'é-
taient longtemps encombrés dans les magasins publics et particuliers. La banque anglaise avait forcé
la mesure de ses escomptes pour secourir ceux de
ses manufacturiers qui n'avaient pas pu rentrer
dans leurs capitaux parce qu'ils n'avaient pas
trouvé d'acheteurs : les billets de banque, sortant
ainsi de la limite assignée à toute monnaie, avaient
éprouvé une dépréciation proportionnelle à leur
débordement ; et bientôt tout équilibre avait été
rompu entre les anciens et les nouveaux prix, entre
ceux-ci et les salaires, entre le taux des nouveaux
fermages et celui des anciens baux. Par la même
cause, le change de l'Angleterre était tombé de
plus de 30 pour cent ; il devait subir la condition
accidentelle de sa monnaie ; et depuis longtemps
créancière du continent, elle restait exposée à une
perte proportionnelle au taux du change sur les
remboursements qui pouvaient lui être faits. C'était
là, pour les partisans de la prohibition continentale, le côté séduisant du système sous lequel on
se flattait d'écraser cette puissance. Mais l'interdic-
tion du feu et de l'eau prononcée contre les exilés
romains se bornait à l'enceinte de Rome. Le continent européen ne pouvait pas être gouverné
comme une citadelle.

D'un autre côté, l'Angleterre restait maîtresse de

la mer ; ainsi, elle conservait le double privilège
d'offrir à ses manufacturiers le choix des meilleures
matières premières au plus bas prix, et de pouvoir
prélever une taxe à son profit sur celles qu'elle
consentait à céder aux autres consommateurs du
monde. Les commerçants anglais, qui s'étaient
trouvés d'abord déconcertés dans leurs rapports
réguliers avec Lubeck, Hambourg, Amsterdam,
Gênes, Livourne, parvenaient avec le temps à se
frayer d'autres routes, plus hasardeuses sans doute
mais qui leur présentaient des retours plus prompts.
Leur correspondance était arrêtée ; les lettres de
change interceptées. Le besoin est fécond en expédients : le commerce se fit au comptant ; il revint
presque aux échanges primitifs, et jamais plus de
monnaies continentales ne furent converties en
lingots. Les îles d'Héligoland, de Jersey, de Sar-
daigne, de Sicile et de Malte étaient remplies des
draps, des tissus, des armes, qui pouvaient man-
quer à quelques parties du continent. Il suffit de
lire l'enquête faite par le parlement britannique
en 1816, pour apprendre combien l'Espagne offrit
un large débouché au commerce anglais pendant
tout le temps que les armées anglaises occupèrent
les côtes et parcoururent le pays comme auxiliaires,
et combien les consommateurs espagnols devinrent
pour les manufactures anglaises des *auxiliaires*
encore plus utiles.

L'Angleterre faisait la guerre des temps modernes ; Napoléon celle des temps anciens. Il est des temps et des cas où l'anachronisme est mortel.

Sur cette longue étendue de frontières que développait alors la France, plus de vingt mille douaniers, dont les postes étaient connus, avaient à défendre un cercle menacé dans tous ses points par plus de cent mille contrebandiers [1] en activité continuelle, et plus favorisés qu'eux par les habitants du pays. Ainsi cette lutte laissait encore à l'introduction de la fraude quatre-vingts probabilités sur cent. Et l'empereur, sans le vouloir, augmenta encore le nombre des chances qu'elle avait déjà.

Indigné de ce que l'Angleterre prélevait une taxe sur les denrées coloniales, sur les matières premières dont elle permettait l'entrée dans les ports du continent, il les avait imposées lui-même à une surtaxe additionnelle de 30, de 40, de 50 pour cent ; il n'en avait pas excepté les vaisseaux américains, sous prétexte que, pouvant être visités par les croiseurs anglais, ils devaient être traités comme les vaisseaux anglais eux-mêmes ; il ne la modéra que pour les vaisseaux français, mais sous la condition que ceux-ci se muniraient d'une *licence*, qu'il leur faisait payer fort cher ; ils devaient

---

1. On a supposé que les contrebandiers de cette époque avaient à Paris de bons correspondants.

aussi exporter des marchandises françaises d'une
valeur égale à leur cargaison de retour, et l'on sait
comment cette condition était observée [1].

Par l'effet de cette combinaison, le prix des
produits exotiques, qu'appelaient les besoins de la
consommation et de l'industrie, se trouvait doublé,
triplé, quelquefois quadruplé ; et les taxes qu'exigeaient les douanes françaises étaient une prime
de plus en faveur du monopole et de l'interlope
anglais.

Telle était alors la condition des manufacturiers
français qui se résignaient à l'obéissance. Ils avaient
besoin, pour renouveler leurs approvisionnements,
d'un capital proportionnel au renchérissement des
matières. Comme cependant ce renchérissement lui-
même diminuait la consommation, ils étaient obligés de fermer la moitié de leurs ateliers ; et une
partie du capital matériel de leur établissement en
bâtiments, machines, etc., devenait sans produits
pour eux. Or, avec un tel ordre de choses, il existait tel produit manufacturé que les fabriques anglaises, par la supériorité de main-d'œuvre qu'elles
conservaient encore alors, pouvaient introduire
dans les marchés à un prix moindre de 10, de 15,

1. Ces licences ont été l'occasion de quelques fortunes subites auxquelles on a pardonné leur origine, parce que les
agents qui plaçaient ces licences utilement pour leur propre
compte, donnaient aussi quelque satisfaction au vœu commun,
en trompant le vœu du chef de l'État.

de 20 pour cent ; on peut apprécier le désavantage
nouveau qu'apportait à la concurrence française
une si grande disproportion dans les charges.
La comparaison suivante le démontrera mieux
encore.

On sait que, après plus de vingt ans d'essais,
d'études, de sacrifices, les manufactures françaises
parvenaient à cette époque à s'approprier quelques-uns des procédés anglais ; mais que, par suite
de cette prétention d'élégance et de recherches
qu'il nous plaît assez de porter dans les établissements même qui ne demandent que simplicité, ordre et économie, plusieurs dizaines de millions
avaient été successivement employés à construire
des manufactures qui n'auraient pas été moins propres à leur objet avec une dépense moitié moins
forte ; qu'elles avaient été meublées de machines
fabriquées la plupart en France par des Anglais
errants qui n'étaient pas les meilleurs machinistes
de leur pays ; et ces machines, souvent moins
exactes, étaient toujours beaucoup plus chères
que celles qui leur avaient servi de modèle en Angleterre.

En présence donc d'une plaie de représailles
qui, d'un côté, déclarait en état de blocus tous les
ports français sur l'une et l'autre mer, et qui, de
l'autre, prétendait interdire aux vaisseaux anglais
l'approche de tous les ports de l'Europe continen-

tale, la perplexité ne pouvait que s'accroître pour nos manufactures, et particulièrement pour celles qui ne parvenaient encore à imiter qu'imparfaitement les procédés plus expéditifs et plus économiques des ateliers anglais.

Elles ne demandaient assurément pas mieux que d'être affranchies, dans l'intérieur de la France, d'une rivalité qu'elles n'auraient pu alors soutenir nulle part ; et c'était un noviciat du même genre pour notre industrie qui, en 1664, avait recommandé et rendu même assez populaires les règlements et tarifs prohibitifs, à l'ombre desquels elle avait si longtemps prolongé son enfance.

Mais en 1810 et 1811 le renchérissement et la plus grande rareté des matières premières, que nos manufactures tiraient du dehors, avaient eu simultanément l'effet de demander pour les achats des avances beaucoup plus fortes, de ralentir proportionnellement les fabrications, et de laisser plus d'ouvriers sans travail. Comme ces faits touchent à tous les intérêts, ils éveillaient partout l'attention, et il n'en fallait pas beaucoup pour juger qu'avec le même revenu chacun se trouvait plus pauvre ; les plus inattentifs commençaient même à apercevoir et à se dire que partout où il y a augmentation dans le prix des produits consommables, sans augmentation égale dans les moyens de paiements dont dispose le consommateur, il doit y avoir bientôt,

dans le travail général, une réduction dont la triple
et inévitable conséquence devra être gêne grave
pour les manufacturiers, privation pénible pour les
consommateurs, mendicité pour la classe ouvrière.
Il est des temps où l'éducation marche vite : il arriva, par exemple, qu'à cette époque un propriétaire d'usine, qui ne s'était guère occupé d'économie politique, me dit à peu près ce qui suit : Je
ne puis sans doute que remercier l'empereur d'é-
carter de la consommation française le fer anglais
par un droit de plus de 100 pour cent de la valeur ; cela me donne le privilège de vendre mon fer
moitié plus cher que le fer anglais (et je ne puis
pas faire autrement) ; conséquemment de lever,
pour mon propre compte, sur le compatriote que
j'approvisionne, une prime égale au droit de
douane que le fer étranger acquitte aux frontières.
Mais quoique entre Français la chose se passe en
famille, je conçois bien que l'on peu m'objecter
que si j'étais assez habile pour fabriquer mon fer à
meilleur marché, ce que me donnerait en moins
le consommateur tournerait au profit d'une autre
industrie !

Un autre (et c'était un simple courtier) avait constaté que l'exportation de celles des productions
dont notre sol nous donne le monopole, était de
moitié moindre depuis 1810, et ne trouvait d'acheteurs qu'à 50 pour cent au-dessous des anciens

prix!... Ce qui était remarquable dans l'anxiété
publique de ce temps, c'est que, contre nos habitudes, c'étaient sur les faits mieux observés, mieux
définis, que l'on jugeait dans tous ses effets politiques le système continental.

Aujourd'hui, sans doute, de tels raisonnements
n'ont plus d'à-propos : toutefois ce n'est qu'avec
le secours d'une analyse à peu près semblable, que
les gouvernements peuvent dans tous les temps
s'épargner de graves mécomptes, lorsqu'ils cherchent à établir momentanément une sorte d'équilibre entre des industries rivales. Le temps n'est
plus où l'horizon de chaque pays était borné par
sa frontière, où la prétention de se suffire à lui-
même livrait chaque peuple à l'insuffisance de ses
propres ressources ; où enfin la politique créait
aussi des *camps retranchés* pour les arts de la
paix. Depuis que le commerce est le grand dispen-
sateur du matériel des jouissances de la vie humaine, depuis qu'il tend à faire, des productions
de chaque partie du globe, une propriété commune
à tous les peuples, il a fait aussi de l'Europe une
grande famille ; et à côté des passions qui di-
visent les princes, il a placé le contre-poids des
besoins mutuels, des intérêts réciproques qui rapprochent les peuples. Les sciences les plus élevées
sont venues au secours de l'industrie pour lui tracer
des routes nouvelles, simplifier ses procédés, mul-

tiplier ses créations : et c'est à ces développements
de l'industrie, aux moyens de travail qu'elle a su
créer pour chaque intelligence, chaque âge, chaque
sexe ; à la variété des produits qu'elle approprie
également à chaque besoin, que les gouvernements doivent ce grand accroissement de ressources
qui est né pour eux de celui de la matière impo-
sable, et de la faculté dont ils ont largement usé,
de lever un nouveau tribut sur chaque jouissance
nouvelle qu'elle a aussi créée.

Il était naturel, sans doute, qu'en agrandissant
sa sphère d'activité, le commerce agrandît son importance politique et sa richesse ; mais c'est par
la richesse même que les mœurs commerciales se
sont épurées. Le commerce avait eu surtout besoin de pratiquer la prévoyance, celle de toutes les
facultés humaines qui donne les meilleurs conseils
de morale ; et il n'avait pas tardé à reconnaître que
la meilleure condition de chaque échange devait
être d'offrir des avantages aux deux contractants ;
qu'il fallait conséquemment n'y chercher que des
profits modérés, les seuls qui puissent se renouveler
souvent entre les mêmes hommes ; qu'en un mot,
la réciprocité était la première, la meilleure condition des transactions. De là cette fidélité dans les
engagements, ce respect pour les promesses même
orales, cette ponctualité dans les paiements, cette
facilité de confiance entre des hommes inconnus l'un

à l'autre, et séparés par de grandes distances ; enfin
ces qualités morales qui recommandaient, depuis
plus d'un siècle et demi, les négociants éclairés des
principales places de l'Europe. Il en était ré-
sulté, dans les commerçants, une espèce de point
d'honneur spécial qui contrastait honorablement
pour eux avec celui de quelques autres classes.
Sans doute, en France, au milieu des discordes et
des troubles publics, cet essaim de banquiers révolutionnaires qui s'étaient glissés dans les rangs
abandonnés par les anciens négociants avait suivi,
pendant quelques années, d'autres maximes ; mais
comme ces hommes étaient occupés d'un genre de
trafic que réprouve le véritable commerce, le scandale de leurs spéculations avait provoqué trop de
rumeurs pour être contagieux ; c'était parmi eux
que les comités de la Convention et le Directoire
avaient, dans la période de 1796 à 1799, choisi les
entrepreneurs de services publics, et ceux qui
savent quelle condition était attachée à leurs profits expliquent comment leur chute avait été encore
plus rapide que ces profits n'avaient été grands :
mais, en 1800, les premiers symptômes d'un meilleur ordre avaient déjà rendu au commerce français la plupart de ses représentants naturels. La
capitale était devenue le centre d'opérations d'une
plus haute portée que celles mêmes qui entraient
dans ses anciennes habitudes. Ses premiers ban-

quiers avaient offert des crédits aux anciens négociants des ports, ils avaient rouvert leurs comptoirs
et leur correspondance : Paris commençait à devenir
un vaste atelier de travaux perfectionnés : des noms
illustres n'avaient pas trouvé indigne d'eux de fonder des manufactures ; déjà, depuis plus de huit
ans, le commerce français, en s'accommodant toutefois à la situation nouvelle du pays, ne gardait
plus aucune empreinte de la révolution ! et ce fut
alors que le système continental enfanta sourdement
une autre révolution dont les vrais commerçants
devaient être plus spécialement les victimes !

On ne sait toutefois ce qui doit le plus étonner de
la triste persévérance avec laquelle Napoléon poursuivait ce système, ou de l'espèce de timidité, et
presque de remords, qui le surprenait devant les
représentations inoffensives que de simples commerçants lui faisaient parvenir, et à titre de prière
plutôt que de plaintes.

Ce colosse de volonté que les remontrances rendaient souvent plus exigeant, et qui s'était fait une
règle de ne composer jamais avec les résistances,
semblait enfin reconnaître dans le commerce une
sorte de puissance avec laquelle il fallait condescendre à des transactions. C'était une espèce de
force nouvelle pour lui que celle des intérêts dont
le lien rattache toutes les classes de la société les
unes avec les autres. Les objections, les prédictions

qu'il avait repoussées lui revenaient à la pensée ; il
commençait à deviner et à définir mieux cette force
d'inertie, par laquelle le commerce local peut se
venger impunément de l'oppression, en paralysant
les ressources de l'oppresseur. Napoléon ne voulait
pas reculer; c'était contre sa nature; il ne désespé-
rait même pas encore de pouvoir, comme il disait,
mettre *en peu de mois*, par son système continental,
le commerce anglais à son dernier écu ; il voulait séduire jusque-là les commerçants français comme il
se séduisait lui-même, et il prit le parti d'employer
l'espèce de séduction qu'il croyait la plus efficace sur
des négociants, celle de l'argent ; il aimait à exagérer
à leurs yeux les ressources de ses finances, qu'il exagérait peut-être aussi aux siens. Il avait cru que les
mécontentements les plus vifs seraient facilement
apaisés par quelques secours donnés aux plus nécessiteux ; peut-être se flattait-il d'un côté que, les
conditions qu'il mettait à ces secours modéreraient
les demandes, et de l'autre qu'une sorte de pudeur
empêcherait les hommes soigneux de leur crédit de
se présenter pour y prendre part. Il n'avait pas
prévu l'effet qu'avait dû produire l'exemple d'une
première avance de 1,500,000 francs faite peu de
temps auparavant à une seule maison de commerce
ainsi que j'en ai rendu compte, ni combien une pareille munificence avait dû encourager d'espérances et atténuer de scrupules, malgré la sévérité

des mesures conservatoires que le trésor public
avait prises pour assurer la restitution du prêt.

Dans le cours de 1810, une seconde demande
d'une semblable somme de 1,500,000 francs fut
faite par un seul manufacturier. Et bientôt il en arriva de pareilles, et par centaines, de tous les points
de la France. C'était par l'intermédiaire du ministre
de l'intérieur qu'elles parvenaient à Napoléon ; mais
ce ministre se bornait à les présenter et à les appuyer de son suffrage ; c'était son rôle, puisqu'il
avait le patronage nominal du commerce. Le soin
d'effectuer les prêts, d'en stipuler les conditions,
d'en exiger régulièrement les garanties, ne pouvait
concerner que le trésor public. Je me trouvais donc
condamné à cette journalière et douloureuse revue
des plaies du commerce à l'égard duquel des prêts,
et des prêts faits en deniers publics destinés à d'autres dépenses, n'étaient au lieu d'un remède qu'un
atermoiement pour une plus rude agonie.

Je me dispense, par bien des motifs, de produire
la trop volumineuse liste de ceux qui se regardaient
comme des emprunteurs naturellement *appelés* ; le
nombre des *élus*, quoique beaucoup moindre, fut
encore très-considérable. Je m'abstiens aussi d'insérer ici la correspondance de Napoléon avec moi sur
cet objet. Elle se compose de plus de vingt lettres dans
l'espace du 15 janvier au 19 mars 1811. Chacune de
ces lettres me transmettait une liasse de demandes ;

je les aurai fait connaître toutes en en citant une
seule [1]. Le texte des autres fut le même. Un seul
exemple suffira également pour indiquer les conditions auxquelles les emprunteurs devaient être soumis, et je tirerai cet exemple du prêt de 1,500,000 fr.
qu'obtint alors un manufacturier dont j'ai déjà parlé [2]. Pour apprécier les sûretés qu'il pouvait offrir, j'a-
vais besoin de connaître comme lui-même, et mieux
que lui-même, sa situation c'est-à-dire la balance
de son actif et de son passif, ou si l'on veut, son
bilan. Il fallait en outre constater que ce bilan était
l'extrait exact de livres de commerce régulièrement
tenus; celui qu'il me présenta offrait en chiffres un
actif de 11 millions; en regard avec un passif d'environ 6 millions; ce manufacturier avait quatre ou
cinq filatures ou fabriques en activité en différents
lieux; il entretenait plus de quinze cents ouvriers,
dont le tiers exploitait son principal établissement
situé dans l'un des plus populeux faubourgs de
Paris; il ne négligeait pas de faire valoir cette der-

1. « Je vous envoie une douzaine de rapports de mon mi-
« nistre de l'Intérieur relatifs à des prêts à faire à différents
« négociants ou fabricants, pour que vous m'en rendiez compte,
« s'il y a lieu. Sur ce, etc., etc.
« *Paris*, 10 *mars* 1811.   *Signé* NAPOLÉON. »

2. Ce manufacturier avait peu de temps auparavant fait une
première demande un peu plus modeste; elle ne s'élevait qu'à
500,000 francs. J'avais prévu et annoncé qu'elle ne s'arrêterait
pas là.

nière circonstance; il avait bien jugé qu'elle serait
sa recommandation prépondérante. Mais une telle
considération n'était pas de mon ressort ; dès le
principe, la situation de ce commerçant m'avait
paru suspecte, et ce fut sur la production même de
son bilan, qui semblait présenter à son crédit un
solde libre de 5 millions, que je jugeai qu'il était
déjà en état d'insolvabilité : l'explication n'était
pas difficile.

Le passif de 6 millions qu'il avouait était bien
réel, il n'était assurément susceptible d'aucune
réduction ; il se composait d'environ 2 millions de
lettres de change prochainement exigibles, et d'anciens prêts à terme dont le renouvellement était
plus que douteux, car il n'aurait pas cherché, aux
dépens de son crédit, un nouveau prêteur, s'il avait
été assuré de la confiance des anciens : il présentait, il est vrai, pour pourvoir au paiement suc-
cessif de 6 millions de dettes, des ressources qu'il
évaluait à 11 millions ; mais cet actif consistait en
divers immeubles qu'il avait appropriés à ses convenances personnelles ou à ses spéculations ; en
marchandises accumulées dans ses magasins, parce
qu'elles n'avaient pas trouvé de consommateurs ;
en matières premières dont il n'avait pu faire un
emploi utile; en un immense mobilier industriel
que son service même et sa spécialité locale avaient
nécessairement altéré, enfin en un mobilier person-

nel scandaleusement somptueux. Il estimait tous
ces objets d'après le prix qu'ils lui avaient coûté
ou d'après les profits qu'il s'en était promis ; et il
fallait sans doute une époque aussi extraordinaire
pour qu'en peu d'années un manufacturier né sans
fortune, qui n'avait rien créé dans son art, dont les
ateliers trop nombreux n'offraient que des imitations plus ou moins correctes, et qui était loin d'a-
voir des mœurs conformes à son état et surtout à
ses débuts, fût parvenu, par la hardiesse de ses
entreprises et par je ne sais quel artifice de crédit,
à soutenir environ 6 millions de dettes, et à se
composer une apparence d'actif qui semblait excéder ces dettes de près de 5 millions. Telle n'avait
pas été la marche des Vanrobais, des Pourthalès,
des Obercampf, des Delessert et des hommes de
commerce aux noms et aux souvenirs desquels
une grande considération reste attachée : aussi ce
prestige de fortune ne pouvait-il pas résister à une
sérieuse analyse. Il aurait suffi que le manufacturier, dont je parle, se fût trouvé en retard sur le
paiement d'une seule de ses lettres de change (et il
en était réduit là), pour qu'immédiatement tous ses
engagements d'une échéance postérieure fussent
devenus exigibles, ou du moins que la main mise
de ses créanciers se fût judiciairement exercée sur
la totalité de ses ateliers, de ses machines, de ses
meubles, de ses immeubles, de ses marchandises.

Car la salutaire austérité des lois du commerce
assure aux créanciers des négociants, des hypo-
thèques bien plus expéditives que celles que la loi
commune donne aux créanciers des propriétaires
de terres. La vente forcée de tous les objets compris dans l'actif aurait été l'inévitable conséquence
de l'explosion de la faillite. Alors ce n'était plus
l'estimation du propriétaire qui aurait réglé la
valeur de ces objets; elle aurait trouvé sa mesure
dans le prix vénal qu'ils auraient pu obtenir par
l'adjudication judiciaire; et l'on peut arbitrer la
dépréciation qui aurait suivi la vente presque simultanée de quatre ou cinq manufactures en état de
suspension, de machines abandonnées, d'ateliers
détériorés par le séquestre, et de 2 ou 3 millions
de marchandises hors d'usage, ou de matières
premières en désordre. Il est probable que non
seulement il ne serait rien resté à l'ancien propriétaire qui se disait riche de 5 millions, mais
même que la plupart de ses créanciers auraient
définitivement éprouve une perte de 15 à 20 pour
cent sur leur capital.

Je ne pouvais pas garder ces raisonnements pour
moi seul, j'en devais compte au chef de l'État; je
ne devais pas surtout en faire mystère à celui qui
attendait avec tant d'anxiété sa décision. Et ce
dernier chercha moins à les combattre qu'à réveiller les alarmes qu'il avait déjà données sur la

tranquillité d'un grand faubourg dans lequel il entretenait un grand nombre d'ouvriers ; il savait que
cette menace avait déjà produit quelque effet sur
Napoléon : il parvint, par le ministère de la police, à la lui faire entendre de nouveau ; et je reçus l'ordre de compléter, pour ce manufacturier,
une avance de 1,500,000 fr. remboursables en une
ou deux années sous les sûretés d'usage. J'exigeai
qu'il souscrivît des lettres de change pour garantir les époques des remboursements succes-
sifs qu'il devait faire, et qu'il soumît toutes ses
propriétés à des inscriptions hypothécaires de premier ordre au profit du trésor public. Je ne prévoyais pas de difficultés sur la première disposition
de la part d'un manufacturier qui s'était montré
peu sobre de sa signature. La seconde pouvait en
présenter davantage ; il fallait que des créanciers
hypothécaires inscrits à une date antérieure renon-
çassent au privilége de la priorité. Mais la conservation même de ce privilége pouvait bien, ainsi
que je l'ai précédemment indiqué, ne pas leur laisser une garantie suffisante, si la faillite éclatait ; le
prêt fait par le trésor éloignait cet événement ; il
offrait donc à toutes les classes des créanciers des
chances plus favorables ; et ce fut sans doute ce
motif qui détermina leur sacrifice. On prévoit assez
que l'emprunteur ne fut pas exact à remplir ses engagements ; il ne satisfît qu'aux premiers ; quelques

nouveaux délais qu'il obtint, en 1813, reportèrent
sur 1814 les plus fortes échéances restées en arrière, et il est hors de mon sujet d'examiner ce qui
s'est fait à son égard dans des temps étrangers à
ma responsabilité.

J'ai voulu entrer dans quelques détails sur la situation de cet emprunteur, parce que, sauf l'importance de la somme, elle peut donner une assez
juste idée de celle de la plupart des commerçants
qui demandaient alors des secours; elle est en
quelque sorte, sous ce rapport, un point synoptique
pour les jugements qui devraient être portés sur les
trois quarts de pareilles demandes. On conçoit que
celles qui n'avaient pas de meilleurs motifs ne
purent pas être accueillies ; la détresse de ceux qui
les formaient avait une autre cause que le système
continental ; et ils ne pouvaient pas faire valoir le
privilége du domicile, comme le manufacturier qui
venait d'obtenir celui d'un secours de 1,500,000 fr.
Cependant, malgré la sévérité qui fut apportée tant
dans l'examen des motifs que dans l'exigence des
sûretés, quoique la plus forte des avances subsé-
quentes n'excédât pas 200,000 fr., et que la plupart fussent fort inférieures, il ne fallut pas employer moins de 12 ou 13 millions sur les seuls
fonds du trésor public pour apaiser les plaintes et
prévenir la ruine d'une foule d'autres commerçants
plus réellement victimes des nouvelles mesures ;

et je n'ai pas besoin de répéter qu'on ne vit paraître, même parmi ces derniers, aucune des anciennes maisons. Les événements ne les surprennent jamais sans défense et sans quelque refuge: elles n'exposent que ce qu'elles peuvent perdre, et leur crédit du moins survit à tous les naufrages. Elles ne purent pas sans doute alors éviter les atteintes du mal; mais en appuyant par leurs remontrances les demandes de ceux qui y succombaient, elles ne demandèrent rien pour elles. Je ne puis au surplus mieux définir la perturbation dans laquelle se trouvait le commerce que par le fait qu'on va lire.

Le 4 mars, on m'annonça les membres de la municipalité ou de la chambre de commerce d'Amiens de la part de l'empereur. Ils m'étaient en effet envoyés par Napoléon, auquel ils avaient annoncé que les fabricants de cette ville, dont les magasins étaient encombrés de marchandises qu'ils ne pouvaient pas vendre, et auxquels il ne restait aucune ressource, soit pour s'approvisionner de matières premières, soit pour payer le salaire de douze ou quinze mille ouvriers qu'ils entretenaient, allaient fermer leurs ateliers. Je les avais à peine écoutés et congédiés, que d'autres envoyés des villes de Rouen, Saint-Quentin et Gand, vinrent m'annoncer que, au dernier marché hebdomadaire qui avait été ouvert dans chacune de ces places, plusieurs mil-

lions de marchandises étaient restés invendus; que
là les fabricants étaient en arrière avec la plupart de
leurs ouvriers, et que la crise y serait encore plus
grave qu'à Amiens, si des ouvriers déjà sans salaire
allaient se trouver sans travail et sans gage pour
les emprunts dont dépendaient leur premiers
moyens d'existence. C'était aussi de la part de l'empereur que cette députation m'avait été annoncée.
Il ne suffisait pas d'avoir reçu de telles confidences;
il fallait indiquer des remèdes, et l'urgence était
grande; à Amiens, les plus riches propriétaires
étaient tellement effrayés qu'ils offraient de garantir le remboursement des sommes qui seraient
avancées aux chefs d'ateliers; je savais, d'ailleurs,
qu'une expédition des produits de leurs fabriques
venait d'être faite en temps opportun par les manufacturiers de cette ville pour une foire d'Allemagne,
et qu'elle promettait de prompts secours. Mais les
représentants des trois places se bornaient à
exposer leur infortune et ses redoutables conséquences, sans oser s'expliquer sur les mesures
préservatrices. Je proposai à l'empereur : 1° d'avancer, à raison de 20,000 fr. par jour, 1 million aux
manufacturiers d'Amiens; 2° d'employer jusqu'à
2 millions, s'il le fallait, pour acheter à Rouen, à
Saint-Quentin et à Gand, une partie des tissus dont
le marché de ces places était encombré; de charger un banquier qui aurait seul le secret de cette

opération, de faire les achats sur les lieux par ses
correspondants ; et cette commission devait trouver un prétexte tout commercial dans la modération du prix qu'avait naturellement dû produire
ce qu'on appelle dans cette langue la *mévente* ; je
finissais par demander le renvoi de ma proposition au ministre de l'Intérieur, qu'une telle affaire
concernait plus que moi ; mais Napoléon voulait
aller au-devant de l'explosion qui pouvait éclater
dans quatre villes manufacturières ; il voulait surtout prévenir un autre danger, celui de l'exemple ;
et, dans ce cas, il ne voulait pas donner trop
d'éclat à sa munificence. Il adopta les mesures
proposées, à l'exception de la dernière, c'est-à-dire
le renvoi au ministre de l'Intérieur. Je transcris
ici sa réponse[1], qui me parvint le même jour. Pen-

---

1. « J'ai lu avec attention votre rapport ; je n'ai pas jugé
« convenable de consulter le ministre de l'Intérieur ; cela
« tendrait à ébruiter ces mesures ; les négociants sont si
« indiscrets que déjà tout ce que vous avez demandé m'est
« revenu. Je vous autorise à employer 1 million pour faire des
« avances à Amiens, à raison de 20,000 francs par jour, ce
« qui fera des secours pour cinquante jours ; au bout de ce
« temps vous prendrez mes ordres ; prenez des mesures pour
« que je ne perde pas cet argent. — Je vous autorise à faire
« faire des achats à Rouen, à Saint-Quentin et à Gand, pour
« 2 millions, par un banquier, comme vous le jugerez à pro-
« pos, et comme vous l'avez pensé. Suivez ces opérations secrè-
« tement et avec la prudence convenable. Sur ce, etc.

« *Paris*, 4 *mars* 1811.   *Signé* NAPOLÉON. »

dant cinquante jours les fabricants d'Amiens
reçurent, pour la paie de leurs ouvriers, un secours
quotidien de 20,000 fr. Un banquier de Paris que
je dois nommer, puisque je cite une bonne action
de plus dans sa vie (M. Hottinguer), se chargea de
diriger les achats qu'il fallait faire à Rouen, Saint-
Quentin et Gand ; il y procéda avec une telle
mesure que l'emploi d'un million environ suffit
pour ranimer le mouvement des ventes et maintenir l'activité des travaux dans ces trois places,
sans que l'origine des fonds fût soupçonnée. Napoléon s'était résigné à un sacrifice ; ces deux opérations n'en coûtèrent aucun. L'avance faite aux
manufactures d'Amiens fut remboursée sans
perte ni pour leurs cautions ni pour le trésor public ; et les marchandises achetées dans les trois
autres villes furent revendues par le même intermédiaire qui rétablit au trésor public l'équivalent
de ce qu'elles avaient coûté.

Tous les prêts faits au commerce, dans ces temps
qui présentent un si grand contraste de force et
de faiblesse, d'éclat et de misère, ne furent pas aussi
ponctuellement remboursés. La totalité de ces
prêts, y compris quelques sommes qui avaient été
directement avancées par la caisse d'amortissement, excéda 18 millions ; près de la moitié de cette
somme restait encore à recouvrer au 31 mars 1814.
Ce n'était pas sur les fonds du trésor public, qui

ne se composaient que de produits d'impôts déjà insuffisants pour les dépenses auxquelles ils étaient
affectés, que de pareils prélèvements pouvaient
être régulièrement faits ; un tel emploi de deniers
publics ne pouvait pas entrer dans la ligne des
budgets. Le trésor public ne pouvait que faire des
avances pour un court délai, prêter sa médiation
pour la vérification plus méthodique de la situation des emprunteurs, et aussi pour que les sommes
prêtées conservassent le privilège des deniers publics. Il avait été convenu que la caisse du domaine extraordinaire lui tiendrait immédiatement
compte des avances qu'il aurait faites à ce titre.
Mais je ne pus jamais obtenir que cette condition
fût complétement remplie.

Et quelque lourde que fût pour les finances une
charge qui n'entrait pas dans les calculs des budgets, un secours momentané de 18 millions était,
pour le commerce proprement dit, une indemnité
bien insuffisante des nouvelles entraves et des nouvelles taxes que lui imposaient indéfiniment les
douanes ; il était impossible d'ailleurs que ce secours fût réparti avec assez d'équité, et qu'il attei-
gnît les besoins les plus légitimes ; ainsi que je l'ai
déjà dit, le véritable commerce garde, même dans
ses moments de gêne, une sorte de pudeur qui lui
fait redouter l'aveu de sa détresse ; et cet aveu
était une condition préalable ; aussi, sauf quelques

exceptions, cette condition ne fut-elle acceptée que par des hommes qui ne pouvaient plus trouver d'autre prêteur que le trésor de l'État, et dont l'existence commerciale n'a guère survécu à l'assistance qu'ils en ont reçue.

On conçoit difficilement comment, avec sa haute et incontestable sagacité, Napoléon n'apercevait pas l'étrange contradiction dans laquelle il tombait en persistant dans le *blocus continental* et en reconnaissant, par les secours même qu'il donnait au commerce, que ce système causait sa ruine ; comment il s'exposait à l'alternative d'épuiser et son domaine extraordinaire et le trésor public, s'il voulait indemniser le commerce de toutes ses pertes, ou, s'il restreignait ses largesses à un petit nombre de commerçants, de rendre encore plus amères les plaintes de ceux qui n'y auraient pas participé.

On admet qu'en suivant sa routine ordinaire, le fisc devienne plus exigeant envers le commerce, lorsqu'il découvre que le commerce fait de plus grands profits ; mais demander au commerce près de 50 millions de taxes nouvelles lorsque, par l'effet des interdictions dont il est frappé, il doit éprouver dans ses produits annuels le déficit d'une somme au moins égale ; croire qu'on atténue les effets et le ressentiment d'une gêne universelle par quelques libéralités arbitraires ; que c'est restituer au commerce ce qu'on lui a fait perdre, et lui ou-

vrir de nouvelles routes, que de l'exciter à force de
primes à approprier à notre sol des cultures dont
la seule différence du climat rend l'imitation impossible ! Quel contraste dans l'homme qui prétendait faire dominer la France sur le monde entier, et qui rompait les plus profitables de ses
communications avec le reste du monde ; qu'on
avait justement proclamé le réparateur de la révolution française, et qui, lorsque l'industrie pouvait seule fermer ses plaies, imposait inconsidéré-
ment à l'industrie de nouvelles entraves, conséquemment de nouveaux sacrifices ; qui avait si
dignement employé les premiers moments d'une
puissance encore incertaine, à donner des garanties
à tous les intérêts, par ses codes de législation civile
et commerciale ; et qui, au sommet du pouvoir,
substituait dans les lois l'incertitude à la fixité,
refusait la conséquence des principes qu'il avait
lui-même posés, et semblait traiter la prospérité
réelle des pays dont il s'était fait souverain, comme
une chose étrangère à sa gloire personnelle.

Toutefois, quoique de telles fautes soient sans
doute difficiles à justifier, les fautes commises par
les chefs des nations ne leur sont pas toujours tellement propres qu'ils doivent seuls en supporter
la responsabilité. Il faut leur tenir compte des circonstances, des préjugés, des opinions dominantes
au milieu desquels ils se trouvent appelés au pou-

voir ; comme aussi des mauvais conseils qui vien-
nent les y surprendre [1].

Il faut en convenir, jamais, depuis l'origine de
cette longue guerre commerciale qui divisait la
France et l'Angleterre, et qui, après la courte
trêve de 1787, s'était rallumée plus violente
encore, la frénésie des prohibitions n'avait été
plus générale, plus populaire en France qu'en 1800,
au moment où Napoléon prit le timon des affaires :
et j'ai déjà dit pourquoi. Nos manufacturiers en
étaient aux premiers essais des procédés anglais ;
ils n'étaient encore que des novices qui redoutaient
la rivalité de leurs maîtres. On eût dit qu'il y avait
communauté d'intérêts entre les commerçants, qui
ne trouvaient jamais la législation des douanes assez sévère contre l'Angleterre, entre les douaniers
(et ceux-là du moins gagnaient alors quelque chose
aux confiscations), et entre le fisc, qui croyait
grossir ses profits en exagérant les taxes. Dès son
avénement au consulat, Napoléon, qui voulait
s'entourer d'hommes spéciaux en tout genre, avait
cherché parmi les commerçants ses conseillers en
matière de commerce. Ceux qui avaient pris le
plus de part aux derniers règlements avaient ai-

1. Les agents publics qui, par état, étaient déjà partisans
du régime prohibitif, entretenaient son aveuglement en répétant sans cesse que le système continental était le perfectionnement de ce régime ; ils avaient leurs raisons.

sément obtenu la préférence, et l'on juge comment ils conseillèrent ; surtout quelle direction fut donnée à leurs conseils par l'homme que son élan virtuel portait toujours à aller au delà du but qu'on lui avait marqué, à donner à toute chose une dimension plus forte. On sait que le traité d'Amiens, qui n'avait pas été un traité de paix, avait été encore moins un traité de commerce ; et le régime prohibitif, qu'il avait maintenu entre les deux peuples, avait eu naturellement un accès de recrudescence, lorsque l'Angleterre avait violé ce traité, en ne rendant pas Malte à ses anciens propriétaires, pour ne pas rendre à la France son commerce du Levant. L'échange des mesures d'injustice et de haine était ainsi devenu progressif entre les deux nations. Bientôt après, les actes du conseil britannique, qui mettaient tous les ports de France en état de blocus, et qui soumettaient à des visites et à des taxes tous les bâtiments qui s'y présentaient, avaient enfanté la représaille du blocus continental, dont l'ultimatum devait être d'interdire le continent au commerce anglais. Et, il faut encore en convenir, à l'exception de quelques personnes en France, qui jugeaient que la lutte n'était pas égale, que de notre côté la menace était trop gigantesque pour pouvoir être efficace ; que, dans le défi que se faisaient les deux gouvernements, toutes les chances de succès étaient pour l'attaque, toutes les

difficultés pour la défense ; qu'attenter à la liberté
du continent, parce que l'Angleterre attentait à la
liberté de nos ports, était une injustice qui devenait plus irritante encore par l'impossibilité même
de l'accomplir ; car il n'y avait de résignation constante à attendre nulle part ; à l'exception, dis-je,
d'un petit nombre d'hommes dont Napoléon évitait
l'entretien sur cette matière, ceux qui l'approchaient, soit qu'ils se laissassent imposer par le
prestige de ses succès dans tant d'autres entreprises, soit que ces premiers symptômes de gêne
que laissait apercevoir la place de Londres leur fissent en effet illusion, soit enfin par des motifs tout
autres, répétaient sans cesse qu'un peuple de commerçants, dont le change perdait 30 pour cent, ne
pouvait qu'accroître ses pertes en multipliant ses
opérations. L'empereur lisait dans la plupart de
ses correspondances du dehors que tous les peuples
soupiraient après la liberté des mers ; qu'il lui était
réservé de briser le joug du monopole anglais Les
banqueroutes étaient nombreuses à Londres, on en
exagérait auprès de lui les conséquences. Quand le
commerce anglais, pour échapper à la défaveur du
change, soldait en guinées le prix de quelques approvisionnements provenant du continent, on ne
manquait pas de lui dire que *les capitaux anglais*
s'empressaient de quitter une terre *bientôt inhospi-
talière*, pour venir se réfugier en France. Il n'était

pas assez prémuni contre les illusions qui flattaient
sa passion ; il avait témoigné le désir de voir la
culture du coton s'acclimater en Europe; et subitement les plantations du cotonnier s'étaient multipliées dans le royaume de Naples, en Italie et en
Espagne. On avait bien aussi tenté, quelques années auparavant, de remplacer par le tabac d'Al-
sace celui du Maryland ou de la Virginie. En un
mot, qu'on lise les adresses, les discours solennels
de ce temps, on reconnaîtra combien les illusions
de ce genre avaient alors d'organes, et sous combien de formes séduisantes elles venaient assaillir
une imagination qui déjà par elle-même en enfantait tant pour les autres. Si je cite ces faits comme
justification et comme excuse, je les cite surtout
comme explication et comme exemple. Les circonstances changent, et avec elles les passions des
souverains. Des fautes aussi graves que celles
sous lesquelles Napoléon a succombé peuvent se
reproduire sous mille formes, sans même que les
gouvernements soupçonnent qu'ils en sont coupa-
bles ; et sa chute a prouvé que les nations seules y
survivent.

Si l'on considère la durée de cette mesure politique que Napoléon appelait le *système continental*,
son époque, le désordre qu'elle apporta dans les
habitudes et les fortunes du commerce, on doit la
regarder comme le plus extraordinaire de tous

les coups d'État qui aient jamais été tentés ; et l'on ne sait ce qui doit le plus étonner, de l'audace de la combinaison, ou de la résignation, de la soumission de tous les intérêts qui en souffraient.

Les trois premiers mois de 1811 expiraient à peine, que déjà, sans les définir, on pouvait prévoir que de nouveaux événements menaçaient encore la tranquillité du monde. L'empire français y avait pris trop de place ; il ne laissait d'air libre nulle part : rien n'était plus propre à réunir les peuples et les rois dans un intérêt commun.

On sait comment la Hollande *s'était donnée* à la France ; les villes anséatiques, Brême, Hambourg et Lubeck lui appartenaient au même titre ; des garnisons françaises occupaient Dantzick et Kœnisberg.

La confédération du Rhin plaçait sous sa dépendance toutes les principautés situées entre l'Elbe et le Rhin.

Nos drapeaux flottaient sur toutes les places de la Prusse, qui présentait ce spectacle encore inouï d'un royaume assiégé en temps de paix par ses propres forteresses. Et là les propriétés particulières n'avaient pas même conservé l'espèce d'indépendance qu'elles savent souvent se ménager au milieu même des crises de leur propre gouvernement ; car Napoléon avait exigé la garantie des principaux habitants pour la solde d'environ 140 millions que la Prusse devait encore sur sa rançon.

Et l'on pourrait dire que l'Autriche subissait une autre espèce de siège, resserrée comme elle l'était entre l'Illyrie qu'elle ne possédait plus, le Tyrol, la Saxe et la Pologne, dont toutes les positions militaires étaient occupées par nos troupes.

Or, dans cette confédération de toutes les puissances continentales, dont le but devait être d'interdire à l'Angleterre toute approche du continent, combien pouvait-on compter d'accessions libres ? Une seule ! Seul, en effet, l'empereur Alexandre avait pu d'abord, et sans en prévoir toutes les conséquences pour son empire, penser qu'un si vaste projet pouvait être aussi une des inspirations du génie auquel jusqu'alors rien n'avait résisté ; il avait foi à l'infaillibilité de Napoléon ; et sa condescendance envers lui avait pu, au premier moment, être aussi franche qu'elle était libre. Mais depuis cette solennelle entrevue de Napoléon avec l'empereur Alexandre, à Erfurth, où déjà il avait laissé entrevoir quelques doutes, surtout depuis le voyage de son principal ministre à Paris, M. le comte de Romanzow, il était facile de prévoir que la Russie ne se résignerait pas longtemps à l'espèce d'interdit politique auquel elle se trouvait réduite elle-même par son état de paix avec la

France et son état de guerre avec l'Angleterre.

Mes pressentiments personnels se fortifiaient encore par la correspondance des payeurs des troupes françaises dans le Nord, qui m'apprenaient que la Saxe et la Pologne faisaient de nouvelles levées d'hommes, et qu'il était question d'approvisionner leurs places frontières. Les preuves m'arrivèrent bientôt de plus haut.

Dans la tactique de Napoléon, les moyens de défense étaient presque toujours des préliminaires d'attaque : c'était lui qui pressait les armements de la Saxe et de la Pologne. Le roi Frédéric-Auguste, en subissant les conditions que Napoléon mettait à son alliance, n'avait pas hésité sur ses sacrifices personnels, mais il avait été avare des sacrifices de ses sujets. La paix, qu'il avait achetée, avait achevé d'épuiser le produit de ses longues économies déjà presque absorbées par la guerre malheureuse à laquelle il avait d'abord pris part contre la France. L'agrandissement de ses États n'avait été rien moins qu'un dédommagement pour lui. La réunion de la Pologne n'avait été qu'une charge de plus pour la Saxe ; et l'érection de ce dernier pays en royaume n'en faisait pas un point d'appui assez robuste pour ce duché de Varsovie que Napoléon destinait à devenir le boulevard de l'Europe contre le Nord. Pour que la Pologne pût être, en effet, comme on le disait alors, l'avant-poste de la civilisation européenne, il aurait fallu qu'elle eût pu rappeler à elle tous ses membres épars, redevenir, en un mot, tout ce qu'elle était avant le règne de Pierre-le-Grand, et former un rempart solide par l'union de toutes ses parties. Napoléon promettait bien des secours d'hommes et d'argent ; il devait entretenir à ses frais une partie des régiments polonais. Mais, dans son système, il fallait armer et solder presque toute la population, fortifier des places, rendre inaccessibles pour la Russie des frontières qu'elle avait tant de fois franchies ; c'était la part qu'il assignait à la Saxe. Elle n'avait pas de revenus disponibles pour une telle dépense ; elle n'avait donc qu'une ressource, celle de l'emprunt, et j'appris en effet, par Napoléon, que la cour de Saxe voulait ouvrir à Paris, sous la direction d'une des maisons de banque de cette ville, un nouvel emprunt, à la garantie duquel les mines de Wieliszka seraient affectées. Je fus consulté, le même jour, par le banquier qu'avait choisi le ministère saxon ; ce banquier demandait s'il pouvait écouter les propositions qui lui étaient faites. Une décision explicite était nécessaire ; Napoléon ne la fit pas attendre. Le 20 avril 1811, il m'écrivit [1] qu'il autorisait la

1. « Je reçois votre lettre du 19, sur l'emprunt de Saxe. Je « vous autorise à voir la maison L...., et à lui faire connaître « que je protège cet emprunt ; enfin à faire tout ce qui sera

négociation de cet emprunt ; qu'il désirait même, pour la mettre en crédit, que j'y fisse verser un premier million que fournirait le domaine extraordinaire, mais sous la condition que le banquier garderait le secret sur l'origine de ces fonds, et ne les présenterait au ministre de Saxe que comme le produit des premières souscriptions qu'il avait déjà obtenues.

Le même jour il me prescrivait [1] de veiller à ce que ce premier million parvînt sous le plus court délai à Dresde pour les besoins de l'armée polonaise. Cependant la Saxe se montrait moins empressée d'obtenir des secours que Napoléon ne l'était de lui en procurer ; car ce ne fut que douze

« possible pour le faire réussir ; il me semble que, sans rien « démasquer, il serait convenable de verser sans délai 1 mil- « lion ; vous en feriez l'avance et vous vous concerteriez avec « le banquier pour faire croire que c'est lui qui a déjà rempli « ce million. Ce qui est pressant, c'est que ce million soit re- « mis sans délai à la Saxe pour l'aider dans les dépenses « qu'elle fait pour l'armement des Polonais. Je désire que le « programme de l'emprunt soit promptement publié, et que « ce banquier dise qu'il a assez de demandes pour pouvoir « assurer 1 million. Il est probable que quand ce banquier « aura instruit le ministre de Saxe, celui-ci enverra un cour- « rier. Sur ce, etc.

« *Paris*, 20 *avril* 1811.   *Signé* NAPOLÉON. »

1. « Le million que vous versez dans l'emprunt de Saxe, « faites en sorte de le faire toucher à Dresde ou à Magdebourg, « de sorte qu'il soit sur-le-champ remis à la Saxe pour le « besoin de l'armée polonaise. Sur ce, etc.

« *Paris*, 20 *avril* 1811.   *Signé* NAPOLÉON. »

jours après [1], que le banquier de Paris reçut la ratification des conditions très-modérées qu'il avait proposées ; et j'avais dû attendre cette ratification pour faire exécuter l'ordre du 20 avril. Mais, le 19 mai [2], Napoléon ajouta un second million à celui qu'il avait déjà engagé ; le 3 août, il voulut donner un troisième million [3] ; puis, trois jours

1. « Les autorisations de la cour de Saxe pour son emprunt « sont arrivées. Il est donc nécessaire que le premier million « soit fourni sans délai. Sur ce etc.

« *Paris*, 2 *mai* 811.   *Signé* NAPOLÉON. »

2. « I. Vous avez pris 1 million dans l'emprunt de Saxe, « mais c'est un secret. Vous devez prêter 2 millions à la Saxe, « mais déclarez qu'ils vous seront remboursés sur les pre- « mières rentrées de l'emprunt, etc. Sur ce, etc.

« *Rambouillet*, 19 *mai* 1811.   *Signé* NAPOLÉON. »

« II. Faites-moi connaître où en est l'emprunt de Saxe. Sur « ce, etc.

« *Saint-Cloud*, 19 *mai* 1811.   *Signé* NAPOLÉON. »

« III. La Saxe a besoin d'argent pour ses travaux de Chol- « din, etc., et pour son armée ; faites-moi connaître ce qu'a « produit l'emprunt. Les 2 millions que vous y avez mis sont- « ils partis ? La Saxe les a-t-elle ? Sachez du baron La Bouil- « lerie où en est l'ordre que j'avais donné pour que l'arriéré « que doit la Saxe soit converti en effets de l'emprunt, etc. Sur « ce, etc.

« *Saint-Cloud*, 22 *juin* 1811.   *Signé* NAPOLÉON. »

3. « Il serait nécessaire de faire fournir encore 1 million à « la Saxe sur l'emprunt, sans délai. Faites-moi un petit rap- « port là-dessus. Combien ai-je fourni ? Ai-je le coupon de « l'emprunt ? Les travaux du grand-duché ont bien besoin de « cet argent. Sur ce, etc.

« *Saint-Cloud*, 3 *août* 1811.   *Signé* NAPOLÉON. »

après un quatrième [1] ; puis au mois d'octobre, un
cinquième [2] ; enfin, au mois de décembre, un
sixième[3]. Il me demandait souvent si l'emprunt
de Saxe trouvait à Paris d'autres souscripteurs ; je
n'en avais pas promis, et tout le zèle du banquier
qui le négociait n'avait pas en effet obtenu des
prêteurs particuliers plus de quatre ou cinq cent
mille francs. Je crois devoir faire connaître les
lettres que m'écrivait Napoléon sur cette affaire ;
elles étaient prophétiques : de telles avances ne
pouvaient être que les préliminaires de quelques
événements nouveaux, et l'emprunt de Saxe était
peut-être la moindre des combinaisons qu'il mettait alors en œuvre pour arriver, en 1812, au but
qui devait devenir son premier écueil. Cette correspondance offrira une nouvelle preuve de l'esprit

1. « Fournissez sur-le-champ un nouveau million à la
« Saxe en effets les plus faciles à réaliser à Varsovie, où cette
« cour a besoin d'argent. Faites mettre sur la place quelques
« effets de cet emprunt, en les faisant coter tous les jours.
« Sur ce, etc.
        « *Saint-Cloud*, 6 *août* 1811.   Signé NAPOLÉON. »

2. « Prêtez encore 1 million à la Saxe sur l'emprunt ; et
« s'il vous est possible, faites croire que ce sont des particu-
« liers qui en prennent les effets ; régularisez ensuite cela
« avec le domaine extraordinaire. Sur ce, etc.
        « *Amsterdam*, 13 *octobre* 1811.   Signé NAPOLÉON. »

3. « Je désire prendre encore 1 million dans l'emprunt de
« Saxe. Faites toucher ce million à Magdebourg ou à Dantzick.
« Sur ce, etc.
        « *Paris*, 29 *décembre* 1811.   Signé NAPOLÉON. »

de suite qu'il apportait dans chacune de ses combinaisons ; on y remarquera aussi qu'en se rendant créancier de la Saxe pour 6 millions, il n'oubliait pas que cette puissance était déjà en retard
sur quelques autres engagements antérieurs envers son domaine extraordinaire, et qu'il ne voulait rien perdre même avec elle.

J'ai parlé des villes de Brême, Lubeck et Hambourg, entraînées, comme tant d'autres États, dans
le tourbillon de l'empire ; mais la conduite des
villes anséatiques dans cette crise me donne l'occasion de relever une différence notable entre la politique des cours que nous avions vues, après une
grande défaite, céder tout, se résigner à tout, et
le sang-froid de quelques bourgmestres, qui, sous
le joug de la nécessité, savaient encore négocier
avec elle, et tâchaient, même en cédant à la force,
de se ménager une sorte de recours contre elle.
Je puis en citer deux exemples.

On vient de voir dans le paragraphe qui pré-
cède, un roi, le plus loyal des souverains, qui,
quarante ans auparavant, à une époque où les
emprunts étaient difficiles, surtout au cœur de
l'Allemagne, avait, sur le seul gage de sa probité
personnelle, emprunté, à 3 pour cent, de fortes
sommes destinées à payer les dettes de son prédé-
cesseur, et qui, en 1811, ouvrant un modique
emprunt de 10 millions sur des gages irrécusables,

sous la direction d'un banquier en crédit, dans
une ville qu'on disait riche des dépouilles du
monde, et qui en était presque devenue la capitale, avait pu à peine obtenir de la classe des
véritables prêteurs quelques centaines de mille
francs.

On conçoit qu'au milieu de tant d'expéditions
dont l'Allemagne était le théâtre, les villes anséatiques, avant de devenir pour quelque temps des
cités françaises, avaient eu aussi des contributions militaires à payer, des protecteurs à acheter,
des efforts et des sacrifices de tout genre à faire,
pour rester jusque-là des cités libres, et du moins
retarder leur absorption dans le grand empire.
Elles avaient préféré les emprunts à des taxes sur
leurs concitoyens, et voici comment s'y était prise
l'une d'elles. Un banquier étranger s'était présenté à Paris, s'annonçant comme chargé par la
ville de Lubeck de faire un emprunt d'environ
2 millions, auquel elle assignait son territoire pour
gage. Sans plus d'informations, plusieurs ban -
quiers de Paris s'étaient empressés d'y prendre
part ; et, pour réaliser une telle somme, ils
n'avaient pas eu besoin de chercher d'autres intéressés. L'opération se borna à un jeu de traites
réciproques ; elle fut conséquemment réduite pour
eux à un simple prêt de signatures, pour lequel
ils s'étaient assuré une forte commission outre.

un intérêt, [1] très-supérieur à l'escompte qu'ils
avaient eux-mêmes supporté ; les emprunteurs
n'avaient pas élevé d'objections contre le taux de
l'intérêt ; ils n'avaient voulu que gagner du temps ;
la forme de l'emprunt réduisait ainsi leur contribution à une simple promesse, et ils savaient qu'on
n'a en effet besoin que *du temps* pour être affranchi de certains engagements. Pendant deux ou
trois ans, l'agent de Lubeck et les banquiers de
Paris avaient renouvelé, tous les trois mois, la promesse d'un paiement définitif ; mais quelques-
uns des derniers avaient fini par refuser leur signature. Quelques doutes s'étaient élevés sur la réalité
du gage de l'emprunt ; enfin on découvrit : 1° que
Lubeck n'avait pas de territoire ; 2° que la délibé-
ration de son sénat ne se retrouvait pas sur les re-
gistres de cette ville ; et ce qui est une singularité
de plus, c'est qu'après d'assez longs débats, le sénat de Lubeck reconnut et paya cette dette.

Ce sénat avait calculé assez juste en voulant gagner du temps ; mais il ne put pas en gagner assez.

---

1. Des traites revêtues de pareilles signatures étaient répu-
tées admissibles, par ce seul fait, à l'escompte de la Banque ;
et c'est la Banque de France qui avait fourni une grande partie des fonds de ce singulier emprunt aussi longtemps que
dura cette circulation par le renouvellement des traites.

Il n'en est pas moins vrai que, dans la rigueur de la loi du
commerce, ces lettres de change collusoires sont une espèce
de fausse monnaie.

Cette ville de Lubeck reparut encore dans une
autre affaire qui amena avec elle un peu plus de
scandale et dont j'aurais voulu ne point parler si
l'éclat qui lui fut donné ne m'en faisait une sorte
de nécessité : les trois villes anséatiques avaient,
en 1804, dans des moments difficiles, et pour prévenir, sous le canon français, des pertes plus
graves, distribué quelques millions entre une
vingtaine de personnes de tout rang, qu'elles sup-
posaient en position d'influer sur leur destinée. A
la manière dont cette destinée se trouva fixée quelques années plus tard, elles s'aperçurent qu'elles
avaient fait un mauvais calcul ; mais, accoutumées
à ne regarder comme définitifs que les comptes qui
se balancent, elles représentèrent à Napoléon
qu'elles avaient cherché des protecteurs auprès
de lui avant d'avoir droit à sa protection directe,
comme villes sujettes de son empire ; que, dans ce
nouvel état, elles n'avaient plus besoin d'un tel
secours ; que cependant elles l'avaient chèrement
payé, et qu'elles déféraient à sa justice l'état des
diverses avances qu'elles disaient avoir faites à ce
titre. Elles devaient, à cette époque, plusieurs
millions sur leurs contributions, comme cités
françaises ; elles demandaient que des sommes
payées par elles à *des agents français* fussent admises en compensation de leur nouvelle dette, sauf
à Napoléon à reprendre sur leurs *anciens patrons*

les dons qu'ils avaient reçus d'elles : et leur récla-
mation était accompagnée de l'état de ces dons et
de la liste de ceux qui les avaient reçus.

Napoléon m'avait envoyé cette fatale liste [1] qui
présentait un amalgame assez étrange pour faire
douter de son exactitude. Il était possible en effet

1. J'ai sous les yeux en écrivant ceci le tableau de cette
distribution qui avait dû être de trois millions six cent mille
francs environ, et la liste des personnes entre lesquelles elle
avait été faite, mais je n'imiterai pas les magistrats anséatiques et je ne ferai connaître que par extrait deux lettres
que l'empereur m'écrivit pendant la durée du débat :

« I. Je vous envoie l'état des sommes que les villes de Hambourg, de Brème et de Lubeck ont payées à différents Fran-
« çais ; je vois... Mon intention est que le trésor public prenne
« sur-le-champ inscription sur les biens de ces individus, et
« qu'il soit lancé sur eux des mandats pour qu'ils aient à
« restituer toutes ces sommes, le trésor de Hambourg étant
« devenu partie de celui de France. — Vous aurez des confé-
« rences avec, avec..... avec..... etc. Je ne veux pas les perdre
« pour ces sommes ; mais il faut qu'ils se mettent en règle
« avec moi... Quant aux autres, j'entends qu'ils rendent tout...
« Sur ce, etc.

« *Saint-Cloud, 13 juin* 1811.   · *Signé* NAPOLÉON. ·

« II. ..... Faire rentrer les 3,635,000 fr. que les villes anséa-
« tiques doivent au trésor, et pour solder cette créance, faire
« acquitter par les individus ci-après, jusqu'à concurrence
« des sommes qu'ils ont indûment reçues des villes anséa-
« tiques, savoir..... (Suit une liste de quinze noms et une co-
« lonne de chiffres dont le total est de 3,813,000 francs.) Vous
« ferez poursuivre ces individus en restitution..... Après cela,
« on aura recours aux autres. Sur ce, etc.

« *Saint-Cloud, 21 juin* 1811.   *Signé* NAPOLÉON. »

que quelques misérables intermédiaires eussent abusé de noms considérables, dans le but de se mieux accréditer auprès des magistrats de ces villes, et de faire acheter d'autant plus cher leur prétendue influence. Des erreurs de plus d'une espèce eussent pu ressortir d'une enquête faite avec équité ; mais Napoléon ne se prêtait pas aux ménagements qu'elle eût exigés. Lorsqu'il avait vu sur la liste produite par les villes anséatiques cette alliance si peu sortable entre des noms qu'il avait élevés dans l'opinion publique et d'autres noms qu'elle repoussait, il avait voulu, dans le premier accès de son mécontentement, les faire poursuivre tous, comme détenteurs de deniers publics, et les obliger à verser au trésor, à l'acquit des trois villes, une somme égale au dégrèvement qu'elles réclamaient sur leurs nouvelles contributions. Il devait, disait-il, justice à ses nouveaux sujets contre *des concussionnaires*, et il ajoutait que ce n'était pas en vain qu'il avait prononcé, dans son Code pénal, des peines contre la corruption des fonctionnaires publics. De pareils abus ne sont jamais excusables ; mais celui-ci avait alors plus de sept années de date, et si le temps n'avait pas dû l'absoudre, combien n'aurait-on pas pu en exhumer de pareils dans les premières campagnes d'Italie et d'Allemagne. Il faut bien en convenir, rien n'est, en général, plus étranger à l'esprit de conquête

que l'austère doctrine des profits légitimes ; et il
eût été bien rigoureux d'appliquer à un tel fait les
règles du droit civil. Un des dénoncés se trouvait
maintenant placé hors de France, au-dessus de
toute juridiction. C'était à lui que les premiers présents avaient été offerts ; il avait cru sans doute
obéir à d'anciens exemples et aux vœux libres des
magistrats locaux, dupes peut-être eux-mêmes de
quelques vils intrigants. C'était cette dernière
classe d'hommes qu'auraient dû dénoncer, à l'instant même, des bourgmestres dignes de représenter trois grandes villes, au lieu d'attendre si
longtemps pour se plaindre d'un sacrifice qui
n'avait été le résultat d'aucune violence, et qui
n'était que celui de l'intrigue de la part de quelques agents subalternes, et de la pusillanimité de
la part des magistrats.

J'avais prévu que le premier emportement de
l'empereur se calmerait. Deux jours après son explosion, je le trouvai déjà disposé à faire quelques
exceptions. Cependant il me parlait encore du Code
pénal et de ses dispositions contre ceux qui *se laissent corrompre*. Je lui demandai si son intention
était d'appliquer aux magistrats des villes anséatiques l'art. 180 du même Code, relatif aux *corrup-
teurs*. Il sourit ; je lui représentai que le trésor public ne pouvait poursuivre que le recouvrement
des deniers de l'État, et sur des pièces régulières ;

qu'il n'y avait pas là de fonds provenant du trésor ou lui appartenant légalement ; que la liste qu'il m'avait envoyée n'équivalait pas à un titre légal et exécutoire ; je lui peignais les inquiétudes qu'il allait exciter parmi tant d'autres hommes élevés par lui aux premiers honneurs, et contre lesquels il semblerait provoquer des accusations du même genre. En parcourant avec lui la liste qu'il m'avait remise, je lui fis remarquer des noms auxquels s'attachait le mérite de ces premiers services qu'un prince prudent ne doit jamais oublier. *Oui*, reprit-il, *j'en vois là qui m'ont bien servi ; mais ils se désaffectionnent ; il faut au moins qu'ils sentent le besoin qu'ils ont de moi.*

Il paraît que la plupart avaient admis au partage les agents qui étaient sous leurs ordres. Quelques-uns même prétendaient avoir donné connaissance à Napoléon des offres qui leur avaient été faites, et s'être autorisés de son silence comme d'un acquiescement ; enfin, quels qu'aient pu être leurs moyens de défense près de lui, après un plus mûr examen, il renonça aux poursuites qu'il avait voulu diriger contre eux ; puis il étendit l'indulgence jusqu'aux agents de second ordre qui pouvaient avoir eu quelque part à ces largesses, en me disant : « Il y en a « tant d'autres de cette classe qui, même encore « aujourd'hui, ne se montrent pas plus sévères ; et « moi-même, je fais bien aussi quelquefois des

« avances au bon vouloir des diplomates étran-
« gers : il faut vivre avec son siècle. » Mais il fut
inflexible à l'égard de quelques subalternes qui
avaient trafiqué de leur médiation, et qui se sou-
mirent à la restitution, sans même attendre les
poursuites, et sans objecter l'irrégularité des formes. Ainsi se termina cette triste affaire qui,
comme toutes celles de ce genre, laissa plus de
profit au scandale qu'à la justice, et qui, à mon
grand regret, aliéna encore de Napoléon quelques
esprits qui pouvaient devenir dangereux, sans
grande utilité pour la morale publique. Ce n'était
peut-être pas, en effet, dans l'intérêt seul de la
morale ni même dans le désir de donner quelque
satisfaction aux villes anséatiques, que Napoléon
avait entrepris de leur rendre l'espèce de justice
qu'elles réclamaient ; il avait rencontré dans cette
affaire des hommes dont il estimait, mais dont il
voulait récompenser seul les services, et quelques
autres dont il n'en attendait aucun, et auxquels il
était loin de destiner des récompenses. Il aurait
voulu apaiser les plaintes des trois nouvelles villes
sujettes, auxquelles il demandait de nouveaux tributs, et qui se plaignaient d'avoir été déjà trop
taxées ; il trouvait une occasion de plus de rappeler
au sentiment de leur dépendance, et ceux qu'il
tenait éloignés de lui, et ceux qu'il en rappro-
chait le plus. Tels furent probablement les motifs

auxquels il céda; le résultat ne fut pas heureux,
Les trois villes ne furent pas contentes de la faible
réduction qu'elles obtinrent dans leurs charges
par l'effet des restitutions qui eurent lieu. Ceux
qui les supportèrent conservèrent sous leur feinte
résignation une animosité qui n'attendit que l'occasion d'éclater. Ceux qui n'en avaient eu que la
menace craignirent que, d'un moment à l'autre,
elle ne se renouvelât plus sérieuse; et lors même
que Napoléon eût restreint, comme on vient de le
voir, les effets de ses premières intentions, j'enten-
dis encore dire à plusieurs des hommes sur lesquels il comptait le plus, qu'après un tel exemple, il n'y en avait aucun parmi eux qui ne pût
craindre qu'au premier moment d'humeur il ne
leur redemandât tout ce qu'il leur avait donné.
C'était un soupçon injuste, et il n'en était pas
moins imprudent de le faire naître; mais ce que
ne savait peut-être pas assez l'homme qui avait si
éminemment l'instinct du pouvoir, c'est que la
meilleure garantie du pouvoir est dans la sécurité
qu'il répand autour de lui, et que les menaces
devant lesquelles on est réduit à reculer nuisent
tôt ou tard à l'autorité qui les a faites.

Dans cette même année 1811, le service du trésor public continuait de suivre sa marche régulière : aucun paiement n'était en retard ; la solde
des troupes, alors si nombreuses, les intérêts de

la rente constituée, les traitements de tous les
fonctionnaires, les pensions dues aux anciens services, les ordonnances ministérielles, tous ces engagements exactement soldés à l'échéance qui leur
était propre, n'épuisaient pas encore les caisses ;
mais, quoique le budget des recettes reçût des accroissements assez considérables par l'agrandissement du territoire français, les nouvelles provinces dans lesquelles on se pressait d'ouvrir de
nouvelles routes militaires, de fortifier des places,
d'agrandir des ports, d'introduire en même temps
tout le luxe de l'administration française, coûtaient
souvent au trésor public plus qu'elles ne lui produisaient; et comme, ainsi que je l'ai déjà dit, les
dépenses d'un budget marchaient alors beaucoup
plus rapidement que ses recettes, et finissaient toujours par les surpasser, ce n'était que par ces expédients de crédit, toujours faciles dans les moments
calmes (mais d'autant plus précaires), qu'on parvenait à entretenir l'aisance de la trésorerie. Je
n'entrerai pas de nouveau dans le détail des combinaisons de ce service : les questions de ce genre,
au delà de l'année dans laquelle elles s'agitent, se
résolvent toutes par le budget ; et j'en présenterai
les résultats pour 1811 comme pour les années antérieures. Mais le principal objet de ces Mémoires
étant d'expliquer comment une sorte de régularité
se maintenait dans les mouvements d'une admi-

nistration qui devenait chaque jour plus vaste et
plus compliquée, c'est encore à quelques extraits
de la correspondance de Napoléon avec moi que
j'aurai recours pour prouver combien jusque-là
son activité semblait s'accroître par l'agrandissement même du cercle qu'il avait à parcourir. Je
serai cependant plus sobre de citations que dans les
années précédentes. Cette correspondance de 1811,
relative aux affaires générales, aux dépenses de la
guerre d'Espagne, à l'organisation de la Hollande,
et aux préparatifs de l'expédition de 1812, se compose de plus de cent vingt lettres ; et Napoléon les
adressait à un homme qu'il voyait presque tous les
jours dans une année où il s'éloigna peu de la capitale; à celui des ministres auquel il avait le
moins d'ordres imprévus à donner, puisque les
principaux actes du trésor étaient réglés d'avance
par la loi annuelle des finances et par les décrets
que je proposais, chaque mois, pour déterminer
les fonds dont pourraient disposer les autres ministres. Parmi ces lettres, il s'en trouve plusieurs
qui ne concernaient ni le service du trésor public,
ni même les affaires générales de l'État; et elles
n'en sont que plus remarquables. Dans les extraits
que j'en vais présenter, je tâcherai que mon choix
ne se fixe que sur ce qui peut ajouter quelques
traits nouveaux au tableau que j'esquisse.

Je fais à peine mention :

Des dispositions que Napoléon adopta, après un long examen, en faveur de l'Illyrie, qui était administrée avec autant d'ordre que d'intégrité par le comte de Chabrol[1], et où l'insuffisance des revenus publics réclamait des ressources supplémentaires ;

Des facilités qu'il accorda à la trésorerie du royaume d'Italie, qu'il admettait à payer en rentes sur le Mont de Milan diverses avances qui lui avaient été faites par la France ;

De ses premiers démêlés avec celui de ses généraux qu'il avait fait roi de Naples, et qui, malgré les secours qu'il avait reçus de la trésorerie française, négligeait de faire acquitter la solde des régiments français restés à Naples pour sa défense ;

Du soin qu'il prenait personnellement, au milieu des marches et contre-marches des troupes, de s'assurer que chaque corps, chaque détachement, dont il suivait les mouvements jour par jour, n'éprouvait aucun retard dans les paiements auxquels il avait droit ;

De ses recherches et de ses calculs pour découvrir des ressources nouvelles qui pussent balancer l'augmentation progressive de la dépense des deux ministères de la guerre ;

1. Le comte de Chabrol avait remplacé le conseiller d'État Dauchy, peu de temps après la réunion de l'Illyrie à la France ; son administration sage, économe, éclairée, n'y a laissé que de bons souvenirs.

Des avis qu'il me transmettait, et qu'il puisait lui-même dans les lettres interceptées, sur les opérations hasardeuses de telle maison de commerce, sur les pertes dont était menacée telle autre;

De l'espèce de réserve qu'il mettait, lorsqu'il avait résolu, par exemple, d'augmenter de plus de 30 millions les crédits du second ministère de la guerre, à me notifier cette augmentation qu'il ne me faisait connaître que successivement et par fractions ;

Enfin de sa sollicitude sur l'emploi des capitaux du domaine extraordinaire, pour lesquels (il est juste de le reconnaître) il ne recherchait de placements lucratifs que pour avoir plus de largesses à faire.

Ces différents objets ont été la matière de plus de cinquante lettres ; mais j'en remarque deux dont je ne puis me résoudre à supprimer entièrement le texte : l'une donne une idée assez exacte de l'attention, de la sagacité, et aussi de l'intention habituelle que Napoléon portait dans l'analyse des comptes de finances ; l'autre est également caractéristique et dans un autre genre ; elle est entièrement étrangère aux affaires de l'État ; mais elle fait connaître au moins dans une de ses nuances, ce que l'on connaît peut-être le moins : son esprit de famille.

J'ai déjà dit plus d'une fois qu'indépendamment

des comptes que je lui présentais, tous les mois, de
la situation générale des recettes et des dépenses
sur tous les points de l'empire, j'étais dans l'usage
de dresser, tous les trois mois, par la balance de
chacun des budgets qui n'étaient pas encore soldés,
une sorte de bilan général du trésor public. Cette
combinaison, empruntée de la comptabilité commerciale, a été depuis l'objet de diverses censures
que j'accepte sans critiquer le ministère qui se dispense aujourd'hui du même soin ; mais elle était
surtout fort nécessaire alors pour *censurer*, ainsi
qu'il était seulement permis de le faire, l'usage de
maintenir, concurremment avec le budget courant,
cinq ou six budgets antérieurs, indéfiniment ouverts. Comme, dans ce bilan, chaque budget intervenait pour rendre compte du solde qu'il restait
devoir à chaque service sur le montant du crédit
législatif donné à chaque ministère, et de ce qui
lui restait à recouvrer sur ses recettes, les ministres
auxquels il était communiqué pouvaient en prendre
occasion pour demander la disponibilité des anciens
restes de crédit qu'ils n'avaient pas employés, ou
pour réclamer des suppléments, s'ils avaient été
forcés d'excéder la limite de ces crédits ; j'en pre-
nais occasion moi-même pour démontrer des déficits assez fréquents sur les premières évaluations
données aux recettes. Ils étaient faibles pour
chaque année ; mais ils pouvaient devenir le germe

d'un arriéré, espèce d'abus qui devint bientôt l'occasion ou le prétexte de beaucoup d'autres.

Comme, dès les premiers mois de 1811, Napoléon méditait dans le silence ce grand armement que déjà il préparait contre le Nord, il attendait avec impatience, au commencement du mois d'avril, le bilan du premier trimestre; et comme tous les comptes du trésor se maintenaient à jour, il ne m'avait pas été difficile de lui présenter les différents tableaux par le résultat desquels près de quatre milliards de dépenses devaient trouver leur équilibre dans des recettes égales. Ce bilan offrait la situation de six budgets annuels, en remontant à 1805; celui de cette dernière année était regardé comme soldé. Les budgets de 1806 et de 1807 avaient à peu près complété leurs recouvrements; il leur restait à faire quelques paiements que les ministres n'avaient pas réclamés, ou sur lesquels des oppositions étaient faites. Ceux de 1808, 1809 et 1810, aux ressources desquels divers suppléments avaient été attribués, auraient pu solder à peu près leurs dettes. Mais Napoléon voulait augmenter de 30 ou 40 millions les moyens du budget de 1811, principalement au profit des deux ministères de la guerre; et la combinaison qui lui paraissait la plus commode consistait à reprendre à ces budgets, particulièrement à celui de 1810, une partie de ce supplément, et même d'annuler

les crédits non employés sur 1806 et 1807 comme
n'étant plus nécessaires, puisqu'ils paraissaient
oisifs. Les personnes les moins familiarisées avec
la méthode des bilans concevront sans peine que
lorsque les recouvrements d'un budget excédaient
les paiements auxquels il avait pourvu, ce qui n'arrivait alors qu'à des budgets déjà anciens, cet excédant prenait son rang dans un compte appelé
fonds commun de tous les budgets, lequel balan-
çait exactement les sommes qui leur restaient à
payer; or, pour faire de ce fonds commun un fonds
disponible, il suffisait d'annuler tous les restants
à payer. C'était dans l'intention d'arriver à ce but,
et pour tâcher au moins de s'en approcher le plus
près possible, que Napoléon avait fait le commentaire qu'on va lire [1]. Je n'ai pas besoin de dire que

---

1. « J'ai lu avec attention votre balance du trésor public
arrêtée au 1er avril.

1806.

« Je vois par cet état que, sur l'exercice 1806, le trésor ne doit
« plus que 3 millions : ne pourriez-vous pas, avant que les
« comptes s'impriment pour être rendus publics, supprimer les
« 500,000 francs qui restent à réclamer sur les pensions, les
« 142,000 fr. qui restent au crédit du grand juge, les 42,000 fr.
« qui se trouvent à celui des relations extérieures ; les 490,000 fr.
« non employés sur les fonds de réserve ? etc. Il faut écrire aux
« ministres, pour que je voie ce qu'on pourrait annuler là-dessus.
« Cela aurait l'avantage de nous rendre de 3 millions plus
« riches.

ce commentaire n'appartenait qu'à lui seul ; on sait
assez qu'il n'abandonnait l'expression de sa pensée
à personne ; qu'il rédigeait seul toutes ses lettres,
et qu'il les dictait seul à des secrétaires, qui n'y
ajoutaient rien, n'y changeaient rien.

Il prévoyait bien, au surplus, que ses propo-

« — Il y a encore 500,000 francs de dus sur les fonds spéciaux ;
« cette somme pourrait être gagnée ; ce serait un *boni* pour le
« trésor. Je vois que sur 1806 tout est recouvré ; ainsi, le trésor
« a reçu 907,895,000 fr., il n'a dépensé que 904,514,000 fr., et
« probablement vous n'aurez pas besoin du reste ; ce sera donc
« 2 ou 3 millions de gagnés. Il faut soigner cette situation : si
« réellement nous avons cette aisance de 2 ou 3 millions, il
« faut nous en donner le mérite.

1807.

« Vous n'avez plus rien à recouvrer sur cet exercice. Le trésor
« a reçu 740 millions et dépensé 733 millions. Il reste des régu-
« larisations à terminer ; il faut les finir ; mais il ne doit plus rien
« rester à payer sur certains résidus de crédit, comme 5,000 fr.
« au grand juge, 4,000 fr. aux relations *extérieures*, 119,000 fr.
« au trésor public, 58,000 francs aux cultes, etc., etc.

« Toutefois, la situation de ces deux exercices est fort satis-
« faisante.

1808.

« Faites disparaître, comme excédants de dépenses, les
« 6,175,000 francs que le trésor a payés au ministre de la guerre
« au delà de son budget ; on ne saurait ce que cela veut dire. Je
« suis fort porté à croire qu'avec les 5 millions de fonds de réserve,
« on pourrait à peu près faire face à ce que l'administration de
« la guerre doit encore : et même je suppose que les 6,175,000 fr.
« payés en excédant au ministère de la guerre doivent être dé-

sitions éprouveraient quelque contradiction, et que les ministres lui prouveraient qu'il leur restait d'anciennes créances à liquider; il ne s'abusait pas non plus sur ce prétendu legs de 20 ou 30 millions qu'il prétendait que l'exercice 1810, qui était loin

« duits des 7,503,000 francs dus à l'administration de la guerre ;
« faites cette déduction si elle doit être faite ; faites aussi re-
« cette du million de la conscription.

« Le ministre des finances dans la composi-
« tion de recettes de cet exercice, au lieu de   771,603. 463 fr.
« ne porte que   770,940,114

          Différence en moins   694,349 fr.

« Ayez conférence avec lui pour éclaircir cette différence ; ne
« perdez pas de vue l'excédant de 2,500,000 francs à établir sur
« les recettes de 1806.

1809.

« Je vous dirai encore la même chose pour cet exercice. Régu-
« larisez les 1,285,008 fr. que le trésor a payés au ministre de la
« guerre au delà de son budget. Il reste encore quelques autres
« dettes à solder ; mais avec les 10 millions du fonds de réserve
« non employés, j'espère que l'on pourra faire face à toutes les
« dépenses.

1810.

« Quant à 1810, au lieu de 787 millions de recouvrements,
« j'espère que nous en aurons 805. Ce qui nous donne une aug-
« mentation de 18 millions. Raccordez-vous sur cela avec le mi-
« nistre des finances.

1811.

« Quand au budget de 1811, au lieu de 905 millions de recettes,

alors d'avoir soldé ses propres dettes, pourrait
faire à 1811. Quand ensuite il annonçait que les
exercices antérieurs se balanceraient et pourraient
même laisser quelques économies libres, il paraissait
oublier que plusieurs des recouvrements faits sur
ces exercices n'étaient représentés dans l'actif du
trésor que par des titres de créance dont la réalisation était douteuse ou du moins fort éloignée ;
et lorsqu'il s'en souvenait, ce n'était plus avec
cette minutieuse exactitude qu'il portait dans les
calculs favorables au résultat qu'il voulait faire
prévaloir. Il perdait de vue, par exemple, les

« j'espère le porter à 940 millions. Cela est nécessaire, car le
« ministère de la guerre, celui de l'administration de la guerre et
« celui de la marine, ont besoin d'une augmentation de 60 mil-
« lions environ ; mais il faut déduire le fonds de réserve qui sera
« appliqué à en solder une partie.
    « En tout, il paraît que l'état des finances est satisfaisant. Il
« n'est plus question de 1806 et de 1807, que pour recueillir
« quelques économies. J'ai là 2 ou 3 millions à gagner. Les fonds
« de 1808 et 1809 seront suffisants, surtout quand vous aurez
« éclairci cette question de la guerre. Les 15 millions de fonds de
« réserve qui existent encore sur ces deux exercices devront
« pourvoir à tout. — En 1810, je compte avoir en recette 30 mil-
« lions de plus qu'il ne faut, et les donner à 1811. — L'exercice
« 1811 est lui-même susceptible de produire 5 millions de plus :
« cela ferait donc 940 millions si je retirais 30 millions à 1810, et
« 930 si je n'en retire que 20. Enfin j'ai une ressource de 10 mil-
« lions de domaines que la caisse de l'extraordinaire réaliserait
« argent comptant pour le trésor public ; ainsi j'aurai pourvu à
« tous les besoins, levé la conscription, mis mes armées sur le
« pied de guerre, augmenté mes dépenses de 60 millions de plus
« que je ne comptais en février, et cependant j'aurai même du

26,526,000 francs de valeurs inactives constatées
par l'état n° 24, auxquels il fallait ajouter près de
15 millions avancés à titre de prêts au commerce
sur les fonds du trésor, et dont le domaine extraordinaire faisait attendre le remboursement ; 12 millions pour les pensions payées, depuis 1808, aux
princes espagnols retenus en France ; et enfin les
12 millions d'arrérages dus par le royaume d'Italie,
qui n'étaient représentés, dans les caisses du trésor,
que par de simples titres de créance inadmissibles
dans ses paiements réguliers.

Et aux valeurs inactives de ce genre, qui s'éle-

« reste sur 1811. Faites-moi connaître si je ne me trompe pas
« dans ces aperçus.
    « Fixez bien vos calculs sur la solde de 1810. Les 10 millions
« pour l'extraordinaire de l'Espagne suffisent-ils ?
    « Je vais actuellement jeter un coup d'œil sur votre état n° 24 ;
« je vois que le trésor public est à découvert d'une somme inac-
« tive de 25,526,000 francs, savoir : 6,800,000 francs prêtés à
« l'Espagne ; 5,500,000 francs, solde de l'ancien débet des négo-
« ciants réunis ; 9 millions de piastres à recouvrer : il me semble
« que tout cela n'est pas argent perdu ; 886,000 francs avancés au
« gouvernement russe, ceci est perdu ; 1.048,000 francs dus par
« la Westphalie, vous devez pouvoir les retrouver ; 1,475,000 fr.
« de débets à recouvrer, cet article doit également rentrer ; la
« perte ne serait donc pas aussi considérable qu'on pourrait le
« craindre. Vous pourrez faire des inscriptions sur le Mont-Napo-
« léon l'objet d'une opération avec le domaine extraordinaire ;
« les bons à vue de la caisse d'amortissement d'Italie portent
« intérêt et se négocient à un faible escompte, c'est donc de
« l'argent, etc. Sur ce, etc.

    « Saint-Cloud, 22 avril 1811.   Signé NAPOLÉON. »

III.   5

vaient à plus de 65 millions [1], il fallait encore
ajouter plus de 35 millions d'espèces que le trésor
public devait tenir en réserve, tant à Paris que
sur les frontières, pour une foule de cas extraordinaires qu'on ne pouvait pas, à cette époque,
appeler des *cas imprévus*. Ainsi, bien loin que la
comparaison exacte des ressources et des besoins
des budgets, présentât des excédants disponibles,
la condition du trésor public était de se procurer
constamment par des moyens étrangers aux budgets, un fonds de près de 100 millions, pour
maintenir les services au courant ; et c'était par
les calculs mêmes qui constataient cet état de
choses que Napoléon essayait d'établir que la
balance des budgets antérieurs à 1811 devait
laisser une économie de 20 à 30 millions appli-
cable à cette dernière année !

Il serait impossible de concilier cette tendance
à se faire des illusions et ce désir de leur trouver
des complices, avec l'attention sérieuse et la patience de détails qu'il portait dans l'examen des
comptes du trésor, si on ne se rappelait qu'à cette
époque une idée fixe absorbait en quelque sorte
en lui toutes les autres ; il croyait n'avoir plus
qu'une dernière guerre à entreprendre, qu'un der-

---

1. C'eût été là un déficit réel si les remboursements promis
sur le domaine extraordinaire, et les rentes à recouvrer sur
chaque budget, ne s'étaient pas réalisés.

nier effort à faire pour s'assurer la domination
du continent, depuis Moscou jusqu'à Madrid.
C'était pour les préparatifs de cette expédition
qu'il voulait augmenter de 60 millions les crédits
des deux ministres de la guerre ; il voulait leur
persuader que la situation du trésor leur permettait
de disposer de ce supplément de ressources ; il
présumait qu'avec cette seule assurance, qu'ils
s'empresseraient de communiquer à tous les entrepreneurs de leurs services, ces derniers rempli-
raient les magasins militaires des nouveaux approvisionnements de vivres, de fourrages, d'armes,
d'habillements, qu'il avait demandés. Et ce qui
est plus remarquable, c'est que ce singulier
moyen de prestige avait pour principe, je dirai
presque pour excuse, un autre genre d'erreur dont
il s'était fait dupe lui-même. Il savait très-bien que
les nouvelles dépenses qu'il provoquait ne trouvaient pas leurs gages dans les ressources naturelles du budget, et que définitivement il faudrait
bien leur assigner des moyens réels de paiement ;
mais il ne doutait pas du succès de la nouvelle
guerre qu'il allait entreprendre, et sa confiance
allait jusqu'à croire qu'il lèverait en Russie autant
de contributions qu'il en avait tiré de la Prusse et
de l'Autriche : il en disposait d'avance, croyant
ne faire autre chose qu'escompter les produits de
nouvelles victoires, et son règne si brillant pour

la France avait en effet besoin que la victoire lui
fût toujours fidèle.

Ce n'est pas une simple conjecture que je hasarde à son égard en disant qu'il comptait sur les
tributs de la Russie pour payer la guerre qu'il allait
lui faire. Quelques jours après la résolution qu'il
avait prise d'ouvrir à ses ministres de la guerre des
crédits si supérieurs à ce qui pouvait leur être proportionnellement attribué sur les fonds du budget;
tandis qu'il s'occupait de résumer, dans ce qu'il
appelait son conseil particulier de finances, auquel
il n'admettait que le duc de Gaëte et moi, les
dispositions définitives du budget de l'année cou-
rante, j'eus naturellement l'occasion de remettre
sous ses yeux cette série de petits emprunts auxquels le trésor public était forcé d'avoir recours
pour couvrir la différence habituelle entre les dépenses nécessaires et les recettes naturelles du
budget. « Je sais bien, me dit-il, que vous avez
« besoin de vous créer des ressources ; mais,
« puisque vous êtes bien parvenu à en trouver pour
« 100 millions, vous parviendrez bien à les porter
« cette année à 160, si les recettes continuent de
« rester en arrière des dépenses. » Je représentai
que, dans un système de finances qui n'admettait
pas les emprunts réguliers, de graves inconvénients étaient attachés aux emprunts à court terme,
auxquels j'étais obligé d'avoir recours ; qu'au pre-

mier pressentiment d'une nouvelle guerre, loin de trouver de nouveaux prêteurs, le trésor public pourrait être déserté par une partie des anciens ; qu'un nouveau budget, qui présentait un grand accroissement dans les dépenses militaires, et plus d'éventualité dans les recouvrements, n'encouragerait pas leur confiance ; que ce budget traînait à sa suite quatre ou cinq autres budgets, qui ne restaient ouverts que parce que toutes leurs dettes n'étaient pas complétement soldées ; qu'on en concluait qu'il se formait un nouvel arriéré ; que déjà l'opinion publique en exagérait le volume, et que bientôt elle irait jusqu'à craindre le renouvellement de la détresse et du désordre des finances. « Si « je suis obligé, repartit vivement Napoléon, d'en- « treprendre une nouvelle guerre, ce sera sans « doute par quelque grand intérêt politique ; mais « ce sera aussi dans l'intérêt de mes finances, et « précisément parce qu'elles présentent quelques « premiers symptômes d'embarras : n'est-ce pas « par la guerre que je les ai rétablies ? n'est-ce pas « ainsi que Rome avait conquis les richesses du monde ?... »

C'était assurément vouloir surpasser Rome que de prétendre aller faire une pareille conquête en Russie!

J'ai cité le duc de Gaëte comme ayant été avec moi témoin de ce fait extraordinaire ; je cite le

fait lui-même comme la preuve des étranges mécomptes dans lesquels l'ivresse du pouvoir peut
entraîner les têtes les plus fortes ; je le cite, parce
que je jugeai dès ce moment que Napoléon ébran-
lait gravement les bases du sien. En effet, si ce
n'est pas seulement à de tels vices dans le système des finances qu'il faut attribuer le détachement de l'opinion publique, qui prépare la chute
des trônes, il est au moins certain que la nation,
déjà fatiguée de la guerre d'Espagne, commençait à se plaindre d'être jetée, sans terme, dans
les hasards d'entreprises gigantesques, dont elle
n'était que l'instrument. Elle ne comprenait, ni cet
amalgame de tant de peuples divers qui venaient
comme s'engloutir dans l'empire français, ni cette
extension indéfinie de territoire qui avait pour prétexte d'augmenter les revenus publics, et qui n'a-
vait pas pour effet d'alléger les sacrifices de l'ancienne France. Le bon sens des peuples ne s'y
méprenait pas.

La correspondance de 1812 fournira encore une
seconde preuve de l'étrange confiance de Napoléon
dans les profits qu'il attendait de la guerre de
Russie ; mais j'ai annoncé une autre lettre de Napoléon qui, quoiqu'elle descende à des intérêts
privés, semble se rattacher à cette époque autrement que par sa date, parce qu'elle révèle quelques-uns des pressentiments dont il ne pouvait se

défendre au milieu de tant de fastueuses espérances.
Je crois qu'il peut ne pas être sans intérêt d'observer quelle place avaient conservée dans une
âme de la trempe de la sienne ces affections qui
occupent presque seules la vie des autres hommes;
et comment il retrouvait, pour ceux qui en étaient
l'objet, cette prévoyante sollicitude qui l'abandonnait pour lui-même.

S'il cédait quelquefois à la nécessité de l'estime,
je crois que personne n'obtint jamais de lui l'abandon entier de la confiance, quoiqu'il ait souvent
temoigné ces deux sentiments à des hommes pour
lesquels il n'éprouvait peut-être ni l'un ni l'autre ;
il n'était cependant pas inaccessible à la surprise
des émotions ; il les craignait : il avait grand soin
d'en prévenir les approches ; on eût dit qu'il voulait
dominer l'humanité jusque dans sa personne ; cependant, s'il a existé un être qui ait trouvé le secret
d'émouvoir, d'intéresser son cœur, de l'occuper
encore par de bienveillants souvenirs, lorsqu'il n'y
aurait plus d'autre lien entre eux, ce fut sa première épouse ; et jamais union n'avait mieux mis
à découvert les principes d'adhérence qui peuvent
s'établir entre deux contrastes.

A l'époque de son divorce, Napoléon avait assuré
à l'impératrice Joséphine un revenu assorti au
rang qu'il lui conservait [1] ; mais quel revenu pou-

1. 3 millions environ, dont 1,300,000 fr. étaient assignés sur

vait suffire aux largesses qu'aimait à faire, aux tentations auxquelles aimait à céder une douce et gra-
cieuse personne devenue une grande princesse
qu'on n'implorait jamais en vain, soit au nom des
arts, soit au nom du malheur, et qui mesurait l'espace qu'elle avait parcouru, moins avec un sentiment d'orgueil qu'avec le désir de ne pas laisser
même un prétexte de regret ou d'envie dans cette
multitude de rangs qu'elle avait laissés au-dessous
d'elle ! Lorsqu'elle avait partagé le trône, la très-
riche pension qui lui était assignée n'avait jamais
suffi aux nombreuses pensions dont elle s'était imposé la charge, soit pour consoler les malheurs de
l'émigration, soit pour encourager les artistes ; ni
aux frais du luxe élégant dont elle avait le goût, et
dont Napoléon lui-même voulait qu'elle donnât
l'exemple. Elle employait alors en dons ou en
achats une somme double au moins de celle qui
lui était attribuée. Napoléon trouvait fort mauvais
qu'elle fît des dettes ; il les lui reprochait ; il finissait par les payer, en disant hautement qu'il interdisait l'approche du palais à tous ceux qui étaient
en possession de tenter ses fantaisies ou de surprendre sa bienfaisance ; et c'était celui de tous
ses commandements qui trouvait le moins d'obéissance.

le trésor public, et le reste sur la liste civile et sur les forêts
d'Évreux.

Sa surveillance était devenue encore moins efficace, en devenant moins immédiate : l'impératrice
Joséphine avait porté dans sa retraite les mêmes
goûts ; les tentations beaucoup plus nombreuses
encore venaient l'y chercher ; et sans doute, dans
les derniers mois de 1811, Napoléon fut informé
que l'abîme des dettes allait se rouvrir pour elle. Il
n'entrait assurément pas dans mes attributions d'y
mettre ordre ; c'était bien assez pour moi que d'être
chargé de pourvoir aux dettes du trésor public.
Cependant je reçus de Napoléon la commission assez pénible de me faire rendre compte de la situation des affaires de l'impératrice Joséphine ; il
comptait sur la réputation de sévérité que m'avait
faite le simple amour de l'ordre ; au surplus, mon
but est beaucoup moins de dire comment cette mission fut remplie que de livrer à la réflexion de ceux
qui pourront lire cet écrit, le texte de la lettre [1] par
laquelle Napoléon me la donna. Cette lettre me
frappa en quelque sorte comme une disposition

1. «.... Il est convenable que vous envoyiez chercher secrè-
« tement l'intendant de l'impératrice Joséphine, et que vous
« lui fassiez connaître confidentiellement qu'il ne lui sera rien
« payé à l'avenir, si la preuve n'est donnée qu'il n'y a pas de
« dettes ; et comme je n'entends pas raillerie là-dessus, il
« faut que l'intendant sache que je l'en rends responsable.
« Vous lui notifierez qu'à dater du 1er janvier aucun paiement
« ne sera fait, ni au trésor public, ni au trésor de la cou-
« ronne, s'il ne certifie par écrit qu'il n'y a pas de dettes. Je
« suis informé que les dépenses de cette maison sont fort

testamentaire, par sa date, et par les sentiments
qu'elle exprimait. Napoléon semblait y prévoir l'é-
tat d'isolement dans lequel pouvaient se trouver
trois personnes qui lui étaient chères ; il y déposait
cette prétention, qu'il avait, d'être la seule pro-
vidence de tous ceux qu'il avait attachés à sa
destinée. C'est à la prévoyance de l'impératrice
Joséphine qu'il recommandait l'avenir du prince
Eugène et de la reine Hortense ; lui qui, jusqu'a-
lors, avait voulu que les siens n'eussent d'avenir

« désordonnées ; voyez donc cet intendant et mettez-vous au
« fait de ce qui s'y passe sous le rapport de l'argent ; car il
« serait déplorable qu'au lieu d'une économie de 2 millions
« que l'impératrice Joséphine devrait faire, elle eût des
« dettes à payer. Il vous sera facile de tirer le mot de tout
« cela de l'intendant, qui, si cela était, serait fortement com-
« promis ; ayez vous-même l'occasion de voir l'impératrice
« Joséphine, et insinuez-lui que j'ai lieu de compter que sa
« maison est administrée avec ordre, et que ce serait me dé-
« plaire souverainement s'il était rien dû. L'impératrice
« Louise a cent mille écus, elle ne dépense jamais cette
« somme ; elle solde sa dépense tous les huit jours, se prive
« de robes si cela est nécessaire, et s'impose des privations
« pour n'avoir pas de dettes. Partez donc de ce principe, qu'à
« compter de janvier, il ne doit rien être payé pour la maison
« de l'impératrice Joséphine, à moins qu'il ne soit certifié
« par l'intendant qu'il n'y a pas de dettes. Prenez connais-
« sance du budget de cette maison pour 1811 et de celui
« proposé pour 1812 ; ce budget ne devait pas aller à plus
« d'un million. S'il y a trop de chevaux, il faut en réformer ;
« l'impératrice Joséphine, qui a des enfants et des petits-
« enfants, doit économiser pour eux. Sur ce, etc.

« *De Wesel* 1er *novembre* 1811.   *Signé* NAPOLÉON. »

qu'en lui seul ; et je fus encore confirmé dans ces
réflexions par l'empressement et l'intérêt avec lesquels, à son retour de Wesel, d'où il m'avait écrit
la lettre que je cite, il m'entretint de son sujet. Au
lieu de tant d'autres questions plus importantes
qu'il avait à me faire sur les finances publiques, il
ne me parla dans cette entrevue que des *finances de
l'impératrice Joséphine*, des économies qu'elle pouvait et devait faire, des exemples d'ordre et de
réserve dans ses dépenses que donnait l'impératrice
Marie-Louise : « Elle ne peut plus compter sur moi,
« continua-t-il, pour payer ses dettes ; je n'ai plus
« le droit de rien ajouter à ce que j'ai fait pour
« elle ; il ne faut pas que le sort de sa famille ne
« repose que sur ma tête. » Il finit cet entretien
par ces mots, qu'il prononça d'une voix sourde,
comme s'il eût craint d'être entendu, quoique
nous fussions seuls : « *Je suis mortel, et plus qu'un
autre.* »

Et depuis, il ne négligeait pas de me demander
compte de ma nouvelle surveillance ; il fallut que je
connusse le bilan de cette maison aussi exactement
que celui du trésor ; je fus très-bien secondé par
l'intendant[1], qui sut concilier la double obéissance
qui lui était imposée ; mon rôle fut plus difficile
vis-à-vis de l'impératrice. Son déplaisir se mani-

---

1. M. le comte de Montliveaux.

festa plus d'une fois avec la faiblesse naturelle d'une femme, et il arriva un jour à l'empereur d'interrompre le compte que je lui rendais d'une de mes entrevues avec elle, en me disant vivement : *Mais il ne fallait pas la faire pleurer.* Lorsqu'à propos d'une circonstance particulière, j'énonçais la crainte que *ma sévérité* ne l'empêchât de conserver des pensions à trois anciens militaires qui demandaient depuis longtemps à servir sous les drapeaux de Napoléon, après en avoir servi un autre : *Donnez-moi le nom de ces trois officiers*, me répondit-il, *et dites-lui que je ne veux pas qu'elle pleure.* Les trois officiers furent employés.

Cette anecdote m'a paru mériter d'être recueillie, parce quelle présente encore des nuances nouvelles dans un caractère si fécond en singularités de tout genre ; elle révèle dans Napoléon, comme je l'ai dit *l'esprit de famille*, composé de sévérité dans le commandement, et d'une sorte de crainte de trouver, trop près de lui, du mécontentement et de la plainte. Sa lettre contenait des menaces contre sa première épouse ; il voulait que l'effet en fût assuré, et cependant qu'on lui en épargnât les alarmes. On voit, par les explications qui suivirent cette lettre, qu'il lui en coûtait pour imposer des privations à ses goûts, même en la rappelant à des devoirs qui devaient être d'un tout autre intérêt pour elle ; on ne peut surtout se refuser à recon-

naître quelque générosité dans son désir d'écarter
de la personne qu'il avait le plus aimée, le partage
des hasards auxquels il avait l'imprudence de se
livrer encore lui-même. Ce qu'il pouvait mettre
de délicatesse dans ses intentions et ses procédés
conservait souvent des formes âpres ; mais il mettait peut-être du calcul dans cette âpreté même.
Il avait trop de choses à régler pour s'exposer à
revenir plus d'une fois sur la même ; il ne proposait pas, il décidait.

C'était surtout pour qu'on lui évitât l'occasion
des émotions qu'il affectait l'insensibilité ; c'est
ainsi que, dans certaines discussions, il échappait
à la controverse en se pressant de dire que son
opinion était *fixée*, et que les *arguties* ne prévalaient pas contre *la sûreté de son premier coup d'œil* ;
comme, aussi, il mettait en avant *l'infaillibilité*
de sa prévoyance sur les événements, lorsqu'il
trouvait de l'hésitation et du doute dans ceux
qu'il chargeait de quelque expédition aventu-
reuse.

J'ai fait entrevoir que, dans les premiers mois
de cette année 1811, préoccupé comme il l'était de
la moins nécessaire et de la plus hasardeuse de ses
entreprises, en même temps qu'il donnait chaque
jour de nouveaux ordres pour augmenter le matériel des préparatifs, il laissait à cet égard tous les
embarras de l'exécution à son ministère : il semblait

croire qu'il avait rempli sa tâche, soit en donnant
aux ministres des suppléments de crédit qui n'é-
taient qu'en promesses, soit en balançant les nouvelles charges du trésor public par des ressources
encore moins réelles, tandis que, de leur côté, les
entrepreneurs de services militaires profitaient de
l'urgence des commandes qui leur étaient faites
pour demander toujours des avances sur leurs
fournitures et pour en augmenter le prix. Dans le
programme qu'il avait dressé des divers services
militaires pour 1812, il avait tracé en masse la
nomenclature des objets nécessaires à une armée
de quelques centaines de mille hommes, destinés
à traverser des déserts de quelques centaines de
lieues ; c'était là qu'il avait borné cette fois son
rôle, laissant aux ministres les détails, comme s'il
avait craint de se désenchanter, en quelque sorte,
en abordant de plus près les difficultés. Les préparatifs d'une guerre en Russie exigeaient en effet
bien d'autres combinaisons, bien d'autres dépenses
que ceux des campagnes précédentes ; on peut les
apprécier tous par le seul service des transports
pour une telle armée, et pour une telle destination.

Cependant Napoléon suivait encore la trace de
ses anciennes habitudes dans toutes les parties de
l'administration publique, et particulièrement dans
la direction d'une autre expédition qu'il ne justi-

fiait assurément pas en répétant qu'il ne *réclamait pour la France au delà des Pyrénées qu'une partie de l'héritage de Louis XIV*. La guerre d'Espagne était à sa quatrième année, c'est dire assez ce qu'elle coûtait de sacrifices à ce pays et à la France ; il n'entre pas dans mon sujet de parler des opérations militaires ; elles se bornaient à des combats sans résultat, à l'occupation des principales places par nos armées, souvent réduites à se caserner dans leur enceinte. Celui de ses frères que Napoléon avait fait roi d'Espagne, était lui-même comme assiégé dans sa capitale, devenue une grande place d'armes isolée du reste du royaume. Plus cette guerre se prolongeait, plus elle ajoutait à l'énergie de la plus excusable des insurrections et aux sacrifices de la France, contre laquelle cette insurrection était dirigée. La condition de la France dans cette lutte était :

D'employer environ 6 millions par an à défrayer à Madrid la cour du roi Joseph, qui ne pouvait obtenir aucun revenu du pays sur lequel il régnait ;

De payer une somme à peu près égale aux princes espagnols retenus captifs ;

D'entretenir dans ce pays cinq armées, sous le nom d'armée de Portugal ou du Nord, armée du Centre, armée du Midi, armée d'Aragon, armée de Catalogne :

Et tout cela, pour préparer à l'Angleterre un

champ de bataille qui ne pouvait être pour elle que
celui de la victoire, au sein de deux nations que
nous avions forcées de devenir ses auxiliaires. Certes, parmi les nombreux problèmes que présentera
la vie d'un homme aussi extraordinaire, aussi
grand que Napoléon, un des plus difficiles à résoudre pour ceux qui considéreront en lui le grand
capitaine, ce sera la conception, la direction de la
guerre d'Espagne ; et j'en écarte même encore ses
premiers actes, qu'aucun succès peut-être n'aurait pu justifier, et qui seuls, d'ailleurs, devaient
être un obstacle au succès ; cette combinaison à
double effet, qui rendit un trône vacant pour en
rendre l'usurpation plus facile ; cette violation de
l'hospitalité de la part de soldats reçus comme des
alliés, et subitement devenus les conquérants des
provinces dont ils ne devaient qu'emprunter le
passage, ces manifestes injurieux qui auraient
donné le courage de la vengeance à la nation
la plus servile, et qui s'adressaient à la plus
fière.

Mais avoir conçu le dessein de subjuguer 10 millions d'hommes ; de conquérir leur territoire ; de
leur imposer un roi nouveau et des lois nouvelles
avec cent cinquante mille hommes ! N'avoir pas
craint de voir ce peuple s'armer d'autant plus
promptement tout entier, qu'il ne lui restait plus
ni gouvernement pour le modérer, ni armée régu-

lière pour le défendre ! Avoir exigé des contributions en nature, d'hommes peu laborieux, et qui
n'avaient pas de provisions pour eux-mêmes !
Avoir livré la domination d'un pays, très-jaloux de
son unité monarchique, à cinq armées placées à
de grandes distances les unes des autres, sous des
chefs indépendants, dans des positions qui ne per-
mettaient que difficilement des communications
entre elles, et au centre desquelles se trouvait un
roi, dont elles devaient fonder l'autorité, et qui
n'en avait aucune sur elles ! Et, après trois années
de résistance, croire pouvoir encore, à quatre
cents lieues de distance et souvent de plus loin,
faire les ordres du jour de chacune de ces armées,
diriger tous leurs mouvements, suivre leur discipline, pourvoir à tous leurs besoins ! Certes, avant
Napoléon, aucun conquérant n'avait bravé les
hasards d'une telle entreprise, dans laquelle, par
la force même des choses, tout succès partiel
ne pouvait avoir que son influence locale, et
tout revers local devait créer un danger général.

D'un autre côté, lorsque l'on considère combien
les armées anglaises, qui déjà devaient à la supériorité du nombre l'occupation du Portugal, si
largement pourvues, par leurs communications
avec la mer, de tous les moyens d'attaque, de tous
les approvisionnements nécessaires, et qui enré-

gimentaient à leur suite tous les Espagnols en état
de porter les armes ; si bien secondées, si bien
averties, sur tous les points, par toutes les classes
d'habitants ; pour qui tout était secours, tandis
que tout était obstacle pour nos troupes ; lorsque
l'on considère, dis-je, combien ces armées étaient
circonspectes dans leurs manœuvres sur les frontières d'Espagne, combien leur marche était lente
et cauteleuse, on explique du moins, si on ne la
justifie pas, la persévérante sécurité de Napoléon devant un ennemi d'une prudence si timide.

Il comptait, pour observer et contenir les mouvements des armées anglaises, sur le corps français
qui avait évacué le Portugal et qu'il appelait son
armée du Nord. L'armée du centre protégeait la
résidence royale. Un général très-habile contenait avec une autre armée le midi de l'Espagne, et
gouvernait la riche Andalousie comme une colo-
nie ; l'Aragon était déjà traité comme une province
de la France, et l'armée qui avait conquis la Catalogne, marchait à la conquête de Valence. Quoique
ce plan d'opération manquât d'ensemble, puisque,
si un seul de ses points était attaqué par des forces
supérieures, il ne pouvait pas être secouru par les
autres, Napoléon ne le réformait pas ; son habitude de mépris sur toute tactique qui n'était pas
la sienne lui persuadait que les armées anglaises se

consumeraient en hésitations dans la Péninsule comme à Walcheren..... Il fallait bien du moins qu'il cherchât à se le persuader !

Avec les projets qu'il méditait pour 1812, il ne pouvait pas envoyer de nouvelles troupes en Espagne ; il ne pouvait non plus affaiblir les cinq armées jetées à de grandes distances les unes des autres, parce que leurs chefs déclaraient qu'ils ne répondraient plus de leurs positions, si on leur ôtait un seul régiment : concentrer les forces françaises, c'eût été sans doute se donner une pleine garantie contre toute entreprise de la part des généraux anglais ; mais c'était aussi reculer devant l'insurrection espagnole, la rendre plus générale, plus animée, et abandonner des conquêtes déjà faites ; c'était, dans un tel pays, multiplier, par l'accroissement même de sa force, les dangers de la disette pour une armée qui n'avait pas, pour s'approvisionner, les mêmes ressources que les camps anglais ; il y avait donc là un cercle de difficultés insolubles ; on ne pouvait en sortir que comme on y était entré, par des fautes ; et le maintien du *statu quo*, pour lequel Napoléon se décidait, était définitivement peut-être la plus grave.

Mais en même temps que Napoléon ne voulait rien changer à son système de guerre en Espagne ; en même temps qu'il ne pouvait pas, d'après ses projets ultérieurs sur le nord de l'Europe, envoyer

en Espagne de nouveaux renforts, il voulait au
moins prouver aux troupes, qu'il y retenait, la persévérance de ses soins et de son attention sur elles,
en réglant lui-même les envois d'habillement et
d'équipement de toute espèce, d'argent pour la
solde, souvent même de vivres [1], qui leur étaient
faits de l'intérieur de la France. Au lieu de se
borner, comme pour la nouvelle expédition qu'il
préparait, à faire rassembler en masse sur les
frontières du nord de la France le matériel des immenses préparatifs qu'il avait ordonnés, il voulait
intervenir lui-même dans la distribution qui devait
être faite, à chaque corps de l'armée d'Espagne,
des fonds et des diverses fournitures qu'ils devaient
recevoir ; il les faisait annoncer d'avance par des
officiers d'état-major qui en répandaient la nouvelle dans tous les postes, et qui, à travers mille
dangers, venaient, sur cette terre d'exil, consoler
les soldats français par la certitude que l'empereur
s'occupait du sort de chacun d'eux. Jamais sa correspondance avec moi n'avait été plus active que
dans cette année sur la comptabilité militaire d'Espagne ; indépendamment de ses diverses disposi-

1. On ne pouvait approvisionner la garnison française de
Barcelone que par mer ; il fallait traverser l'escadre anglaise
qui bloquait cette place ; pendant plusieu.s mois, l'entrepre-
neur de ce service exigea que la farine qu'il introduirait dans
Barcelone lui fût payée à raison de 50 centimes la livre de
seize onces.

tions relatives aux princes espagnols, aux frais de
leur établissement à Valençay, à l'entretien de la
cour de son frère Joseph à Madrid, il voulait que je
lui rendisse compte de ce qui était dû à chaque
corps d'armée sur sa solde, et du produit des réquisitions en nature qu'elles avaient exercées dans
ce pays : il voulait que là solde fût toujours *au
courant*, suivant son expression habituelle ; et, par
la seule tendance de ses calculs restrictifs, il empêchait lui-même que ce but fût atteint, puisqu'il
avait limité les fonds dont le trésor public devait
disposer, pour le service de la solde proprement
dite en Espagne, à une somme inférieure aux besoins de l'effectif réel ; il me dénonçait les plaintes
qui lui étaient adressées sur cette insuffisance ; le
trésor public prouvait que chaque mois ses envois
de fonds avaient eu lieu dans la proportion pres-
crite ; mais il arrivait que ces fonds ne trouvaient
pas d'escorte, et qu'ils restaient stagnants dans les
premières villes d'Espagne où ils créaient une inutile abondance, et souvent des tentations contre
lesquelles aurait pu échouer une fidélité moins
sûre que celle des agents du trésor public sur les
lieux.

Quoique le trésor public n'eût encore éprouvé
aucune perte d'argent en Espagne, Napoléon avait
senti, dans le cours de 1810, la nécessité de pourvoir à ce que de nombreuses escortes accompa-

gnassent tous les envois de fonds, et dans le grand
nombre de lettres qu'il m'avait déjà écrites pendant les premiers mois de 1811 sur les affaires
d'Espagne, je crois devoir en citer une [1] qui
pourra donner une idée de l'espèce d'ordre synthé-
tique qu'il parvenait à mettre dans les détails dont
il voulait ne pas perdre la trace. Il rappelait dans
cette lettre les premiers envois de fonds, qui
avaient exigé des escortes, quelques mois auparavant; c'était seulement depuis cette époque que la

[1]. « Plusieurs envois de fonds escortés sont déjà entrés en
« Espagne ; il est nécessaire de numéroter ces convois pour
« nous entendre.

« Le convoi de 3 millions, parti de Bayonne le 16 août, sous
« le commandement de l'adjudant-commandant G..., s'ap-
« pellera le *premier convoi*.

« Celui de 2,500,000 fr., parti le 2 octobre de Bayonne, sous
« le commandement du chef de bataillon C..., s'appellera le
« *second convoi*.

« Celui de 3 millions, parti le 1er février, s'appellera le *troisième convoi*.

« Enfin, celui qui va partir en vertu de mes ordres du
« 29 mars, sous le commandement de l'adjudant S..., sera le
« *quatrième convoi*.

« Par ces convois, l'armée de Portugal aura reçu 6 millions,
« dont 500,000 fr. pour le neuvième corps ; reste 5,500,000 fr.
« pour l'armée de Portugal, ce qui doit faire la solde de six mois.

« L'armée du Midi aura reçu 3,500,000 francs.

« L'armée du Centre aura reçu 3,000,000 francs.

« Comme les transports d'argent sont très-difficiles à l'armée
« du Midi, je désire que les 500,000 francs qui devaient être en-
« voyés à l'armée du Midi avec le quatrième convoi, soient en-
« voyés à l'armée de Portugal; ce qui portera à 6,500,000 fr.

répartition de la solde entre les différents corps
d'armée éprouvait des retards en Espagne; car antérieurement le service des dépenses militaires,
sur ce point, était aussi régulièrement établi dans
les écritures respectives du trésor public et de ses
agents que dans l'intérieur de la France; mais
l'intermittence inévitable des envois de fonds, qui
prirent alors le titre de *convois*, provoquait des
plaintes, Napoléon voulait pouvoir prouver, par

« les envois faits à cette armée, et que le trésor rem-
« place par des traites ces 500,000 francs à l'armée du
« Midi.

« Un cinquième convoi partira de Bayonne le 15 avril, et
« se composera de 6 millions destinés ainsi qu'il suit :

« Armée de Portugal, 3,000,000
« Armée du Midi. 1,000,000
« Armée du Centre. 2,000,000

« Après l'arrivée de ce cinquième convoi, l'armée de Portugal
« aura donc reçu sur les fonds escortés, et depuis les derniers
« mois de 1810, 9,500,000 francs, l'armée du Midi 4,500,000 fr.
« l'armée du Centre 5 millions.... Maintenant faites-moi un
« rapport, qui lie la comptabilité des convois escortés avec celle
« des convois des fonds antérieurs, et me fasse bien connaître la
« portion de ces envois qui doit être imputée sur l'année 1810, et
« celle qui appartient à l'exercice courant; en un mot, quelle
« doit être la situation de la solde de ces trois armées après la
« réception des cinq convois; il faudra évaluer les secours
« qu'elles ont pu tirer du pays.

« Relativement aux 500,000 francs par mois que j'autorise
« le trésor public à prêter au roi Joseph, écrivez au ministre
« des finances d'Espagne. Sur ce, etc.

« *Paris, 4 avril* 1811. *Signé* NAPOLÉON. »

leur présence même sur les frontières espagnoles, qu'il ne négligeait pas les besoins des troupes ; c'était pour lui un moyen de tempérer leur impatience, et de rendre en quelque sorte solidaire pour leurs chefs, l'obligation de veiller à la sûreté des communications entre leur quartier-général et les frontières françaises.

L'avant-dernier paragraphe de cette lettre présentait au trésor public une occasion qu'il ne devait pas laisser échapper, de remettre sous les yeux de Napoléon le tableau des sacrifices que l'expédition d'Espagne coûtait déjà à la France. Le compte de la solde, pour être régulier, devait embrasser, non-seulement les paiements faits à chaque corps d'armée depuis 1810, mais aussi ceux qui avaient eu lieu depuis l'entrée de ce corps en Espagne, et celle de chaque régiment dont il s'était successivement accru ; les éléments de ce compte étaient soigneusement conservés au trésor public ; ses divers agents me transmettaient exactement l'indication des mouvements, des changements qui survenaient ; et, jusqu'alors, dans une expédition de ce genre, les troupes une fois acclimatées, ne subissaient guère d'autres chances que celles des mauvaises garnisons. Mais les résultats recueillis au trésor public d'après les destinations que Napoléon avait assignées aux envois de fonds, différaient nécessairement de ceux que lui faisaient directement parve-

nir des colonels, dont les régiments éprouvaient
des retards, soit parce que les fonds étaient retenus en route, soit parce que les généraux en sus-
pendaient la distribution pour conserver des réserves, soit parce qu'ils se trouvaient momentanément
forcés de les employer à des besoins encore plus
urgents que la solde; et j'ai déjà dit, d'ailleurs,
que l'espèce d'abonnement d'environ 30 millions
auquel Napoléon venait de fixer le service de la
solde en Espagne était au-dessous de la proportion nécessaire ; il avait en effet compté sur des
suppléments que le pays ne fournissait pas ; il avait
aussi supposé que les auxiliaires italiens et allemands seraient entretenus par leurs princes, condition qui n'était pas remplie, et à laquelle il fallait
bien que les payeurs du trésor public suppléassent
sur les lieux. Tant de causes de mécomptes devaient donner ouverture à une longue et contentieuse controverse, et Napoléon ne s'en épargna
pas les ennuis ; il employa quatre mois, comme si
l'affaire d'Espagne eût été son unique affaire, à
comparer, discuter, contester les masses de chiffres qui sortaient du trésor public ou des états-ma-
jors des cinq armées. Je supprime cette correspondance, qui n'est plus remarquable aujourd'hui que
par son volume ; elle étonnerait même de la part
d'un homme qui aurait eu pour unique passion la
manœuvre des chiffres ; elle se termina toutefois

par un témoignage de justice rendu à ceux du trésor public, et je consigne ici ce témoignage parce
qu'il est surtout honorable pour tous mes coopérateurs ; mais, même en le rendant [1], Napoléon ne re-
nonçait pas à la discussion ; il semblait n'être pas
encore saturé de détails sur la simple comptabilité
d'une expédition dont le temps devenait le seul
arbitre, puisqu'elle se trouvait réduite pour nos
troupes, dans presque toute la Péninsule, à des
campements oisifs sur des provinces envahies
sans être soumises ; on eût dit qu'il tâchait
de détourner l'attention du trésor public des
autres dépenses extraordinaires dont il devait
bientôt supporter la charge, pour ne pas ralentir
ses efforts en faveur des armées d'Espagne ; que
lui-même il voulait n'avoir plus à penser à ces
armées, lorsque sa grande armée d'Allemagne
captiverait tous ses soins ; et le moment approchait.

1. « Je vous envoie mes observations sur votre travail des
« finances d'Espagne ; vous verrez qu'il y a encore bien des ren-
« seignements à réunir ; je ne puis toutefois que vous témoigner
« la satisfaction que j'éprouve à voir que, grâce à votre activité,
« il est encore possible de saisir le fil de ce dédale ; je ne vous
« renvoie pas votre travail, parce que je suppose que vous en
« avez gardé copie ; je vous en demande un autre plus volumi-
« neux, détaillé par année, et qui soit augmenté et rectifié par
« les nouveaux renseignements que vous acquerrez en creu-
« sant la matière. Sur ce, etc.

« *Saint-Cloud*, 23 *août* 1811.   *Signé* NAPOLÉON. »

Il était encore déterminé par un autre motif; il
considérait avec une sorte d'inquiétude les dépenses de cette guerre allumée depuis cinq ans en
Espagne, et dont on ne pouvait prévoir ni le terme
ni l'issue. Pour balancer les sacrifices faits par la
France, il voulait trouver, dans les comptes du trésor, un relevé de ceux qu'avait supportés l'Espagne, en contributions locales et en réquisitions en
nature ; il aurait même toléré, sur cet objet, quelque exagération dans les calculs ; d'un côté, pour
modérer les demandes d'argent que lui adressaient
sans cesse les généraux ; de l'autre, pour faire
croire en France que la guerre d'Espagne n'était
pas tout à fait stérile en compensations : mais il
n'était pas au pouvoir des agents du trésor public,
quelque soin qu'ils y apportassent, de comprendre
dans leurs comptes les produits de cette sorte d'ex-
cursions que les détachements de chaque armée
faisaient dans les campagnes pour se procurer
quelques rations de fourrages et de vivres ; ils re-
cueillaient cependant des notions sur toutes les
denrées qui parvenaient aux magasins militaires,
et c'était pour les compléter que Napoléon, en
apercevant leurs efforts, me demandait compte
*des nouveaux renseignements que j'acquerrais en
creusant la matière.*

Pour prévenir, à cet égard, les réticences auxquelles pouvaient être disposées les administrations

militaires, des administrateurs civils furent envoyés
de France dans les cantonnements de chaque armée ; je crois que, d'après des recherches soigneusement faites, les différentes réquisitions suppor-
tées par les provinces espagnoles, au profit des
armées françaises, dans les six années pendant lesquelles la suspension de tout gouvernement central
les affranchissait de tout autre impôt, peuvent être
évaluées à 350 millions ; et, en évaluant aussi les
fournitures d'armes, d'habits, d'équipement de tout
genre, et provisions diverses envoyées de France
dans la même période, et dont la valeur doit s'a-
jouter aux envois périodiques d'argent que faisait
le trésor pour la seule solde, on obtiendra au moins
un résultat égal. Ainsi, cette expédition peut avoir
coûté 700 millions environ aux deux pays. L'année 1811 prouve surtout, comme je l'ai dit, que
rien n'était en effet moins définitif que ce prétendu
abonnement annuel de 24 à 30 millions que Napoléon paraissait avoir fixé pour la solde (mais pour
la seule solde) des troupes françaises en Espagne,
abonnement qu'il rappelait encore au trésor public,
comme sa règle, au mois de juin de la même année [1]. Or, déjà à la même époque, indépendam-

---

1. «.... Je désire que 2 millions soient envoyés à l'armée de
« Catalogne, imputables sur les 2 millions par mois que vous
« faites passer aux armées en Espagne... Sur ce, etc.

  « *Saint-Cloud*, 26 *juin* 1811.   *Signé* NAPOLÉON »

ment de 2 millions dirigés sur la Catalogne, six convois escortés avaient versé en Espagne 23 millions; le nombre des convois avait été porté dans les six mois suivants jusqu'à onze [1], dont les cinq derniers s'élevaient à 18 millions; les 500,000 fr. par mois, accordés à Joseph Bonaparte, pour l'entretien de sa cour à Madrid, avaient aussi reçu des suppléments [2]. Un troisième million de fonds extraordinaires avait été envoyé à la Catalogne à la fin de décembre [3], et je crois ne pas m'écarter du calcul exact dont les éléments ne sont plus en mon pouvoir, lorsque j'évalue à 71 millions [4] la dépense

1. « Prenez des mesures pour que le neuvième convoi soit prêt « à partir de Bayonne le 1er octobre, pour que le dixième parte « le 1er novembre, et le onzième le 1er décembre. Sur ce, etc.

« Compiègne, 31 août 1811.   Signé NAPOLÉON. »

2. « Faites remettre au roi Joseph un million sur la caisse de « service; cette somme sera régularisée plus tard. Sur ce, etc.

« Saint-Cloud, 13 juin 1811.   Signé NAPOLÉON. «

3. « Il faut envoyer à Barcelone un million, dont 500,000 fr. « pour la solde et 500,000 francs pour achat de blé, viande, « légumes, etc. Sur ce, etc.

« Paris, 29 décembre 1811.   Signé NAPOLÉON. »

4. Détail des fonds du trésor public envoyés par convois en Espagne en 1811.

1er convoi.	3,000,000
2e —	2,500,000
3e —	3,000,000
4e —	4,000,000
5e —	6,000,000
	18,500,000

supportée, dans cette seule année, par le trésor
public pour l'entretien et la solde des armées françaises en Espagne, en y comprenant les suppléments d'artillerie, de munitions, d'armes, d'habits,
de médicaments, qui leur furent envoyés de
France. Cette dépense n'excédait peut-être que de
quelques millions celle des quatre années précédentes; mais la moindre aggravation dans les charges du trésor public se faisait plus vivement sentir
dans une année qui devait improviser les préparatifs
d'une expédition encore plus dispendieuse, avec
un budget dont les recouvrements devaient rester,
à la fois, et fort en arrière, et fort au-dessous de
ses besoins. C'est parce que Napoléon appréciait
l'excès des efforts qu'il imposait à la trésorerie
que, quoiqu'il eût eu, en quelque sorte, constamment son ministère sous sa main dans une période
où il s'éloigna peu de sa capitale, il évitait alors de
discuter les questions de finances, soit dans ces fré-

Report.		18,500,000		
6e	—	5,000,000		
7e	—	4,000,000		
8e	—	4,000,000		
9e	—	3.000,000		
10e	—	4.000,000		
11e	—	3,000,000		
Total.		41,000,000	ci.	41,000,000
Plus, à Barcelone.		3,000,000		
Au roi Joseph.		7,000,000		30,000,000
Fournitures milit. en nature envoyées de France.		20,000,000		
Total égal.				71,000,000

quents conseils où il le réunissait, soit dans les conférences particulières où il appelait chaque ministre; il y suppléait par cette volumineuse correspondance, dans laquelle chaque lettre prescrivait,
à titre d'urgence, des paiements partiels qui de-
vançaient ainsi l'échéance qu'ils auraient dû trouver dans la répartition régulière et proportionnelle
des dépenses sur la durée naturelle d'un budget.
Lorsqu'on lui adressait quelques objections de vive
voix sur la difficulté d'exécuter les ordres conte-
nus dans ses lettres, il les écartait en disant :
« Vous me répondrez par écrit. » Ce n'était là
qu'une manière d'annoncer qu'il maintenait son
premier ordre.

Il m'arriva un jour de lui dire que, dans cette
année, sans la guerre d'Espagne, il aurait 71 millions de plus dans les caisses publiques, et cent
cinquante mille hommes de moins à lever en
France, il ne répondit rien et me quitta brusquement. A la vérité, le lendemain 24 novembre 1811,
il m'écrivit [1] que, dans les dispositions de finances

---

1. « Il faut préparer pour le budget de 1812 un travail qui
« tende à nettoyer le trésor public de tout ce qui est non-valeur,
« de tout ce qui a été prêté au roi d'Espagne et aux princes
« espagnols, et qui n'est compris dans aucun budget, de ce
« qui est donné à la Russie, enfin de toutes ces non-valeurs du
« trésor, desquelles il n'y a rien à espérer ; je verrai à créer
« une ressource extraordinaire pour couvrir tout cela. Sur
« ce, etc.

« *Saint-Cloud, le 24 novembre* 1811.   *Signé* Napoléon. »

pour 1812, il fallait pourvoir aux besoins de la
trésorerie; qu'il emploierait d'abord quelque ressource extraordinaire pour couvrir les diverses
avances [1] que le trésor public avait faites en dépenses non prévues par les budgets. Ces avances
s'élevaient, à la fin de 1811, à près de 40 millions. Napoléon devait avoir alors dans les caisses
de son domaine extraordinaire près de 200 millions
en espèces ou placements, indépendamment des .
obligations de la Prusse et de l'Autriche à long
terme qui devaient s'élever à une somme à peu
près égale. On eût dit que l'esprit de thésaurisation
agissait sur lui comme sur les autres hommes.
C'était ce même conquérant dont les armées n'a-
vaient si souvent reçu leur solde que des mains de
la victoire, qui semblait mettre alors sa principale
confiance dans un *trésor* auquel il ne touchait pas;
il le gardait si bien qu'il parvint à éluder longtemps et à ne remplir que très-imparfaitement la
promesse que m'avait apportée sa lettre.

On conçoit que dans les siècles d'ignorance et
de barbarie, dans les pays dénués de civilisation
et d'industrie, d'administration et de revenus fixes,
la grossière prévoyance de quelques despotes ait
employé la thésaurisation comme ressource et

1. Elles étaient indépendantes des avances nécessaires
pour couvrir le retard des recouvrements relativement aux
dépenses exigibles.

comme garantie; mais on n'explique pas comment, en 1811, le chef d'un grand État n'a pas aperçu qu'il romprait en quelque sorte la communauté d'intérêt entre lui et le peuple qui l'avait adopté, en cherchant à se créer pour quelques dangers imprévus des moyens d'action et d'influence en dehors du concours et de l'assistance du pays.

Le conquérant qui avait le plus médité peut-être sur l'histoire romaine, dans laquelle il allait si souvent chercher des exemples, oubliait quel avait été le sort des princes qui n'avaient pu opposer aux armes de Rome que des trésors et des stipendiaires. Il oubliait également que le sénat romain, en couronnant le triomphateur, mettait le peuple tout entier en partage des profits et des honneurs du triomphe. Quelque magnifiques qu'aient été les récompenses accordées par Napoléon à quelques-uns de ses généraux, elles n'étaient jamais qu'une faible partie des dépouilles étrangères; et la condition de la France était toujours d'alimenter par ses seules contributions un trésor public toujours chargé de pourvoir aux dépenses de guerres nouvelles.

On a dit assez justement qu'il n'appartenait pas plus au raisonnement commun d'expliquer Napoléon qu'à l'œil humain de mesurer le désert; on peut dire aussi que le grand guerrier, qui si souvent parlait du pouvoir de la destinée, semblait être entraîné par la sienne, au milieu de tant d'entreprises gigantesques, à reporter plus loin dans chacune d'elles son premier but, aussitôt qu'il était près de l'atteindre !

Lorsqu'il réunit, par exemple, la Hollande à la France, son premier objet avait été de soumettre au régime continental les ports et les rivages hollandais, qui, sous le règne de son frère, n'avaient pas pu être complètement fermés au commerce anglais. Il y joignit bientôt le désir de trouver de nouvelles ressources pour ses finances dans un pays qui déjà par ses revenus ne suffisait pas à ses charges. J'ai déjà dit qu'il avait employé un étrange moyen pour y parvenir, celui de frapper les propriétaires de la dette publique hollandaise d'une réduction des deux tiers dans les capitaux et les intérêts qui leur étaient dus, et d'imposer une taxe de 40 à 50 pour cent sur toutes les marchandises étrangères qui se trouvaient dans les magasins du commerce. Mais, par une intention encore plus étrange, il voulut, en interdisant à la Hollande le commerce maritime, faire revivre cette ancienne marine militaire qui l'avait ruinée dans les cinquante premières années du dix-huitième siècle, rendre à ses chantiers l'activité que Pierre-le-Grand y avait trouvée, réparer ses ports, surpasser Cohorn dans l'art de fortifier ses places, ouvrir à travers les marais des routes militaires, remplir ses

villes de soldats, couvrir ses frontières de douaniers, prendre à sa solde tous les hommes inoc-
cupés, à titre de recrues tant pour le service de
terre que pour le service de mer. Et l'on va voir
combien, par une telle marche, il fut jeté loin de
ses premiers calculs.

S'il était devenu presque impossible à la Hollande
d'acquitter 90 millions de taxes annuelles, lorsque
sa dette publique devait absorber en intérêts 78 millions par année, il lui était plus difficile encore
peut-être de supporter 57 millions de taxes, lorsque
tant de familles perdaient 52 millions de revenu,
par l'acte qui réduisait les intérêts de la même dette
publique de 78 millions à 26 millions; et c'était
cependant en cet état de choses que Napoléon,
en affectant, par exemple, 15 millions aux frais de
l'administration intérieure du pays au delà de ceux
de la dette publique, avait cru pouvoir se promettre que la réunion de la Hollande augmenterait
d'une somme à peu près égale les anciennes ressources de la France; mais tant d'établissements
nouveaux, tant de créations qu'il avait impro-
visées dans ce pays, absorbaient, et au delà, les
excédants; aussi le trésor public de France fut-il
au contraire bientôt menacé de l'obligation de
fournir un subside à la Hollande [1], quoique les

1. « Je vous envoie une lettre de..... Je ne puis croire à un si
« grand déficit (en Hollande). Je ne sais ce qu'il veut me dire avec

administrateurs locaux, qui étaient tous des hommes du pays, portassent dans le régime des dépenses l'ordre le plus régulier et l'économie la plus austère : il est vrai qu'il y avait loin de leur arithmétique à celle de Napoléon, qui, exigeant souvent d'un homme le service de deux hommes, espérait en faire autant des écus.

Je pourrais citer bien des exemples du goût de Napoléon pour ce genre de double emploi ; et c'était souvent très-sérieusement qu'il commettait de telles erreurs ; on en retrouvera encore plusieurs traits dans sa correspondance relative à l'armée française cantonnée dans plusieurs places d'Allemagne ; je n'en donnerai que des extraits qui en révéleront en même temps quelques-unes des combinaisons préparatoires de l'expédition qu'il projetait pour 1812.

Napoléon ne demandait pas mieux que de persuader à la France qu'il ne l'agrandissait que pour l'enrichir ; mais la France voyait s'aggraver chaque année ses sacrifices en hommes, en réquisitions, en impôts ; et c'était un moment mal choisi pour faire valoir auprès d'elle l'incorporation des pre-

« les 4 millions que l'on pourrait tirer de la vente des canons.
« Est-ce que je puis faire de l'argent avec des canons ? Que ne me
« demande-t-il aussi que j'aie la valeur des digues. Peut-on
« avancer de telles pauvretés ! Faites-lui comprendre que je n'ai
« pas d'argent à lui envoyer, et qu'il faut qu'on trouve des res-
« sources dans le pays. Sur ce, etc.

    « *Paris, 1er avril* 1811.   *Signé* NAPOLÉON. »

mières villes commerçantes du monde, que celui
où Amsterdam, Hambourg, Bremen et Lubeck ne
devenaient françaises que pour cesser d'être commerçantes.

Nous venons de voir que la réunion de la Hollande devait faire prévoir plus de charges que de
profits. Les trois départements des Bouches-de-
l'Elbe, des Bouches-du-Weser et de celles de l'Ems,
ne promettaient pas d'être pour le fisc français de
plus utiles auxiliaires, quoiqu'il fût parvenu en
peu de mois à s'y établir avec tout son cortège :
la totalité des contributions françaises acclimatées
dans ces trois départements ne pouvait pas produire un revenu annuel de plus de 17 millions. Au
mois de février, Napoléon avait affecté ce revenu
au paiement d'une partie de la solde des troupes
françaises en Allemagne ; mais la lettre qui portait
cette disposition en contenait une autre plus remarquable [1] ; elle prescrivait, dès cette époque, l'établissement d'une caisse de réserve à Hambourg.
Quelques jours après [2], j'avais reçu l'ordre de

---

[1]. « Les revenus des trois nouveaux départements doivent
« être employés pour le service de l'armée d'Allemagne, spé-
« cialement pour la solde ; et comme la recette n'équivaudra
« pas à la dépense, je pense qu'il serait convenable d'avoir
« quelques millions en réserve à Hambourg. Sur ce, etc.
  « *Paris*, 24 *février* 1811.   *Signé* NAPOLÉON. »

[2]. « Je désire avoir dans une caisse à Hambourg, comme
« fonds de réserve toujours existant, 6 millions. Cette caisse

maintenir constamment à 6 millions les fonds de
cette caisse dont l'existence devait être un secret
entre Napoléon et moi. Le 23 mars [1], il m'avait
exprimé l'intention d'employer à Dantzick 2 millions en nouvelles fortifications. Le 24 [2], il annonçait qu'il prenait à sa solde cinq régiments polonais
en garnison dans cette ville, et en me chargeant
d'y pourvoir, ainsi qu'au paiement des 2 millions attribués aux travaux du génie, il prescrivait aussi dans cette place la formation d'une
caisse de réserve de 3 millions. C'était indépendamment des préparatifs dont on s'occupait
dans l'intérieur de la France, qu'il ordonnait ces

« devrait être ignorée de l'ordonnateur, et connue seulement
« de moi et de vous. Sur ce, etc.

    Paris, 9 mars 1811.   *Signé* NAPOLÉON. »

    1. « Mettez à la disposition de votre payeur à Dantzick un
« premier fonds de 2 millions pour être employé aux fortifi-
« cations de cette ville.

    « 23 *mars* 1811.   *Signé* NAPOLÉON. »

    2. « Je vous ai mandé hier que je voulais employer 2 mil-
« lions aux fortifications de Dantzick. Je viens d'en arrêter le
« budget... Je prends à ma solde, à compter du 1er avril pro-
« chain, le 5e, le 10e et le 11e régiment polonais, le régiment
« de cavalerie et le régiment d'artillerie de la même nation
« qui sont à Dantzick : je ne m'engage à payer que la solde ;
« vous m'instruirez de ce que coûtera un mois de solde à
« Dantzick. Il faut se procurer là une réserve de 3 millions
« pour que l'argent ne manque pas sur ce point important.
« Sur ce, etc.

    « *Paris, 24 mars* 1811.   *Signé* NAPOLÉON. »

dispositions, pour lesquelles les contributions locales n'offraient que des ressources très-insuffi-
santes.

D'après une nouvelle lettre du 25 mars [1], plusieurs millions devaient être aussi employés à des
achats de chevaux dans le Mecklembourg et le
Holstein pour remonter la cavalerie et les équipages militaires. Les ingénieurs français ouvraient,
sur plusieurs points, des routes et des canaux
pour faciliter la marche des troupes et les transports d'artillerie; l'œil le moins exercé aurait pu,
avec ces seules données, tracer la ligne d'opérations d'une nouvelle campagne, dont plusieurs
confidents nécessaires pouvaient déjà deviner le
but une année d'avance; mais, parmi ces derniers, chacun gardait encore pour soi ses conjectures.

Napoléon lui-même, dans les premiers mois
de 1811, évitait toute explication verbale avec
ceux auxquels il se trouvait obligé de livrer son
secret par sa correspondance : un jour que, seul
avec lui, à la suite d'une assez longue conférence,

1. «.... De plus, vous aurez besoin d'argent dans le nord
« pour solder le prix des chevaux de cavalerie, d'artillerie et
« d'équipages régimentaires.... Cela ne devrait cependant
« pas passer 2 millions... Il faudra aussi des fonds pour les
« travaux des routes et des canaux entrepris par les ponts et
« chaussées. Sur ce, etc.

« *Paris, 25 mars* 1811.   *Signé* NAPOLÉON. »

je hasardais quelques observations sur quelques-
unes des mesures relatives à la garnison de Dantzick qui présentaient peu d'accord entre elles :
« Ceci, me dit encore Napoléon, n'est pas matière
« à conversation ; vous m'écrirez ; je vous répon-
« drai. »

Il ne me donnait pas toujours exactement connaissance des nombreux détachements qui allaient
grossir notre armée d'Allemagne ; mais j'en étais
instruit chaque jour, par la correspondance des
payeurs ; le trésor public de France devait pourvoir
sur les lieux au paiement de toute la solde, et
Napoléon cherchait toujours [1] à s'en dissimuler la
progression ; il semblait admettre, à l'égard de
quelques corps, la possibilité d'un ajournement,
qu'il aurait gravement censuré si le trésor public
se l'était permis ; mais il était forcé de reconnaître
que déjà, à la fin du quatrième mois de 1811, l'accroissement de cette seule partie des dépenses de
l'armée qui se recrutait en Allemagne, était dans le
rapport de plus du huitième ; ce qui ne l'empêchait

1. « Je réponds à votre rapport du 17. Il est vrai que le
« 33ᵉ de ligne s'est rendu à l'armée d'Allemagne ; indépen-
« damment des fonds fixés pour la solde de cette armée, vous
« devez faire payer celle du 33ᵉ de ligne, et celle de tous les
« régiments et bataillons qui arriveront ; quant aux corps
« d'artillerie, de sapeurs et de mineurs qui sont également
« arrivés, ce sont des détails dont il ne faut pas tenir compte.
« Sur ce, etc.

« *Paris*, 19 *avril* 1811.   *Signé* NAPOLÉON. »

pas de vouloir en outre accroître encore les caisses
de réserve, dont il ne devait employer les fonds
qu'après l'ouverture de la campagne; et au lieu
de 9 millions seulement mis en dépôt à ce titre
dans les places de Hambourg et de Dantzick, il
voulait avoir constamment à sa disposition, au
delà des fonds du service ordinaire, 15 millions
dans les quatre places de Francfort, Magdebourg,
Dantzick et Mayence [1].

Si, au printemps de 1811, Napoléon s'était déjà
occupé, avec tant de recherches et tant de détails,
d'une expédition qui ne devait s'ouvrir qu'au printemps de 1812, et cela avec le concours d'un ministre qui ne devait y prendre que la moindre part,
on conçoit quel champ plus vaste avaient embrassé
ses communications avec ses deux ministres de la
guerre, chargés de lever, équiper, dresser, enrégi-
menter près de deux cent mille conscrits ; de former à la discipline militaire de nouveaux régiments
de travailleurs, de détacher de chacun des anciens
corps de pelotons de vieux soldats, capables de diriger les nouvelles milices, d'approvisionner, de tous

1. «... En résumé, vous pourrez ne pas tenir plus de 3 mil-
« lions à Hambourg ; mais il faut avoir 3 millions à Magde-
« bourg, 3 millions à Dantzick, et il sera bon aussi d'avoir à
« Mayence une réserve de 3 à 6 millions.... Je désire que
« vous me remettiez un borderereau de tous ces fonds. Sur
« ce, etc.
« *Paris, 19 avril* 1811.   *Signé* NAPOLÉON. »

les effets nécessaires dans les climats rudes, une armée de trois à quatre cent mille hommes ; de leur faire trouver des subsistances dans plus de cent journées d'étapes ; d'établir partout des moyens de transport appropriés aux lieux, des provisions d'armes de rechange, d'outils, d'instruments, d'ustensiles de toute espèce.

Et si à une époque qui présentait une latitude de temps suffisante pour que rien ne se fît avec précipitation, lorsqu'une année entière devait s'écouler avant l'explosion d'une guerre méditée au sein de la paix, et encore équivoque dans ses motifs, Napoléon portait, dans la combinaison des préparatifs, une activité si minutieuse, on peut juger, sans que j'en consigne ici les preuves, combien cette inquiète vigilance prit un mouvement encore plus accéléré dans les derniers mois de 1811.

Je la loue comme une vertu ; mais il n'y a de vertu utile que là où une force supérieure conduit plus sûrement et plus rapidement à un résultat juste et bon ; je la cite comme un fait, et comme une nouvelle preuve de la prodigieuse capacité de détails dont était doué l'homme qui dirigeait seul de son cabinet, comme on l'a vu ci-dessus, la plus contentieuse et la plus problématique de toutes les guerres, celle d'Espagne ; gouvernant et administrant à la fois, et seul, le plus vaste État de l'Europe, dont il compliquait chaque jour le régime.

par quelque incorporation nouvelle ; calculant seul
aussi les moyens de transporter à sept cents lieues
de leurs foyers, sur un sol âpre et désert, quelques
centaines de mille soldats, avec des équipages immenses, pourvus de tous les moyens d'attaque et
de défense contre les hommes et le climat.

Cette faculté extraordinaire, cette force de volonté si étonnante par sa persévérance et ses effets
se rencontre rarement dans les perfections humaines ; c'est un don du ciel dont je suis peut-être
tout aussi capable qu'un autre d'être ébloui ; mais
je ne reconnais, je ne veux reconnaître de perfections et de vertus réelles que celles qui tendent au
plus grand bien commun à tous. Rien n'est parfait
que dans certaines limites ; rien n'est plus opposé
à la vertu que l'excès, sans en excepter celui du
bien. Et toute prodigieuse qu'elle peut paraître par
la complexité de ses combinaisons, c'est une prévoyance qui n'est pas sans danger dans un chef
de nation, que celle qui, en parvenant même à
donner à une entreprise lointaine plus de chances
de succès, peut accumuler sur la destinée de ce
chef une masse plus grande encore de nouvelles
incertitudes. Telle était en effet, après tant d'efforts, cette faculté si féconde en calculs et en soins
divers, qu'elle enfantait, pour Napoléon, peut-être
autant de hasards que de garanties.

En 1810, la dépense totale du ministère de la

guerre s'était élevée à 389,564,000 fr. En 1811
elle excédait 541,696,000 fr., y compris environ
36 millions prélevés sur une partie des fonds spéciaux désignés sous le nom de produits extraordinaires des douanes. Ainsi le seul département de
la guerre absorbait, dans cette année, tout ce que
la France supportait d'impôts avant la révolution.

L'augmentation des dépenses purement militaires, dans l'intervalle de 1810 à 1811, était
de 152,132,000 fr. ; et ce n'était encore là qu'un
bien faible à-compte sur tout ce que devait coûter
à la France la campagne de 1812.

D'après les évaluations faites par les ministres,
des besoins de chaque service, les dépenses de 1810
n'avaient dû s'élever, ainsi qu'on l'a vu dans le
budget de cette année, qu'à 860.633,000 francs.

En 1811 il fallait pourvoir à une dépense de
1,103,367,000 fr. ; et, ce qui paraîtra plus étonnant qu'un accroissement de 152,132,000 fr. dans
les seules dépenses militaires, c'est que, dans cette
même année à laquelle on devait épargner au
moins des sacrifices inutiles, la marine, condamnée
depuis si longtemps à l'alternative malheureuse
d'être prisonnière dans nos ports ou la proie des
Anglais, obtint, par le budget, une augmentation
de crédit de près de 37 millions : en 1811, le
budget de ce ministère fut porté de 120,368,000 fr.
à 157 millions..

En 1810, sur une dépense totale de 860,663,000 fr.,
la part de la marine et de la guerre avait été de
509 millions; et, en 1811, sur une dépense totale
évaluée à 1,103,367,000 fr., la part de la marine
et de la guerre était de près de 700 millions.

L'évaluation de 1,103,367,000 fr., pour les dépenses de 1811, pouvait ne pas être exagérée
d'après l'essor donné, dans cette année, aux divers
services ministériels, et la liquidation définitive a
même dépassé cette limite. Mais il était plus facile
de faire aux entrepreneurs des commandes et des
promesses, que d'élever les ressources du trésor
public au niveau des engagements pris avec eux,
surtout dans un système de finances et de politique
qui excluait tous moyens réguliers de crédit. Aussi
les recouvrements obtenus en 1811 présentèrent-
ils un déficit réel de près de 50 millions qui ne put
être couvert qu'à la fin de 1812, par une combinaison nouvelle dont je rendrai compte dans le
chapitre prochain.

Je termine celui-ci par un extrait du budget
de 1811 [1].

1. Voir le budget ci-après.

BUDGET DE L'ANNÉE 1811.

DÉPENSES PRÉVUES		REVENUS ESPÉRÉS	
Dette publique et pensions	148.000.000	Contributions directes	306.000.000
Liste civile	28.300.000	Enregistrement, timbre, domaines et bois	180.275.000
Ministère de la justice	26.885.000	Douanes, droits ordinaires et extraordinaires et droits sur	
— des affaires étrangères	8.650.000	le sel	148.314.000
— de l'intérieur	60.000.000	Contributions indirectes et taines	128.257.000
— des finances	24.487.000	Loterie	16.531.000
— du trésor public	8.747.000	Postes	13.000.000
— de la guerre (personnel)	300.496.000	Sels et taines au-delà des Alpes, et salines de l'Est	14.080.000
— de la guerre (matériel)	205.600.000	Recettes diverses, monnaies poudres et salpêtres	7.136.000
— de la marine	117.000.000	Produits d'objets saisis dans les magasins publics de Hollande.	40.800.000
— des cultes	16.630.000	Subside du royaume d'Italie	30.000.000
— de la police générale	2.000.000	Contributions françaises en Illyrie	41.095.000
Frais de négociations	9.082.000	— en Hollande	56.498.000
Fonds de réserve	3.503.000	— dans les départements anséatiques	45.000.000
Dépenses départementales, travaux publics et travaux militaires additionnels	103.367.000	Fonds spéciaux, y compris le produit des confiscations et amendes en matière de douanes dans les nouveaux départements réunis	112.364.000
Total	**1,103.367.000**	**Total**	**1.056.270.000**
		D'après une évaluation très-modérée, les dépenses prévues devaient s'élever à	1,103.367.000
		Déficit[1]	47.097.000

[1] Ce déficit de 47.097.000 fr. ne fut couvert qu'à la fin de 1812 : il ne le fut que par des ressources qui ne pouvaient se réaliser que vers le milieu de 1813.
Le quart au moins des recettes évaluées à la somme parallèlement de 1.056.270.000 francs, ne devait même se réaliser que plusieurs mois après la révolution de l'année 1811.
Les dépenses, au contraire, fixées à la somme de 1.103.367.000 fr. destinées en grande partie à des préparatifs militaires, devaient s'allouer pour les dix douzièmes au moins, dans les douze mois de 1811.
Au commencement de cette année, le trésor public, pour les diverses auprès- dont il a été rendu compte, était déjà à découvert de plus de 50 millions.
Telle devait donc être sa situation à la fin de 1811, que ses paiements devraient excéder ses rentrées de près de 100 millions.

(Tome III, après la page 1101.)

ANNÉE 1812

Ce sera un des problèmes les plus difficiles à résoudre pour la postérité que la conception, par un homme tel que Napoléon, de cette expédition de Russie, qui n'a principalement frappé les contemporains que par la grandeur des préparatifs, et les désastres plus grands encore de l'événement.

Une armée française, plus nombreuse qu'aucune de celles qui avaient paru en Allemagne dans les douze années précédentes se grossissant, à chaque marche, des contingents des vingt-deux principautés qui étaient entrées dans la ligue connue alors sous le nom de la Confédération du Rhin, et à laquelle s'empressait de se joindre l'élite de toutes les forces de l'Autriche, de la Prusse, de la Bavière, du Wurtemberg, de la Saxe, de la Pologne;

Les enseignes d'un empereur, de six rois, et d'une foule de princes souverains, réunies sous

les drapeaux français, sur les frontières de la
Russie ;

Plus de cinq cent mille combattants, régulièrement armés, se développant dans ces vastes plaines
presque incultes, escortés de tous les équipages
nécessaires à chaque corps, et mieux pourvus de
vivres que ne l'était la capitale de la France dans
cette année de disette ;

Les Autrichiens, les Prussiens, devenus subitement les alliés d'une puissance qui les avait
asservis, contre une autre puissance qui les avait
constamment secourus.

Certes les traditions de l'histoire ne présentent
à aucune époque une telle réunion et d'efforts et
de contrastes.

Mais s'il est difficile d'expliquer la combinaison
qui avait produit un si prodigieux amalgame, et
associé au même intérêt tant d'intérêts contraires,
il l'est peut-être encore plus de définir le véritable
but de l'expédition elle-même.

Sans doute lorsqu'il est question d'une entreprise
conçue par Napoléon, tout homme qui veut être
impartial, et je dois l'être plus que personne, doit
se rappeler cette maxime d'un ancien : *De qui-
busdam viris nihil temerarie dicendum est*. Mais
quoique aucun détail des préparatifs ne m'ait
échappé, quoique j'aie assisté à tous les conseils,
souvent à ces entretiens extra-officiels dans les-

quels Napoléon, par l'abondance et l'entraînement
de ses idées, semblait faire quelquefois plus de
révélations que dans ses conseils eux-mêmes ;
quoique mes conjectures aient pu être guidées
par des communications que le ministre de la
guerre, le duc de Feltre, partageait seul avec moi,
j'avoue que je me retrouve encore aujourd'hui
dans ce vague des premiers doutes qui agitaient
ma pensée avant l'ouverture de cette campagne ;
et voici les différentes questions que je me faisais
alors.

Napoléon veut-il opposer une barrière à cette
population guerrière du Nord, qui menace le
reste de l'Europe ? veut-il empêcher la Russie d'intervenir, comme elle est en possession de le faire
depuis 1734, dans toutes les guerres, dans tous les
traités ? destine-t-il la Pologne à former ce rempart ?... Il est, à la vérité, parvenu depuis cinq ans
à détacher de la Russie le duché de Warsovie ; mais
elle garde les anciennes conquêtes qu'elle avait
faites depuis plus d'un siècle sur ce royaume ; les
riches provinces qu'elle lui a enlevées ont déjà oublié qu'elles ont été polonaises. Pour que la Pologne
pût devenir la frontière militaire de la civilisation
européenne, il faudrait qu'elle eût elle-même sa
propre civilisation à défendre ; qu'elle formât un
corps de nation compacte, homogène ; et même
avant le partage qu'elle a subi sous l'impératrice

III.   8

Catherine II, n'avions-nous pas vu, dans le dernier
siècle, l'impératrice Elisabeth disperser, avec dix
mille Tartares, cette noble cavalerie que la Pologne
se vantait de pouvoir porter jusqu'à cent mille
hommes; détrôner son roi électif que défendait
la France; mettre sa tête à prix, nommer son successeur, et se donner conséquemment un vassal?

Essaiera-t-on de réunir le territoire de Cracovie,
de la Galicie, et celui de Posen, au duché de Warsovie, pour rétablir au moins la Pologne telle
qu'elle était au commencement du dix-huitième
siècle! Mais quelle sera alors l'indemnité de la
Prusse et de l'Autriche? car ce n'est pas sans doute
pour leur faire perdre deux ou trois belles provinces que Napoléon les a appelées comme auxiliaires sous ses drapeaux.

Et d'ailleurs cette réintégration de territoire,
fortifiée encore de l'union de la Saxe, pourrait-
elle, même sous le gouvernement du plus sage
des rois, suppléer à ce qui manque à la Pologne
pour devenir un véritable corps politique? la Li-
vonie, la Courlande, tant d'autres contrées, sur lesquelles s'est successivement étendue la domination russe, n'avaient-elles pas, comme elle, de
nobles et braves propriétaires armés pour conserver
l'indépendance de leur territoire? maintenant la
population se réunira-t-elle avec eux? Le Code civil
français publié à Warsovie en 1811 avait, il est

vrai, proclamé l'affranchissement des serfs polonais, mais qu'en pouvait-il résulter? s'ils restaient
attachés à la glèbe, leurs rapports avec les propriétaires étaient-ils changés par cet affranchissement nominal, et la liberté du pays pouvait-elle
avoir des garanties là où la population n'avait rien
à conserver ni à défendre, parce qu'elle était elle-
même, comme le territoire, la propriété passive
de quelques familles? si les nouveaux affranchis
avaient eu droit de se transporter ailleurs, le
pays aurait-il été mieux défendu?

Ce fut certainement un grand œuvre de politique
que ce changement opéré dans les cabinets de
Vienne et de Berlin, par l'effet duquel l'Autriche
et la Prusse confédérées aujourd'hui avec le reste
de l'Allemagne qui avait précédemment abandonné
leur cause, vont à la suite de Napoléon porter la
guerre chez un ancien allié qui les avait constamment soutenues. Ceux qui supposent que la politique prend sa règle dans les passions humaines,
peuvent croire qu'il suffit d'avoir forcé ces deux
puissances à la désertion, pour que la Russie devienne irréconciliable avec elles: mais sont-elles
libres? Hambourg, Magdebourg, Stettin, Custrin,
Thorn, Dantzick, Kœnisgsberg, sont, sous la main
de la France, les gages de l'asservissement de la
Prusse : l'Illyrie, la Croatie, la Dalmatie, la Car-
niole, devenues provinces françaises, l'Italie entière,

pèsent sur les flancs de l'Autriche. Le désir de secouer ce joug ne doit-il pas être le but secret de
leurs efforts, et ne doivent-elles pas en chercher
constamment l'occasion ?

Pour juger combien peut être rapide, entre les
cours, la transition des symptômes de l'inimitié la
plus forte à ceux de l'alliance la plus intime, il suffit
de rapprocher l'époque de la bataille de Wagram
de celle de l'union d'une archiduchesse autrichienne avec Napoléon. Et ne doit-on pas conclure
de cette alliance même, formée par l'intérêt, qu'elle
serait aussi facilement rompue par un intérêt contraire ? N'est-ce pas la condition commune de tout
traité imposé par la nécessité du moment ?

Est-ce dans une telle campagne que Napoléon
pourra se promettre ces rapides succès par lesquels il a, depuis quinze ans, étonné et asservi le
monde ? Jusqu'alors c'est sans auxiliaires et sans
alliés qu'à la tête des seuls Français, il a triomphé
de la coalition de plusieurs souverains. Maintenant
ce n'est plus la même guerre; il faut vaincre les
déserts, le climat et les Cosaques : il ambitionne
ce nouveau triomphe. Mais n'y a-t-il pas aussi des
chances de revers ? et quelles ne devront pas en
être les conséquences ! Si les nouveaux auxiliaires
de Napoléon, tant de fois vaincus par lui, trouvent leur vengeur dans le souverain contre lequel
il les fait marcher à sa suite, pourront-ils rester

alors indécis entre leur ancien et leur nouvel allié ?

Est-ce pour défier la fortune, jusqu'à présent si fidèle à ses entreprises les plus hasardeuses, que Napoléon va s'élancer au milieu de déserts inhabitables pendant huit mois sur douze, conduisant avec lui les soldats de vingt nations diverses, lui qui expliquait si bien comment quelques milliers de Grecs avaient vaincu les innombrables armées de Xercès, pourquoi l'Orient avait englouti ces torrents de croisés qui s'étaient précipités de tous les points de l'Europe ; pourquoi Alexandre avait pu, avec trente mille Grecs, conquérir l'Asie, pourquoi César avait battu Pompée avec une armée de moitié moins forte ; pourquoi Annibal, plus habile qu'aucun des généraux romains qui lui avaient été opposés, avait été forcé, après tant de victoires, d'abandonner le *Latium* défendu par un seul peuple contre son armée composée de soldats de tous les pays ; lui qui disait : « Pour bien manier une armée, il faut la bien connaître, et assez, par exemple, pour que, dans une revue, le général puisse appeler par leur nom les vieux soldats de chaque régiment. » Enfin, en supposant que le seul but qu'il se propose soit la paix générale du continent franchement coalisé contre l'Angleterre, en supposant même que ce but puisse être atteint, pourrait-on espérer que cette paix résisterait longtemps à tant d'intérêts contraires qui, en Russie principa-

lement, travailleraient toujours contre elle. Je ne
pouvais malheureusement opposer à ces réflexions
chagrines aucun calcul rassurant.

Dans l'énumération que j'ai faite de cette foule
d'auxiliaires que Napoléon avait attachés à sa
cause, je n'ai pas compris la Turquie, qui était alors
en guerre avec la Russie ; et il n'est cependant que
trop vrai que Napoléon comptait aussi sur le succès des tentatives nouvelles qu'il faisait alors pour
animer les ressentiments du Grand-Seigneur contre
son ennemi le plus dangereux. J'avouerai que je
n'attachais pas à cette diversion la même importance que celui de mes collègues qui avait en ce
moment le portefeuille des affaires étrangères ; je
ne m'expliquais pas comment Napoléon pouvait
espérer de mettre dans ses intérêts le cabinet turc,
qui n'avait pas pu oublier la campagne d'Égypte ;
qui, n'ayant rien à attendre de la France, n'avait
aussi rien à en craindre ; qui pouvait s'exposer à
voir les flottes anglaises menacer Constantinople,
si elle paraissait seconder les projets de la France,
et dont l'intérêt propre était conséquemment de
profiter des nouveaux embarras de la Russie pour
se ménager avec elle une paix plus favorable.

C'était le ministre dont je viens de parler, dont
j'estimais la bonne foi jusque dans ses illusions;
qui, au moment de son départ pour aller joindre
Napoléon au congrès des souverains confédérés,

m'avait confié la nouvelle négociation qu'il avait entamée avec le divan [1], et les espérances qu'il y attachait ; il n'avait fait qu'ajouter un doute de plus à ceux qui me préoccupaient déjà, et qui, pour la plupart, étaient partagés par quelques bons esprits, qui dans leur dévouement conservaient encore toute l'indépendance de leurs jugements [2].

Cette justice est même due à la nation tout entière que, sauf quelques habitués de toutes les cours, qui portaient aussi à celle de Napoléon leur enthousiasme de commande, il y avait, dans l'instinct public, des signes manifestes d'inquiétude, à la veille d'une expédition qui semblait offrir tant de chances nouvelles. Porter les armées françaises en Russie était tout autre chose que de vaincre les troupes russes hors de chez elles. Tout le monde le sentait.

La France aime la gloire militaire ; mais elle était lasse de la guerre. En paraissant soumettre à son joug tous les autres peuples, elle sentait aussi celui qui pesait sur elle.

L'armée elle-même voulait du repos ; on eût dit

1. Ce ministre venait de quitter Paris pour suivre l'empereur dans l'expédition de Russie, lorsqu'on apprenait que le Grand-Seigneur avait fait mettre en liberté plusieurs dizaines de milliers de prisonniers russes, qu'il avait retenus jusqu'à cette époque.

2. Je comprends parmi eux le judicieux comte de Lavalette, dont certes l'attachement à l'empereur ne peut pas être mis en doute.

qu'elle pliait sous ses trophées. Ses chefs n'avaient
plus d'honneurs à obtenir ; ils croyaient avoir été
assez souvent proclamés les invincibles pour n'a-
voir plus besoin de vaincre ; et comme dans le
grand jeu des batailles, où il n'y avait plus rien à
gagner pour eux, ils ne pouvaient plus que perdre,
ils sentaient tous qu'il n'y avait plus égalité dans
les chances.

Plusieurs des généraux qui s'étaient élevés du
dernier rang au premier par des degrés dont chacun était marqué par une action d'éclat, n'avaient
pas seulement appris la science de la guerre ; rien
ne prépare mieux à l'étude des hommes et à l'observation exacte des choses que l'usage du commandement, surtout lorsque l'on dépend, dans
son avenir, du succès qu'on obtiendra ; et que ce
succès lui-même dépend du discernement que l'on
mettra dans l'emploi de ses subordonnés, dans le
choix des positions les plus propres soit à un campement, soit à un combat, soit aux communications
qu'on doit conserver ; enfin dans l'examen des
mœurs et des ressources locales. Or, la plupart
de nos officiers-généraux avaient eu des rapports
directs et nécessaires avec les hommes les plus
considérables, les plus éclairés des pays envahis,
car il fallait bien que les souverains vaincus appe-
lassent à leur secours des négociateurs habiles
parmi leurs sujets, pour sauver du moins ce que

les armes n'avaient pas pu défendre ; et par eux
plusieurs militaires, cantonnés hors de France,
avaient acquis sur la statistique de divers états,
sur le caractère des habitants, sur leur industrie,
même sur la politique des cabinets, des notions
plus exactes que celles qu'on puise lentement
dans les livres, dans les archives, et peut-être
même dans les ambassades. J'ai présents encore
les adieux que me fit l'un d'eux, partant pour
Varsovie ; et ces adieux furent les derniers. *Nous
allons,* me dit-il, *opposer cinq cent mille hommes à
cette invasion lente et progressive de l'empire russe
sur les belles parties de l'Europe ; eh bien ! ce mur
ne sera pas plus solide contre les Tartares du Nord
que celui de la Chine ne l'a été contre les Tartares
du Midi et de l'Est.* Le texte est laconique ; les
anciens oracles ne prophétisaient pas toujours si
juste, ni surtout si clairement.

Je recevais, sans les chercher, plusieurs confidences pareilles ; elles m'étaient faites par des
hommes qui désapprouvaient l'expédition, qui en
prévoyaient les conséquences, et qui, cependant,
auraient regardé comme un affront de n'être pas
appelés à y concourir : tant l'esprit humain sait
allier de contrastes. Ils étaient Français ; il y avait
des dangers à courir ; ils raisonnaient dans les salons : sous les drapeaux, ils ne connaissaient que
l'obéissance militaire.

Ils jugeaient assez bien la Russie et l'irrésistible tendance de sa politique : et je dois compte des réflexions que me suggéraient à moi-même leurs entretiens. J'ai conservé quelques-unes de ces observations[1]. J'avais profité, pour les mettre en ordre alors, des premiers moments plus libres que me laissait l'absence de Napoléon. Plusieurs personnes de mon intime confiance y reconnaîtraient nos entretiens habituels de cette époque. Deux ans auparavant, lorsque toutes les puissances de la terre venaient en quelque sorte former à Paris le cortége de Napoléon, nous nous étions plus d'une fois communiqué, le prince Eugène et moi, des pressentiments du même genre; et cependant à cette époque les humiliations des défaites, les démembrements de territoire, qui ont aigri les autres nations contre la France, n'avaient été le plus souvent que la conséquence des agressions imprudentes ou injustes de leurs chefs.

En 1812, Napoléon était l'agresseur; et il était aussi difficile d'expliquer les motifs de l'agression que d'apercevoir dans l'issue de l'expédition, quelle qu'elle pût être, un résultat heureux pour quelque coin du monde. Il eût été très absurde de croire que Napoléon espérait lever aussi des taxes sur la Russie. L'eût-il été moins de supposer qu'il se

1. Voir la note à la fin du volume.

flattait de soumettre à *son blocus continental* tout
le littoral de cet empire, tant sur la Baltique que
sur la mer Noire, et d'interdire aux vaisseaux anglais soit l'achat des matières premières que la
Russie leur fournit, soit la vente des produits des
manufactures britanniques?

Étrange guerre dont la véritable cause n'a peut-
être pas été révélée par les changements mêmes
qu'elle a produits!

J'ai déjà parlé de la variété et de la multiplicité
des préparatifs faits pour cette extraordinaire
campagne. Au commencement de 1812, tous les
approvisionnements, tous les équipages étaient
en marche pour les divers corps français cantonnés soit en deçà, soit au delà du Rhin, qui
devaient tous se réunir sur les frontières de la Pologne.

Jamais les spectacles, les cercles de cour, les
bals[1] n'avaient été plus fréquents que dans ces trois
premiers mois; le corps diplomatique assistait à
toutes ces fêtes; et l'ambassadeur de Russie, indépendamment des égards personnels qu'il méritait,

---

1. Tous les ministres étrangers donnèrent de pareilles fêtes;
on remarqua surtout par leur magnificence celles de l'ambassadeur de Russie, le prince Kourakin. Mais, par une inadver-
tance bien excusable chez un ministre étranger, il avait assigné
à l'une d'elles le 21 janvier, jour de si douloureux anniver-
saire : les lettres d'excuses l'avertirent à temps que son bal
aurait été désert; il choisit un autre jour.

continuait d'y obtenir les marques de distinction et
de préférence dont cette légation était en possession depuis la paix de Tilsitt. Toutes les apparences
restaient pacifiques aux Tuileries, quoique, hors
de cette enceinte, la prochaine explosion de la
guerre ne fût un secret pour personne; et je me
rappelle encore que, même vers le milieu du mois
d'avril, lorsque déjà les équipages personnels de
Napoléon s'acheminaient vers Varsovie, cet ambassadeur avait réuni tous les ministres de France
avec les ministres étrangers dans un grand dîner,
où il porta un toast *à l'union durable des deux souverains de France et de Russie.*

On se rappelle les magnifiques camps de plai-
sance qui préparèrent, dans le dix-septième siècle,
l'invasion si rapide, mais si promptement vengée,
de la Hollande; et dans le dix-huitième les deux
ou trois garnisons que le maréchal de Saxe quitta
au milieu d'un bal pour aller prendre d'assaut les
places voisines. Le grand Frédéric lui-même, dans
ses premières campagnes, avait montré quelque
goût pour ce genre d'antithèse. Jamais ce jeu de
la politique n'avait été appliqué à une circonstance
aussi grave que celle de 1812.

On croira sans peine qu'en jetant ces distractions
au milieu de l'opinion publique pour la détourner
d'autres pensées, Napoléon ne leur donnait lui-
même que fort peu de ses moments; mais il se

méprenait, dans ses imitations, sur l'influence de
tels moyens. L'esprit des cours, de quelque manière qu'elles soient composées, n'assujettit jamais
à ses illusions l'esprit public, surtout à la veille de
ces grands événements qui peuvent compromettre
la nation entière; j'ai déjà dit d'ailleurs plus haut
quelle était dans cette cour l'opinion de ceux qui
savaient en avoir une.

De son cabinet, l'empereur dirigeait seul le mouvement des troupes, et la composition de chacune
des divisions; son ministre de la guerre était
assez occupé par la seule transmission de ses ordres; et encore Napoléon ne négligeait-il pas d'en
contrôler l'exécution par sa correspondance directe avec les généraux qui commandaient chaque
corps.

Il ne pouvait pas suivre avec le même détail le
mouvement des fonds qui devaient assurer le paiement de la solde, et satisfaire aux autres besoins
des troupes en marche; mais il apprenait, par
exemple, par le prévoyant maréchal qui commandait à Hambourg, qu'une partie du produit des
douanes était dirigée de cette place sur Paris, tandis que les énormes dépenses de la guerre sur ce
point, devaient absorber, et au delà, les divers
recouvrements que le trésor public pouvait en
attendre. Napoléon n'épargnait pas au ministre du
trésor cette critique qui pouvait d'abord paraître

spécieuse [1] ; elle mérite d'être citée comme une
nouvelle preuve de son inquiète surveillance ; elle
n'était cependant pas fondée ; d'un côté, la législation des douanes permettant aux négociants d'acquitter les droits, en effets de commerce à terme,
la régie ne pouvait pas refuser d'admettre à ce
mode de versement les débiteurs hambourgeois qui
voulaient se libérer en effets sur Paris, et la convenance accidentelle du trésor public n'aurait pas
dû prévaloir sur une convention légale ; de l'autre,.
il était facile de remplacer par les impôts des départements voisins les ressources dont les caisses
militaires de Hambourg pouvaient être privées par
les versements directs des douanes à Paris, point
central des plus fortes dépenses ; il eût été plus
onéreux et plus hasardeux pour le trésor d'appeler
à lui la portion de ces seconds produits qui serait
restée sans emploi dans le lieu de la perception.
Mais cette combinaison devait échapper au gouverneur de Hambourg, qui ne s'occupait que de
cette place, et Napoléon ne voulait pas perdre une

---

1. « Vous envoyez à Hambourg plus d'argent que vous n'en
« recevez ; cependant les douanes font une opération désavan-
« tageuse pour le trésor en envoyant de l'argent à Paris, parce
« que le directeur des douanes y a un petit intérêt. Prenez de
« promptes mesures là-dessus, afin que cette double opération,
« contraire aux intérêts du trésor, cesse et n'ait plus lieu à
« l'avenir. Sur ce, etc.

« *Paris, 3 janvier* 1812.   *Signé* NAPOLÉON. »

occasion de prouver que son œil était ouvert sur
tous les points. Au surplus, les fonds n'y man-.
quèrent pas ; et l'empereur permit que l'ordre du
service ne fût pas changé.

Dantzig était une autre place d'un intérêt non
moindre pour lui ; depuis plusieurs années, une
garnison française était établie dans cette ville ; le
blocus continental avait été pour Napoléon un prétexte naturel de la mettre sous sa dépendance,
comme Hambourg, Brême, Lubeck, etc., etc. ; il
en avait, dès les premiers moments, augmenté les
fortifications et les approvisionnements ; mais, en
1811, il avait ajouté aux dépenses déjà faites
9 millions principalement employés aux nouveaux
ouvrages[1] ; et, en 1812, il voulait compléter le
système de défense d'une place qu'il destinait à être
le magasin de son armée. Comme de telles dispositions n'étaient pas prévues par le budget, il y avait
affecté des contributions locales, dont il y avait fait
un fonds spécial. Il arrivait sans doute que les limites de ce fonds n'étaient pas plus respectées que

1. « Je vous envoie un projet de décret que mon intention est
« de prendre ; faites-moi connaître s'il est en règle ; envoyez-moi
« en conséquence le budget de Dantzig, porté à 9 millions pour
« 1811 : ainsi vous devez réaliser ces fonds à Dantzig pour 1811.
« Faites-moi connaître à combien s'élèvera le service de Dantzig
« pour 1812, mois par mois... pour le ministère de la guérre
« et l'administration de la guerre. Sur ce, etc.

« *Paris*, 13 *janvier* 1812.   *Signé* NAPOLÉON. »

celles du crédit des ministres pour les dépenses générales. Mais après tant de succès plus grands que ses espérances mêmes, Napoléon perdait de plus en plus l'habitude de mettre en rapport la fin et les moyens. Dans l'ensemble de ses vastes plans, il croyait ne rien concevoir et ne rien vouloir qui ne fût nécessaire, rien conséquemment qui fût impossible.

La plus remarquable des dépêches [1] que je reçus de lui à cette époque fut celle qui me notifiait

1. « Mon intention est qu'à compter du 1er mars, la comptabilité de la grande-armée commence, et que tous les paiements de solde se fassent par le moyen de ses payeurs. Présentez-moi le projet que l'expérience a prouvé être le plus convenable pour l'organisation du service du trésor.

« Voici quelle est l'organisation de la grande-armée :

« Le prince d'Eckmulh, commandant le corps d'observation de l'Elbe, a sous ses ordres les 1re, 2e, 3e, 4e et 5e divisions, et deux brigades de cavalerie légère.

« Le duc de Reggio commandera les 6e, 8e, et 9e divisions, et deux brigades de cavalerie légère ; il sera rendu le 15 février à Munster.

« Le duc d'Elchingen commandera les 10e, 11e, et 7e divisions ; les deux premières seront à Dusseldorf et à Mayence ; la 7e est déjà à Dantzig. Il aura également sous ses ordres deux brigades de cavalerie légère.

« Le corps d'observation d'Italie, qui sera à Bassano, Trente et Vérone, sera composé des 13e et 14e divisions, qui sont françaises, et de la 15e division, qui sera italienne.

« La cavalerie de réserve sera partagée en trois corps, savoir : une division de cavalerie légère, et deux divisions de cuirassiers et de carabiniers formeront le second corps.

la première organisation de ce qu'on appela la grande-armée ; il me recommandait le secret sur cette communication. La composition des diverses divisions était bien connue au trésor public par le paiement de la solde ; mais Napoléon, en m'indiquant leur marche, révélait le but de l'expédition ; et, quoique les conjectures fussent depuis plusieurs mois devenues des certitudes, je suis sûr que Napoléon hésita longtemps avant de faire

« Une division de la cavalerie légère, une division de cuirassiers et une de dragons forment le 3° corps.

« Chaque corps d'armée aura un parc commun ; chacun des trois corps de cavalerie de réserve aura un parc.

« Enfin la garde impériale, infanterie, cavalerie, artillerie, etc., fera partie de l'armée.

« Il faut un payeur par division. Est-il convenable d'avoir un payeur en chef par corps d'armée, ou vaut-il mieux que les payeurs de division aient leur comptabilité directe avec le payeur-général ?

« Il sera nécessaire que vous présentiez à ma signature la nomination du payeur-général, et que ce payeur soit le 15 février à Mayence, où sera censé être le grand quartier-général. Prenez des mesures dès le commencement pour éviter tout embarras dans la comptabilité ; vous aurez soin que le payeur-général ait le nombre de caissons nécessaires pour transporter ses fonds.

« Vous devez regarder cette lettre comme très-secrète et comme ne devant pas sortir de vos mains. J'ai jugé à propos de vous l'écrire pour que vous puissiez arrêter, sur les bases qu'elle contient, la meilleure organisation. Sur ce, etc.

« *Paris*, 6 *janvier* 1812.   *Signé* NAPOLÉON. »

de cette révélation l'objet d'une lettre officielle.

Le corps que devait commander le maréchal Macdonald n'était pas compris dans cette nomenclature, quoiqu'elle se composât déjà de cinq armées complètes qui devaient se fondre dans une seule ; l'élite de toutes les forces de l'Allemagne devait encore s'y joindre. Nous avions en outre toutes les garnisons des places fortes de la Prusse, et des ports de la mer d'Allemagne, de celui de Dantzig, de Kœnigsberg, les compagnies de dépôts de chaque régiment qui restaient, comme de coutume, en France pour recevoir les recrues, et quatre corps d'armée en Espagne.

On voit par le rapprochement de ces masses à quel immense effort, à quel sacrifice d'hommes et d'impôts la France se trouvait forcée. Louis XIV, ayant à combattre toute l'Europe, n'avait jamais pu parvenir à avoir plus de quatre cent mille hommes sous les armes ; cette charge n'avait même pesé que quelques mois sur la France, et l'on sait quels sentiments accompagnèrent les funérailles du grand roi. Tels étaient cependant encore au commencement de 1812 l'entraînement à l'obéissance que commandaient la volonté ferme d'un seul homme, l'enivrement de gloire qu'il avait su inspirer, et l'opinion qu'on avait de sa fortune, et presque de son infaillibilité, qu'indépendamment du recrutement extraordinaire qui s'effec-

tuait partout sans résistance, jamais plus de
jeunes volontaires, dans les familles les plus opu-
lentes et même les plus anciennes, ne s'étaient
présentés pour demander un rang, un grade dans
l'armée ; et c'était à la veille d'une expédition lointaine, dont personne ne pouvait s'expliquer le
motif.

J'ai dit que la plupart des vieux guerriers désapprouvaient l'entreprise ; au moment du départ, ils
n'en montraient pas moins d'hilarité et de confiance.
Quant aux jeunes gens auxquels le récit des premières campagnes d'Italie avait appris que quelques
milliers de Français mal payés, mal habillés, mal
nourris avaient dispersé quatre ou cinq armées
autrichiennes, ils allaient marcher dans les rangs
d'une immense armée, dont les chefs, dont des
divisions entières avaient triomphé dans vingt
batailles, escortée de nombreux équipages, qui
leur promettaient encore l'abondance au milieu des
déserts ; ils allaient voir les drapeaux autrichiens,
prussiens, bavarois, se développer à la suite des
enseignes françaises ; tout ce qu'ils craignaient
dans *cette croisade européenne* (car ils avaient imaginé cette expression), c'était de rencontrer une
gloire trop facile.

Le trésor public ne fit pas attendre le plan de
comptabilité qu'il pouvait proposer pour cette nouvelle expédition ; Napoléon avait accoutumé tout

son ministère aux improvisations ; le service du
trésor public était déjà d'ailleurs organisé pour
chacun des six corps d'armée, y compris celui
qui venait d'Italie ; il n'était question que de concentrer ce service dans les mains d'un payeur général capable d'en saisir l'ensemble et les détails,
et qui pût les maintenir dans un tel [ordre, qu'à
toute heure il pût répondre aux questions de Napoléon, et transmettre au moins chaque mois au
ministère du trésor ses états de situation. Mais il
ne fallait pas moins de cinquante-cinq caissons et
de trois cent cinquante-cinq chevaux pour former
les équipages de la trésorerie à l'armée ; le personnel devait être d'environ soixante-dix-huit
agents, outre le payeur-général ; la dépense réduite au strict nécessaire devait être d'environ
800,000 francs. Napoléon approuva sans discussion
l'organisation qui lui fut proposée pour le service
des fonds ; il savait qu'à l'armée les comptables du
trésor étaient en réputation de bon ordre et d'exactitude : la plupart prouvèrent plus dans cette campagne · ils furent, pour les plus braves, un modèle
de dévouement et de courage.

Tout me paraissait alors réglé dans les dispositions préliminaires de la nouvelle expédition. J'étais
cependant-loin de croire que le résultat de tant
de discussions fût d'avoir pourvu à tout. Mais,
du moins, je me croyais parvenu, encore cette

fois, au terme de ces conseils dans lesquels Napoléon préparait le matériel de ses campagnes, et
dont la France sortait tout armée jusqu'alors pour
ses triomphes !

Il survint inopinément un incident qui ramena
son attention sur un des services les plus dispen-
dieux de la guerre. Napoléon le saisit comme un
prétexte de censurer d'anciennes dépenses, et peut-
être comme une espérance de trouver des ressources
dans ces transpositions de crédits qu'il se permettait quelquefois sur des budgets non soldés ; on sait
qu'il était fort enclin à cette petite manœuvre de
chiffres ; mais, si je rappelle cet incident, c'est surtout en témoignage de la rapidité avec laquelle les
mouvements les plus opposés se succédaient dans
Napoléon. C'est aussi une nouvelle occasion d'indiquer comment se calmaient si facilement les emportements auxquels il se montrait souvent si
facile, et comment il s'y prenait pour faire oublier
à ceux qui avaient pu en souffrir ce qu'il oubliait
si rapidement lui-même.

Dans ces milliers de rapports, notices, documents, qu'il faisait arriver à lui, il avait distingué
une note manuscrite, dont j'ignore la source, qui
accusait les fabricants des draps destinés à l'habillement des troupes de faire des profits trop élevés.
Cette note citait plusieurs de ces fabricants comme
ayant quitté leur résidence et leurs ateliers pour

établir leur domicile à Paris. Il fallait, disait-on,
que les profits de ces manufacturiers fussent tels
qu'ils pussent salarier des *gérants*, couvrir les non-
valeurs inévitables dans ce cas, et solder les dépenses de luxe plus inévitables encore à Paris. On
donnait pour preuve de l'exorbitance de ces profits
l'élévation, progressive chaque année, du prix
des draps de troupes, laquelle contrastait avec
l'abondance et le bas prix des laines qui en sont
la matière première. On faisait ensuite observer,
et non sans quelque raison, que par une conséquence nécessaire des marchés onéreux faits avec
ces fabricants, toutes les autres espèces de draps
fabriqués en France subissaient un renchérissement proportionnel, et qu'ainsi à côté de la lésion
qu'éprouvait la fortune publique, les fortunes privées avaient aussi à souffrir de cette incurie du
gouvernement et dans une proportion telle que,
d'après le rapport numérique des consommateurs
des deux classes, un million de trop, payé par le
trésor public pour l'habillement des soldats, devenait la cause d'une taxe plus que décuple imposée
aux autres consommateurs par les fabricants de
draps ordinaires.

Si tout n'était pas exact dans cet écrit, il y avait
du moins quelque chose de spécieux dans la dernière partie : la censure s'y présentait sous la forme
d'une bonne intention. Napoléon n'accueillait pas

toujours bien les conseils qu'il n'avait pas provo-
qués ; mais en me remettant la note que je viens
de résumer, il me dit qu'elle méritait examen et
réponse ; et il me recommanda de la lui rapporter
le lendemain avec mes observations : les autres
ministres furent également convoqués.

En me rendant à ce conseil, j'étais loin de croire
qu'il ne fût réuni que pour m'écouter. J'avais cru
devoir me borner à expliquer, à justifier par son
motif un fait mal interprété, en convenant toutefois
qu'il est telle mesure forcée, dont le gouvernement
le plus habile ne peut pas éluder les conséquences
quand il s'y est engagé.

Je disais qu'il était vrai que des fabricants de
Lodève et de Carcassonne, qui avaient fait des
marchés avec l'administration de la guerre, pro-
longeaient leur séjour à Paris ; mais que c'était
parce qu'ils ne pourraient trouver que dans des emprunts faits *à Paris* les suppléments de capitaux
qui leur devenaient nécessaires pour leurs achats
extraordinaires de laines, l'agrandissement de leurs
ateliers, l'accroissement de salaire qu'exigeait un
plus grand nombre d'ouvriers : que les nouvelles
fournitures auxquelles ils s'étaient engagés excédaient beaucoup la proportion commune ; et qu'il y
avait là double cause d'enchérissement : 1° parce
qu'il fallait toujours payer plus cher une quantité
plus forte réclamée par *urgence* ; 2° parce que le

surcroît d'avances qui résulterait pour eux des intérêts qu'ils payaient sur leurs emprunts, de leur
résidence à Paris, de la surveillance salariée qu'ils
substituaient à la leur, de leurs demandes plus fortes de matières premières, de leurs recherches plus
étendues pour se les procurer, devait leur être inévitablement remboursé par le consommateur de
leurs produits. Quant à l'influence que le prix plus
élevé des draps de troupes pouvait avoir sur le prix
vénal des autres espèces de draps, je l'expliquais
par l'affinité de valeur que conservent naturellement entre elles, malgré la différence de leur emploi, les diverses nuances de la matière première
commune pour tous les draps. Je faisais aussi entrer
dans les causes de renchérissement, le plus haut
prix de main-d'œuvre qui résultait de ce qu'il n'y
avait pas assez de tisserands pour la masse des tissus de laine momentanément demandés, et de ce
que les fabricants de toute nature de draps se trouvaient à la merci de leur exigence.

Je n'avais lu que les premières lignes de ces observations, lorsque l'empereur, qui vit bien que je
ne servais pas son intention, m'interrompant avec
vivacité : Ce n'est pas là, dit-il, la question ; je
« ne me laisse pas abuser par les mots : la note a
« raison de dire que le trésor public est dupe :
« voici, par exemple, un fait dont j'ai la preuve. Je
« me suis fait remettre l'état de l'effectif de toute

« armée à la fin de 1809, après mon retour de
« Vienne : j'ai fait calculer la dépense de l'habille-
« ment et de l'entretien de chaque homme ; d'après
« le prix des marchés de cette époque, le total n'a
« pu s'élever qu'à 37 millions. Je me rappelle bien
« qu'au milieu des opérations de la campagne, et
« sur les instantes demandes qui m'étaient faites de
« quelques suppléments de crédits pour l'habille-
« ment militaire, j'en avais provisoirement porté le
« total à 40 millions ; mais ce supplément n'a pas
« pu être employé. J'en puis disposer, et je veux
« en augmenter le crédit du même service pour
« 1812, puisque les draps sont renchéris, et que
« l'on se plaint de l'insuffisance des ressources de
« cette année. »

Je voyais bien que, dans ce moment, les meilleures raisons ne seraient pas les mieux reçues ; et
comme un argument décisif, dans lequel l'empereur aurait pu soupçonner un reproche, n'aurait pu
que l'aigrir encore plus, avant de lui rappeler que
l'effectif de décembre 1809 ne comprenait pas les
soldats restés quelques mois auparavant sur le
champ de bataille à Ratisbonne, Essling et Wagram, et qu'il avait bien fallu équiper avant
qu'ils y parussent, j'avais commencé par lui dire
qu'il ne restait rien de libre sur les crédits supplémentaires de 1809, ainsi que le constataient les
comptes du trésor, qu'il avait depuis deux ans si

souvent examinés, discutés, scrutés dans toutes
leurs parties.

A peine ces premiers mots eurent-ils frappé son
oreille, que ne voulant plus entendre ni moi ni les
ministres ordonnateurs, qui étaient au moins mes
complices, emporté par la fougue de son caractère,
par cette habitude de ne pas tolérer d'opposition,
par le dépit de reculer devant son propre mécompte, Napoléon, pendant plusieurs minutes,
dirigea sur moi tout ce qu'une imagination comme
la sienne, irritée par la contradiction, pouvait en-
fanter de reproches ; je ne retrace encore ici que
quelques traits de cette boutade.

« Le ministre du trésor public était en forfaiture
« pour avoir préféré la vanité d'un prompt paie-
« ment au devoir d'en juger les motifs : il devait
« connaître comme l'empereur lui-même l'effectif
« des hommes sous les armes, c'est là qu'il devait
« trouver la limite des ordonnances qu'il pouvait
« admettre ; il devait contester des crédits surpris, au
« milieu de ses opérations militaires, à l'empereur
« qui ne les avait accordés que sur la foi de cette
« révision ; il aurait dû résister à la volonté de
« l'empereur lui-même, si l'empereur avait voulu
« faire un emploi illégal de la fortune publique…!
« Que dirait donc la France entière, qui se plaint
« du poids des impôts, si elle savait que leur dispo-
« nibilité dépend ainsi de la fantaisie d'un seul

« homme, et que leur gardien en est le dissipa-
« teur ; il n'y a plus ni empereur ni empire, là où
« un ministre peut usurper ainsi une puissance su-
« périeure à toutes les règles, etc., etc., etc. »

Il était encore hors de lui lorsqu'il congédia le
conseil, emportant mes observations et ce prétendu état d'effectif qu' il m'avait opposé ; mais
pendant sa vive allocution, que j'avais écoutée
avec une apparence d'impassibilité que j'étais loin
d'avoir, j'avais trouvé le temps d'écrire au bas de
son état d'effectif cette seule phrase : *L'empereur
permettra qu'on lui représente qu'un état d'effectif de
nos armées, arrêté en décembre* 1809, *ne prouve rien
puisqu'il ne comprend pas les soldats restés, avant
cette époque, avec leurs habits et leurs effets d'équipement de* 1809, *sur les champs de bataille de Ratisbonne, Essling et Wagram ;* je crus remarquer,
lorsqu'il se retirait, que ses yeux parcouraient mon
apostille.

De tels emportements, quoique rares, n'étaient
pas sans exemple ; mais depuis 1801 (car mes
rapports directs avec Napoléon n'avaient commencé qu'à cette époque), c'était la première fois
seulement que l'orage avait grondé sur moi. Lorsque je n'étais que témoin de pareilles scènes, je
trouvais que c'était déjà trop ; et, par cette disposition, je vérifiais sans doute cette pensée d'un mo-
raliste : *Quand nous désirons la justice pour les au-*

*tres, c'est surtout parce que nous craignons l'injustice
pour nous.*

J'étais déjà alors très-fatigué du ministère ; je ne
cherchais que l'occasion de le quitter. On conçoit
combien ce désir se réveilla vivement après l'é-
preuve que je venais de faire, et pourtant j'avais
tort. Ce n'était pas le moment d'abandonner celui
dont on avait partagé la fortune, quand la fortune
commençait à lui moins sourire. Je ne voulais cependant paraître ni accablé par la disgrâce, ni dominé par la rancune ; et, me défiant d'une impression trop récente, après avoir déchiré une première
lettre que j'avais faite le soir même pour envoyer
ma démission, je remis au lendemain matin ma
rédaction définitive.

Elle était commencée lorsqu'on m'annonça de fort
bonne heure la visite du maréchal Berthier. Je crus
qu'il me prévenait, j'en eus quelque dépit ; je voulais me ménager au moins l'honneur d'une retraite
volontaire. Après avoir donné à cette visite mati-
nale un prétexte banal sur lequel je ne pouvais pas
me méprendre : « J'ai trouvé hier au soir, me dit
« le maréchal Berthier, l'empereur bien agité. —
« Je le conçois, répondis-je. — Mais c'était d'un
« sentiment bien différent de celui que vous suppo-
« sez : c'était du regret de son injustice envers vous;
« il me l'a répété tant de fois que je crois servir son
« intention en venant vous le dire ; il en était peiné,

« et d'autant plus qu'il apprécie vos derniers ef-
« forts pour son service. Hier encore il parcourait
« avec moi les preuves de leur efficacité : les fonds
« sont partout assurés ; on lui écrit qu'ils arrivent
« à point nommé. Je crois bien que l'empereur vou-
« drait retenir l'emportement qu'il a eu hier ; mais,
« vous savez, quand une idée s'empare de sa tête,
« que, vraie ou fausse, il la suit jusqu'à son der-
« nier terme, sans que rien l'arrête. J'espère que
« vous n'y pensez plus. Il m'a fallu oublier bien
« des choses pareilles. » Je répondis avec calme et
indifférence au maréchal Berthier ; ce n'était pas à
lui que je voulais me plaindre ; et j'allais continuer
ma lettre, lorsqu'on me remit un billet de l'empereur, qui m'appelait près de lui sur-le-champ ; il
fallut bien laisser ma lettre. Je n'avais pas eu besoin
de calculer mon maintien pour qu'il fût froid et sérieux. Sans paraître s'en apercevoir, Napoléon m'a-
borda avec hilarité, il débuta par une de ces généra-
lités qui laissaient plus d'énigmes à deviner qu'elles
ne donnaient de révélations sur ses desseins ; et je
voyais qu'il y joignait, sans affectation, ce sourire
de bienveillance qui ne paraissait que dans ses
bons moments, et qui n'était pas le moins efficace
de ses moyens de captation ; car, soit par l'effet du
contraste avec son air souvent grave et morose, soit
par l'expression singulière qu'il savait donner à sa
figure, ses traits prenaient alors une puissance d'in-

sinuation dont on regrettait qu'il ne fît pas plus souvent usage. Du reste, pas un mot de la soirée de la
veille, pas un mot non plus des éloges que m'avait
rapportés le matin le maréchal Berthier. Napoléon
ajouta qu'il avait quelques dernières dispositions à
me dicter; et seulement, dans sa rédaction rapide
qu'aucune plume ne pouvait suivre, il jeta comme
naturellement quelques membres de phrases
tels que ceux-ci : *Les mesures prises par le trésor
ayant eu leur effet... le trésor ayant suffisamment
pourvu... il ne reste plus*, etc., etc. Après m'avoir
fait remplir ainsi deux ou trois pages de mots que
je laissais incomplets, mais où je pouvais retrouver
la trace de ses pensées, il me dit : « Vous médite-
« rez sur tout cela ; nous en parlerons demain au
« conseil des ministres, si vous avez eu le temps
« d'y penser. » Puis il me parla de mes yeux, qui
étaient fort affaiblis, et dont il savait que je me
plaignais. « Quand je ne serai plus ici, continua-t-
« il, vous aurez encore des soucis, mais vous au-
« rez du moins plus de repos. » Je le quittai fort
étonné de me trouver encore enlacé, et m'appli-
quant ainsi qu'à lui cette autre maxime de La Rochefoucauld : *Le plus changeant des animaux, c'est
l'homme.* Je retrouvai, dans le salon qui précédait,
le maréchal Berthier, qui me dit en m'arrêtant : « Je
« parie que l'empereur est de bonne humeur ; on
« peut entrer avec assurance ; je vais me faire an-

« noncer. » Ce maréchal était son plus ancien, son plus intime général.

Le lendemain, au conseil, Napoléon adopta, presque sans explication, les différentes propositions que j'avais à lui faire. Le ministre de la marine qui était près de moi (M. Decrès), me dit à l'oreille : « *Il me semble que vous ne boudez* « *pas longtemps.* »

En revenant sur les détails qui me sont personnels, je voudrais ne pas trop rapprocher deux circonstances qui se suivirent d'assez près. J'ai toujours pensé, de certains procédés, qu'ils ne se rachetaient pas même par des bienfaits. Il faut cependant que je convienne que, peu de temps après, j'eus la surprise d'une nouvelle dotation que l'empereur m'assigna sur des fonds étrangers au trésor public.

Ce n'était pas la première grâce que je lui devais ; je ne lui en avais jamais demandé, surtout de ce genre. Mais je ne dois pas et je ne puis pas oublier que c'est principalement sur les dons qu'il m'a faits que j'ai pu fonder la modeste fortune que je conserve et que je laisserai après moi à la plus chère et à la meilleure des épouses.

Je sens combien ces détails sont minutieux, combien surtout je rétrécis le cadre du portrait d'un tel homme, en étant réduit, dans ces Mémoires, à le mettre si souvent en perspective avec moi ;

mais il me semble que ceux qui rechercheront les
traces de Napoléon n'en dédaigneront aucune, et
ici, du moins, l'on retrouve partout son empreinte.
L'histoire politique, qui ne pourra refuser un grand
souvenir à cet homme extraordinaire, ne parlera
que de ses faits militaires, de leurs résultats, du
bouleversement des États, et de la catastrophe qui
a expié celles sous lesquelles il en a fait succomber
tant d'autres. Mais il n'est peut-être pas inutile.
pour l'histoire du cœur humain, à laquelle il
lèguera des matériaux nouveaux, qu'il reste
quelque tradition de ces événements intérieurs,
de ces scènes presque domestiques qui seules
peuvent en expliquer quelques énigmes ; ce n'est
que là qu'on peut apprendre combien de qualités
contraires, et toutes d'une proportion non commune, se réunissaient dans un seul homme, devant
lequel tant d'autres hommes étaient venus spontanément se dévouer à l'alternative d'être élevés
ou abattus par lui ; qui, d'un sourire ou d'une
menace, démontait ou remontait toutes les têtes
sur lesquelles il lui plaisait d'exercer quelque influence ; qui, lorsqu'il n'avait pas opéré la con-
viction par ses raisonnements, n'en persuadait pas
moins l'obéissance, je ne sais par quel autre prestige. Je ne rappellerai pas la situation dans laquelle
se placèrent envers lui tous les souverains de l'Europe (l'Angleterre seule exceptée) : tous les amis

de la paix du monde doivent désirer que ce souvenir s'efface ; car, s'il faut que le pouvoir public
soit juste partout, il faut aussi que partout il soit
respecté, et que l'empreinte même des revers ne
l'humilie pas, ne le déprime pas aux yeux des
peuples. Mais la plupart des hommes les plus considérables de tous les pays par leur rang et par leur
caractère, les plus exercés à imposer aux autres,
out abordé Napoléon ? il serait difficile d'en citer qui ne se soient pas trouvés *imposés* par lui,
et qui pussent se vanter justement d'avoir conservé, dans les entretiens auxquels il les admit,
cette liberté d'esprit, cette indépendance de pensée,
cette aisance de conversation, qui n'abandonne
pas ordinairement les hommes de cette classe,
même devant la supériorité du rang [1]. J'ai dit
ailleurs que, dans le tête-à-tête, on lui trouvait
quelquefois une simplicité, une bonhomie, qui
semblaient être plus accessibles aux objections ;
mais il ne se montrait tel que vis-à-vis de ceux sur
lesquels son ascendant était bien établi, et qu'il
connaissait assez circonspects pour ne pas abuser
du repos qu'il semblait donner ainsi à son principal rôle ; et ceux-là même avaient la prudence de
conserver le leur. S'ils s'engageaient dans une

----

1. Nul ne peut se promettre de n'être pas troublé en présence d'un tel homme. (Madame de Staël, Œuvres complètes,
vol. 15, pag. 35.)

opinion contraire à la sienne, pour acquitter au
moins leur conscience, ils étaient avertis par leur
expérience, du point juste cù la contradiction
devait s'arrêter; et la pensée, qui dominait toujours en eux sur toutes les autres, était le souvenir
de ces transitions subites du calme à la tempête.
La plus petite circonstance, quelquefois un seul
soupçon, suffisait pour amener de sa part un changement total de manières et de procédés envers le
ministre que la veille il avait traité le mieux; et
cependant il fallait qu'il eût éprouvé une longue
suite de contrariétés de la part d'un ministre, pour
qu'il se déterminât à le changer lui-même. Mais
cette compensation ne pouvait être bonne que pour
ceux qui pensent qu'il est toujours bon d'être ministre. Ainsi, la condition commune de tous les
hommes qui le servaient était de s'attendre à des
faveurs et à des reproches; leur vanité pouvait
espérer des jouissances, mais elle devait prévoir
des sacrifices. Napoléon n'était pas né prince; on
ne lui avait pas appris ce qu'on apprend à tous les
princes : c'est que les reproches, venant de si
haut, pénètrent bien plus avant, et laissent longtemps la plaie ouverte.

Un homme, qui rassemblait en lui l'étoffe de
tant d'hommes divers, était plus propre sans doute
à se faire obéir qu'à se faire aimer; et je crois
bien qu'en effet il faisait plus de cas du dévouement

que de l'affection ; j'ai rappelé dans un des articles précédents qu'il m'avait dit un jour *qu'on ne servait pas bien ceux qu'on craignait*, et qu'il avait souri à ma réponse quand je lui avais avoué que, tout en tâchant de le bien servir, je ne l'abordais jamais sans quelque émoi ; il s'est cependant trouvé parmi ceux qui l'approchaient des enthousiastes de bonne foi, qui paraissaient lui porter cette affection exaltée qui trouve tout bon, même le mal qu'elle endure. Mais j'ai souvent présent à l'esprit une phrase habituelle du ministre Decrès lorsqu'il parlait de Napoléon ; je crois qu'elle exprimait une opinion commune à beaucoup d'autres. « *Ce terrible homme nous a tous subjugués ; il tient toutes nos imaginations dans sa main, qui est tantôt d'acier, tantôt de velours ; mais on ne sait quelle sera celle du jour, et il n'y a pas moyen d'y échapper ; elle ne lâche jamais ce qu'elle a une fois saisi.* »

Le moment du départ de Napoléon pour son armée approchait. Tous les préparatifs ayant été faits en 1811, il n'avait eu qu'un complément à leur donner dans les premiers mois de 1812, par les dispositions dont j'ai rendu compte relativement à Dantzick, Hambourg, etc. Il venait d'assurer [1] le service de l'armée d'Espagne en réglant d'avance

1. Lettres de Napoléon des 24 janvier, 10 mars, 11 mars, 29 mars, 1er avril 1812.

dès envois de fonds pour plusieurs mois; ainsi que celui de Corfou, qui coûtait assez inutilement 6 millions par an, et celui de la Corse, où les dépenses publiques étaient trois fois plus fortes que les recettes. Il croyait avoir pourvu au paiement entier de la dette arriérée de la Hollande en y affectant un fonds de 19 millions en valeurs à terme assignées sur les débris de la fortune publique du pays; et il paraissait au moins croire que l'inévitable déficit du budget de 1812 serait soldé par quelques dizaines de millions que produirait la vente de domaines dans les États Romains. Les principales dépenses de la guerre ayant été acquittées d'avance, puisqu'elles embrassaient cette masse d'approvisionnements de munitions que l'armée devait traîner à sa suite, le reste de l'administration publique n'exigeait plus dans l'intérieur, en 1812, que des dépenses fixes pour lesquelles il avait ouvert aux ministres des crédits dont ils ne devaient disposer chaque mois que dans la proportion qu'il aurait limitée. L'Empereur avait réservé, pour la dernière de ses dispositions, une opération importante sur laquelle il avait longtemps hésité, celle de convoquer un premier ban de cette milice civile, dont il n'avait pas encouragé l'activité depuis qu'il gouvernait la France; mais il allait la laisser presque entièrement dégarnie de troupes régulières; il ne restait dans les dépôts de chaque

régiment que de nouveaux conscrits; les Anglais
pouvaient être tentés de renouveler, ailleurs qu'à
Walcheren, quelque invasion au moins momentanée; et la seconde tentative pouvait être plus
heureuse que celle de 1809. Napoléon crut devoir
à un tel intérêt le sacrifice de l'ancienne prévention
que lui avaient laissée, contre la garde nationale, la
part qu'elle avait prise, en 1789, aux premiers
mouvements de la révolution, et, plus tard, l'appui
que la Convention avait cherché dans une partie
de ce corps, lorsqu'elle avait renversé le trône.

L'intention de Napoléon étant de trouver une
véritable force militaire dans la garde nationale
qu'il organisait, il n'avait pas pu ne la composer
que de propriétaires; il y avait aussi appelé les
anciens soldats en retraite; mais des grades étaient
offerts aux fils de familles riches; les détachements
ne devaient pas s'éloigner des départements où ils
étaient formés; lorsqu'ils étaient en activité, ils
devaient recevoir la même paie que l'armée; enfin
chaque dépôt de cette garde devait avoir pour trésorier un auditeur au conseil d'état [1]; et Napoléon
espérait trouver, dans de tels comptables, des

---

1. « Vous avez vu par le décret relatif au 1ᵉʳ ban de la garde
« nationale, que vous devez proposer la nomination de vingt-
« cinq auditeurs pour être chargés de remplir les fonctions de
« trésorier et de quartier-maître des dépôts de la garde nationale.
« Il y a un grand nombre d'auditeurs qui ne font rien, et qui, se
« jetant dans cette carrière, et étant agents de la trésorerie,

surveillants de l'administration et de la discipline
de cette milice. Ce service de défense intérieure
devenait aussi une ressource pour ceux qui redoutaient les fatigues et les hasards d'une guerre lointaine ; les premiers noms de France furent inscrits
sur le contrôle. Ces nouveaux corps ont en effet
maintenu la tranquillité partout; ils ont observé
une exacte discipline, et peut-être ont-ils eu le mérite d'éloigner de nos côtes les dangers qui pouvaient les menacer.

Les escadres anglaises croisaient sans cesse à la
vue de nos ports, et sans oser faire aucune tentative de débarquement.

Enfin, après avoir déterminé les fonds que le trésor public devait faire parvenir à la grande armée
pour le seul service de la solde pendant les neuf
derniers mois de 1812, et s'être assuré que les
mesures étaient déjà prises pour l'exactitude des
envois ; après avoir réglé, pour le temps présu-
mable de son absence, tout le service intérieur
avec la prévoyance qui lui était propre (laquelle
souvent sans doute devinait juste, mais, pour ne
rien abandonner à la décision des ministres, augmentait quelquefois aussi pour eux les difficultés
de l'exécution, parce qu'une seule nuance imprévue

« pourront parvenir à toutes les places comptables, telles que
» celles de payeurs de division, etc. Sur ce, etc.

Paris, 17 *mars* 1812.   *Signé* NAPOLÉON. »

suffisait pour causer plus d'un mécompte), Napoléon partit dans les premiers jours de mai, pour se
réunir à Dresde au congrès de tous les souverains
de l'Allemagne, confédérés avec lui contre la
Russie. Ce fut de cette ville que je reçus sa première dépêche ; elle m'annonçait qu'il venait de
faire avancer au roi de Saxe par le payeur-général de l'armée, 1 million pour les troupes polonaises qui étaient à la solde de ce prince, et que ce
million devait être remboursé en actions de l'emprunt de Saxe hypothéqué sur les mines Wiliska.
C'était, je crois le huitième million qu'il faisait placer dans cet emprunt, qui devait être en tout de
10 millions. J'ignore quel a été le sort de cette
créance hypothécaire de la France.

Je ne sais quels faux avis lui furent donnés
alors sur les relations de notre commerce avec
l'Angleterre ; des envois considérables de guinées
continuaient d'être faits à Boulogne. Cette combinaison s'expliquait par l'état du change ; il était
peu favorable à l'Angleterre, d'après les entraves
mises à ses importations sur le continent. Les
créances, qu'elle pouvait y acquérir, ne balançaient pas la dépense des troupes qu'elle entretenait en Espagne, et les subsides qu'elle payait à
diverses puissances ; elle ne pouvait y suppléer que
par des envois d'or et d'argent. Mais, à l'époque
des premières expéditions, notre police avait eu la

bonne foi de croire que cette émigration de guinées était un évident symptôme de la détresse progressive de l'Angleterre : et elle n'était peut-être pas éloignée de penser que l'or qui nous arrivait par cette voie était tout profit pour la France. Napoléon n'avait pas été longtemps dupe de cette méprise ; on se rappelle qu'il avait constamment restreint l'importation de l'or anglais au seul port de Boulogne, où elle était soumise à une surveillance sévère [1]. En général ces guinées, qui n'arrivaient en France que comme lingots, étaient promptement versées aux hôtels des monnaies pour y être converties en espèces françaises de vingt et quarante francs ; elles acquéraient, sous cette nouvelle forme, un titre certain, et les modiques frais de refonte étaient plus que compensés par l'avantage acquis à cet or, sous la forme de monnaie française, de circuler et d'être admise sans perte de change sur tout le continent : les expéditeurs anglais employaient le moyen le plus économique pour eux de solder leurs comptes : mais on avait fait soupçonner à Napoléon que quelques spéculateurs hasardaient des avances pour attirer ces guinées. Ce fut là l'occasion d'une seconde lettre qu'il

---

1. « La législation anglaise prohibait encore l'exportation des espèces d'or et d'argent. On y dérogeait tacitement dans cette circonstance. Les opérations les plus considérables de cette nature furent confiées aux banquiers Rothschild.

m'adressait de Witepsk le 9 août [1], et j'avoue
qu'en la recevant j'eus quelque étonnement de
voir qu'un tel intérêt pût l'occuper au milieu de
tant d'autres.

Deux jours après il m'écrivait encore [2] du même
lieu pour m'annoncer qu'il avait reçu cette balance
de l'actif et du passif du trésor que je ne négligeais
jamais de reproduire, tous les trois mois, sous ses
yeux, pour tâcher de les ouvrir sur l'embarras
croissant des finances. Je n'attendais pas un grand

1. « Je pense qu'il est convenable que vous donniez avis à
« la Banque et au commerce de Paris de ne pas se mettre à
« découvert dans le commerce des guinées, parce que, d'un
« moment à l'autre, il peut être interdit ; dites que vous le
« prévenez d'avance, afin que, si cela arrivait, ils n'aient pas à se
« plaindre ; et qu'ils ne doivent accepter des lettres-de-change
« pour cette cause que quand les guinées sont arrivées. Dans
« le moment actuel, cette mesure me paraît insuffisante. Sur
« ce, etc.

« A *Witepsk*, 9 *août* 1812.   *Signé* NAPOLÉON. »

« 2. J'ai reçu la balance du trésor pour les six premiers
« mois de l'année. Je n'ai pas pu la lire avec toute l'attention
« que j'aurais voulu y donner. Les droits-réunis (contributions
« indirectes) et l'enregistrement doivent donner ce qu'ils ont
« promis ; les douanes seules sont douteuses ; parlez-en au
« ministre du commerce, afin d'arrêter nos idées là-dessus.
« Quant aux 40 millions qui manquent, on les obtiendra, soit
« par la vente des biens des États Romains, soit par 40 mil-
« lions que produira ce pays ; car, comme le trésor fait des
« budgets pour l'armée, les recettes de l'armée entreront cette
« fois au trésor. Ayez soin que ces dernières soient imputées
« sur le chapitre des moyens extraordinaires... On a trouvé
« dans les caisses environ un million de roubles ; il est vrai

succès de mes tentatives ; mais je ne voulais pas
en perdre l'habitude [1].

Je n'étais que trop accoutumé à ces illusions par
lesquelles il voulait sans cesse échapper à l'évidence
des faits : et on verra dans cette autre lettre que
d'abord, pour éviter la discussion, il se prévalait
du peu d'attention qu'il avait pu donner à mes
chiffres ; que cependant il s'en était assez occupé
pour chercher à combattre mes inquiétudes sur la
décroissance graduelle qu'éprouvaient alors les
produits des contributions indirectes, de l'enregistrement et des douanes ; il cherchait à relever mes
espérances sur les ressources du budget en me
disant qu'il couvrirait le déficit soit par une vente

« que ce n'est que du papier, mais cela fera toujours un
« million de francs. J'ai des magasins de sel considérables
« à Borisen. J'en ai pour 15 ou 20 millions : on m'assure qu'au
« moment du traînage, la Courlande viendra les prendre. Il
« serait bon que le ministre de la marine profitât de cette
« circonstance pour se procurer des mâts ; je n'ai pas le temps
« de lui en écrire ; voyez-le pour cela.... Écrivez-en au payeur-
« général ici, pour que les recettes du pays soient tenues en
« compte particulier et pour qu'il vous en instruise... Sur ce,
« etc.

« A Witepsk, 11 août 1812.   Signé NAPOLÉON. »

1. Ceux qui voudront savoir à quel degré d'exactitude et
d'ordre la comptabilité publique était parvenue et se maintenait alors en France, remarqueront qu'un bilan complet du
trésor public pour les six premiers mois de 1812, c'est-à-dire
le budget général des recettes et des dépenses de la France
(tel qu'elle était alors) était sous les yeux de Napoléon, à Witepsk, le 11 août, onze jours après la révolution de ces six mois.

de domaines à Rome, soit par des contributions
sur ses conquêtes en Russie. Déjà il avait la confiance de me promettre 20 millions sur les ventes
de sel qu'il ferait faire en Courlande, dans la saison
du traînage ; déjà il disposait des forêts du Nord,
et il voulait que son ministre de la marine profitât
de sa présence en Russie pour y faire la commande
de tous les approvisionnements nécessaires à ses
arsenaux.

Je m'abstiens de toute réflexion sur cette lettre :
il ne m'en parvint plus aucune autre de Napoléon
pendant la durée de l'expédition.

Les détails militaires ne peuvent plus appartenir
à ce récit : assez de relations ont fait ou feront
connaître le plan de campagne ; la division de cette
immense armée en trois corps ; la mission donnée
au prince de Schwartzemberg de garder les frontières, de maintenir les communications, et d'observer les corps russes qui tenteraient de les couper;
celle du maréchal Macdonald, qui, en paraissant
se diriger sur Pétersbourg avec une division française et le contingent prussien, devait surveiller
la Baltique et protéger les envois de Dantzick et de
Kœnigsberg ; et enfin les trois sanglantes batailles
par lesquelles Napoléon, à la tête du principal
corps qu'il s'était réservé, s'ouvrit l'entrée de
Moscou, qui, sans garnison, sans habitants, parut
alors avoir appelé à son secours tous les feux de

l'enfer contre ses vainqueurs, et les reçut en renversant sur eux ses murs et ses toits embrasés.

Si, déduction faite du corps d'armée que commandait sur la frontière le prince de Schwartzemberg, de celui que le maréchal Macdonald dirigeait sur la partie littorale, et des détachements destinés à lier la ligne d'opérations, Napoléon avait près de lui trois cent mille hommes de toutes armes, en ouvrant la campagne, il n'avait peut-être pas conservé les deux tiers de ce nombre lorsqu'il fut maître de Moscou. Plusieurs de ses généraux ont évalué à plus de quarante mille les hommes mis hors de combat après les trois victoires qu'il remporta successivement sur les Russes ; il paraît que ces derniers, en cédant le champ de bataille, et en livrant les passages, n'avaient pas essuyé une perte beaucoup plus forte ; et les traîneurs, les déserteurs, les malades, avaient encore dégarni les rangs français d'un nombre de combattants supérieur à celui des morts.

Quand il était arrivé à Napoléon de dicter à des souverains les conditions de la paix dans leurs propres capitales, ces capitales n'avaient pas été réduites en cendres. Il pouvait mettre un prix à leur rachat ; mais de quel intérêt pouvait être pour Alexandre l'évacuation plus ou moins prompte de Moscou, surtout dans l'état où cette antique ville se trouvait après l'incendie? D'ailleurs, depuis la fondation de Pétersbourg, elle était déchue de son rang de capitale : elle n'était plus pour la Russie ce que Berlin est pour la Prusse, Vienne pour l'Autriche, Dresde pour la Saxe, le chef-lieu de l'empire.

Dans toute autre partie de l'Europe, une armée de deux cent mille hommes, ayant à sa tête un capitaine comme Napoléon, et parcourant le pays sur divers points, aurait pu, par l'attrait des innovations qui séduisent la multitude, fomenter des mécontentements, diviser la nation, armer les classes inférieures contre les grands, et mettre en péril l'autorité souveraine ; mais rien de pareil n'était possible en Russie. La différence des mœurs, du langage, des habitudes, éloignait de toute communication avec les étrangers les habitants riches et pauvres ; les premiers, parce qu'ils n'auraient pu que déchoir, les seconds, parce qu'ils n'avaient ni le sentiment ni le désir des améliorations spéculatives, dont une révolution aurait pu leur offrir le partage. Il n'y avait donc point de danger possible pour le gouvernement russe dans la prolongation du séjour de l'armée française ; il n'y avait de danger que pour cette armée, n'eût-elle à lutter que contre l'âpreté du climat.

Et cependant Napoléon semblait attendre avec confiance dans Moscou que de premières paroles de paix lui fussent portées par le cabinet russe ; il paraît même qu'il avait été encouragé dans cette espérance par quelques ouvertures insidieuses, contre lesquelles sa méfiance ordinaire ne l'avait pas assez bien servi ; et il se serait, au besoin, créé lui-même des prétextes pour échapper à ce qu'il appelait la honte et le danger du mouvement rétrograde. Une sorte d'instinct semblait l'avertir que le premier pas qu'il ferait en arrière le reporterait au delà du point d'où il était parti douze ans auparavant. Il ne s'attendait pas d'ailleurs à ce funeste hasard de température, qui dans cette année rendit l'invasion de l'hiver bien plus précoce que de coutume, et en fit un si puissant auxiliaire pour ses ennemis.

Mais déjà l'ensemble de son plan de campagne était rompu ; des myriades de Cosaques interceptaient partout les communications ; le quartier-général de Moscou ne pouvait correspondre avec sûreté ni avec les détachements qui devaient maintenir la ligne d'opérations, ni avec le corps du prince de Schwartzemberg, ni avec celui du maréchal Macdonald. La désertion faisait chaque jour de nouveaux progrès, surtout parmi les soldats qui parvenaient à exhumer quelques effets précieux sous les décombres de Moscou ; et cette seule circonstance avait peut-être encore affaibli l'armée de trente ou quarante mille hommes.

On n'explique pas comment des militaires isolés s'exposaient, sans guide, sans vivres, dans des

déserts inconnus, au milieu de ces nuées de troupes
légères ennemies, qui les parcouraient dans tous
les sens ; ni surtout comment la plupart d'entre
eux parvinrent aux frontières de Russie, traversè-
rent l'Allemagne, et regagnèrent leurs foyers. Dans
cette guerre presque fabuleuse, les soldats français
ont expliqué à leur avantage tant de choses inex-
plicables !

Pendant que le temps se perdait en vains essais
de négociations, la saison reprenait ses droits ; les
vastes plaines qui séparent Moscou des frontières
de la Pologne allaient devenir une immense mer
de glaces ; les vieux soldats qui restaient fidèles à
leurs drapeaux commençaient à faire entendre
quelques murmures ; et les premiers chefs de l'armée n'avaient ni le pouvoir, ni peut-être la volonté
de calmer des inquiétudes dont eux-mêmes éprouvaient les atteintes. Napoléon, qui avait tant d'a-
mertumes à dévorer, qui semblait n'avoir convoqué
l'Europe autour de lui que pour détruire lui-même
le charme qui la lui avait soumise, qui devait redouter ses jugements et ceux de la France, dont
il ne recevait pas de nouvelles, tâchait de se montrer toujours calme, toujours impassible. Cependant
il permit, lorsqu'il était déjà trop tard, qu'on dis-
cutât devant lui la question de savoir si Moscou
serait évacué, et si l'armée se mettrait en marche
pour se retirer sur la Pologne. Il convoqua un con-

seil composé des principaux généraux et du secrétaire d'État, le seul des ministres qui eût suivi
Napoléon. On sait que la fonction de ce ministre
consistait surtout à faire expédier les décrets et les
décisions qui intervenaient sur les propositions des
autres ministres ; cette fonction était remplie alors
par un homme consommé dans plusieurs parties
de l'administration publique, doué d'une sagacité
et d'une capacité de travail extraordinaires, d'un
caractère ferme, d'une probité éprouvée, joignant
à ses qualités comme homme d'État le mérite d'un
littérateur distingué, auquel il a ajouté depuis
celui d'un historien élégant et profond. L'Empereur
avait eu besoin de se donner, pour une pareille
expédition, un secrétaire d'État qui seul valût un
ministère tout entier [1].

Il paraît que, dans ce conseil de Moscou, les
opinions des chefs militaires avaient été unanimes
pour la retraite, et que le comte Daru seul proposa
de passer l'hiver à Moscou, où on était parvenu
à rassembler des vivres et des approvisionnements
plus que suffisants pour la durée de cette saison.
Le motif de M. Daru était qu'il serait facile de
ramener à la discipline une armée bien pourvue
de subsistances, et qui conservait encore un bon
nombre de ses vieux soldats ; que les Russes ne

1. M. le comte Daru.

se hasarderaient pas à l'attaquer dans ses positions
actuelles; que si l'armée était surprise dans sa
marche par la rigueur du froid, sans vêtements
suffisants, sans fourrages, sans vivres, il serait
impossible de maintenir l'infanterie dans ses rangs;
que la cavalerie achèverait d'être détruite, et qu'il
faudrait subir toutes les conditions d'une retraite
en désordre, pendant laquelle on devait s'attendre
à combattre chaque jour, en perdant chaque jour
plus d'hommes par l'épuisement et l'âpreté du climat que par le fer ennemi : que si, au contraire,
avec les ressources qu'offrait encore Moscou,
malgré l'incendie, pour réparer les équipages,
remonter une partie de la cavalerie, ainsi que le
train d'artillerie, et assurer à l'armée une réserve
d'approvisionnements, on attendait le printemps,
l'armée n'aurait pas plus d'attaques à craindre
alors dans sa retraite faite en bon ordre, qu'elle
n'en essuyait dans l'enceinte d'une ville ouverte ;
et où elle était respectée, parce qu'elle y était
réunie.

Cet avis ne prévalut pas. Napoléon, quoiqu'il
dissimulât ses anxiétés, était d'autant plus disposé
à céder au vœu général de l'armée, qu'il commençait lui-même à s'inquiéter de l'état de l'opinion
en France; il sentait le besoin de se relever dans
celle de l'Europe, et la nécessité de sa présence en
France pour qu'il pût en retrouver les moyens.

Il est même vraisemblable que, sans de tels
motifs, il aurait adopté la proposition de M. Daru ;
elle avait un côté séduisant ; elle laissait encore
indécise, au moins pour quelques mois, une grande
question que Napoléon allait résoudre contre lui-
même par une retraite précipitée ; elle ménageait à
cette retraite, lorsqu'elle serait devenue indispen-
sable, des chances plus favorables ; elle offrait celle
de quelques nouveaux succès, si les Russes hasardaient une imprudente attaque contre l'armée française dans ses positions à Moscou. Cette armée,
qui s'affaiblissait chaque jour, était encore forte de
plus de cent cinquante mille hommes valides. Mais
aussitôt que l'ordre du départ fut donné, la désertion fit de nouveaux progrès parmi des soldats qui,
jugeant l'expédition manquée, n'avaient plus la
même confiance dans leur chef, et qui, dépourvus
de vivres et d'effets de campement, n'attendaient à
chaque bivouac que le repos de la mort.

Et cependant les débris de cette armée, harcelés
chaque jour par des nuées de Cosaques, eurent
encore trois grands combats à soutenir, et conséquemment trois victoires à remporter contre des
troupes mieux pourvues.

Avant de gagner les frontières de la Pologne,
elle avait perdu la presque totalité de ses chevaux,
de son artillerie, de ses équipages : plus de 10 millions d'espèces, qui se trouvaient dans les caisses

du trésor, faisaient partie de ces pertes ; et cette
justice est due aux comptables, que plusieurs
d'entre eux avaient été blessés sur leurs caissons,
en les défendant contre des agresseurs, qui n'é-
taient pas du tout des Russes et des Cosaques. Enfin,
lorsque la poursuite commença à se ralentir, et
qu'on put mettre quelque ordre dans les différents
corps, il se trouva des régiments qui étaient réduits à deux ou trois cents combattants : ce n'est
cependant pas sur cette échelle qu'il faut mesurer
la perte réelle des hommes.

On évita de faire connaître avec précision l'effectif des soldats qui se trouvaient encore sous les
drapeaux au delà des frontières russes, les prisonniers, les hommes laissés sur les trois champs de
bataille, ou qui, dans les marches, avaient succombé sous la fatigue, pouvaient sans doute former
un nombre plus considérable ; mais les meilleurs
juges d'une telle question, et il est consolant de
partager leur opinion, s'accordent à croire que ce
dernier nombre lui-même était fort inférieur à celui
des déserteurs, qui, devançant l'armée malgré les
Cosaques, malgré le climat, malgré le dénuement
auquel ils étaient presque tous réduits, arrivèrent
en France presque aussitôt que la nouvelle des
désastres auxquels ils avaient échappé[1].

1. On se borne à citer ici quelques faits recueillis dans les entretiens de témoins éclairés et impartiaux. On ne peut sur le détail

Le comte Daru était parvenu, jusqu'aux approches de Wilna, à conserver, par des soins et des efforts dont il était seul capable, toutes les pièces officielles, toute la correspondance des ministres avec Napoléon, dont il était dépositaire ; il ne consentit à faire brûler les caissons qui le renfermaient qu'en apprenant que les effets personnels de Napoléon venaient d'être enlevés malgré leur escorte d'élite.

Mais ce ne fut aussi que sur les frontières de la Pologne que M. Daru trouva les dépêches de Paris, qui n'avaient pas pu dépasser cette limite ; au nombre de ces lettres étaient celles qui annonçaient la tentative faite à Paris par le général Mallet, et le sort de cette tentative après trois heures de succès. Napoléon, à qui il s'empressa d'en rendre compte, lui dit : *Eh bien ! croyez-vous encore qu'il eût été bien prudent de passer l'hiver à Moscou, lorsqu'à Paris des officiers-généraux, que j'avais fait arrêter, s'évadent de leur prison pour y mettre à leur place le ministre de la police* [1].

des opérations militaires proprement dites, que renvoyer aux Mémoires que publieront sans doute quelques-uns des officiers-généraux qui y ont pris part, et on est dispensé de dire qu'il ne faut pas admettre sans examen quelques relations qui ont paru à la fin de 1814.

1. On peut conclure d'un tel événement que la surveillance la plus consciencieuse, le zèle le plus loyal, peuvent être pris au dépourvu par certaines témérités ; et même que l'attaque la plus

Ce fait paraîtrait infirmer ce que j'ai déjà dit
ci-dessus de la préférence que Napoléon était personnellement assez disposé à donner à la proposition de faire hiverner l'armée à Moscou,
et à laquelle cependant il se refusa ; mais je
me rappelle que lui-même, après son retour, il
exprima plusieurs fois le regret de n'avoir pas
pu prendre ce parti, qui aurait épargné bien des
pertes.

On sait que Napoléon se sépara des restes de
l'armée sur la frontière de la Pologne, et qu'il en
laissa d'abord le commandement à celui de ses
beaux-frères qui était alors roi de Naples [1], mais
en donnant au maréchal Berthier des instructions
particulières et des pouvoirs qui balançaient ceux
du nouveau généralissime. Deux chefs qui ne pouvaient pas être d'accord entre eux étaient peu
propres à ramener à la discipline ces agrégations
irrégulières de soldats mécontents, qui survivaient

imprudente peut être aussi la plus dangereuse, précisément
parce qu'il est d'autant plus difficile de la prévoir ; ainsi la sûreté
et la vie de tout homme public sont à la merci de tous factieux
qui n'ont que l'audace du crime. Il est même des temps où il
suffit d'insulter publiquement, de menacer un agent du pouvoir
public, pour grouper autour de soi une foule d'oisifs avides de
scènes nouvelles.

Dans les meilleurs temps pour le pouvoir, son exercice est
exposé à de pénibles épreuves, et, fort heureusement pour
l'ordre social, elles n'en dégoûtent personne.

1. Joachim Murat.

à cette grande armée. Murat, pressé de retourner
à Naples, ne tarda pas à remettre le commandement
au maréchal Berthier, qui n'était plus en état de
l'exercer, car il était malade. Le prince Eugène
put heureusement remplacer l'un et l'autre ; il
réunit les fragments épars des régiments, dont plusieurs étaient à peine réduits à quelques centaines
d'hommes ; les services analogues furent assortis ;
une organisation provisoire les mit en état de recevoir des distributions régulières de vivres, d'habillements, ainsi que tous les autres secours qui leur
étaient nécessaires ; et aussi de résister en meilleur
ordre à ces attaques que renouvelaient encore,
chaque jour, à toute heure, et à tout instant, ces
myriades de Cosaques attachés à leurs traces ; ils
fondaient comme des vautours sur les fuyards dé-
sarmés ; fuyant eux-mêmes, quel que fût leur
nombre, devant quelques hommes qui se maintenaient en résolution et en ordre de combat. Ce fut
à ces sages mesures que durent leur salut les nobles
restes de ces vétérans, respectés depuis vingt ans
par tant de combats, et fidèles à leurs drapeaux
sous ces climats glacés, comme ils l'avaient été en
Italie, en Allemagne, et sur les sables brûlants de
l'Égypte. Il paraît certain qu'à l'exception d'une
division entière, qu'une erreur de route, bien excusable dans un tel pays, sépara de l'armée, et qui
fut forcée de capituler devant des troupes régulières

russes beaucoup plus nombreuses. les autres prisonniers ne se composèrent en grande partie que
des malades laissés dans les hôpitaux, des hommes
blessés en combattant ou affaiblis par la fatigue,
et qui n'avaient pas pu suivre leurs corps.

La nouvelle de l'évacuation de Moscou ne fut
donnée que par les gens du pays au maréchal
Macdonald, qui commandait le corps d'armée
chargé d'observer la Baltique. Ce corps était composé de Français et de Prussiens ; malgré la défection de ces derniers, malgré les attaques des
Russes, auxquels ils se joignirent, il échappa tout
entier au danger du climat et à ceux de la guerre
par la prévoyance et l'habileté de son général ; et
une telle retraite n'est pas le moindre de ses services militaires. Cependant Napoléon était parti
seul avec son grand-écuyer, le duc de Vicence, et
sans aucune autre suite ; il ne s'était arrêté que
quelques heures à Varsovie, et s'était mis en route
pour Paris, sans s'y faire annoncer, sans se faire
reconnaître dans aucun lieu, ne séjournant nulle
part, traversant, non sans quelques dangers, la
Pologne citérieure, qui était déjà parcourue par de
nombreux partis de Cosaques ; la Prusse, qui quit-
tait ses drapeaux pour passer sous ceux de la
Russie ; le reste de l'Allemagne, à laquelle de nouveaux publicistes d'un haut rang promettaient des
constitutions libérales pour les soulever contre son

joug ; et dans ce long trajet, livré pour ses moyens de transport aux seules ressources que le hasard et la présence d'esprit de son seul compagnon de voyage pouvaient lui procurer : ainsi, jusqu'aux moindres circonstances, tout dans sa vie devait être extraordinaire comme lui.

Il arriva aux Tuileries au milieu de la nuit (décembre 1812). Jamais retour n'avait été plus imprévu ; il ne voulait pas que la surprise sortît de cette enceinte avant le jour, et ce ne fut que le matin, à huit heures, que je fus instruit de son arrivée, par l'ordre qu'il me fit donner de me rendre auprès de lui. Avant de l'avoir vu, un des grands officiers du palais, que je trouvai dans le premier salon, me dit que l'empereur avait voulu me demander un des bons copistes de mes bureaux, parce qu'il n'avait d'abord personne pour écrire sous sa dictée, mais qu'il en essayait un depuis deux heures, et qu'il avait déjà expédié un grand nombre de dépêches. On conçoit en effet que ses secrétaires de cabinet n'avaient pas pu le suivre ; il n'avait également près de lui, ni le ministre des affaires étrangères, le duc de Bassano, qui n'avait pu quitter qu'après son passage la Pologne, où il était resté pendant la durée de l'expédition, ni le comte Daru, qui coopérait à la réorganisation de l'armée en remplaçant l'intendant-général.

Je n'avais encore vu Napoléon revenir dans sa capitale que triomphant ; et je me rappelle que l'air sérieux et grave que je lui avais trouvé dans la première entrevue me paraissait alors offrir un singulier contraste avec sa fortune ; dans trois ou quatre occasions pareilles, je l'avais vu répondre ainsi dans son intérieur, aux lieux communs des premières félicitations : *Nous avons maintenant autre chose à faire*. Ce ne fut pas, cette fois, sans émotion que j'entrai dans mon cabinet, et l'on devine quelle fut la curiosité de mon premier regard. Eh bien ! il est certain que je l'avais rarement trouvé aussi serein et aussi calme. Je vais retomber ici dans des détails qui paraîtront puérils ; j'ai la puérilité de ne pas les omettre, parce qu'ils me paraissent ajouter encore quelques nuances nouvelles au caractère d'homme le plus varié peut-être. Puisqu'on a comparé Napoléon à un gros diamant resté un peu brut en une partie, mais dont l'autre était taillée en mille facettes, je puis essayer de faire entrevoir quelques facettes encore inaperçues.

Je n'ai pas dit que, peu de jours avant le départ de Napoléon pour la Russie, j'avais été menacé du plus affreux malheur ; un accident terrible avait mis la vie de ma femme en danger ; et ce danger, le plus grand que je pusse courir moi-même, avait duré près de quarante jours ; Napoléon en avait paru touché : il avait chargé

son premier médecin, M. Corvisart, de se joindre aux autres médecins qui me donnaient leurs
secours ; mais depuis plus de sept mois bien d'autres événements le séparaient de celui qui m'était
personnel.

Son premier mot, en me voyant, fut de me parler de la santé de madame Mollien [1], et de me demander des détails sur les suites du terrible accident qu'elle avait éprouvé, sur les soins qu'on y
avait donnés, sur les précautions qui restaient à
prendre. Il continuait ces questions, lorsqu'on vint
lui dire que plusieurs de ses pages attendaient ses
ordres : il remit à quelques-uns d'entre eux les listes d'un assez grand nombre de familles auxquelles
il faisait annoncer que tel général, tel jeune officier
était revenu avec lui en Pologne, et qu'elles rever-
raient bientôt le père, le fils, le frère dont le sort
pouvait les inquiéter. Une mission plus triste était
réservée aux autres ; mais quelques faveurs nouvelles pour les familles qui avaient des pertes à regretter, se joignaient aux condoléances qu'il les
chargeait de leur porter. En consacrant ses premiers moments à de tels soins, Napoléon semblait
obéir plus encore à son habitude qu'à la circonstance. Lorsque cet homme si extraordinaire se prêtait à certains actes qui pouvaient bien ne pas lui

1. Madame Mollien était dame du palais de l'impératrice
Marie-Louise.

être familiers, il savait du moins leur donner toujours le mérite du naturel et de la simplicité.

Revenant à moi et à quelques questions que justi-
fiaient de ma part le mode et la singularité de son
retour : « Je ne voyageais pas plus commodément,
« me dit-il, quand j'étais petit officier d'artillerie ;
« Vous voyez que j'ai bien fait de ne pas l'ou-
« blier : il est vrai qu'alors mes courses n'étaient
« pas aussi longues, et qu'on s'occupait moins
« de mes voyages ; la machine humaine est la même
« pour toutes les conditions ; elle se prête à tout
« pour qui sait s'en servir. »

Il ajouta ensuite : « Ce pauvre préfet de Paris,
« Frochot, a été bien malheureusement dupe de
« l'échappée de Mallet. Je ne lui en veux pas ; c'est
« un administrateur intègre et capable ; mais eût-il
« été vrai que j'étais mort, il avait autre chose à
« faire que de reconnaître l'autorité de Mallet. » Je
fis valoir, comme je le devais, les effets de la surprise et surtout de l'abattement, de la consterna-
tion, qui ne laissent aucun moyen de résistance,
comme ils écartent tout soupçon d'assentiment :
« Je vous répète, continua Napoléon, que je ne
« lui en veux pas ; on vient de me dire qu'il pro-
« voquait lui-même une enquête sur sa conduite,
« et que le conseil d'État demandait à en être
« chargé ; il est membre de ce conseil, il sera jugé
« par ses pairs. »

Il me demanda si, à cette époque, le trésor public avait été menacé ; je lui répondis qu'il l'avait été comme les autres ministères ; mais que j'avais pu prendre à propos des mesures qui en avaient écarté tout désordre.

Je pensais qu'avant de me congédier il me ferait quelques questions sur la situation des finances ; il se borna à me dire que la trésorerie, qui paraissait avoir fait jusque-là assez bonne contenance, allait encore avoir de nouveaux échecs à réparer. Il faisait sans doute allusion aux pertes d'argent faites dans la retraite de Moscou ; je n'en avais pas encore la nouvelle ; je voyais bien, d'ailleurs, que ce n'était pas aux affaires de mon ministère qu'il avait destiné cette entrevue, et je me retirai.

Lorsque je quittai les Tuileries, le bruit de son arrivée était déjà répandu dans Paris ; on savait que je l'avais vu ; je trouvai, en rentrant chez moi, mon cabinet assiégé par une foule de personnes conduites par un sentiment plus sérieux que la simple curiosité ; leur impatience leur avait fait trouver mon entrevue plus longue encore qu'elle n'avait été ; chacun m'abordait avec sa question ; je ne pouvais faire à tous les questionneurs que la même réponse : que j'avais trouvé l'empereur aussi calme qu'avant son départ, et que je désirais que sa sécurité pût en donner aux autres. Mais cette sécurité

contrastait tellement avec le sinistre bulletin qui
avait annoncé le passage de la Bérézina et les désastres de l'armée, avec toutes les nouvelles reçues
par le commerce, que l'on concluait seulement de
ma réponse que je n'avais rien appris, ou que je
ne disais pas ce que j'avais appris. Je remarquais
dans les mêmes hommes un sentiment contradictoire : ils étaient contents de savoir Napoléon à
Paris, et mécontents de ce qu'il avait quitté son
armée. On voulait généralement la paix ; on la
voyait plus éloignée que jamais, et l'on se demandait où seraient les moyens de continuer la
guerre.

Cette disposition uniforme des esprits n'empêcha
pas le sénat, le corps législatif, le conseil d'État,
les cours judiciaires, le corps municipal de Paris, de
venir, comme après les retours triomphaux, offrir
à Napoléon les hommages de la reconnaissance, du
dévouement, de la fidélité de la France entière,
toujours prête à faire les nouveaux efforts qu'il
exigerait d'elle [1].

Ces phrases d'habitude, qui restaient les mêmes
dans des circonstances si différentes, étaient-elles

1. La malignité trouverait sans doute des rapprochements
assez piquants à faire dans les discours des mêmes corps, des
mêmes hommes à deux ou trois ans de distance ; et ce ne serait
là qu'une œuvre de malignité. Dans les temps de révolution,
comme la plus grave et la plus dangereuse de toutes les fautes,
pour les gouvernements qui se succèdent, serait le changemen

comme autrefois l'expression de l'opinion publique ? Napoléon lui-même n'était pas dupe de ces scènes de palais, ni de leur effet sur la France ; il comptait davantage sur celui que produiraient au dehors ses propres réponses aux discours des premiers corps de l'État. Quant à l'opinion, il croyait encore alors être plus fort qu'elle ; il se flattait de la relever et de la diriger à son gré.

Mais ni sa présence à Paris, ni son stoïcisme apparent sur les revers qu'il venait d'éprouver, ni la confiance dans les succès d'une nouvelle campagne, ne modéraient ce sentiment de lassitude et d'anxiété répandu dans toutes les classes ; on ne lui demandait pas de nouveaux succès, mais une nouvelle politique ; la France ne trouvait pas sa sécurité dans celle où il s'était engagé ; et, de son côté, il ne concevait pas de sécurité pour lui dans toute autre. Il ne se dissimulait pas qu'il n'aurait pas moins à craindre de ses alliés que de ses ennemis ; c'était pour prévenir et conjurer les menaces de toute l'Europe qu'il voulait reprendre encore, le premier,

---

subit des autorités secondaires, il faut bien pardonner à celles-ci d'employer envers chaque nouveau pouvoir les formules de soumission dont elles ont usé envers le pouvoir qui a disparu ; et, si le souverain qui survient peut quelquefois se défier d'un gouvernement tout fait, il doit craindre bien plus encore les hasards auxquels il s'exposerait en voulant refaire un gouvernement tout neuf.

une attitude menaçante, et qu'il demandait' de nouveaux efforts à la France. Le temps était passé où
il aurait pu les obtenir de l'enthousiasme ; il ne
pouvait plus que les arracher au dévouement et
à l'habitude de l'obéissance.

C'était une époque peu favorable pour un appel
de nouveaux conscrits que celle où, sur tous les
points, tant de soldats anciens rentraient dans
leurs foyers comme des fugitifs. La levée des impôts, déjà insuffisants pour les dépenses, devenait plus lente et plus difficile. Les suppléments
de ressources, que la confiance publique apportait au trésor s'atténuaient sensiblement, et je remarquais que, parmi ces auxiliaires, les déserteurs
les plus nombreux étaient dans la classe de ceux
dont la fortune semblait plus attachée à celle de
Napoléon. Ces symptômes obscurs de discrédit,
dont je ne devais pas d'ailleurs lui faire connaître
tous les détails, surtout relativement aux personnes,
le touchaient peu. Mais il survint une autre circonstance qui lui parut mériter plus d'attention.
Quoique la Banque n'eût en émission qu'une quantité de ses billets de plus de moitié moindre que
celle qui, depuis lors, s'est soutenue dans la circulation, les demandes de remboursement pouvaient
déjà donner aux régents, sinon des motifs absolus,
au moins des prétextes d'inquiétude. Ils devaient,
dans leur intérêt propre, comme chefs des pre-

mières maisons de commerce, et d'après leurs rapports avec tous les capitalistes, puisqu'ils étaient
les gardiens de la mise de fonds qui composait le
capital de la Banque, prendre une part d'autant
plus grande dans les alarmes ; et ils pouvaient,
avec plus d'assurance, en hasarder l'expression,
en la couvrant du voile de l'intérêt public.

La situation de la Banque, vis-à-vis des finances
de l'État, n'offrait rien d'inquiétant; elle avait, il
est vrai, employé plus de moitié de la mise de
fonds de ses actionnaires en effets publics, soit
par quelques avances qu'elle avait faites à la trésorerie sur ce gage, soit par des achats de 5 pour
cent. Mais, comme on l'a dit, et comme la
Banque l'a prouvé en demandant et en obtenant,
quelques années plus tard, qu'une partie de
son capital fût restituée aux actionnaires, ce
capital était plus que suffisant pour la réserve
en espèces que la régence devait conserver sur ce
fonds.

Vis-à-vis du public, conséquemment vis-à-vis
des porteurs des billets de la Banque, cette situation n'était pas moins rassurante; la quantité de
ces billets, qui restait alors dans la circulation,
n'excédait guère la proportion requise pour les
gros paiements du commerce et des caisses publiques; on sait que dans toute espèce de monnaie;
la circulation retient tout ce qui est nécessaire :

qu'elle n'écarte que les superfétations. Mais, dans
sa réserve de monnaie réelle présente à la Banque,
se trouvaient 15 millions d'espèces d'or ; il n'y
restait plus que quelques millions d'espèces d'argent ; c'était seulement en espèces d'argent qu'elle
avait l'habitude de rembourser ses billets au porteur ; elle craignait, si elle y substituait des espèces
d'or, que cette innovation, interprétée comme un
signal de détresse, n'accrût encore les demandes.
On aurait bien pu demander aux régents pourquoi
la Banque avait admis dans sa réserve *disponible*
des espèces dont elle ne pouvait pas *disposer* ;
Napoléon jugea, avec raison, plus convenable de
me charger de leur déclarer que le trésorier du
domaine extraordinaire recevait l'ordre d'échanger,
à la première demande de la régence, toutes ses
espèces d'or contre des espèces d'argent[1]. Mais
cet expédient lui-même révélait la présence, dans
les caves du palais, d'assez fortes sommes oisives :
et les mécontents répétaient d'autant plus qu'il
paraissait toujours séparer sa cause de celle de la
France, puisqu'au lieu de faire verser au trésor
public les tributs des étrangers, qu'il n'avait ce-

---

1. « Faites connaître au gouverneur de la Banque qu'elle ne
« doit avoir aucune inquiétude sur les 15 millions d'or qu'elle
« a en réserve ; que je donne ordre au baron de Labouillerie
« de les lui échanger toutes les fois qu'elle le demandera
« contre de l'argent. Sur ce, etc.

« *Paris*, 26 *décembre* 1812.   *Signé* NAPOLÉON. »

pendant obtenus que par les tributs de la France,
il en faisait son trésor personnel, et qu'il n'en
demanderait pas moins de nouveaux impôts à la
France, qui bientôt peut-être encourraient les
mêmes dangers.

Ces plaintes avaient le tort de toute exagération ;
elles ne circulaient encore qu'à titre de confidence,
et leur texte était mal choisi ; elles étaient injustes,
surtout en ce sens, que ce n'était assurément pas
par un sentiment de cupidité personnelle que Napoléon se faisait un trésor à part du produit des
contributions qu'il avait levées sur les souverains
vaincus par lui. La personnalité d'un conquérant
ambitieux ne ressemble pas à celle d'un prince
avare. On a vu d'ailleurs que les fonds du domaine
extraordinaire aidaient quelquefois le trésor public
(à la vérité par de simples prêts sur dépôts d'effets
à long terme); mais il était en même temps le moins
exigeant des prêteurs du trésor, car la continuation
de ces prêts se trouvait assurée par un renouvellement presque indéfini. C'était aussi en partie avec
les fonds du domaine extraordinaire que Napoléon
avait réparé les habitations royales, au seul mobilier desquelles il avait employé près de 20 millions :
qu'il avait racheté et considérablement augmenté
les diamants de la couronne ; qu'il entreprenait de
compléter la construction du Louvre ; qu'à côté de
quelques monuments d'ostentation, il élevait dans

Paris divers monuments utiles [1]. C'était sur les
mêmes fonds qu'il dotait tant de familles, et qu'il
récompensait tous les services avec une magnificence inconnue avant son règne. Des généraux,
des hommes d'État, étaient précédemment parvenus à des fortunes beaucoup plus grandes que
celles dont il a été la source ; mais elles n'étaient
pas *uniquement* dues, comme celles-ci, à la munificence du prince. A cette dernière époque d'ailleurs, indépendamment de quelques dons éclatants,
tels que celui dont il gratifia le maréchal Ney [2],
qui s'était montré supérieur à lui-même dans
cette malheureuse campagne, combien n'avait-il
pas de secours à répandre sur les officiers de sa
garde, sur tous ceux de son armée qui avaient
perdu leurs équipages, sur une foule de familles
pauvres qui avaient à regretter des officiers sortis
de leur sein, et qui étaient leur soutien ! Napoléon
pouvait être de bonne foi quand il disait que c'était
en partie pour économiser au trésor public les récompenses que pourraient réclamer de grands services, et pour les rendre en même temps plus

1. La Bourse est un de ces monuments ; il a été achevé
sous la restauration.

2 Le maréchal Ney, créé prince de la Moscowa, en mémoire de la bataille de ce nom à laquelle il avait pris une si
glorieuse part, avait obtenu, au retour de Russie, une dotation de 500,000 francs de rentes sur le domaine extraordinaire.

magnifiques, qu'il s'était réservé ce trésor, dont il se plaisait même à exagérer l'importance. Il aurait voulu qu'on le crût inépuisable. Je dois ajouter, qu'à l'époque même de sa plus haute fortune, il disait souvent du domaine extraordinaire : *C'est là notre réserve pour les cas désespérés*. Alors ils ne paraissaient pas si prochains !

Ce n'était pas sans doute une idée du siècle que ce système de thésaurisation ; mais, comme je l'ai déjà dit, Napoléon cherchait des exemples dans tous les siècles; il avait celui de Henri IV, celui du père du grand Frédéric, celui de ce prince lui-même. Sous un gouvernement qu'il avait rendu absolu, et que sa position, autant que son caractère, exposait à toutes les chances de la guerre, la ressource des emprunts était impossible ; il espérait trouver au besoin, dans son trésor personnel, un emprunt tout fait.

Malgré les soins que prenait Napoléon pour relever tous les courages par son exemple, ils étaient tristes ces derniers jours de 1812, dont chacun révélait quelques détails des malheurs qu'on n'avait connus d'abord qu'en masse ; c'était par ces détails mêmes que le deuil se multipliait dans les familles. Et cependant Napoléon s'occupait de réunir les débris épars de l'armée, de remplir les cadres de chaque corps par de nouveaux soldats; il cherchait de nouvelles ressources pour couvrir

le déficit de 1812, et fournir des secours au nouveau budget de 1813.

Il savait que les Russes avaient envahi la Pologne, et que la Prusse rompait son alliance avec
lui ; que l'Autriche hésitait, que toute l'Allemagne
attendait les Russes comme auxiliaires. Il fallait
qu'en trois mois il créât une armée égale à celle
qu'il avait perdue, pour entrer en campagne au
printemps. Il voulait conserver toutes les provinces
qu'il avait enlevées à l'Autriche ; soutenir la guerre
d'Espagne ; maintenir toutes les garnisons qui occupaient la Hollande, les forteresses de la Prusse,
. Stettin, Custrin, Magdebourg, les villes anséatiques,
Brême, Lubeck, Hambourg, Dantzick, jusqu'à Kœnigsberg même. Il disait que s'il cédait une ville,
on lui demanderait des royaumes ; qu'il connaissait
bien l'esprit des cabinets étrangers ; qu'en ne leur
cédant rien, il les intimiderait encore par le sentiment de sa supériorité ; et que la paix, dont ils
avaient plus besoin que la France, en serait plus
facile ; qu'obligés, par cette longue ligne de défense, de diviser leurs forces, ils ne pourraient
nulle part venir lui opposer des masses : qu'il vien-
drait facilement à bout des hommes partout où il
n'aurait pas le climat à combattre ; et que, même
si toute l'Allemagne se joignait aux Russes, une
seule victoire lui suffirait pour rompre *ce nœud mal
assorti.* A côté de la prétention de tout conserver,

l'alternative de s'exposer à tout perdre ne se présentait jamais à son esprit. Il oubliait qu'il avait
donné lui-même à l'Europe les leçons d'une nouvelle tactique ; il oubliait surtout, quand il disait
encore : « Étais-je ce que je suis dans l'opinion du
« monde, ce que je dois être dans la confiance de
« la France, lorsque, la trouvant sans gouverne-
« ment, sans finances, sans soldats, sans arsenaux,
« j'improvisai en peu de jours cette armée de Ma-
« rengo, qui lui conquit en peu d'heures toute l'Ita-
« lie, et dégagea toutes ses frontières ? » Il oubliait,
dis-je, la situation différente des temps et des
esprits. En 1800, la France entière était lasse
d'un gouvernement malhabile et oppresseur, sans
avenir pour lui ni pour elle, réduit à appeler sans
cesse à son service les convulsions révolutionnaires, parce qu'il était incapable d'imposer, soit
aux partis dans l'intérieur, soit aux ennemis du
dehors.

A cette époque de 1800, l'apparition subite de
Napoléon, revenant miraculeusement d'Égypte,
comme averti par sa destinée du besoin qu'avait
la France d'une révolution nouvelle et presque
définitive ; le contraste des échecs essuyés par
d'autres généraux, avec le souvenir encore récent
de ces glorieuses campagnes d'Italie dans lesquelles, si jeune, si novice encore, et par le seul
instinct du pouvoir inné en lui, il était parvenu à

soumettre à ses plans et à sa seule politique le
Directoire inquiet et jaloux qui l'avait nommé ; ce
crépuscule d'un gouvernement monarchique, le
seul qui convînt à la France, et qu'il avait eu l'art
de lui présenter avec la séduction de toutes les
garanties que l'on attend des monarchies modérées.
C'en était alors assez sans doute pour rallier toutes
les opinions, ranimer les espérances, et convertir,
au nom du danger commun, en efforts unanimes
ces dissentiments qui seuls avaient pu faire perdre
à la France la confiance dans sa force. Il avait
commencé par déclarer qu'il ne connaissait plus
de *partis* en France : il n'y en eut plus en effet,
parce qu'il ne laissa à aucun d'eux l'espoir de la prépondérance auprès de lui. Le Directoire avait laissé
trois frontières menacées, la trésorerie sans ressource, les rangs de l'armée dégarnis, les troupes
sans solde et sans vêtement ; et au premier signal
de Napoléon des armées entières avaient été orga-
nisées, et de jeunes combattants, sortis de tous les
rangs, s'étaient montrés tout à coup supérieurs aux
plus vieux guerriers de l'Europe. Les Autrichiens,
maîtres du Piémont, soupçonnaient à peine l'existence du nouveau gouvernement de la France,
lorsqu'ils virent se développer devant eux l'armée
qui devait les vaincre. Une seconde armée, qui
avait dégagé nos frontières du Rhin, pénétrait en
Allemagne ; et ces deux armées qu'on croyait di-

visées d'opinions, s'étonnaient de n'en avoir plus
qu'une. Napoléon avait trouvé alors le véritable
appui du pouvoir public ; il avait intéressé toutes
les volontés à le défendre, parce qu'il promettait à
tous les intérêts privés une protection égale.

Telle n'était déjà plus l'opinion publique, lorsqu'au commencement de 1812 le bruit avait été
répandu dans tous les départements qu'il allait
porter la guerre en Russie. Ailleurs qu'à Paris, et,
à Paris même, au delà du cercle de quelques
hommes, dont j'ai cité les opinions, et qui appré-
ciaient les chances d'une telle entreprise, on ne
supposait pas que la fortune de nos armes pût se
démentir ; mais la perspective de guerres interminables fatiguait toutes les pensées ; la France était
désenchantée de tout triomphe inutile, de toute
exagération de gloire. Sans être épuisée de ressources, elle regrettait ses sacrifices en impôts employés au profit d'une ambition qui dépassait les
bornes de la sienne. Malgré les nouvelles routes
que l'on ouvrait avec effort à son industrie, la nation se trouvait chaque jour comme plus isolée
des autres peuples, au milieu même de cette agglo-
mération de nouveaux peuples auxquels on imposait son nom ; je me rappelle cette phrase remarquable que j'ai lue alors dans une lettre d'un
négociant d'un de nos ports à un de ses correspondants à Paris : *Quand nous aurons établi un préfet*

*français à Moscou, qu'est-ce que cela prouvera à
Londres ?*

Ainsi déjà ce n'était qu'avec résignation qu'on
attendait de nouvelles victoires ; et peu de mois
après, c'était à des désastres qu'il avait fallu se
résigner. On peut juger de l'accueil que les pères
de famille, les propriétaires, devaient réserver, au
moins dans leur for intérieur, aux nouveaux sacrifices d'hommes et d'impôts que Napoléon allait leur
demander.

Mais Napoléon se présentait à la générosité française avec le plus puissant des titres auprès d'elle ;
il était malheureux, et l'adversité n'a jamais en
vain compté sur cette générosité.

Une réflexion, qui se mêla bientôt aux plaintes
et aux regrets publics, fut celle-ci, et elle était
spontanément exprimée par beaucoup d'hommes
fort étrangers à Napoléon : *une telle épreuve était
peut-être nécessaire pour qu'il pût ajouter à ses autres
qualités plus d'indulgence pour les fautes des autres,
plus de prudence dans ses plans, plus de modération
dans ses actes, plus de ménagements pour la France
dans son amour pour la gloire.*

Enfin c'était encore dans ses mains qu'était le
pouvoir public, de l'aveu de toute l'Europe. Et on
ne connaît pas assez, même au moment où j'écris
ceci, la magie de ce mot sur la France. Tout exagérée qu'elle se montre souvent dans ses méconten-

tements, que l'intrigue interprète et exploite mal,
elle est loin d'être séditieuse, cette nation qu'on
accuse si légèrement d'ingratitude, de complots et
de projets de révolte. Comme elle saisit plus habilement et supporte plus impatiemment les ridicules
que tout autre, il peut lui arriver souvent sans doute
de ne pas assez ménager, dans ses saillies, les travers d'un gouvernement craintif, soupçonneux, susceptible ; et elle est bien ancienne, pour la nation
française, cette manière de rappeler au pouvoir
qu'il n'est pas toujours ce qu'il aurait besoin d'être
pour elle et pour lui ! La France peut même être
désaffectionnée et cependant rester soumise : pour
qu'elle puisse abandonner le pouvoir public, il faut
qu'il ait commencé par s'abandonner lui-même.

Mais ils étaient bien grands, ils avaient surtout
besoin d'être bien rapides, ces nouveaux efforts
que demandait Napoléon ; et, s'il n'avait pas de
résistance à craindre, il n'avait pas non plus d'empressement à espérer.

Les dépenses de la guerre et de la marine, dont
les troupes avaient été réunies à celles de terre,
s'étaient élevées, pour 1812, à plus de 730 millions ; mais près d'une année entière avait été
employée aux préparatifs de la campagne de
Russie.

En 1813, l'espace de deux mois restait à peine
pour ceux de la nouvelle campagne ; car il fallait

que l'armée française pût disputer aux Russes le
passage de l'Elbe, pour les empêcher de se recruter, en Allemagne, de tous les contingents
allemands, qu'on devait croire disposés alors à
se réunir à eux, après avoir marché contre eux
en 1812.

Les dépenses militaires de 1813 ne devaient pas
être beaucoup moindres que celles de 1812; le
personnel, le matériel, tout était en quelque sorte
à créer.

Les dépenses de 1812 avaient été évaluées à la
somme de 1,168 millions [1]; elles devaient être
balancées par des recettes égales en apparence;
mais ces recettes, composées de beaucoup de recouvrements lents et incertains, laissaient la menace
de nombreuses non-valeurs!

Au 1er janvier 1813, sur les dépenses de 1811,
évaluées à 1,168,000,000 francs, le trésor public
avait acquitté environ 960 millions y compris diverses avances à régulariser; il n'avait pas effectivement recouvré plus de 860 millions et l'arriéré
de plus de 100 millions dans les recettes se composait en partie de ressources douteuses.

Avant d'expliquer comment, malgré un tel état
de choses, l'œuvre de la création d'une armée

1. L'ancienne France, proprement dite, ne supportait guère
que les deux tiers de cette dépense.

presque égale à celle de 1812 fut achevé dans
l'intervalle du mois de janvier au mois de mars
1813, je termine ce qui est relatif à 1812 par le
tableau du budget de cette année [1].

[1]. Voir le budget ci-contre.

SITUATION DE LA CAISSE GÉNÉRALE DU TRÉSOR IMPÉRIAL
AU PREMIER AVRIL 1814 [1].

NATURE DES VALEURS		SOLDE au 1er avril 1814.
Numéraire, or, argent et billets de banque		5,015,251 22
Cuivre et billon		27,030 »
Obligations	des receveurs-généraux — sur l'an 1811	» »
	sur l'an 1812	500,041 »
	sur l'an 1813	43,984,832 »
	sur l'an 1814	302,389,074 »
	des directeurs des droits réunis	31,308 03
	des administrations des salines de l'est	» »
	pour rachat de rentes	6,429 08
Bons à vue	des receveurs-généraux	2,209,349 09
	des directeurs des droits réunis	» »
	des caissiers des Monnaies	1,344,497 16
	sur Paris	61,936 94
Effets à recevoir	Id. provenant des droits réunis	» »
	récépissés-mandats sur la caisse de service	853,109 72
	sur diverses places (rescription de la caisse de service)	1,043,051 24
	sur l'étranger	6,099,285 31
Traites	de douanes	328,770 »
	du caissier général — sur lui-même	» »
	sur le royaume d'Italie	5,242,406 86
Bons du caissier-général sur les payeurs		1,338,000 »
Bons de la caisse d'amortissement.	de France	6,720,000 »
	du royaume d'Italie	» »
Bons	du royaume d'Espagne	6,500,000 »
	du royaume de Naples	6,916 59
Engagements de la caisse de service		» »
Rescriptions des postes		12,000 »
Récépissés de diverses valeurs destinées à sa régularisations		678,000 40
Inscription sur le Monte-Napoléone (décret du 3 février 1810)		» »
Valeurs diverses		10,396,998 82
Obligations à vue	de caissiers des monnaies	510,000 »
	de l'emprunt de Saxe	12,000 »
Inscriptions sur le grand-livre de la dette publique		8,881,339 96
		406,072,782 64
Valeurs en dépôt		1,695,881 15
		407,768,663 79

(1) Cette situation forme le vingt-troisième tableau des comptes du trésor public, arrêtés au 31 mars 1814 : ces tableaux, au nombre de quarante-sept, présentaient l'ensemble de l'actif et du passif du trésor sur chaque période qu'on comme exprimée ; conséquemment, des paiements qui restaient à faire, des ressources encore disponibles sur chaque année paraîssait présente. J'avais eu le droit de me munir de mes comptes puisqu'ils marquaient le terme de mon administration ; je ne m'en suis pas prévalu pour relever les premières fautes ou erreurs d'un gouvernement nouveau et faible qui était seul possible alors ; et quoique je pense en entrée en matière indirectement attaqué, je me suis borné à avertir directement de mes fautes ou erreurs le ministre qui les avait commises. On a blâmé mes réserves ; je n'en reste pas moins persuadé que cette réserve était en dehors et qu'il n'est pas toujours louable de recriminer avec éclat contre son propre gouvernement dans son intérêt permanent.

(2) Les sommes et bonnes valeurs à terme restant disponibles au 31 mars 1814 s'élevaient à 407,768,663 fr. 79 cent., à l'avènement de Louis XVIII, et les ressources présentes alors devaient s'entretenir :
1° Des fonds libres de l'amortissement et des dépôts et consignations que le trésor public s'était appropriés ;
2° D'un solde de 70 ou 80 millions que le budget de 1813 léguait à celui de 1814, parce que ce résidu excédait son besoin ;
3° De tout ce qui restait de fonds libres dans la caisse de douane qu'enleva par M. de La Bouillerie avait ramené de Blois.
4° De tout ce qui restait à recouvrer dans les neuf derniers mois de l'année 1814, sur la totalité des contributions directes, les obligations des receveurs-généraux qui se trouvaient dans la caisse générale, ne représentant que les contributions directes ;
5° Enfin, de beaucoup d'anciennes créances du trésor public, qui deviennent plus facilement recouvrables.

NOTE

SUR L'ÉTAT DE LA MONNAIE DE FRANCE

EN 1810.

————

L'usage de faire entrer dans les paiements une quantité quelconque de monnaie *de bas aloi*, était fort ancien
en France, puisque M. Necker, assez juste appréciateur
des meilleures règles des échanges et des intérêts réciproques du créancier et du débiteur, avait compris cet abus
dans ceux dont son administration a opéré la réforme ; ce
fut un éminent service. Déjà alors, depuis plusieurs années, des ateliers anglais fabriquaient assez publiquement
du billon français, dont ils avaient grand soin d'altérer
encore le titre [1].

Lorsque, en 1780, la monnaie française avait été pur-
gée de ce mélange, au moins pour les paiements du com-

———

[1]. Je demande quelque indulgence pour les détails un peu pro-
lixes que présentent les pages suivantes sur la monnaie. Je m'y suis
engagé à l'occasion d'une irrégularité grave qu'il avait fallu rectifier
en 1810. Cette faute, corrigée en 1780 par M. Necker (devenu ministre
après avoir été banquier), ne s'était pas moins reproduite dans la
révolution. C'est pour en prévenir plus efficacement le retour, que j'ai
tâché de montrer dans tout leur danger ses véritables effets et leurs
conséquences.

merce, elle n'était pas encore exempte de reproche ; quoique chaque pièce d'or et d'argent contînt bien exactement
la quantité d'or et d'argent fin déterminée par la loi, il y
avait cependant quelque différence entre la valeur intrinsèque de chaque pièce et sa valeur nominale ; c'était l'effet
d'*un droit de seigneuriage*, qui se prélevait au profit du
fisc, indépendamment des frais de fabrication. On croyait
devoir et pouvoir prévenir ainsi les refontes particulières
dans l'intérieur en même temps que l'exportation des espèces au dehors : et cela par une double erreur qui tient à
une étrange confusion d'idées sur l'argent (matière habituelle de la monnaie) et sur la richesse.

Mais si par l'effet même du droit de garantie, que s'attribuait le *fisc*, la valeur réelle de la monnaie était, par
exemple, de 2 pour cent au-dessous de la valeur nominale
que la loi lui attribuait, il faut convenir que la prime de
garantie n'était pas très légitimement acquise : et si un tel
expédient devait éloigner des orfèvres la tentation de convertir les espèces en lingots, il était certes bien impuis-
sant pour arrêter l'exportation des espèces lorsqu'un négociant français, débiteur d'un négociant étranger, ne
pouvait pas employer d'autre mode de paiement ; car
c'était vainement qu'outre la condition d'une perte de
2 pour cent au dehors, la peine de la confiscation menaçait encore les espèces françaises à leur sortie : les espèces
échappaient à la prohibition, et il arrivait seulement que
ce qu'un Français estimait 100 n'était reçu par son correspondant étranger que pour 98 ; mais pendant qu'un gouvernement fixait à 2 pour cent la prime de garantie qu'il
s'attribuait sur la fabrication de sa monnaie locale, un
autre la fixait à 3 pour cent, un troisième à 4 pour cent, etc.
Ainsi la France ne faisait à cet égard que ce que faisaient
d'autres gouvernements, qui tous usaient de la même li-

cence au nom de la foi publique; le mal était que tous n'en usaient pas d'une manière égale; aussi le commerce qui, pour le bonheur du monde, conçoit et pratique mieux la théorie des équivalents, et qui, chaque année, met en mouvement vingt fois plus peut-être de richesse réelle qu'il n'y a d'or et d'argent en Europe, depuis qu'il a imaginé, cette belle monnaie universelle qu'on nomme *traites et remises*, etc., etc., etc., avait-il eu le soin de placer à côté de la monnaie réelle un régulateur, un *essayeur* incorruptible, pour se prémunir contre les variations de toutes les monnaies légales : cet essayeur est le change qui nivèle les inégalités des divers modes de paiements usités dans chaque État, et, au milieu des incertitudes locales, crée pour le commerce, sur tous les points du monde, l'espèce de certitude que la prévoyance humaine peut atteindre.

Depuis qu'un meilleur système de monnaie, nouvellement établi en France, avait encore été vicié lui-même par l'admission tolérée d'un quarantième de monnaie de cuivre dans les gros paiements, on conçoit que les entrepreneurs des services ministériels ne négligeaient jamais de faire entrer dans leurs calculs et dans les prix de leurs marchés, la prime d'assurance, qu'ils se réservaient contre le trésor pour la chance qu'ils couraient, de recevoir en paiement des espèces de cuivre souvent fort au delà du quarantième; en effet on devait toujours prévoir que le trésor ne paierait que comme il était payé lui-même, et quoique toutes les administrations ne composassent pas leurs versements, comme celle des postes, de neuf dixièmes en cuivre, il n'en était aucune qui ne remît au trésor plus du quarantième en cette sous-monnaie : on en trouvait souvent un dixième dans les versements de la régie des droits réunis, actuellement nommée des contributions indirectes; celle de l'enregistrement en était plus sobre; mais à l'égard de la

contribution foncière, partie si importante des revenus
publics, les percepteurs prétendaient que toutes les coti-
sations au-dessous de 60 fr., et dont conséquemment chaque douzième ne pouvait être soldé par une pièce de 5 fr.,
n'étaient recouvrées par eux qu'en monnaie de cuivre et
même qu'elles n'étaient pas autrement exigibles; et c'est
ainsi qu'il arrivait que, sur environ 850 millions[1] dont se
composaient alors les recettes du trésor, plus de 40 millions étaient annuellement versés en cuivre.

Tel était donc le privilége du trésor que, au lieu de ne
recevoir dans les paiements qui lui étaient faits que le quarantième en cuivre, il recevait au moins le vingtième.

En 1810, la totalité des espèces d'argent fabriquées en
France pouvait être évaluée à 3 milliards. Diverses causes,
que je ne détaille pas ici, avaient pu faire depuis cette fabrication que sur ces 3 milliards, 2 milliards tout au plus
conservassent un emploi actif dans la circulation, et un
peu plus des deux cinquièmes de ces 2 milliards, y compris le billon, 850 millions à peu près passaient dans le
cours d'une année dans les caisses du trésor public; la totalité des fabrications de monnaie de cuivre depuis 1726,
y compris le nouveau *billon* fabriqué, à un trop bon titre[2],
sous Napoléon, pouvait s'élever au plus à 50 millions; le
cinquième à peu près avait disparu par les refontes particulières à une époque où la rareté du cuivre en avait doublé

1. La France, qui réunissait alors à son territoire propre la Belgique, le Piémont, etc., etc., comptait cent dix-sept départements au
lieu de quatre-vingt-six; plus tard, et par l'effet d'autres réunions,
elle s'était trouvée composée de cent trente départements.

2. On n'en avait fabriqué ainsi, c'est-à-dire à un trop bon titre, que
pour une faible somme; mais une connaissance plus exacte de l'emploi
que doit avoir le *billon* dans un bon système de monnaie, aurait fait
éviter ces excès dans le bien. Ce n'est jamais qu'aux dépens des nécessités qu'un gouvernement paie trop cher des inutilités.

le prix; il en restait donc 40 millions, et toute cette masse de cuivre arrivait chaque année dans les caisses du trésor.

On conçoit qu'il y avait beaucoup de paiements dans lesquels le trésor ne pouvait pas employer de monnaie de cuivre; il ne pouvait pas non plus la transporter à une grande distance, puisque le seul prix du transport en aurait bientôt surpassé la valeur; or, si sur 850 millions le trésor était obligé de payer 400 millions sans mélange de monnaie de cuivre, il fallait que les 40 millions qu'il avait reçus sous cette forme entrassent pour plus d'un dixième dans le reste de ces paiements, et sur ce dixième, il y avait moitié à perdre pour les parties prenantes : ainsi ce mode de paiement équivalait à une banqueroute d'environ 5 pour cent, dont chaque créancier supportait une part plus ou moins forte : car la perte était nécessairement inégale entre eux : en effet, quoiqu'ils eussent tous les mêmes objections à faire, ces objections avaient plus ou moins de force et d'efficacité suivant la qualité des personnes; et, comme les plus nécessiteux étaient ceux qui pouvaient prolonger le moins la résistance, il arrivait que la plus forte partie du dommage retombait toujours sur ceux qui avaient le moins à perdre. Donc, par un contraste bien singulier, après avoir introduit en France le système monétaire le plus régulier, quant au titre de la monnaie, on y tolérait le faux monnayage le plus grossier. Les créanciers de l'État accusaient les payeurs du trésor; ceux-ci accusaient les receveurs des impôts qui, de leur côté, accusaient les contribuables.

Les administrations chargées du détail des recouvrements étaient peu versées dans la théorie des monnaies : les agents subalternes leur avaient fait entendre qu'il y aurait une forte réduction dans les produits, si les contri-

buables ne pouvaient pas employer à leur libération la
monnaie de cuivre ; ces derniers y rencontraient sans
doute un avantage qui équivalait pour eux à un dégrèvement, puisque l'on trouvait à acheter de fortes parties de
monnaie de cuivre à 4 pour cent de profit. L'avantage aurait été encore plus grand pour les percepteurs qui auraient
converti à ce taux, en monnaie de cuivre, la monnaie de
bon aloi qu'ils avaient reçue, et il n'est pas prouvé que
tous les percepteurs résistassent à cette tentation. Il est
du moins bien certain qu'en même temps que la monnaie
de cuivre affluait constamment dans les caisses publiques,
elle était rare pour les petits paiements, pour les appoints
au-dessous du franc, pour les salaires journaliers ; et plus
on différait de remédier au désordre, plus il étendait ses
racines. Plus on employait de palliatifs, plus on rendait le
mal incurable. On avait voulu par exemple, en l'an 1800,
corriger un des inconvénients de la monnaie de cuivre
(celui de la faire entrer dans les paiements pour le double
et le triple de sa valeur réelle en concurrence avec la monnaie neuve d'or et d'argent), en fabriquant un nouveau
billon qui, à une faible différence près, conservait intrinsèquement une valeur égale à celle qu'il représentait. Ce
nouveau billon, qui fut frappé jusqu'à concurrence de
3 millions, obtint la préférence dans les échanges entre
particuliers ; et il fit refluer 3 millions de plus de cuivre et
de billon inférieur dans les caisses publiques.

Ce qui est toutefois assez remarquable, c'est que le
règlement qui autorisait l'émission de ce nouveau billon
de bon aloi n'autorisait son admission dans les paiements
que pour la fraction du franc dont il était le sous-multiple,
tandis que la monnaie de cuivre, qui valait intrinsèquement plus de moitié moins, continuait d'entrer dans les
paiements comme partie intégrante de la monnaie. Dans

ce cas, le faux emploi d'un bon principe augmentait le
mal qu'avait commencé l'ignorance. Mais en avouant
qu'il était regrettable que les caisses publiques fussent
ainsi constamment inondées de monnaie de cuivre, comme
on n'y connaissait d'autre remède que celui de le retirer
de la circulation en le faisant fondre, et qu'alors il fallait
sur 50 millions se condamner à perdre 25 millions, on
reculait devant le sacrifice.

J'avais vainement objecté qu'un pays, qui comptait
dans sa population dix millions peut-être de journaliers et
quatre ou cinq cent mille soldats, dans lequel les seuls
détails des subsistances individuelles nécessitaient chaque
jour, entre douze ou quinze millions de familles, une foule
de petits échanges qui ne pouvaient se solder par appoint
qu'avec des sous-multiples du franc, et où on avait fabriqué plus de 3 milliards de monnaie de bon aloi ; qu'un tel
pays, dis-je, pouvait, sans inconvénient, rejeter exclusi-
vement dans les paiements fractionnaires, 50 millions de
monnaie d'un titre et d'une valeur inférieurs : qu'il résultait de ce que la monnaie de cuivre facilitait le paiement
de petits appoints auxquels la monnaie de bon aloi ne
pouvait pas descendre, qu'elle y était nécessaire et seulement là ; qu'elle recevait alors sa valeur et son titre de la
nécessité de son emploi. Que, dans ce cas, sa valeur ne
dépendait pas de sa matière, et qu'elle participait ainsi
au privilège du billet de banque en rendant un service inverse ; qu'il suffisait donc de retenir les espèces de cuivre
et de billon dans les limites de leur emploi spécial pour
qu'elles devinssent aussi rares dans les caisses publiques
qu'elles y étaient abondantes, et pour qu'on fût dispensé,
soit de perdre 25 millions par leur refonte, soit de faire
supporter annuellement une perte à peu près égale aux
créanciers du trésor auxquels on la donnait en masse.

Comme cependant le mal allait toujours croissant [1], et que
les explications théoriques sur la cause et le remède ne
convainquirent personne, il fallut avoir recours à un autre
genre de preuves, et puiser les preuves dans les faits bien
observés.

Déjà, depuis près de quatre ans, la trésorerie, au lieu
de se frayer comme précédemment une route à part pour
le mouvement des fonds publics, cherchait, dans les combinaisons habituelles du commerce, la règle des siennes :
Paris, par exemple, centre du gouvernement et de ses
plus grandes dépenses, et conséquemment le créancier des
départements pour l'impôt, était constamment leur débiteur pour ses immenses approvisionnements. Cet état de
choses indiquait seul que le premier devoir des receveurs-
généraux qui devaient faire des versements à Paris, était
d'acheter, avec les produits de l'impôt, les créances des
départements sur Paris, et de verser leur contingent sous
cette forme. C'était aussi celle qu'ils devaient employer
pour tous les excédants de recettes qui devaient aller couvrir dans d'autres lieux des excédants de dépenses. Ces
receveurs-généraux y trouvaient quelque profit, mais dans
un profit plus grand encore pour le commerce et pour le
trésor public.

Pour opérer cet arbitrage qui assurait partout au commerce une liquidation plus rapide d'une partie de ses
créances, et restituait en quelque sorte l'impôt à sa source,
la caisse des receveurs-généraux était, d'après les instructions du trésor public, ouverte à l'escompte des lettres-de-

---

1. On avait découvert de l'autre côté du Rhin des fabrications particulières des sous français : on en fabriquait dans plusieurs ateliers anglais. Les douanes françaises avaient, pendant assez longtemps, eu
l'ingénuité de laisser entrer ces espèces comme une *restitution* de
numéraire qui nous était faite par *l'étranger* !

change que les créanciers d'une place devaient tirer sur
leurs débiteurs résidant dans une autre place : et pour
avoir la préférence d'un tel escompte, il fallait que les
comptables donnassent des espèces de *bon aloi* pour des
lettres-de-change payables ailleurs en espèces de *bon aloi* ;
leur intérêt, sous ce rapport, se trouvait donc en opposition à celui des comptables inférieurs qui se seraient montrés trop faciles pour l'admission de la monnaie de cuivre
dans leurs recouvrements ; car les receveurs-généraux
n'auraient pas pu employer dans leurs escomptes cette
partie de leurs recouvrements ; elle serait restée stagnante
dans leurs caisses, et ils se seraient même trouvés en perte
d'intérêts dans leurs comptes réciproques avec le trésor.
Or, par le seul effet de cette combinaison si naturelle, et
d'autant plus efficace, dont la trésorerie observait avec
soin l'influence, il arriva, dès le commencement de 1810,
que (la France étant encore alors composée de cent dix-
sept départements, dont seize au delà des Alpes avaient
conservé leurs anciennes monnaies), sur les cent un département soumis alors au système monétaire de la France,
la monnaie de cuivre était déjà devenue rare dans les
caisses publiques de soixante-sept départements, et qu'elle
ne se montrait abondante que dans trente-quatre départements où, entre autres circonstances locales, la multiplicité des petits salaires devait employer naturellement une
plus grande quantité de cette monnaie : qu'ainsi dans les
deux tiers de la France on avait unanimement renoncé à
cette exception absurde (qui avait pour prétexte de faciliter en faveur des petits contribuables le recouvrement de
l'impôt), sans que personne se plaignit, sans que le recouvrement éprouvât de retard et provoquât plus de poursuites. On pouvait donc sans imprudence conclure du
même résultat, que si la monnaie de cuivre se maintenait

en plus grande masse dans trente-quatre départements où
la nature même des travaux, des échanges, des salaires.
assignait un emploi plus étendu à ces espèces, ce n'était
pas, comme moyen d'allégement pour l'indigence, qu'elle
affluait dans les caisses publiques, et que le trésor public,
en l'en écartant, ne ferait rien perdre aux contribuables de
ce qu'il gagnerait lui-même.

Ainsi il avait fallu qu'un abus, qui portait le désordre
dans toutes les transactions, eût succombé sous le nou-
vau régime de la trésorerie dans les deux tiers de la
France (quoiqu'il ne fût encore qu'indirectement attaqué
par ce régime), pour qu'au sommet du gouvernement on
commençât à soupçonner que cet abus n'était pas inatta-
quable ; ce fut seulement en mettant ces faits au grand
jour que la trésorerie put entreprendre l'abrogation de
l'usage absurde qui condamnait tout créancier en France
à recevoir le quarantième de tous les paiements qui lui
étaient faits, dans une nature de paiements qui, outre l'in-
commodité de son poids, lui faisait supporter dans ce quarantième de la somme payée une lésion de 100 pour cent
par l'infériorité de sa valeur. C'était en effet une contradiction bien étrange que celle qu'avait présentée, pendant
si longtemps, notre jurisprudence monétaire qui ne tolérait pas dans les agents de la fabrication des monnaies une
erreur d'un cinq millième, qui punissait du dernier sup-
plice le faux monnayeur, dont le délit réel était de s'écarter, dans ses fabrications, de la proportion de l'alliage légal ; et qui, cependant, déclarait valablement libéré tout
débiteur qui composait un paiement de 100 francs de
98 francs en monnaie d'argent, et de 2 francs dans une
monnaie dont la valeur réelle n'était guère que de 1 franc,
proportion qui était encore grandement excédée dans les
paiements faits au fisc.

Et il était en effet trop juste et trop heureux que les caisses publiques souffrissent plus encore que les autres de la violation de la première condition de tout bon système monétaire ; c'est du moins une sorte de préservatif pour les peuples contre les abus que les gouvernements laissent introduire dans les monnaies, que la rigueur avec laquelle de tels abus réagissent contre leurs auteurs.

Comme tout changement dans la monnaie d'un pays répand l'incertitude dans cette multitude de transactions journalières qu'exige l'harmonie sociale, la réparation même des premières fautes renouvelle presque irrésistiblement tous les mécomptes qu'ont produits les fautes elles-mêmes. Tous les gouvernements doivent donc être timides devant toute cause d'anxiété qui agite en même temps tous les points de l'empire ; et c'est parce que j'en étais persuadé que la trésorerie avait eu la patience de combattre, en quelque sorte, invisiblement le mal. Elle était parvenue à le cerner, à le circonscrire et à le concentrer sur une surface où l'application du remède, en devenant plus nécessaire, devait être aussi plus prompte et plus facile.

J'avais été bien secondé par les receveurs-généraux dont, à côté de leur devoir, l'intérêt se trouvait, ainsi qu'il a été dit plus haut, d'accord avec celui du trésor, et qui, d'ailleurs, étaient au-dessus des profits de l'abus. A l'égard des comptables d'une autre classe, il ne fallut transiger qu'avec les préposés des postes en augmentant un peu leur salaire, pour que la réforme ne rencontrât pas trop d'obstacles ; il fallut surtout qu'elle s'opérât sans éclat et sans scandale ; car les abus peuvent devenir inexpugnables quand l'orgueil blessé se ligue pour les défendre avec la cupidité.

Un décret du 18 août 1810 déclara que la monnaie de

cuivre et de billon ne serait reçue dans les paiements, si
ce n'était de gré à gré, que pour l'appoint au-dessous de
5 francs ; les versements que les administrations percep-
trices devaient faire au trésor furent soumis à cette règle ;
il en résultait quelque changement dans la condition d'une
partie de leurs comptables, aucun dans celle des contribuables ; et cette révolution, ou plutôt ce retour à la première des règles monétaires, s'opéra sans secousse, soit
dans les marchés publics, soit dans les transactions particulières.

Les associations particulières qui avaient émis des
billets au porteur payables en monnaie de cuivre furent
dissoutes et liquidées ; elles parvinrent difficilement à réunir une quantité de monnaie de cuivre correspondante à
leurs engagements, et, elles prouvèrent d'autant mieux
qu'elles n'avaient servi qu'à étendre et aggraver l'abus
qu'elles prétendaient corriger en le rendant plus tolérable.

Mais un autre inconvénient résultait encore du mélange
dans les paiements des anciens multiples et sous-multiples [1] de la *livre tournois* avec les nouveaux multiples et
les sous-multiples du *franc*. Il n'y avait ni rapport de titre
ni rapport de coupures entre ces deux monnaies ; la première se fractionnait d'après le calcul duodécimal, la seconde d'après le calcul décimal, ce qui rendait leur concurrence incommode dans les paiements de détail, les plus
nombreux de tous. Celles-là d'ailleurs avaient été tellement altérées tant par le frai que par la fraude, que les
écus de 6 livres, par exemple, que l'addition de 6 centimes 1/2 ou d'un quatre-vingt-unième aurait élevés dans
les paiements à la valeur de 6 francs si elles étaient restées

1. Les pièces d'or de 48 francs et de 24 francs, et les pièces d'argent
de 6 francs et 3 francs, 24 sous, 12 sous et 6 sous.

droites de poids, étaient pour terme moyen déchues de
13 centimes 1/2 au-dessous de leur valeur légale. Le
déchet des écus de 3 livres et des pièces de 24 sols,
12 sols et 6 sols était encore plus grand. Il était d'un douzième sur l'écu de 3 livres, et d'un sixième sur les trois
autres coupures.

Ces dernières furent facilement converties en espèces
décimales par le même décret du 18 août, qui déclara que
les pièces de vingt-quatre sous seraient reçues pour un
franc, celles de douze sous pour un demi-franc (cinquante
centimes), celles de six sous pour un quart de franc (vingt-cinq
centimes). Il en restait peu dans la circulation ; et
celles de ces pièces qui étaient tout à fait effacées avaient
trouvé, avec profit, un refuge en Angleterre, où elles
étaient reçues comme shellings ou comme fractions de
shellings.

Un second décret, du 12 septembre 1810, régla, pour
les *multiples* de l'ancienne monnaie, le rapport réel de
la *livre tournois* avec le *franc*, d'après le degré moyen de
l'altération qu'avaient éprouvée les pièces d'argent de six
livres tournois et de trois livres tournois, ainsi que les
pièces d'or de quarante-huit et de vingt-quatre livres tournois. La valeur cursive des pièces de six livres fut fixée à
cinq francs quatre-vingts centimes, celle des pièces de
trois livres à deux francs soixante-quinze centimes, celle
des pièces d'or de quarante-huit livres à quarante-sept
francs vingt centimes, enfin celle de vingt-quatre livres à
vingt-trois francs cinquante-cinq centimes ; et comme
toutes ces espèces pouvaient ne pas être altérées au même
degré, les propriétaires avaient la facilité de porter celles
qui pourraient être plus rapprochées de leurs poids primitifs et conserver conséquemment plus de valeur, aux
changes des hôtels de monnaie, où le prix réel en était

payé comptant, mais seulement d'après le poids et le
titre réels.

Ce n'était pas la première fois qu'on essayait de mieux
coordonner dans notre système monétaire les règles et les
pratiques qui ne s'accordaient guère. Déjà, en 1726,
quelques hommes d'État avaient paru mieux concevoir
ces règles qui sont très-simples, mais austères, et que depuis bien des siècles, tous les gouvernements, hors un
seul[1], méconnaissaient et violaient, en faisant fabriquer
pour leur compte la monnaie spéciale qui circulait sur leur
territoire. Ils n'avaient cherché dans cette fabrication que
quelques profits obscurs ; et ils n'avaient fait qu'exposer
leur pays, dans le mouvement de ses échanges avec ses
voisins, à perdre, bien des fois, ce que leur atelier de
monnayage leur avait fait gagner une seule.

En 1726, ce n'avait été qu'après un grand désordre,
moment toujours favorable pour les grandes réformes,
(c'était à la suite de la perturbation qu'avait produite le
passage du fameux Law à travers nos finances, et lorsque
toutes les valeurs, tous les prix tendaient à se rasseoir
d'un long et terrible ébranlement) que, dans la onzième
année du règne de Louis XV, ses ministres avaient senti
la nécessité de placer entre les débiteurs et les créanciers
une mesure exacte qui fixât les devoirs des uns et les droits
des autres. On détermina alors, mieux qu'à aucune autre
époque antérieure, la quantité d'or fin ou d'argent fin qui
devait entrer dans chaque paiement légal, d'après le rapport que la valeur de ces deux métaux pourrait avoir avec
toutes les autres matières d'échange ; et la loi prescrivit
une parfaite régularité de titre et de poids dans les multiples et dans les sous-multiples de la livre tournois fabri-

---

1. Le gouvernement vénitien.

qués avec l'un et l'autre de ces métaux, c'était là que devait s'arrêter la monnaie proprement dite. Pour la facilité des petits paiements, des salaires et des petits appoints, on voulut donner un auxiliaire à la bonne monnaie dans une monnaie de billon, et celle-ci avait été dispensée d'être mise en rapport exact de titre avec la valeur qui lui était assignée ; on ne pensa pas même à circonscrire son emploi dans la limite des transactions pour laquelle elle avait été créée, et il arriva bientôt que les débiteurs peu solvables lui donnèrent la préférence pour les paiements qu'ils avaient à faire ; et que, faute de mieux, les créanciers se résignèrent à le recevoir pour la valeur que lui attribuait exceptionnellement la loi ; il arriva même aussi que cette monnaie de billon fut fabriquée alors en Angleterre, dans des ateliers particuliers, plus abondamment que dans les hôtels des monnaies de France : les débiteurs ne manquèrent pas de s'autoriser de l'abondance de cette monnaie inférieure devant laquelle disparaissait la monnaie de bon aloi, pour la faire entrer en proportion progressivement plus forte dans leurs paiements ; et l'influence de ce désordre ne tarda pas à se faire sentir par l'état du change. Ce qui doit étonner, c'est que les plaintes réitérées du commerce avertirent, seules, le gouvernement ; il ne soupçonnait pas même la source de cette surabondance de billon, il ne se croyait pas le droit de la frapper du décri ; cette fausse monnaie était de sa création, il n'aurait pu la retirer de la circulation qu'en y substituant des espèces de meilleur aloi, ce qui lui était impossible ; il espéra diminuer le mal en limitant la proportion dans laquelle le billon pourrait entrer dans chaque paiement. Mais, comme depuis la rectification du titre et du poids des espèces d'argent, l'usage s'était introduit dans les gros paiements de peser les sommes au lieu de les compter, mode inapplicable au billon, le créancier crut pouvoir se dispenser de compter la portion de billon qui pouvait y être jointe ; elle fut reçue de confiance ; les agents subalternes se *dispensèrent* presque aussitôt d'en compléter les fractions, et l'on conçoit que certains débiteurs ne tardèrent pas à y mêler des matières grossières et sans prix ; bientôt aussi on en accrut encore la quotité en y substituant de petits billets au porteur, payables en billon ; dans un tel état, le change n'avait pu que devenir progressivement plus défavorable pour le commerce français ; les plaintes en devinrent aussi d'autant plus vives dans les transactions intérieures. Ce fut alors, et après cinquante ans d'un pareil désordre, que M. Necker employa enfin le seul remède qui pût être efficace : par un règlement qui fut son œuvre, le billon fut exclu des paiements de la trésorerie et du commerce, et cette portion supplétive et extra-légale de la monnaie fut réduite au seul service qu'elle puisse rendre, c'est-à-dire, au solde des appoints que la monnaie d'or et d'argent au titre légal ne peut pas atteindre ; ce fut un grand bienfait, et la France entière en profita sans lui en savoir gré : dans ces sortes de réformes la voix de la reconnaissance publique ne couvre pas les murmures des abus : on n'avait pas manqué alors d'accuser le ministre de quelques faillites dans le commerce, de quelques débets qui éclatèrent à cette époque parmi les comptables : la digue était heureusement posée ; et elle ne céda qu'au torrent qui, devant, dix ans après, renverser tout, commença la perturbation universelle par l'invasion des assignats, invasion pire encore que celle du billon.

Mais dans les premières années du dix-huitième siècle et les premières du dix-neuvième, le même désordre, en se renouvelant, avait acquis plus d'intensité, et il avait des conséquences encore plus graves. La proportion que les

monnaies de billon avaient usurpée dans les paiements
était beaucoup plus forte qu'avant 1780. Dans les dix
premières années de la révolution, les gouvernements de
ce temps semblaient avoir épuisé toutes les variantes de
faux-monnayage et chacune d'elles avait laissé de terribles
traces. En concurrence avec le faux-monnayage des assignats et celui de ces prétendues valeurs du trésor, qui
perdaient de 5o à 9o pour 100, s'était partout aussi renouvelé le faux-monnayage des *sous* qu'on donnait en paiement pour leur valeur nominale, et dans ce faux-monnayage lui-même, celui des sous provenant de la fonte des
cloches qui valaient intrinsèquement encore moins que les
autres cuivres [1] : il n'était pas sans exemple qu'on eût dé-
livré à des créanciers de l'État des ordonnances de plusieurs centaines de mille francs payables indistinctement
en ces deux espèces de sous; c'était souvent même une
faveur d'être ainsi payé; à tous les vices de cette monnaie
de cuivre s'était jointe la grossièreté de la fabrication; on
avait pris le parti de la couler dans des moules au lieu de
la frapper; des particuliers avaient été appelés à l'entreprise de la fabriquer ainsi, en concurrence avec les ateliers
monétaires du gouvernement; et bientôt on avait vu les
débris de nos cloches, admis à l'exportation comme *cuivre
ouvré,* qui se convertissaient en *sous* de l'autre côté du
Rhin, et qu'on accueillait à leur retour comme versement
d'un tribut de l'étranger en numéraire.

1. Avec une livre de cuivre rouge qui valait 1 franc dans le commerce, on fabriquait 45 sous, qui représentaient 2 francs 25 centimes;
mais le cuivre de cloches, dans son état d'alliage, valait deux cinquièmes de moins que le cuivre rouge, et on en tirait la même quantité de sous; et ceux-ci n'étaient pas frappés : on se contentait de les
mouler et de les couler sur le sable. Avec un tel procédé, il n'était
personne qui ne pût se donner une fabrique de monnaie à 70 pour cent
de profit.

On conçoit que par ces diverses causes réunies (et
quoique, depuis près de dix ans, on eût cherché à restreindre l'emploi du cuivre au quarantième dans les paiements), la masse d'un tel métal, ainsi vicié, circulant
dans l'année 1810, était très-supérieure à la masse du
billon qui circulait en 1780; et cependant tel est l'instinct
de la propriété, le bon sens public, le besoin de l'ordre en
matière de monnaie, dans tout pays qui n'est pas en dégé-
nérescence, et où les débiteurs insolvables ne sont pas en
majorité, qu'on pouvait compter, en 1810, soixante-sept
départements en France, dans lesquels la monnaie de cuivre semblait d'elle-même renoncer au privilège de son
usurpation non-seulement dans les paiements mutuels du
commerce, mais même dans ceux des contribuables envers l'impôt. Déjà elle s'y était naturellement bornée au
service des salaires journaliers et des fractions de franc
qui soldent les petits achats; ainsi on était assuré d'avance
que dans la grande majorité des provinces, et pour la
presque totalité des échanges, la suppression du droit
abusif, conféré à la monnaie de cuivre par une simple décision du *Directoire* de 1796, n'occasionnerait aucune secousse, que la foi publique, loin d'en être alarmée, n'y
verrait que la réparation d'un tort dont elle avait longtemps souffert; et l'on pouvait en conclure que, dans les
autres parties de la France, si la même monnaie s'y montrait plus abondante, elle devait sans doute y trouver plus
d'exercice à son emploi naturel, parce que les manufactures y étaient plus actives, la population plus nombreuse,
les salaires plus fractionnés, et que ce n'était qu'en la dé-
tournant même de sa destination spéciale, qu'on la faisait
affluer dans les caisses publiques; conséquemment que la
différence de proportion entre la monnaie de cuivre en
1810, et la monnaie de billon en 1780, n'était pas un

obstacle à ce que le même mode de rectification fût employé, sans qu'il en résultât pour le trésor public un plus grand sacrifice ; seulement, ainsi que cela avait eu lieu en 1780 pour le billon, il fut convenu que le cuivre monnayé, qui se trouvait, en 1810, dans les caisses de la trésorerie à Paris, n'en sortirait que pour être employé successivement au paiement de la solde militaire. Ainsi il avait suffi d'observer exactement les faits pour avoir pu se promettre que la répression d'un grand abus n'occasionnerait aucun trouble, parce que les profits de l'abus ne pouvaient être occasion de perte et de regrets que pour une obscure minorité, dont le gouvernement n'a jamais de sérieuse résistance à craindre.

Une autre motif encore que leur défaut de rapport avec la monnaie nouvelle conseillait la disposition relative aux multiples et aux sous-multiples de l'ancienne livre tournois. Les essais faits sur un grand nombre de ces espèces avaient constaté que, par la combinaison de plusieurs causes d'altération, la livre tournois dans ses multiples et sous-multiples, contenait proportionnellement un trentième de moins en valeur réelle que le franc [1]. C'était le terme moyen que donnaient le pesage et l'essai de ces espèces prises ensemble ou séparément dans les lieux où elles étaient restées la monnaie dominante, comme dans quelques départements de l'Ouest, ainsi que dans ceux, beaucoup plus nombreux, où une préférence raisonnée avait mis la monnaie décimale à l'abri de cette concurrence ; et ce n'était pas seulement par l'effet du frai que ces anciennes espèces avaient été altérées ; la plupart

---

1. En 1810, dans la refonte de l'ancienne monnaie d'argent, on ne faisait pas le départ du millième d'or qui s'y trouve, et que la chimie n'avait pas encore découvert ; mais, à l'égard des sous-multiples surtout, cette plus-value était plus qu'annulée par le seul frai.

conservaient les traces de la lime qui en avait affaibli le
poids ; et dans le commerce on ne les admettait plus
qu'après les avoir pesées, ce qui les réduisait à l'état de
démonétisation. La mesure qui, sur toute variété de monnaies, mettait la valeur nominale en rapport exact avec
la valeur réelle, répondait donc au vœu, ou du moins à
l'intérêt commun, même dans les lieux où la haine de
toute innovation s'étendait jusque sur la monnaie ; c'est
peut-être la première fois qu'une opération de *décri*
n'excita ni mouvement dans les marchés publics, ni
plainte grave de la part du grand commerce, quoiqu'il
restât encore dans la circulation une assez grande quantité
de cette monnaie : elle se trouvait tellement divisée que
la perte que chaque propriétaire paraissait subir était
extrêmement faible ; car là même où elles conservaient
quelque préférence, personne ne cherchait à mettre en
réserve des espèces dont la possession devenait contentieuse,
puisque chacune d'elles pouvait être l'objet d'une discussion
entre le créancier et le débiteur.

Tant il est vrai qu'au milieu de ces commotions qui
répandent des nuages sur l'avenir des corps politiques, au
milieu même de la diversité que ces moments de crise
jettent dans les opinions, les intérêts individuels se mettent
facilement d'accord sur le besoin d'une exacte réciprocité
dans leurs divers échanges mutuels ; et parmi les moyens
de sécurité qui sont propres à chacun et désirables pour
tous, se place en première ligne la fixité de la mesure
commune sur laquelle repose cette multitude de contrats
qui rapprochent chaque jour toutes les classes et tous les
partis devant l'intérêt du moment.

Il était toutefois impossible que, sous un gouvernement
dont la police était à la recherche de toutes les plaintes,
quoiqu'il n'y cédât pas toujours, quelques réclamations ne

parvinssent pas à Napoléon : plusieurs personnes rédisaient encore que le gouvernement devait rester garant du prix qui avait été assigné à chaque espèce monétaire, et qu'en cas de refonte, il devait prendre la perte pour son compte, sauf à la couvrir par un impôt : d'autres citaient le bilan d'un négociant qui expliquait sa faillite par le préjudice que lui avait causé la réduction de la valeur cursive des pièces d'argent de six livres tournois ; d'autres enfin affirmaient que la France était nécessairement moins riche de toute la somme dont les anciennes espèces d'or et d'argent étaient réduites. Leurs calculs élevaient cet appauvrissement à 50 ou 60 millions ; et quoiqu'il ne fût pas dupe de tels calculs, Napoléon les redoutait pour la multitude.

Il ne me fut pas difficile de répondre à ces trois objections :

1° Dans tous les temps, et sans en excepter même ceux pendant lesquels les princes avaient tant abusé des monnaies, l'intervention des gouvernements dans la fabrication de cet instrument des échanges ne pouvait avoir pour but et pour résultat que de constater le titre et le poids de chaque espèce monétaire ; de déterminer la quantité d'argent fin ou d'or fin qu'elle devait contenir au moment où elle était livrée au public. Aucun gouvernement ne parvenait à dissimuler, à masquer la valeur intrinsèque de sa monnaie locale par l'appréciation arbitraire qu'il donnait à la valeur *cursive*. Ainsi toute monnaie surestimée n'était bientôt admise dans les échanges que pour sa valeur réelle ; car les essayeurs particuliers faisaient justice de cette fraude, et le change n'admettait nulle part l'illusion de la valeur nominale qu'usurpait telle ou telle monnaie. Mais, de même que jamais, dans ce cas, on ne prétendait exiger des princes, lorsqu'ils se déterminaient à rectifier, par la refonte, quelque tarif frauduleux, qu'ils tinssent compte au.

public de la différence, de même on ne pouvait pas se permettre de conclure de ce que l'empreinte et la forme d'une
pièce de monnaie donnaient la mesure exacte de sa valeur
intrinsèque, au moment où elle sortait de l'atelier monétaire, que la permanence de cette valeur fût indéfiniment
garantie dans les siècles pour tous ses possesseurs succes-
sifs; si la maxime, *res perit domino* [1], fut jamais appli-
cable, c'est assurément aux espèces monétaires qui, de
tous les objets usuels, de tous les *ustensiles* que l'intelligence humaine a appropriés aux usages civils, est celui
dont chaque particulier se sert avec le plus de fréquence
et le moins de ménagement pour son besoin personnel. La
garantie d'un gouvernement sur la monnaie qu'il fabrique
ne peut évidemment être autre que celle du fabricant de
toute autre espèce d'effets mobiliers; le tisserand garantit
l'aunage et la qualité de l'étoffe, l'orfèvre le titre et le
poids de la vaisselle d'argent : ni l'un ni l'autre ne s'enga-
geraient à reprendre, un jour, les objets fabriqués par eux
au prix auquel ils les avaient livrés au consommateur;
comment une condition différente pourrait-elle être imposée à la fabrication de la monnaie, surtout lorsque le béné-
fice de cette fabrication est nul, ainsi qu'il arrive dans
tous pays où, comme aujourd'hui en France, la valeur intrinsèque des espèces reste presque égale à leur valeur
nominale ! La monnaie, le plus mobile de tous les *usten-*
siles, s'altère surtout par la rapidité de son mouvement.
Comme elle passe dans toutes les mains, tous ses possesseurs concourent successivement à cette altération, mais
chacun dans la proportion du service qu'il en retire. Il en

1. Cette maxime, *res perit domino*, était traduite ainsi qu'il suit dans des
observations manuscrites adressées à Napoléon, et recommandées à son
attention : c'est aux dépens du prince que la monnaie du prince s'altère.
Napoléon n'en fut pas dupe.

résulte que, lorsque la dégradation est devenue telle, que la refonte de la monnaie soit nécessaire, la perte, répartie entre tous les habitants du pays, devient très-faible pour chacun d'eux, et exactement proportionnelle au profit qui a pu résulter du service et aux facultés de chaque possesseur. Si, dans ce cas, le *décri* des anciennes espèces peut être assimilé à un impôt, on ne peut rien faire de mieux pour l'équité de sa répartition que de le laisser se répartir lui-même sur chacun, en raison de la quantité de monnaie *décriée* que chacun possède au moment du *décri*; et jamais il ne serait possible d'asseoir, avec la même justice, un impôt spécial, dont le produit devrait couvrir la perte qu'une refonte, coûterait au trésor de l'État ; d'ailleurs une refonte, sans le préalable du *décri*, serait un remède si lent, que le pays aurait à supporter à la fois et l'impôt spécial et l'inconvénient de la monnaie altérée ; ce dernier inconvénient serait lui-même un second impôt plus funeste que le premier [1].

2° La seconde objection se tirait de l'exemple du commerçant qui se disait avoir été ruiné par la réduction de quelques centimes qu'éprouvaient les pièces de 6 livres tournois ; on évaluait sa banqueroute à 1 million ; pour que la supposition eût été fondée, il aurait fallu que ce commerçant, au moment de sa faillite et de la publication du décret, eût eu 36 millions d'écus de 6 livres dans ses caisses !...

3° Enfin, la France se trouvait-elle moins riche de la valeur, dont les multiples de l'ancienne livre tournois

---

1. Le gouvernement ne bat pas monnaie pour son compte, et n'est pas propriétaire du métal qui compose les espèces qu'il fabrique ; il se borne à en assurer le titre et la forme, comme il étalonne toute autre mesure, sur la demande et la présentation du marchand qui veut l'employer.

éprouvaient la réduction par le nouveau tarif que subissaient les pièces d'or et d'argent de 48 livres, 24 livres.
6 livres et 3 livres ? [1] La richesse, dans l'acception que
nous lui donnons ici, n'admet rien d'idéal ; et ce n'est pas
surtout dans ce siècle que des influences morales peuvent
agir sur la monnaie. A l'époque où le décri des anciennes
espèces fut prononcé, la plupart de ces pièces avaient
éprouvé des altérations frauduleuses qui en avaient affaibli
le poids. Les comptables étaient autorisés par ce seul fait
à refuser d'admettre en acquittement de l'impôt toutes
celles qui portaient les traces de ces altérations, et déjà
dans beaucoup de lieux le commerce, ainsi qu'il a été dit,
ne consentait à les recevoir qu'au poids, ce qui, d'après
leur titre, les plaçait dans une situation plus défavorable
que celle qui devait résulter du décri. Ainsi leur valeur
était également incertaine, soit comme matière, soit
comme monnaie. Et, dans un tel état, non-seulement elles
étaient déjà déchues de leur valeur nominale, mais elles
devaient habituellement ne trouver d'emploi qu'au-dessous
de leur valeur réelle. Il était donc éminemment dans l'intérêt des possesseurs de ces espèces que l'exercice de leur
jouissance légitime fût affranchi des entraves qu'ils éprouvaient, comme il était dans l'intérêt public, pour que la
foi des marchés ne fût pas compromise, de ne pas conserver entre les contractants deux mesures de graduation différente, et qui pouvaient servir indifféremment au même
usage. Il serait contraire à toute raison de supposer qu'un
pays s'appauvrît par l'effet d'une rectification, qui, prenant la valeur réelle pour son seul type d'évaluation, rappelle à ce niveau toute valeur qui s'en écarte : autant

---

1. C'était un banquier très-renommé qui avait fait parvenir à Napoléon
cette objection contre les nouvelles mesures monétaires.

vaudrait-il croire que chaque nouveau milliard d'assignats
enrichissait la France d'une somme égale, ou que le tribunal qui anéantit les fabrications du faux monnayage,
fait en effet perdre une valeur adéquate au profit que s'é-
tait promis le faux monnayeur.

La saine théorie de la monnaie est si simple qu'il n'y a
sans doute aucun mérite à la définir. Mais tous les temps,
toutes les positions politiques n'ont pas permis d'en observer les règles ; il a fallu un événement aussi considérable que la découverte des mines américaines pour que
les matières d'or et d'argent affluassent en Europe, et
qu'ensuite la prospérité d'un État comme la France, par
exemple, permit de prélever sur ses produits *plus* de
3 milliards d'avance pour le prix d'achat du métal [1] ; et il
fallait en outre que la monnaie, en étant la mesure de
toutes les valeurs, eût elle-même, lorsqu'elle était donnée
en échange, une valeur égale à celle de chacune des
choses dont elle aurait mesuré le prix. Un système monétaire n'est parfait et complet que lorsqu'il remplit cette
condition : et la perfection est de rigueur pour cette mesure, comme pour toutes les autres. On sait que l'inconvénient de toute altération dans les mesures se multiple
par le nombre même des actes et marchés auxquels concourent les mesures inexactes : et il n'est pas de mesure
qui s'applique à plus d'emplois que la monnaie, depuis
surtout que les diverses nations qui peuplent l'Europe ont,
chaque jour, à solder entre elles d'immenses échanges ; il
est rare sans doute qu'elles soient dans la nécessité de régler leurs comptes respectifs par l'extradition de leurs
monnaies ; les lettres-de-change remplacent pour le com-

---

1. Le luxe, en monnaie, comme en toute autre chose, est un obstacle
et une cause de retard pour la prospérité réelle : la fabrication de
la monnaie ne se ralentit pas en France.

merce extérieur la monnaie réelle, en même temps que
dans quelques grandes villes les billets de banque y suppléent avec une grande économie : mais ces deux auxiliaires empruntaient eux-mêmes leur valeur de celle de la
monnaie réelle ; ils subissent inévitablement la dépréciation dont la monnaie est atteinte, lorsque sa valeur intrinsèque n'est pas en parfait rapport avec sa valeur nominale.
La loi, dont on abuse souvent lorsqu'on prétend créer et
constituer par elle, et qui doit se borner à rendre commun à tous, obligatoire pour tous, ce qui est déjà dans les
habitudes et conséquemment dans les besoins du plus
grand nombre des citoyens, doit, surtout en matière de
monnaie, n'être que déclarative ; s'il n'est pas au pouvoir
de la loi de créer la valeur de la monnaie, si elle ne peut
que la déclarer, il faut que cette déclaration soit l'expression exacte de la vérité. Une nation comme la France qui
sous la forme de monnaie, entretient une espèce de capital
fixe qui représente peut-être le dixième de ses produits
annuels, a fait sans doute un immense sacrifice ; elle paie
bien chèrement, par la seule perte des intérêts, la commodité d'un tel instrument [1] ! Mais le seul moyen qui lui reste
d'atténuer cette perte est d'avoir une monnaie dont la
valeur soit la même à Londres et à Pétersbourg qu'à
Paris. Et, soit que, par le résultat de ses propres échanges, elle soit créancière, soit qu'elle soit débitrice, elle

1. On peut dire que, dans chaque pays, la monnaie fait partie du
mobilier commun à tous. Chacun en dispose à son tour pour son besoin,
et c'est dans le besoin de tous et de chacun que ce mobilier doit chercher sa mesure. Il trouve un autre titre de valeur dans la matière dont
il se compose ; et c'est par la réunion de ces deux conditions, par la
justesse de leur combinaison, que la monnaie parvient à payer d'autant mieux la chose contre laquelle elle est échangée, qu'elle est devenue dans la main du vendeur une valeur égale à cette chose. Mais il
suffit de définir ainsi la monnaie, pour qu'entre autres conséquences de

acquiert alors la plus importante des sécurités, puisqu'elle
n'a plus de mécompte à craindre sur la valeur qu'elle recevra ou donnera en paiement.

Les habitants d'un pays n'ont sûreté complète pour la
vie, que quand ils savent à quel prix ils pourront vivre.

L'usage s'est introduit dans les monarchies absolues et
s'est aussi conservé dans celles où le monarque ne réunit
pas tous les pouvoirs, d'appeler *monnaie du prince* les
espèces dont ses agents surveillent la fabrication. Cet
usage est judicieux ; le monopole d'une telle fabrication
ne peut en effet être mieux placé que dans les mains du
chef de l'État ; mais c'est surtout parce que la monnaie du
prince n'est pas la propriété du prince, que la garantie
qu'on attend de lui est mieux assurée. Ce sont des temps
qui ne reviendront plus que ceux où les princes, qui
paraissaient posséder tout (sans en excepter même la
population rare par laquelle ils faisaient mal cultiver leurs
domaines), parvenaient difficilement à faire quelques
épargnes sur le produit de leurs récoltes, et trouvaient
plus difficilement encore le moyen de convertir ces
épargnes en bijoux et en métaux précieux. On s'explique aisément comment ils devenaient plus avares de
cette nouvelle richesse, et pourquoi, quand ils l'employaient à leurs dépenses sous la forme de monnaie, ils
prenaient tant de précautions pour la retenir dans leurs

cette définition, on aperçoive qu'il ne faut pas mettre dans ce mobilier
plus de luxe que dans tout autre, et ce n'est pas sûr qu'on ait eu cette
sagesse en France. Notre France ne conteste pas à l'Angleterre quelque supériorité en richesse réelle, en industrie, en approvisionnements, en tout genre de capitaux. Or, il est certain que *mobilier-
monnaie* était, il y a quarante ans, déjà beaucoup plus considérable
proportionnellement en France qu'en Angleterre ; et depuis ce temps,
la masse des espèces d'or et d'argent fabriquées en France s'est encore
fort accrue !

domaines. La plus efficace de ces précautions (je ne dis
pas la plus légitime) était sans doute de lui attribuer,
dans cette circonscription, une valeur supérieure à celle
qu'elle aurait pu obtenir partout ailleurs. Mais, pour
atteindre ce but, il fallait que les métaux, convertis en
monnaie sous l'empreinte du prince, fussent sa propriété
personnelle ; car personne ne se serait déterminé à échanger, dans les ateliers des monnaies, une valeur réelle de
100 francs en or ou argent, contre une quantité d'espèces
auxquelles le tarif du prince conférait faussement et indûment la valeur nominale de 100 francs, lorsque sa valeur
réelle était en effet beaucoup moindre.

Aujourd'hui que, pour la sûreté des grands États et des
princes qui les gouvernent, la propriété est mieux classée,
et que l'industrie libre en a diversifié et multiplié les
produits si miraculeusement que, dans les mêmes limites,
le prince, qui recevait par l'impôt le dixième de ces produits, serait en effet dix fois plus riche que celui de ses
devanciers qui disposait du revenu total du territoire, les
souverains qui entendent le mieux leurs intérêts et leurs
devoirs n'ont plus rien à mettre dans la monnaie que
leur empreinte ; car lorsque le tarif des frais de fabrication, qu'ils exigent, n'est que la juste indemnité de ces
modiques frais [1], le commerce vient spontanément échanger les matières d'or et d'argent contre des espèces nouvelles ; le renouvellement des espèces altérées s'opère
ainsi d'une manière insensible, avec un avantage égal
pour le commerce et pour le fisc, qui ne reçoit alors lui-
même, par l'impôt, que des monnaies *droites de poids et
de titre*, tandis que, dans les anciens temps, il arrivait

---

1. Ces frais sont en France de 3 francs sur 1,000 francs, ce qui équi-
vaut à un 333ᵉ de la valeur fabriquée.

inévitablement au souverain qui abusait du privilège de
la fabrication pour altérer la monnaie, de perdre le médiocre et illégitime profit qu'il avait sur chaque espèce
livrée au public, autant de fois que la même espèce était
donnée ou reçue en paiement par son trésor.

On me pardonnera ce long article, qui devrait aujour-
d'hui ne rien apprendre à personne, en considérant combien de choses restent encore à faire dans la plus éclairée
des quatre parties du monde, pour que tous les gouvernements participent au bienfait d'un bon système monétaire.

Ajouterai-je qu'après que des procédés si simples eurent
complété la rectification des monnaies françaises, des tentatives furent faites pour appliquer le même principe aux
monnaies de quelques-uns des pays qui avaient été successivement réunis à la France, et qu'un décret spécial
intervint pour soumettre à cette salutaire réforme les provinces comprises alors sous la dénomination de *Belgique*,
où il existait quarante variétés d'espèces monétaires, lesquelles n'avaient entre elles aucun rapport symétrique et
dont la valeur nominale n'avait pas plus de rapport avec
leur valeur réelle ? Eh bien ! ce décret, à peine rendu, fut
rapporté.

Et ce qu'il faut conclure de cette dernière circonstance
assez remarquable sous Napoléon, c'est que la *sur-estime
légale* des espèces monétaires qui place un faux matériel
dans la loi, crée encore, dans beaucoup de pays, une
sorte d'illusion pour le vulgaire comme pour le prince,
qui ne demanderaient en effet pas mieux l'un et l'autre
que de se croire plus riches du montant de cette sur-
estime, encore bien que la différence disparaisse à leur
préjudice dans la plupart des transactions ; il est vrai que
souvent cette illusion est entretenue par une classe d'en-

tremetteurs pour qui elle est la source de profits moins imaginaires.

On a souvent dit que, dans l'état actuel de la civilisation, les divers États de l'Europe devenant, par l'influence de leurs rapports réciproques (et en dépit des préjugés nationaux qui finissent toujours par céder aux besoins) les branches d'une seule famille, il serait désirable que tous les peuples adoptassent un système uniforme de mesures ; et celle de toutes les mesures, dont l'uniformité importerait le plus à la convenance commune des nations, est incontestablement la monnaie ; c'est aussi celle qui, pour subir cette condition, aurait le moins de sacrifices à demander aux peuples dans leurs habitudes ; car, sans rien changer aux dénominations, aux divisions des multiples et des sous-multiples de chaque monnaie locale, il suffirait que partout, à commencer par l'unité monétaire, telle qu'elle a été adoptée dans chaque circonscription politique, toute pièce de monnaie qui représente cette unité, individuellement ou collectivement, contint en effet une quantité de métal pur correspondant à sa valeur nominale. Et ce qui pourrait indiquer qu'un tel résultat n'est au-dessus des espérances d'aucun peuple, c'est que la France avait pu l'obtenir au milieu de ses convulsions politiques à la suite d'une révolution, qui avait dévoré d'immenses capitaux, et du faux monnayage des assignats. N'a-t-on pas vu d'ailleurs, partout où le commerce a agrandi sa sphère d'activité et de lumières, se former de grandes associations, dont l'unique objet était de le prémunir contre les variations de la valeur réelle de la monnaie locale, et qui renonçaient volontairement à des intérêts sur une partie de leurs capitaux, pour s'épargner des pertes plus graves sur le change ; noble et délicate leçon donnée aux gouvernements !

En Hollande les paiements du commerce ne pouvaient se faire qu'en monnaie de banque, et cette monnaie n'admettait que de l'or ou de l'argent dégagé de tout alliage : aussi le *titre* qui donnait droit à cette forme de paiements, mis en concurrence avec la monnaie cursive, se négociait-il à un taux supérieur de deux à quatre pour cent !

Hambourg ne s'est si longtemps maintenu le centre du commerce de toute l'Allemagne avec l'Angleterre et l'Amérique, que parce que cette masse de monnaies diverses qui y affluaient de tant de principautés, pour acquitter le prix des approvisionnements qui devaient être répartis entre elles, y était incessamment réduites par la *fonte*, à sa valeur réelle ; et quatre *essayeurs* étaient constamment occupés à rétablir ainsi l'équilibre entre les valeurs que les magasins d'Hambourg livraient à la consommation de l'Allemagne et celle des métaux qui devaient les solder.

Plusieurs siècles auparavant, lorsque Venise s'appelait encore la Dominante (titre trop fastueux pour être jamais la propriété durable d'aucun peuple, titre contradictoire d'ailleurs avec la réciprocité qui est la seule base solide du commerce), lorsque la découverte du cap de Bonne-Espérance ne lui avait pas enlevé le monopole de la vente de toutes les productions de l'Asie, Venise, qui déjà était parvenue à donner une telle perfection à sa principale monnaie que ses sequins d'or, par exemple, ne devaient admettre que 3 millièmes d'alliage, avait encore voulu donner au commerce une garantie contre le *frai* qui finit par altérer les meilleures monnaies ; et elle avait imaginé, la première, les paiements en banque qui ne devaient se composer que de métaux livrés au taux de leur valeur actuelle dans les différents marchés.

La rivale de Venise sur la côte opposée de la Médi-

terranée, Gênes, avait pris aussi l'initiative sur les autres
États d'Europe pour le perfectionnement de l'instrument
universel des échanges : son système monétaire tolérait,
pour le paiement des salaires, pour l'appoint des petits
marchés, l'emploi d'un billon dont le titre ne répondait
pas sans doute à sa valeur cursive ; mais à Gênes, l'unité
monétaire étant représentée par une pièce équivalente à
huit de nos francs, tout paiement qui excédait cette somme
n'était admissible qu'en espèces *droites de titre et de
poids*, et les espèces irrégulières qui composaient le billon
ne pouvaient y concourir que pour les *appoints* au-dessous
de 8 fr.

C'était donc opérer une réforme, déjà consacrée par
de grands exemples, que d'écarter le billon français de la
place qu'il avait usurpée dans le paiement des lettres-
de-change ; et je dois ajouter, relativement à ce qui s'était
fait à cet égard, en 1780, que cette réforme avait été
d'autant plus nécessaire, alors que le droit de seigneuriage [1], que le fisc percevait sur la fabrication des monnaies, atténuait dans ce temps de plus d'un quatre-vingt-
tième (outre l'alliage) leur valeur réelle ; ce droit de *seigneuriage* s'était même élevé beaucoup plus haut dans
l'intervalle de 1726 à 1755 et 1771 : je dois aussi faire
remarquer que M. Necker et Adam Smith lui-même ont
cru justifier le prélèvement d'un droit modique *de seigneuriage*, comme offrant le moyen d'empêcher l'extradition
des espèces ; ils reconnaissent cependant que, lorsqu'un
négociant n'a pas d'autre moyen de solder ses achats au
dehors, il est obligé d'envoyer des espèces, et que toutes
les prohibitions sont vaines contre ce mode de paiement !

---

1. Le droit de *seigneuriage*, dans son ancienne acception, est indépendant des frais de fabrication.

Mais quand on paie ainsi sa dette au dehors avec la monnaie locale, il en résulte, je le répète, que, si cette monnaie a subi un droit de seigneurerie seulement même de
un quart pour cent, le débiteur donne en effet à son correspondant étranger, pour 98 3/4, ce qu'il a reçu lui-
même pour cent, et que définitivement la monnaie qu'il
livre n'est reçue, en ce cas, que pour la valeur réelle de
l'or fin et de l'argent fin qu'elle contient.

Depuis que la monnaie française a participé à la rectification de toutes nos autres mesures, et a subi, comme
elles, l'application du système décimal, le droit de fabrication est si modique qu'il devient à peine une quantité
dans les calculs minutieux du change; le propriétaire de
lingots d'or et d'argent, qui les fait convertir en espèces
françaises, reçoit en ces deux métaux l'équivalent à peu
près de la valeur qu'il a livrée. C'est ce qui explique pourquoi, depuis plusieurs années, tant de particuliers ont
fait convertir en monnaie française les lingots et les espèces des autres pays dont ils étaient propriétaires; et
pourquoi les paiements en monnaie française obtiennent
au dehors une si grande faveur; et c'est dans un tel état
qu'il convenait surtout d'abroger l'abus qui tolérait le
mélange d'un quarantième de cuivre dans les paiements
faits en francs, parce que l'effort est moins grand, quand
il ne reste plus qu'un pas à faire pour arriver à la perfection. Je répète, jusqu'à satiété, que la monnaie étant la
plus usuelle de toutes les mesures, celle dont l'emploi se
trouve le plus multiplié dans les divers besoins des sociétés, la monnaie doit être aussi la plus exacte des mesures :
avec la fonction commune à toutes les autres mesures,
elle cumule un second attribut, puisque, donnée en
échange d'une autre valeur, elle doit la représenter
fidèlement pour celui qui a cédé cette autre valeur, et

lui assurer le moyen de retrouver lui-même, dans tout autre emploi qu'il pourra faire en tout lieu de la monnaie reçue par lui, une valeur égale. Or, cette garantie ne peut être acquise qu'autant que la valeur intrinsèque, seule base régulière du tarif des prix, maintient la monnaie en équilibre exact avec tous les objets dont elle consomme l'échange. Les métaux qui la composent ont l'avantage d'éprouver moins de variations de prix qu'aucun autre produit commercial dans les différents marchés de l'Europe. Si la valeur intrinsèque de chaque monnaie locale répondait partout en Europe à sa valeur nominale, chaque paiement en espèces, en quelque lieu qu'il fût reçu, porterait avec lui la garantie d'en faire retrouver l'équivalent à son propriétaire en quelque autre lieu qu'il voulût en faire l'emploi ; et ce ne serait pas un médiocre bienfait de la civilisation européenne, qu'une telle rectification dans le système monétaire de l'Europe, par l'influence qu'elle aurait sur la plus grande sûreté, la plus grande facilité des échanges entre les peuples. Le change se charge bien de niveler les différences qui résultent de la variété du titre dans les monnaies ; mais c'est au moyen d'une tierce intervention qui n'est pas gratuite.

Ce n'est pas ici le lieu d'indiquer comment la réduction, très-réelle sans doute, que les divers propriétaires des espèces actuellement sur-estimées éprouveraient, serait peu sensible pour chacun d'eux, et compensée d'ailleurs par des profits beaucoup plus réels, dont ils acquerraient la jouissance ; comment la rectification pourrait s'opérer, sans exiger que chaque pays fît de nouveaux sacrifices pour se procurer un plus ample approvisionnement de métaux précieux ; et comment elle leur assurerait d'autant mieux la conservation de ceux qu'ils possèdent ; de prouver d'ailleurs qu'un pays ne s'enrichit pas plus en

achetant des métaux précieux, qu'il ne s'appauvrit en les
laissant sortir, même sous la forme de monnaie ; que le
prix vénal des métaux a la même base et se compose des
mêmes éléments que le prix vénal de tout autre produit
du travail des hommes ; qu'il a même le mérite d'être
plus uniforme et moins variable dans les différents marchés ; et qu'enfin, quoique par la fabrication d'une monnaie de bon aloi, chaque pièce contienne en effet plus d'or
et d'argent, il peut cependant en résulter plus d'économie
dans l'emploi de ces métaux que par le système contraire, parce que, partout où la monnaie réelle est bonne,
les signes auxiliaires et supplétifs, tels que les billets
de banque et les lettres-de-change, les effets au porteur
peuvent, avec plus de succès, entrer en concurrence avec
elle et prendre dans son office la part qui peut leur être
attribuée.

Ce qui arrive toutefois à cette théorie qui a été fixée
pour l'Angleterre par Newton et Adam Smith, et qui,
dans ce siècle, n'est nouvelle pour aucun peuple, c'est
que là même où le raisonnement est forcé de l'admettre,
quelques habitudes semblent encore s'y refuser ; et il ne
faut pas trouver mauvais que différents peuples, d'accord
sur un principe, veuillent cependant, en se l'appropriant,
varier les moyens d'exécution pour les rendre d'autant
plus propres à chacun d'eux ; mais s'il est assez généralement vrai de dire des siècles et des peuples que ni les uns ni
les autres ne peuvent se comparer entre eux, du moins en
ce sens, qu'il ne faut ni chercher dans les uns des règles
pour tous les temps, ni chez les autres des exemples pour
tous les pays, cette maxime ne peut toutefois admettre,
dans le système monétaire, que des nuances qui n'en
altèrent pas la première condition. Le gouvernement de
chaque pays peut sans doute varier la division et la forme

de sa monnaie, mais aucun ne peut violer son principe élémentaire et caractéristique (et il est rare qu'une telle violation soit l'œuvre innocent de la seule ignorance), sans expier, par des pertes sans cesse renouvelées, les profits d'une première fraude.

NOTE

SUR LA RUSSIE

———————

Un double instinct, celui de la force et du besoin, avait dû imprimer à la Russie un mouvement continu de gravitation vers les climats plus tempérés de l'Europe, depuis que Pierre-le-Grand avait introduit quelques principes de civilisation dans les villes et dans les armées de cette immense fabrique d'hommes, qui peut seule mettre sur pied plus de soldats que toutes les puissances du continent ensemble. Son initiation aux habitudes européennes ne pouvait dans le principe que lui imposer des sacrifices nuisibles au développement même de sa puissance virtuelle, si quelques acquisitions utiles ne compensaient pas pour elle les inévitables désavantages de ses premiers rapports avec les peuples plus avancés. Un de ces désavantages était dans les distances ; le gouvernement russe devait tendre à les rapprocher, et la fondation de Saint-Pétersbourg n'était qu'un premier pas : la cour, qui avait quitté l'ancienne capitale pour cette nouvelle résidence, ne pouvait satisfaire les caprices d'un luxe nouveau pour elle et plus fécond en jouissances, que celui qu'elle avait longtemps imité des Perses, qu'en ouvrant ses ports de la Baltique au commerce étranger ; mais elle se condamnait à abandonner à ce commerce l'arbitrage des prix, tant des produits manufacturés, qu'il pouvait importer, que des matières brutes, que la Russie pouvait donner en échange. C'était même livrer le monopole de cet arbitrage à la na-

tion qui serait prépondérante par sa marine ; or, la Russie
ne pouvait pas supporter indéfiniment cette condition, qui
ne l'aurait admise que comme tributaire dans l'association
européenne.

D'un autre côté, malgré les derniers succès de Pierre Ier
contre Charles XII, la Russie avait appris que, si le reste
de l'Europe, enrichie par les bienfaits de l'industrie, offrait
des tentations nouvelles aux invasions du Nord, les pouvoirs qui le gouvernaient avaient aussi acquis plus de
moyens de se défendre ; et que des troupes qui ne prati-
quaient pas la même tactique ne soutiendraient pas le
choc de leurs armées régulières.

Pour prendre un rang dans l'Europe moderne, il fallait
donc que la Russie évitât d'abord de s'y présenter comme
une nouveauté inquiétante, et plus encore de rappeler les
anciens envahissements du Nord sur le Midi. Elle avait le
choix d'un meilleur rôle ; c'était de se montrer partout,
comme l'auxiliaire désintéressé des faibles, dans ses premiers rapports avec ses voisins immédiats. Aussi avait-on
vu constamment cette puissance dissimuler en quelque
sorte la prépondérance de sa population sans négliger cependant aucune occasion d'intervenir dans les démêlés des
autres puissances européennes, comme elle le fit dans la
guerre de la succession à l'empire d'Allemagne ; borner
d'abord son agrandissement propre à quelques provinces
limitrophes, placées hors des atteintes et de l'ambition des
belligérants ;

Annoncer des projets de conquêtes sur la Perse, lorsqu'elle en préparait et en exécutait de plus réelles sur la
Turquie ;

S'approprier ensuite la plus belle partie de la Pologne,
mais en appelant au partage du reste l'Autriche et la
Prusse ;

Etendre bientôt son influence sur les pays voisins, en persuadant à la première de ces deux puissances qu'elle faisait l'office d'une alliée fidèle lorsqu'elle inquiétait la Turquie, leur ennemie commune, dans la Moldavie, la Valachie, etc., etc.; et se conduire avec assez d'art pour ne pas *inquiéter* l'Autriche elle-même, lorsqu'elle mettait son clergé en correspondance avec les chrétiens du rite grec qui se trouvent dans la Hongrie ;

S'allier successivement avec la Prusse, avec l'Autriche, avec l'Angleterre contre la France, sous prétexte d'y combattre soit l'esprit de révolution, soit l'esprit de conquête ;

S'allier ensuite avec la France victorieuse et lui céder le duché de Warsovie, mais en se réservant de détacher la Finlande de la Suède, que la France faisait la faute d'abandonner ;

Profiter de ses alliances avec les vainqueurs et les vaincus pour former, sous les meilleurs maîtres, des chefs pour ses soldats, que la nature a déjà faits d'excellentes machines de guerre; et pour entretenir, auprès de toutes les cours, *des observateurs,* souvent meilleurs que des ambassadeurs, dans cette foule de jeunes nobles que l'hospitalité admettait partout, sans défiance, à étudier les dispositions et les intérêts de chaque pays, et cela, à une époque où le secret des cabinets n'est plus autre chose que le secret des opinions, qui pourront dominer les cabinets eux-mêmes ;

Suivre enfin, avec une persévérance inconnue aux autres gouvernements, et malgré de sanglantes révolutions de palais, un système politique qui a pour but, et qui pouvait avoir pour effet de procurer à la dernière des nations civilisées le patronage de toutes les autres.

Tel est en effet le résultat probable de ce système, que, si la Suède et le Danemarck sont un jour attaqués par la

Russie, ces deux puissances seront condamnées à laisser, sous sa dépendance, le passage du Sund et la libre entrée dans la mer d'Allemagne ; et que si Constantinople succombe, la Russie pourra à son gré ouvrir et fermer au commerce, sur le Bosphore de Thrace, les ports de l'Asie, de l'Afrique et de l'Europe.

Quelque vastes que soient ces desseins, ils ne seront pas disproportionnés avec les forces de la Russie ; et ils sont tellement d'accord avec ses besoins, que, n'ayant été peut-être d'abord qu'un éclair de la pensée d'un grand homme, qui traversait les temps à venir, ce germe d'un instinct gigantesque s'est trouvé recueilli, conservé sous tous les règnes de ses successeurs, qui ne se ressemblent qu'en ce sens, que tous ont secondé son développement avec une ardeur égale.

Pour qu'une telle combinaison politique ait ainsi dominé plusieurs règnes, et surtout pour qu'elle soit restée persévérante et progressive au milieu des événements nouveaux qui ont agité tant d'autres États, il faut bien qu'elle ait apporté avec elle ce principe de durabilité que n'ont jamais des intérêts passagers, et cette force virtuelle supérieure à tous les obstacles, qui, par sa tendance constante vers son but, acquiert chaque jour plus de moyens de l'atteindre.

Ici, l'impulsion n'est pas donnée par l'ambition d'un homme, mais par la nature des choses, par le besoin d'un grand peuple, également excité par le sentiment de ce qui lui manque et celui de ses moyens pour le conquérir.

Quels sont ces moyens ? Des soldats.

De quoi se compose cette population de plus de quarante millions d'habitants qui reconnaissent le czar de Russie pour leur souverain ? de trente huit-millions de hordes encore nomades ou de serfs ; de deux ou trois cent

mille familles dont quelques-unes possèdent des provinces ;
d'un nombre à peu près égal de ces entrepreneurs de ba-
zars asiatiques, de cette espèce de commerçants qui ne
sont que des courtiers, des échangeurs ; et de soldats dont
elle pourrait, en peu de temps, et à peu de frais, porter le
nombre jusqu'à un million : de soldats sobres, qui ne savent ni fuir ni déserter, et qui, une fois enrégimentés, ne
présentent plus que des masses compactes, espèce de forteresses ambulantes.

La culture des terres était sous les Grecs le seul des
arts industriels qu'ils abandonnassent à des esclaves ; les
Romains, qui réduisaient en esclavage les rois même
qu'ils avaient vaincus, et qui méprisaient tous les arts,
parce qu'ils trouvaient plus facile d'en conquérir les produits par les armes, livraient toute l'industrie des autres
peuples à l'imitation de leurs esclaves. Une grande partie
des serfs russes est aussi dressée à cette imitation des arts
industriels : non-seulement ils sont les seuls cultivateurs
de la Russie, mais des sculptures, des copies de tableaux,
des variétés de tissus, des armes, sortent de leurs mains,
toutefois comme elles peuvent sortir de mains qui ne sont
pas libres ; et le sort de tels ouvrages est de rester esclaves
de la glèbe, comme ceux qui les produisent : ils remplacent mal dans le pays les produits plus parfaits des fabriques étrangères ; ils soutiendraient plus mal encore la concurrence s'ils étaient exportés au dehors ; la médiocrité
même de leur prix ne compenserait pas leur infériorité.

Ce n'est donc point par son industrie locale que la Russie
peut calmer et satisfaire son impatience d'arriver au partage des profits de la civilisation ; elle ne peut pas en détourner les sources chez elle ; elle a encore tous les désavantages des premiers essais en commerce : elle ne fait
des échanges qu'avec perte ; sa monnaie n'a pas de fixité :

la Russie n'est pas préparée pour commercer ; elle n'est
préparée que pour conquérir ; les grands et économiques
instruments de communication lui manquent, même sur
les mers dont elle est la maîtresse ; car, comme il a été déjà
dit ci-dessus, malgré les nouveaux ports ouverts d'un
côté à Cronstadt, Revel et Riga, de l'autre à Cherson,
Sebastopol et Odessa, la navigation commerciale de la
Russie est restée jusqu'à présent comme emprisonnée sur
la Baltique par le détroit du Sund, sur la mer Noire par
celui des Dardanelles ; et si, dans le cours du dernier
siècle, sa marine militaire s'est montrée avec quelque
éclat, soit contre les flottes suédoises, soit contre celles
de la Turquie ; si quelques régiments russes ont été plus
tard transportés en Italie sur de gros vaisseaux qui n'ont
jamais revu les ports où ils avaient été construits, si ces
élans extraordinaires ont dû être un sujet d'étonnement
pour l'Europe, ce n'est pas par eux que la Russie a pu
devenir un grave sujet d'inquiétude pour les autres puissances maritimes : ils n'ont rien ajouté à ses forces réelles ;
le raisonnement n'a pu les placer que dans la classe des
phénomènes qui ne peuvent se renouveler qu'à de longs
intervalles de temps.

Lorsque, dans la période de 1665 à 1680, les flottes
françaises luttaient avec avantage contre celles de l'Angleterre et de la Hollande [1], alors la marine commerciale
de la France se montra aussi sur toutes les mers plus
active et plus nombreuse que celles de ces deux puissances ; et quoique depuis un siècle la Russie ait dû sans
doute faire quelque progrès dans l'art de construire et de
diriger des vaisseaux, le temps est encore éloigné, où

1. Dans ce temps de 1665 à 1680, l'Angleterre subissait un mouvement rétrograde sous le gouvernement faible de Charles II et de
Jacques II, et déjà la Hollande commençait à user sa force.

elle pourrait, sous ce rapport, offrir une rivalité dangereuse aux autres peuples de l'Europe. Une marine militaire n'est durablement possible que là où la marine commerciale a créé son premier capital ; aussi n'est-ce pas
sur l'Océan ou sur la Méditerranée que la Russie cher-
chera d'abord à devenir menaçante, lors même qu'elle
aurait achevé la conquête de la Suède, et que les Cosaques ravageraient les plaines et insulteraient les tours
de Constantinople ; mais des précédents indiquent qu'elle
se fraie une autre route pour secouer le joug de l'industrie
étrangère dont elle veut conserver les jouissances.

   Parmi tant d'institutions nouvelles, tant d'élévations à
côté desquelles se soulèvent autant de ruines sur le sol
bouleversé de l'Europe, aucune n'est encore assise sur
des fondements solides, et rien ne le prouve mieux que
l'organisation inquiète à laquelle se livre encore leur propre
créateur. Le siècle reste gros d'événements nécessaires
quoiqu'ils doivent s'entrechoquer par des éléments contraires. On peut prévoir que la puissance de Napoléon
finira par s'ébranler un jour, soit dans la main de son successeur, soit peut-être dans la sienne propre ; que ce grand
événement pourra s'opérer par la confédération de tous
les souverains, et peut-être de tous les peuples de l'Europe qu'il a humiliés : or, dans cette confédération contre
la France dont Napoléon va semer de nouveaux germes,
soit par ses victoires, soit par des revers, il est probable
que ce ne sera plus comme simple auxiliaire, mais comme
prépondérante par sa force au milieu des forts armés, que
l'on verra intervenir la Russie ; à cette époque, inévitable, tôt ou tard, des vengeances, la France, qui n'a pu
échapper à la terrible loi des représailles sous Louis XIV,
la subira, peut-être plus terrible cette fois, parce qu'elle
aura pesé sur le monde par plus d'orgueil encore et plus

de succès. Ce serait alors comme réparateur, comme vengeur de la civilisation, que le chef de la nation la moins civilisée paraîtrait à la tête de la croisade européenne, ralliant sous la même enseigne les milices de Berlin et de Vienne, et celle du Caucase.

Après tant de victoires et tant d'exagération de grandeur, il ne resterait plus à la France que la fatigue des efforts qu'elles lui ont coûté. Vaincu ou mort, Napoléon aurait rempli sa trop grande destinée. La France serait réduite à acheter la paix ; et si c'était l'empereur de Russie qui vînt lui en dicter les conditions à la tête de toutes les armées de l'Europe, une telle révolution ne porterait-elle pas dans son sein des événements plus grands peut-être encore que celle qui, après avoir détruit la monarchie en France, l'avait rétablie dans les mains de celui qui voulait faire de la France le centre dominateur de toutes les monarchies du monde !

Et ce système de plénipotence, exercé par le souverain des peuples incivilisés du Nord, ne serait-il pas bien plus inquiétant pour l'Europe qu'il ne l'est dans la main de Napoléon devenu souverain de la nation française ! Cette dernière question ne doit pas se juger d'après les qualités personnelles de l'un et de l'autre. Le sort des nations ne se place pas en viager : abstraction faite du caractère des deux chefs, conviendrait-il mieux à l'Europe d'être dominée par les Russes que par les Français ?

Voilà pourtant le terrible problème, dont les cinq cent mille combattants que Napoléon conduit en Russie vont peut-être préparer la solution contre eux-mêmes et contre la civilisation européenne !

ANNÉE 1813.

ET LES TROIS PREMIERS MOIS DE 1814.

Cette année 1813 est la dernière du règne de Napoléon ; les trois premiers mois de 1814 se confondent indivisiblement avec elle. Mais ce règne de treize années, si extraordinaire par le si subit ascendant qu'il avait pris sur tous les règnes contemporains, le devient bien plus encore peut-être par la longueur de son agonie ; et ce fut un grand spectacle que de voir la France, fatiguée des derniers efforts que lui avait coûtés sa domination sur le continent, épuisée dans ses ressources, trompée dans ses traités, qui devaient bientôt n'avoir d'autres résultats que de lui montrer armés contre elle tous les alliés qui avaient marché sous ses drapeaux, résister cependant quinze mois encore aux attaques et à l'invasion de toute l'Europe.

Napoléon jugeait toutes les conséquences d'une

position à laquelle il était si peu accoutumé ; seul il
ne changeait pas, lorsque déjà tout était changé
pour lui.

Ce serait se méprendre sur son discernement et
sur sa prévoyance, que de croire qu'il prenait toujours alors pour lui-même une grande part dans
les illusions qu'il essayait encore de répandre autour de lui ; mais avec la rare facilité qu'il avait
d'embrasser et de balancer à la fois tant de combinaisons et de plans divers, il pouvait bien, en janvier 1813, se permettre encore l'espérance de
quelque nouveau regard de la fortune qui lui avait
été si longtemps fidèle, et de quelques-uns de ces
miracles de succès qu'il avait dus plus encore à
son génie qu'à la fortune.

Il pouvait se dire qu'il n'avait été vaincu que
par les éléments ; et quoique, dans le nouvel aspect
que présentaient la France et l'Europe, il conservât
bien peu de chances pour redevenir invincible par
l'effort des hommes, il ne voulait pas que l'histoire
pût lui reprocher d'avoir désespéré de lui.

Sans doute, avec quelques concessions, il lui
eût été facile d'obtenir au moins une trêve, s'il
avait pu se résigner à recevoir la loi : il ne savait
que la donner.

De leur côté, les autres souverains avaient appris de lui le secret de ces négociations, de ces
transactions qui affaiblissent les États encore plus

que la guerre. Il devait s'attendre à des représailles ;
mais il aimait mieux succomber tout entier, que de
ne plus rester qu'un débris de lui-même.

Les coalitions, qu'il était précédemment parvenu
à dissoudre, n'étaient ni aussi puissantes, ni aussi
fortement unies par l'intérêt d'un ressentiment commun ; cependant ce nouveau lien lui-même n'était
pas indissoluble ; et il ne jugeait pas sa politique
entièrement déchue de son influence, quoiqu'elle
fût alors privée de son principal levier, la victoire.

Il connaissait bien tous les vœux de la France
pour la paix ; mais il disait qu'une paix qui lui
serait imposée ne serait qu'une suspension d'armes.
Cette ardeur guerrière de la France, dont il avait
tant usé, commençait à lui paraître refroidie, il
craignait qu'un seul intervalle de repos ne suffît
pour l'éteindre.

Il avait perdu la plupart de ses vieux soldats.
Mais combien de fois ne lui était-il pas arrivé de
battre, avec des *conscrits* français, des armées plus
nombreuses, composées des troupes les plus dis-
ciplinées et les mieux exercées de l'Europe ?

Les recouvrements naturels du trésor public
étaient déjà au-dessous des dépenses nécessaires :
et Napoléon ne pouvait augmenter les impôts, sans
accroître beaucoup plus les mécontentements que
ses ressources. Les bonnes voies du crédit ne sont
guère praticables pour un conquérant avec des

guerres interminables et des conquêtes sans bornes ;
par les événements de la dernière campagne, Napoléon se les était fermées plus que jamais. Mais il
avait assisté aux premiers élans, aux premiers
excès de la révolution française ; il avait vu la
France, sous un gouvernement violent et malhabile,
obéir en silence à des réquisitions d'hommes, de
chevaux, d'armes, d'approvisionnements de toute
espèce ; il avait vu ce gouvernement, obtenant tous
les sacrifices en même temps qu'il suspendait tous
les paiements, envoyer au-devant d'ennemis aguerris des troupes de jeunes Français presque sans
armes, sans vêtements, sans caisse militaire, qui
cependant revenaient victorieux : et c'était sans
doute avec quelque orgueil qu'il pouvait comparer
cette époque avec la sienne, même depuis ses
derniers malheurs.

Les institutions civiles, qu'il avait données à la
France, étaient imitées dans beaucoup de lieux et
admirées partout. Les imperfections de l'administration intérieure étaient masquées par la régularité
des mouvements, par la ponctualité de l'obéissance,
et par tous les bienfaits de l'ordre. Il avait illustré
et agrandi la France ; il croyait l'avoir enrichie. Il
avait rétabli dans leurs biens beaucoup de familles
anciennes ; il avait, par la munificence de ses dons,
élevé à côté d'elles une foule de familles nouvelles
parmi les guerriers et les administrateurs : il con-

servait encore ce foyer d'énergie qui avait électrisé
tant d'âmes, qui avait enfanté pour lui tant d'efforts ; et il tâchait de se persuader qu'à son premier
appel, à l'approche du danger commun, toutes les
bourses, tous les magasins, tous les greniers lui
seraient ouverts.

Enfin il croyait encore que son système continental avait ébranlé le principal appui de la puissance
de l'Angleterre qui, depuis douze ans, le poursuivait
partout, et qu'il ne pouvait lui-même atteindre sur
aucun point. Il avait dit souvent de l'Angleterre
qu'elle avait été sa rivale, en ce sens qu'elle avait
pu soudoyer sur le continent presque autant d'ar_
mées autrichiennes, prussiennes et russes, qu'il en
avait vaincu ; mais il croyait être parvenu à ruiner
son crédit dont il cherchait à tort la mesure dans le
cours capricieux du change, et à tarir la source des
subsides qu'elle aurait pu donner à la nouvelle coalition. Il ne supposait pas que tous les princes
du continent, réduits à leurs propres ressources,
pussent réaliser la menace d'envahir la France avec
un million d'hommes, en laissant, au milieu de leurs
États sans défense, toutes les garnisons françaises
qui en occupaient les principales forteresses. Il ne
les soupçonnait pas d'ailleurs d'être aussi avancés
dans l'imitation de cette tactique savante et hardie,
dont il leur avait fait payer si chèrement les leçons.
Enfin cet esprit si vaste omettait un élément essen-

tiel dans ses calculs : c'est que plus de la moitié de
ce million d'hommes qui devaient, en 1813, s'armer contre la France, n'auraient pas même eu besoin
de subsides anglais : que les souverains allemands
avaient intéressé à leur cause ce sentiment d'indépendance nationale qui, au commencement du
siècle, avait peuplé les camps français de tant de
milliers de soldats ; que toutes les universités, toutes
les écoles, toutes les familles briguaient l'honneur
de concourir à effacer de la terre allemande l'humiliation de tant de défaites, et la trace du protectorat étranger qui pesait sur elle ; que l'Allemagne
tout entière était lasse d'être, depuis vingt ans, le
théâtre de la guerre aux dépens de sa fortune, de sa
gloire et de sa liberté ; et que d'ailleurs, en déser-
tant son alliance, les princes, de la confédération
rhénane eux-mêmes ne feraient qu'obéir, en sens
inverse, à la nécessité qui les avait forcés de lui
sacrifier leurs anciens engagements avec l'Autriche
et la Prusse ; l'alliance du plus fort leur étant
toujours imposée sous la condition d'*être* ou de
n'être pas.

Cependant elle restera encore une des époques les
plus remarquables de la vie de Napoléon cette dernière période de quinze mois qui vit s'affaisser
successivement une domination égale à celle de
Charlemagne, plus miraculeuse que celle de Charles-
Quint, né sur le trône, et que s'était si rapidement

appropriée, dans ce siècle, par son génie, un
jeune guerrier sans aïeux, qui, en relevant pour lui
le trône abattu des Bourbons, avait ébranlé tous les
autres par ses victoires, et placé pendant quelque
temps le sien au-dessus d'eux.

Ce n'est pas dans les faits militaires, dans ce mélange de succès et de revers, les premiers si bril-
lants pour les armées françaises, les seconds si
décisifs contre leur chef, qu'on trouverait les plus
grands sujets d'étonnement. L'habileté du général,
la bravoure des troupes, ne parviennent jamais à
maîtriser toutes les chances de la guerre, le plus
capricieux comme le plus terrible de tous les jeux
de hasard. Mais ce qui peut surprendre, ce qui a
besoin d'être expliqué, c'est comment la France,
qui venait de voir se dissoudre, à la fin de 1812,
sans laisser presque aucun débris, la plus nombreuse et la plus puissante armée qu'elle eût jamais
formée, put, au printemps de 1813, mettre en campagne une nouvelle armée presque aussi forte, sans
affaiblir les garnisons des diverses places qu'elle
occupait en Allemagne, sans rappeler les vieilles
troupes qui disputaient encore l'Espagne aux Espagnols, aux Portugais et aux Anglais réunis.

Cet effort, qui paraît si supérieur au pouvoir d'un
seul homme, mérite bien d'être considéré dans
toutes ses causes et dans tous ses effets.

J'ai dit plus haut que, lors même que l'expédi-

tion de Russie aurait eu le résultat qui, depuis vingt
ans, était réservé partout à nos armes, telle était
cependant, en France, la disposition de l'esprit
public, qu'on y aurait accueilli sans ivresse des
succès stériles pour la paix. Je pourrais même
ajouter qu'après les trois grandes batailles qui
furent suivies de la prise de Moscou, l'opinion allait
jusqu'à s'alarmer de victoires qui ne devaient ni
alléger les impôts, ni affranchir nos ports, ni modérer pour le commerce les rigueurs du système
continental ; et qui pouvaient rendre la guerre
interminable contre une nation inépuisable en
hommes, et mieux défendue encore par son climat
que par ses soldats. Quant à des revers, on était
loin alors de les supposer possibles. Qu'on juge
donc de l'impression que durent produire la nouvelle de la retraite, ou plutôt de la déroute de cette
grande armée ; celle de la perte de ses caisses, de
ses équipages, de ses chevaux, de toute son artillerie ; et, peu de jours après, l'arrivée subite de
Napoléon, accompagné d'un seul de ses grands-
officiers, comme si, seul aussi, il avait survécu à
cette immense ruine ! On apprenait en même temps
que la Prusse, qui avait marché dans nos rangs
contre la Russie, allait marcher dans les rangs
russes contre nous ; que plusieurs armées russes se
dirigeaient vers l'Allemagne, et occupaient déjà la
Pologne. La double alliance de l'Autriche avec la

France n'était pas une garantie contre sa politique;
on savait que toute la nation allemande, quelle que
fût la politique de ses souverains, ne voulait plus
supporter le joug de Napoléon. L'influence de ces
associations, qui avaient multiplié leurs affiliés dans
les diverses classes, dans les universités, et jusque
dans les écoles, se montrait à découvert : elles
avaient été longtemps comprimées, elles étaient
alors évidemment protégées, et, d'après les prétentions exprimées par leurs chefs, il paraît qu'on
leur permettait d'espérer que l'affranchissement de
l'Allemagne ne se bornerait pas à celui d'un pouvoir
étranger. Il n'était donc plus douteux que cette
confédération européenne, que Napoléon avait dirigée contre la Russie, tendait à se tourner tout
entière contre lui, sous l'impulsion de la Russie.
Des émissaires répandaient même que, loin d'envelopper les Français dans leurs ressentiments, les
souverains unis ne voulaient que les délivrer, avec
le reste de l'Europe, de la domination de Napoléon ; et d'autres insinuations allaient jusqu'à faire
entrevoir que la paix du monde pourrait être assurée pour de longues années, sans que le gouvernement de la France éprouvât d'autres changements
que celui de son chef.

Napoléon avait trop multiplié partout les moyens
de police (expédient qui, en décelant les inquiétudes du pouvoir, révèle souvent aux mécontents

sa faiblesse), pour qu'aucune de ces circonstances
pût lui échapper. Il lui était souvent arrivé de répondre aux assurances de dévouement qui le
poursuivaient dans d'autres temps : *C'est pour les
revers, s'il en arrive, qu'il faut me garder votre zèle;*
et il découvrait chaque jour qu'une partie de ceux
qui s'étaient attachés au char de ses prospérités
n'étaient pas préparés pour une telle épreuve. Il
apercevait aussi qu'il ne pouvait plus exercer, sur
la nation proprement dite, son ancien prestige ;
elle jugeait avec discernement ses services et ses
fautes, ses grands talents et leurs écarts, la force
et les inconvénients de son caractère ; mais, je le
répète, il revenait malheureux, et cette nation,
qu'on dit vaine et légère, est surtout éminemment
généreuse pour le malheur. Il n'avait pas encore
éprouvé de revers, et la leçon de l'adversité pouvait écarter de ses hautes qualités tout dangereux
mélange ; la France respectait en lui (car il avait
rétabli et il maintenait encore pour lui du respect
en France) l'homme supérieur qui, treize ans auparavant, avait sauvé le pouvoir public du naufrage;
qui, loin d'y renoncer au moment du danger, se
disait encore assez fort pour le défendre : et tout
en déplorant les dernières pertes, elle ne montrait
pas d'abattement parce qu'il ne se montrait pas
abattu.

Aussi, au milieu de ce deuil qui, dans chaque

village, atteignait plusieurs familles, les nouvelles
levées de soldats n'offraient-elles ni retard ni résistance. Jamais plus de conscrits ne se trouvèrent
plus promptement réunis aux divers corps auxquels
ils devaient être attachés.

La France avait trop de fois éprouvé, depuis
1789, la perfidie des suggestions étrangères ; celle
d'abandonner Napoléon à sa mauvaise fortune
venait en partie de cette source ; elle la repoussait.
Il suffisait que ses frontières fussent en danger,
pour que tous les Français qui pouvaient porter
les armes fussent prêts à marcher contre ceux qui
les menaçaient, quels qu'ils fussent, et sans compter
leur nombre. Et ce fut contre ce sentiment unanime que les tentatives de renouveler les discordes
civiles échouèrent, dans les provinces mêmes
qu'on y supposait les plus disposées. Rien d'ailleurs n'annonçait alors de la part des étrangers
l'intention de favoriser le rétablissement de la dynastie des Bourbons dans ses droits. Les vœux qui
se prononcèrent dans l'intérieur, au mois de mars
1814, étaient muets ; rien sans doute n'était encore
assez bien préparé pour cette autre phase, puisque ceux qui y concoururent le plus efficacement
se rangeaient encore la plupart autour de Napoléon. Enfin, lorsque l'ennemi frappait aux portes
de l'État, une seule pensée occupait la nation :
c'était la défense de son territoire ; et déjà il ne

fut plus douteux qu'au nom de ce devoir on ne vît sortir de ses rangs plusieurs centaines de mille hommes, qui seraient équipés, armés, enrégimentés, en moins de deux mois. Les difficultés étaient grandes, mais moins dans les hommes que dans les choses.

Napoléon avait eu soin de faire répandre, dans ces premiers moments, que les étrangers connaissaient trop bien les Français pour essayer de rompre le mur d'acier qu'ils formeraient sur les frontières ; que si la conquête d'une longue paix lui avait été refusée sur les bords de la Moscowa, elle ne lui échapperait pas entre le Rhin et l'Elbe ; que, s'il avait d'abord dépassé ces limites, c'était pour les faire d'autant plus respecter par les autres puissances, lorsqu'il les aurait fixées définitivement dans leur proportion naturelle ; que la France n'aurait pas besoin de garder cette foule de places étrangères qu'occupaient encore ses garnisons, et de provinces lointaines qui s'étaient données à elle, ou qui lui avaient été abandonnées par des traités ; mais que, même avec l'intention de ne pas les garder, elle devait ne pas les dégarnir de ses troupes, pour se montrer d'autant plus généreuse par leur concession, à l'époque de la paix générale ; et, jusque-là, pour inquiéter l'ennemi sur ses derrières, s'il osait avancer.

Il n'y avait peut-être pas d'artifice dans ces trans-

actions que faisait avec l'opinion publique l'homme
qui savait quelquefois le mieux céder à l'impulsion des circonstances, lorsqu'il ne pouvait pas
leur donner la sienne. La paix, en effet, pouvait
n'être pas impossible. Les étrangers avaient encore une telle idée de la puissance et des ressources
de Napoléon, qu'ils auraient regardé la paix comme
une victoire pour eux ; et il avait lui-même tant à
demander à la France, qu'il ne pouvait pas alors
annoncer une autre intention que celle d'accomplir
un vœu public, qui devenait chaque jour plus ferme
dans son expression. Les sacrifices de la France
furent grands et prompts, parce qu'il en montrait
le terme, et que ce terme semblait enfin fixé par
son propre intérêt.

Les nouveaux soldats qu'il parvint à réunir au
premier appel furent assez nombreux pour qu'il
pût même agrandir encore les cadres de l'armée.
Il en profita pour augmenter le nombre des officiers, conséquemment les chances de l'avancement;
et un grand nombre de jeunes gens, qui espérè-
rent que leurs premiers pas dans la carrière militaire seraient marqués par des distinctions, se
pressèrent d'entrer dans les rangs. Il augmenta
beaucoup la force numérique de son corps d'élite,
divisé en vieille et jeune garde ; et l'admission
dans ces jeunes corps fut déjà regardée comme un
avancement, quoique la paie y restât, pour la jeune

garde, la même que celle des troupes de ligne.
 Le premier spectacle qu'il donna à la nouvelle
armée fut la distribution des décorations et des
grâces pécuniaires qu'il accorda aux plus distingués des anciens officiers et soldats. Des gratifica-
tions proportionnées à leurs grades furent assignées, sur les fonds du domaine extraordinaire, à
ceux qui avaient perdu leurs équipages, et aux blessés. Un seul maréchal venait d'obtenir une dotation
d'un revenu annuel de cinq cent mille francs. Napoléon voulait prouver ainsi que ses ressources
n'étaient pas épuisées, et en même temps que ses
dons n'étaient pas à charge à la France, le trésor
du domaine extraordinaire, qu'il gardait dans son
palais, étant regardé comme son trésor propre : il
aurait été en effet impossible au trésor public d'y
suppléer, au milieu de tant de charges anciennes
et nouvelles auxquelles il fallait pourvoir.

Comme les impôts, quoique inférieurs aux dépenses, étaient déjà parvenus à une proportion qui
ne pouvait plus s'accroître, et laissaient cependant
aux familles riches un superflu que Napoléon ne
pouvait atteindre ni par des emprunts, ressource
inconciliable avec son système de gouvernement,
ni par des demandes de dons volontaires, dont la
médiocrité aurait blessé son orgueil et compromis
son influence, il imagina, pour ces familles, un
autre genre d'impôt ; ce fut d'ordonner aux préfets

de lever dans chaque département, par forme de
conscription additionnelle, une nouvelle cavalerie
composée de jeunes gens qui devaient s'habiller,
s'équiper, se monter à leurs frais : on leur promettait qu'à l'armée ils seraient considérés comme un
corps d'officiers ; on avait adopté pour eux un uniforme élégant. Napoléon ne pouvait pas attendre,
surtout à l'ouverture de la campagne, un grand
secours sur le champ de bataille de cette brave
jeunesse ; le cavalier et le cheval avaient leur éducation à faire ; mais ils prenaient rang dans l'armée ;
ils renforçaient au moins en espérance l'arme qui se
trouvait la plus affaiblie ; au milieu des restes de
nos vieilles phalanges, ils devaient puiser ce goût
pour les exercices militaires, cette passion de la
gloire, qui pénètre si rapidement dans les cœurs
français, et l'institution avait encore un autre but.

Malgré le grand nombre de familles nobles et
riches qui avaient brigué des places à sa cour, Napoléon, qui croyait difficilement au dévouement sur
parole, voulait avoir d'elles d'autres gages : leurs
enfants, qu'il appelait à le suivre dans les camps,
devenaient pour lui des otages. Il était arrivé que
toutes les villes, françaises ou réunies, qu'il avait
précédemment visitées, avaient composé pour lui
une garde d'honneur de leurs principaux habitants :
il disait que c'était à cette milice urbaine qu'il faisait appel dans le danger de la patrie, et, par com-

position, il admettait les fils à remplacer leurs
pères. Cette jeunesse devait être divisée en cohortes, quelques-uns de ces officiers devaient être
pris dans son sein, le plus grand nombre parmi des
officiers déjà aguerris, mais que leur première éducation et leurs habitudes pouvaient mettre plus
en rapport avec leurs élèves. Le contingent que
chaque département devait fournir fut plutôt indiqué qu'imposé aux préfets. Napoléon avait dicté lui-
même, dans un conseil, la longue circulaire que
devait leur adresser le ministère de l'intérieur. Mais
on ne trompe pas la sagacité française ; elle ne se
méprit pas sur une combinaison qui ne tendait pas
assez directement au seul but vers lequel la nation
avait eu un si noble élan.

L'exécution rapide et simultanée, que prescrivait
Napoléon, devait encore aggraver les difficultés de
cette levée. On conçoit que les départements nouvellement réunis n'étaient pas les plus ménagés ;
c'était contre eux que la mesure était principalement dirigée, parce que Napoléon se défiait de leurs
dispositions ; elle n'était pas propre à les rendre
meilleures. Plusieurs préfets crurent recommander
leur zèle en dépassant la proportion qui leur était
assignée ; quelques autres, malgré leurs efforts,
restèrent au-dessous ; les uns et les autres furent
blâmés. Définitivement les cohortes se formèrent ;
mais leur composition ne répondit pas au motif de

Napoléon, qui ne voulait atteindre que les familles riches et nobles ; il ne trouva, dans le plus grand nombre de ces *conscrits privilégiés*, que des fils de fonctionnaires publics qui craignaient de perdre leurs places, ou qui espéraient en obtenir de meilleures. Napoléon crut avoir été mal secondé par les préfets. Ce soupçon fut pour lui l'occasion d'une seconde faute. Il prit à leur égard un parti qui n'était pas dans ses habitudes, et qui appartenait aux époques où les factions divisaient la France, et où les gouvernements changeaient d'agents comme de système. Ce parti fut celui d'une épuration en masse ; les préfets destitués furent remplacés par des hommes qui avaient toute la fougue du premier zèle ; là où les ménagements avaient été jugés nécessaires par les anciens administrateurs du pays, les nouveaux ne ménagèrent rien ; et là où leurs prédécesseurs avaient déjà montré trop d'exigence, ils exagérèrent encore ce tort. Mais comme, par l'événement, la plupart des familles que Napoléon voulait atteindre, avaient détourné par quelques autres sacrifices celui qu'il leur imposait, comme il obtint définitivement l'offrande du nombre de chevaux qu'il désirait, et un corps de jeunes volontaires pris dans toutes les classes qui pouvaient supporter les dépenses de l'équipement, au lieu d'un enrôlement forcé aux dépens d'une seule classe, Napoléon regretta moins les modifications qu'il fut obligé d'admettre dans une combinaison qui n'était d'ailleurs que secondaire.

La dernière campagne avait presque épuisé la France de l'espèce de chevaux propres aux divers services militaires ; sur plus de quarante mille, les dix-neuf vingtièmes avaient péri soit dans les batailles qui avaient précédé la prise de Moscou, soit dans la retraite. Il fallait remonter presque toute la cavalerie, toute l'artillerie légère, tous les équipages. La ressource d'un premier appel, qui fut fait aux chevaux de luxe, n'en produisit que quelques centaines; on en leva, par forme d'emprunt, quelques milliers sur la gendarmerie chargée de la sûreté intérieure : une réquisition sur les chevaux employés à la culture en faisait espérer environ vingt mille ; elle s'effectua avec une grande rapidité ; les vendeurs se contentèrent d'une promesse de paiement ; le prix moyen de ces chevaux fut fixé à 400 fr. ; il fut acquitté peu de temps après la livraison. Quelques milliers de chevaux furent aussi fournis par des entrepreneurs particuliers, et une partie de ceux-ci fut payée d'avance ; enfin, au moment où l'Allemagne entière était prête à se soulever contre lui, Napoléon parvint encore à se procurer un supplément considérable de chevaux dans les provinces entre le Rhin et l'Elbe, et même dans le Holstein et dans le Mecklenbourg. Il avait chargé de ces achats plusieurs officiers-généraux

de cavalerie accoutumés à vaincre de plus grands
obstacles ; il correspondait lui-même avec eux, et
ils le servirent au delà de ses espérances ; ils étaient,
il est vrai, autorisés à se montrer faciles sur le prix
et à le payer comptant.

Le mois de janvier 1813 était à peine expiré que
l'important service des remontes était déjà assuré :
mais il restait à équiper la cavalerie ; à rétablir
toute l'artillerie ; à habiller une grande partie de
l'infanterie : à réparer une perte immense d'armes
de toute espèce ; à rassembler dans toutes les places
frontières des approvisionnements en munitions de
siège ; et Napoléon voulait qu'elles en fussent pourvues pour six mois. Les mesures énergiques ne
répugnaient pas à son caractère ; mais il savait bien
qu'il n'aurait pas le pouvoir, et il n'avait pas la
volonté, de renouveler celles qu'avait employées,
vingt ans auparavant la Convention nationale. Il
avait souvent répété que ce n'était plus par la terreur qu'on pouvait gouverner la France ; qu'on ne
parviendrait jamais à y introduire, pour l'armée de
terre, le mode sauvage de recrutement dont l'Angleterre s'était souvent servi pour sa marine ; que
les cultivateurs français ne se soumettraient pas,
comme les Allemands, à nourrir, à héberger gra-
tuitement des corps de troupes en marche ; et que,
si l'on pouvait faire en France des réquisitions de
grains, de fourrages, de chevaux, ce ne pouvait

être qu'à titre d'avance et sous la condition d'en
payer le prix aux propriétaires. Ce n'était pas impunément, surtout dans le moment du danger,
qu'une telle profession de foi, fondée sur le sentiment public, aurait pu être rétractée. D'ailleurs,
quelque extension que Napoléon eût voulu donner
aux réquisitions, jamais il n'aurait pu en obtenir
des secours assez prompts, ni cette homogénéité
d'éléments qui doit faire, de la plus nombreuse
armée, un seul corps dont les membres soient
assez en rapport entre eux pour obéir tous à une
seule tête.

C'était surtout à des bataillons improvisés,
comme les soldats de *Cadmus*, que l'application
de cette règle était nécessaire ; il importait que,
dans les rangs, l'uniformité des armes et des effets
d'équipement rapprochât d'autant mieux les plus
jeunes soldats des plus vieux, et que l'exemple de
ceux-ci fît l'éducation des autres pendant qu'ils
marcheraient des garnisons intérieures au champ
de bataille. Mais, pour que les nombreuses manufactures et les ateliers, qui devaient, en si peu de
temps, et d'après des modèles uniformes, livrer les
armes de toute espèce, les habillements de toute
nature, les divers ouvrages de sellerie, etc., etc.,
se multipliassent et multipliassent leurs produits
dans la proportion des besoins et dans une exacte
conformité, il fallait, en 1813, un autre concours

d'efforts que celui qui avait préparé les premières
campagnes révolutionnaires. Comme, à cette dernière époque (1813), c'était surtout parce que
tant de propriétaires nouveaux avaient des intérêts
réels à préserver contre une invasion ennemie,
que tant de nouveaux défenseurs couraient aux
armes, il n'aurait pas été prudent de s'emparer
violemment des magasins, pour recruter l'armée.
De nombreux entrepreneurs se présentaient pour
tous les services, et sans une notable augmentation
dans le prix des marchés, quoique la disette de
1812 eût encore conservé quelque influence sur le
prix de la main-d'œuvre. Mais ces entrepreneurs
demandaient des sûretés pour leurs paiements ; et,
comme la dépense de l'armement et de l'équipement de quelques centaines de mille hommes excédait la limite des capitaux qu'ils pouvaient employer
à leurs approvisionnements, plusieurs demandaient
des avances. Les impôts ordinaires continuaient de
se payer avec exactitude ; mais ils n'avaient pas
tout à fait suffi pour solder les dépenses de l'année
précédente, qui s'étaient déjà trouvées fort aug-
mentées, et les ressources de celle qui commençait
se trouvaient d'autant plus disproportionnées avec
tant de besoins nouveaux qu'elle apportait avec
elle. Dans la recherche des moyens extraordinaires,
qu'il fallait cependant employer, Napoléon eut un
moment la pensée d'offrir pour gage aux entrepre-

neurs une partie des obligations à terme que le roi
de Prusse lui avait fait remettre en 1807 [1], lors du
traité de Tilsitt, qui lui rendit sa couronne. Ces
engagements étaient souscrits par les plus riches
propriétaires de ce royaume; ils représentaient une
valeur de près de 140 millions. Et quand j'objectais
que les fournisseurs ne pourraient tirer aucun parti
d'un tel gage, surtout au moment où la Prusse
venait de rompre tous ses traités avec la France,
Napoléon me répondait par l'exemple des Romains, qui, au moment où Annibal se proposait de
faire le siège de Rome, trouvèrent des acheteurs
pour le terrain sur lequel était assis son camp. Mais
il fallait trouver un expédient meilleur ; nous n'en
eûmes le mérite ni le duc de Gaëte ni moi; ce fut
par le duc Bassano [2] que la proposition en fut
faite. Il avait appris, en traversant la France, à
son retour de Pologne, que les *communes* possédaient de grandes propriétés rurales, dont elles ne
tiraient presque aucun parti ; il pensa qu'en les con-
vertissant en nouveaux domaines nationaux, on
pourrait les vendre avec un grand avantage pour
l'État et pour l'agriculture. Il y avait sans doute
des objections à faire ; le gouvernement, tuteur

1. Il a déjà été dit qu'en 1814, après le 31 mars, toutes ces
obligations furent annulées et remises au roi de Prusse.
2. M. de Bassano avait passé de la secrétairerie d'État au ministère des affaires étrangères.

naturel des communes, allait faire un singulier
usage de son droit de tutelle, en procédant contre
elles, à son profit, par expropriation forcée. On
pouvait aussi opposer que la plupart des immeubles
des communes offraient un pâturage libre et facile
aux bestiaux des pauvres habitants qui n'avaient
pas d'autre propriété; et que leur enlever cette ressource, c'était mettre à contribution la pauvreté,
mode d'impôt le moins productif et le plus dur.
Mais, sans se borner à l'allégation péremptoire de la
nécessité, laquelle ne justifie pas tout ce qu'elle
explique, les partisans du plan proposé citaient
des exemples; ils rappelaient que, dans l'origine.
les terres vagues sans culture, et conséquemment
sans autre propriétaire que les anciens seigneurs du
lieu, n'avaient été abandonnées par eux aux communes que sous la réserve d'en détacher successivement les parties qu'ils voudraient faire cultiver;
qu'un grand nombre avait usé de ce droit et avec
un grand avantage pour eux et pour l'intérêt général de l'agriculture; que le résultat de ce partage
présentait encore en divers cantons le contraste de
prairies malsaines qui nourrissaient difficilement
quelques faibles et maigres troupeaux (c'était là la
part dont disposaient en commun les habitants), et
de riches plaines qui, mieux fécondées par l'intelligence active d'un propriétaire indépendant, fournissaient annuellement une nourriture beaucoup

plus salubre à des troupeaux beaucoup plus beaux
et incomparablement plus nombreux; qu'il n'était
pas, au surplus, question d'enlever aux pauvres
habitants des campagnes la totalité des pâturages
communaux, ni même de renouveler avec eux,
aux mêmes conditions, le partage qu'ils avaient fait
autrefois avec leurs anciens seigneurs ; qu'on ne
mettrait en vente que la partie de ces pâturages
dont ils ne faisaient qu'un stérile emploi ; qu'on
remplacerait pour eux cette vaine jouissance par
un revenu réel, en leur donnant l'intérêt du prix
capital de la vente; que le produit des terres ara-
bles des communes serait aussi soldé pour elles par
une rente égale au loyer qu'elles en obtenaient ;.
qu'elles conserveraient, au surplus, l'entière propriété de tous les bâtiments et emplacements d'un
usage commun pour les habitants, tels que les hôtels des mairies, des tribunaux, les halles et marchés, etc., etc. On se pressa de consulter tous les préfets, et la consultation probablement faite de manière à dicter d'avance les réponses, les rendit à peu
près uniformes. Tous connaissaient l'urgence des
besoins; la plupart étaient des administrateurs nouveaux, qui devaient leur nomination à des protestations de zèle encore trop récentes, pour qu'ils
osassent les rétracter ; ils purent regarder l'espèce
d'échange offert aux communes comme une trans-
action qui leur épargnerait l'aggravation des im-

pôts et l'abus des réquisitions en nature. Plusieurs
même eurent l'occasion de reconnaître, dans la
communauté du pacage, dans l'administration des
propriétés municipales qui étaient affermées, plus
d'abus que les communes ne pouvaient y trouver
de profits. Les états d'évaluation, qui leur avaient
été demandés, furent dressés et parvinrent avec une
incroyable rapidité; leur résultat fut encore plus
étonnant; le produit de la seule vente des immeubles qu'on présentait comme à peu près inutiles aux
communes devait excéder 300 millions; et Napoléon, qui, sur les premiers aperçus, regardait déjà
cette ressource comme disponible, se pressa, même
avant que les adjudications fussent commencées,
d'en appliquer une portion à couvrir le déficit du
budget de 1812, d'en attribuer une autre plus forte
au budget de 1813, qui avait à pourvoir, dans les
premiers mois, à la plus grande partie des dépenses
de toute l'année; et ces deux emplois laissaient
encore quelque reste pour de nouveaux cas imprévus.

Cette opération a été vivement censurée en 1814.
Elle avait trouvé, en 1813, l'opinion publique assez
bien disposée, pour que, sur tous les points de la
France, de nombreux adjudicataires se fussent
présentés et sans aucune défaveur publique aussitôt
que quelques immeubles communaux furent mis en
vente. Les principaux habitants de chaque com-

mune furent les premiers enchérisseurs ; les convenances particulières multipliaient les concurrents,
et élevaient le prix des enchères au delà des espérances ; aucun mécontentement n'éclatait de la part
des communes ; les acquéreurs de leurs biens n'é-
prouvaient aucun trouble de leur part ; elles ne murmuraient pas contre la fixation, quelle qu'elle fût,
de leur indemnité, qui devait consister en rentes
sur l'État ; mais cette disposition de l'esprit public
était peut-être moins l'effet de l'influence d'une
seule volonté, qui commençait à déchoir du privilège de ne pas rencontrer d'obstacle, que d'un con-
sentement unanime de tous les Français à un grand
et dernier effort, dont le prix devait être la paix du
monde. Cependant la vente simultanée de tant de
parcelles d'immeubles ne pouvait pas être assez
rapide pour satisfaire l'impatience de Napoléon ; il
avait affecté sur les recouvrements futurs de cette
vente des biens communaux, 77,500,000 francs
au budget de 1812, 149 millions au budget de 1813.
Cette subvention, qui n'était pas un secours présent, ne suffisait pas encore tout à fait à l'un et à
l'autre budget ; au premier, pour solder sa dette
arriérée envers des créanciers auxquels on demandait de nouveaux services ; au second, pour suppléer à la disproportion du produit des impôts,
surtout dans les premiers mois sur lesquels s'appe-
santissait le poids des dépenses ; il voulut diminuer

les inconvénients de la lenteur par de nouveaux
expédients, et, pour réaliser cette affectation, il
entreprit de faire de ces nouveaux domaines une
monnaie disponible.

Napoléon rétrogradait ainsi sans les avoir, vers
les pratiques encore révolutionnaires qu'employait
le trésor public à l'époque de son avénement au
pouvoir, et lorsqu'on ne se faisait aucun scrupule
de substituer aux paiements réels, dont on avait pris
l'engagement, de simples promesses de paiement.
Sa manière de définir le crédit était celle-ci : *le
crédit est la seule dispense de payer comptant ;* sans se
souvenir que la première condition du crédit est la
libre convention de l'emprunteur et du prêteur ; et,
se bornant à sa définition, il en concluait que, par
le privilège du crédit, la substitution d'une simple promesse de paiement équivalait à un paiement
réel sans autre condition.

A l'exemple qu'on lui citait des derniers ministères de Louis XVI, qui avaient achevé de perdre
le crédit de la France quand ils avaient voulu payer,
en simples promesses, les rentes sur l'État, il op-
posait celui de l'*Assemblée constituante* et celui de la
·*Convention*, qui s'étaient fait un moyen de paiement
et une monnaie des domaines nationaux, et qui,
presque sans impôts, étaient parvenues à acquitter
de cette manière toutes les dépenses publiques. Et
il se pressait d'écarter les objections que devait na-

turellement provoquer un tel exemple en disant
qu'il y avait, entre ce qu'avait fait la Convention
par le moyen des domaines nationaux, et ce qu'il
voulait faire par le moyen des biens communaux,
la distance de l'usage régulier aux abus, et la différence d'un *papier de crédit* remboursable par cinquième de six mois en six mois, et portant intérêt,
à un *papier-monnaie* qui devait avoir un cours
forcé pendant un temps indéterminé ; celle enfin de
quelques dizaines de millions à quelques milliards.
Ce fut d'après cette théorie qu'au moment où il
chargeait les préfets de mettre partout en vente les
biens des communes en exigeant des acquéreurs
le paiement du prix de leur adjudication par cinquième en trente mois, il ordonne à la caisse d'a-
mortissement, qui devait recouvrer successivement
ce prix aux échéances, de souscrire et de verser au
trésor public environ 236 millions de bons au porteur pour être affectés aux budgets de 1812 et de
1813, comme supplément de ressources.

Il accueillit cependant sans aigreur une note dans
laquelle je lui exposais que tous les marchés, faits
par les ministres, promettaient aux entrepreneurs
de leurs services que les ordonnances qui leur seraient délivrées seraient payées comptant; qu'une
promesse de paiement, substituée au paiement réel,
ne serait plus qu'une valeur incertaine soumise à
l'arbitrage du marché public sur lequel le porteur

pourrait la mettre en vente ; que si ces nouveaux
bons de la caisse d'amortissement ne s'y négociaient
qu'à 20 pour cent de perte, les créanciers, con-
damnés à les recevoir au pair, seraient frustrés du
cinquième de leur créance, et qu'ils trouveraient
inévitablement le moyen de faire retomber cette
perte sur le trésor public ; qu'ils ne pourraient pas
se dispenser de négocier ces valeurs, puisque la
plupart d'entre eux étaient souvent obligés d'escompter les ordonnances qu'ils recevaient lors
même qu'elles n'avaient pas plus de vingt à trente
jours d'échéance ; qu'un pareil mode de paiement
ne serait en dernière analyse qu'un emprunt forcé
fait par l'État à ses propres créanciers, c'est-à-dire
à des prêteurs sans capitaux et sans crédit ; que
des prêteurs de cette classe ne pourraient être que
les courtiers du discrédit public ; que de telles mesures renouvelleraient les embarras et les pertes,
dont son gouvernement s'était affranchi depuis près
de neuf ans ; qu'elles ne seraient pas un remède,
mais peut-être un danger de plus dans un moment
de crise ; que c'était sans doute dans l'intention de
donner plus de faveur aux nouveaux bons de la
caisse d'amortissement, qu'on lui proposait de les
déclarer admissibles en paiement des biens communaux ; mais que cette faveur même contribue-
rait vraisemblablement encore à leur dépréciation,
puisque, pour rendre leur condition meilleure, les

acquéreurs qui voudraient en faire emploi auraient intérêt de conspirer contre leur crédit; qu'enfin les premiers porteurs eux-mêmes défendraient mal ce crédit, parce que les fournisseurs de l'Etat avaient toujours dans les mains une garantie suffisante contre l'inexactitude d'un pareil débiteur, et le moyen de s'ouvrir encore plus de chances d'indemnité que la violation de leur traité ne pouvait leur offrir de perte.

Napoléon se borna à inscrire ces mots en marge de la note : *Avant de critiquer ce plan, il aurait fallu en proposer un autre.*

A la vérité, la situation des finances était telle qu'il n'y avait à choisir qu'entre les mauvais moyens ; la meilleure excuse pour celui qui prévalait était d'épargner à la France la surcharge de nouveaux impôts; il faisait d'ailleurs trouver aux communes un revenu équivalent à celui que pouvaient leur produire les immeubles dont elles étaient dépossédées.

C'était pour la conquête de la paix que Napoléon avait demandé, et si promptement obtenu, la nouvelle levée d'hommes nécessaire pour remplir tous les cadres de l'armée ; et l'élan national, qui se manifesta pour ce premier effort, ne se serait peut-être pas démenti pour les autres sacrifices qu'il aurait réclamés au nom du même intérêt.

La France n'en aurait refusé aucun pour obtenir,

dans la paix du monde, une part honorable pour
elle. Mais à peine Napoléon eut-il rassemblé assez
de soldats pour résister aux ennemis du dehors,
qu'il crut n'avoir plus de résistance à craindre pour
les autres sacrifices qu'il imposerait à l'intérieur ; et
muni de son instrument favori, la force, il se dis-
pensa bientôt des premiers ménagements qu'il avait
montrés pour l'opinion publique ; il répéta plusieurs fois que, *pour être digne de lui, la France
devait s'abstenir de ses vœux pusillanimes ; que le premier de ses vœux devait être de venger sa gloire
offensée* ; *que la seule paix qui lui convînt était celle
qu'elle commanderait par de nouvelles victoires, et
qui lui laisserait toutes ses conquêtes.* Il exaltait aussi
les jeunes courages de la nouvelle armée à laquelle
il promettait en gloire, en honneurs, en récompenses, en succès, l'héritage des vieux soldats qu'il
avait perdus ; et, en revenant ainsi à son ancienne
habitude d'associer principalement à sa cause les
ambitions militaires, il ne se disait pas assez qu'il
pouvait en détacher, de plus en plus, des défenseurs
bien plus nombreux dans cette foule de propriétaires et de négociants qui ne voyaient pour eux
qu'une perspective de charges nouvelles, et de pères
de famille qui ne se résignaient pas à n'avoir produit qu'une génération de soldats. Ainsi, en se
trouvant alors comme entraîné par la force des
choses à ne plus considérer dans la France que cette

levée de quelques cent mille combattants qu'il pouvait faire sur son territoire, et à promettre au centième de la population la préférence des honneurs et des grandes distinctions, il tombait dans l'incon-vénient, si grave en ce siècle, d'instituer une nou-velle caste privilégiée : entreprise au-dessus de toute puissance ; car de tous les impôts le plus dif-ficile à maintenir aujourd'hui serait celui qui bles-serait plus encore les vanités que les fortunes.

Aussi arrivait-il bientôt à ceux même qui, deux mois auparavant, dans l'espérance de la paix, avaient montré le plus de zèle pour opposer une barrière à l'ennemi, et presser la levée des troupes, qui déjà couvraient nos frontières, de dire assez haut : *L'empereur n'est pas changé; la leçon du malheur est perdue ; quand finira la guerre s'il re-trouve sa fortune ? et quelle sera la paix s'il suc-combe ?*

C'était parce que des opinions à peu près sem-blables s'étaient déjà manifestées dans les départe-ments, pendant le premier mois de 1813, sans cepen-dant qu'elles eussent retardé le recrutement, que Napoléon avait imaginé la création de cette nouvelle milice composée des enfants des familles anciennes et riches ; et quelques préfets, quelques administra-teurs locaux avaient supporté la peine des mur-mures qu'ils n'avaient pas étouffés ; mais c'est dans l'intérieur de son palais que, à la fin de février, un

homme [1], dont le dévouement à sa personne et à
son gouvernement ne pouvait assurément être
contesté, faisait devant moi la réflexion que je
viens de citer : je pourrais en rappeler beaucoup
d'autres semblables.

Et, dans un tel état de l'opinion, on peut juger
de l'accueil qu'elle réservait définitivement à cette
nouvelle mesure de finances, et qui devait jeter dans
la circulation plus de deux cents millions de promesses de paiement hypothéquées sur la vente à
peine commencée des biens communaux.

Napoléon s'obstinait à dire que cette création et
cette expansion de 200 millions de valeurs nouvelles donneraient au dehors une grande idée de
ses ressources, et en même temps une grande activité à tous les services; il feignait même de se
persuader, et il voulait au moins persuader autour
de lui que ceux qui recevraient en paiement ces
valeurs seraient intéressés à en soutenir le crédit.
Il se complaisait à penser que cet expédient le dis-
penserait d'autant mieux d'ouvrir aux besoins du
trésor public l'espèce de trésor personnel qu'il conservait dans les caves des Tuileries ; et, en gardant
cette réserve intacte, il croyait accréditer d'autant
mieux l'opinion exagérée qu'il voulait donner de
ses ressources pour des cas extrêmes.

1. Le comte de Lavallette.

Le trésor public persistait à répéter que le crédit
des nouvelles valeurs, qu'il voulait faire entrer dans
les paiements, ne dépendait pas de la confiance de
ceux qui les recevraient, mais uniquement de la
cupidité de quelques prêteurs de profession accoutumés à exploiter les besoins des entrepreneurs ; que
la présence de moins de 20 millions de tels effets,
en quête d'acheteurs sur la place publique, suffirait
pour épuiser toutes les ressources de ces escomp-
teurs, et pour élever peut-être le taux de l'escompte
à 20 et 30 pour cent sur des effets, dont quelques-
uns devaient avoir trente mois de terme, et dont
les plus courts dépassaient de moitié la limite des
échéances commerciales ; qu'au delà de ces 20 millions la prime d'assurance pourrait n'avoir plus
de bornes ; que, définitivement, les entrepreneurs ne livreraient cependant au ministère que
l'équivalent de ce qu'auraient produit réellement
pour eux les valeurs données en paiement par le
trésor public, en supposant même qu'ils ne se
prévalussent pas de son exemple, pour être aussi
peu exacts dans leurs livraisons qu'il l'aurait été
envers eux dans son mode de paiement.

Le trésor public (que je demande la permission
de personnifier) objectait encore que Napoléon, en
refusant alors de concourir à son assistance par
quelques prélèvements sur les fonds de son domaine
extraordinaire, livrerait l'opinion à l'alternative de

douter de l'importance de cette ressource, ou de
croire qu'elle était conservée dans un autre intérêt que celui des besoins publics.

Quand je me rappelle les discussions qui occupaient, à cette époque et presque chaque jour, les
conseils ministériels, rien ne me paraît plus inexplicable que l'ardeur impatiente avec laquelle Napoléon, poursuivant l'exécution des diverses mesures qu'il avait prescrites à chaque ministère,
dictait d'abord ses ordres à chacun d'eux, et la
patience avec laquelle il se prêtait à toutes les controverses. Il pesait les difficultés, et paraissait d'a-
bord transiger avec elles; mais il arrivait presque
toujours qu'à la suite de ces conseils, chaque ministère recevait quatre ou cinq dépêches qui, pour
ultimatum, maintenaient la première résolution
qu'il avait annoncée.

Je n'en ai jamais reçu un plus grand nombre
que dans les quatre premiers mois de cette année;
elles m'apportaient, dans une expression pressante,
et absolue, des ordres souvent inexécutables pour
le temps, et pour le lieu. Des difficultés de toute
nature se renouvelaient chaque jour. Mais j'avais
moins que jamais alors la ressource de la retraite.
Rassuré, comme j'avais droit de l'être, par la droiture de mes intentions, par la constance de mes
efforts, lorsque dans ses lettres il se plaignait de
l'inexécution de ses commandements, je me pré-

sentais à lui, son ordre à la main, je lui opposais
avec simplicité l'autorité des chiffres ; j'évitais la
discussion ; je me bornais aux preuves arithméti-
ques ; et il se résignait à n'exiger définitivement
que le possible. C'était la première fois qu'il rencontrait dans les choses une résistance supérieure
aux efforts de ceux qui le servaient : elle l'étonnait
sans l'éclairer.

Je dois le dire, malgré cet état de contrariété
qui jetait nécessairement de l'incertitude dans une
partie de ses plans, on retrouve encore dans ce
déclin de sa puissance de nombreux éclairs de
cette force d'âme, de cette puissance de volonté,
attributs de l'homme extraordinaire qui ne s'a-
bandonne pas lui-même lorsque tout l'abandonne.
Sa prévoyance qui descendait aux moindres détails, sa surveillance souvent minutieuse, son habitude d'employer sur chaque fait plusieurs moyens
de contrôle, ne perdirent rien de leur activité.

Je lui avais fait connaître les résultats de la dé-
vastation des caisses de la grande armée dans la
retraite de Moscou : la fidélité des agents du trésor
public aurait pu ne laisser aucun doute sur l'exactitude des évaluations. Il ne s'était pas borné à demander un rapport contradictoire au comte Daru,
placé au centre des événements et le 3 janvier,
il me demandait à moi-même [1] un nouveau rap-

1. « Je vous envoie les états que m'adresse le comte Daru ; je

port sur celui que lui avait fait ce ministre. Il n'y avait malheureusement rien à rabattre sur les premiers calculs.

Ses journées entières étaient employées, soit à des conseils, soit à des revues militaires auxquelles il appelait chaque corps de la nouvelle armée qu'il organisait ; il réservait pour les nuits cette correspondance quotidienne qu'il entretenait avec ses généraux, ses ministres, avec les aides de camp et les officiers d'ordonnance, auxquels il avait donné des missions spéciales. C'était aussi dans ces travaux nocturnes qu'il compulsait cette foule d'états et de renseignements qu'il avait reçus chaque jour ; il aimait surtout à trouver dans ces recherches quelque ressource nouvelle de finances ; et c'est ainsi, par exemple, qu'ayant reconnu que le commerce de Bordeaux, auquel il avait fait une forte avance de ses propres deniers, n'avait pas acquitté cette dette, il décidait [1] que le trésor public en suivrait le recouvrement par ses agents.

« désire que vous me remettiez un rapport à cet égard, et que « vous me fassiez connaître s'il reste encore quelques fonds « dans la caisse du payeur. Sur ce, etc.

« *Paris*, 3 *janvier* 1813.   *Signé* NAPOLÉON. »

1. Le ministre du trésor demandera à M. de Labouillerie le « compte de ce qui m'est dû par les négociants de Bordeaux, « afin que le trésor public suive le recouvrement des lettres de « change qu'ils ont souscrites. Sur ce, etc.

« 4 *janvier* 1813.   *Signé* NAPOLÉON. »

Quoique les avant-postes russes occupassent
déjà une partie de la Pologne, il voulait que les
Polonais conservassent encore le désir et l'espérance de se défendre, et qu'ils ne se crussent pas
abandonnés par lui : il voulait surtout ne pas laisser sans secours les familles polonaises qui, s'étant
déclarées pour lui, redoutaient les vengeances de
la Russie : et, malgré l'extrême difficulté de pourvoir aux dépenses les plus indispensables de la
guerre, il augmentait de plus de 8 millions le budget
du ministre des affaires étrangères [1] pour assurer
1,500,000 francs de secours aux réfugiés lithuaniens et polonais, et un subside de 6 millions au
gouvernement du duché de Varsovie, etc., etc., etc.

En même temps il s'imposait le soin de me tracer lui-même un nouveau plan d'organisation pour
le service du trésor dans la campagne qui allait

1. « Mon intention est que, dans le budget des relations exté-
« rieures pour 1813, on comprenne une somme de 1,500,000 fr.
« pour secours aux réfugiés lithuaniens et polonais, et une
« somme de 6 millions pour subside à accorder au gouverne-
« ment du duché de Warsovie, ce qui portera le budget de ce
« ministre à 16 millions. Il est nécessaire que vous portiez en
« distribution, pour le présent mois de janvier, une somme
« de 8 millions au ministère des relations extérieures : cette
« somme comprendra 2 millions pour la réorganisation de la
« cavalerie, et 1 million sera à la disposition du ministre qui
« prendra sur cette somme les fonds à accorder aux Polonais
« à titre de secours. Sur ce, etc.

« *Paris, 15 janvier 1813.*   *Signé* NAPOLÉON. »

s'ouvrir. Cette lettre [1] est une de celles qui dé-
montrent le plus l'étonnante flexibilité de son esprit à toute espèce de combinaison ; il regrettait ces
grandes pertes d'argent faites en Russie ; il voulait
surtout écarter de lui la défaveur de ces pertes ;
il ne se faisait pas scrupule d'en rejeter en partie
la faute sur l'agent principal du service du trésor

---

1. « Je désire que vous me fassiez un travail sur les fonds
« qui se trouvent à la grande-armée. Envoyez d'abord un
« nouveau payeur. Je pense qu'il faudrait établir à Mag-
« debourg une caisse centrale avec laquelle vous corres-
« pondrez, et qui aura le maniement des fonds de Ham-
« bourg, Mayence, et de tous autres points : cela fournirait
« à la caisse principale. Il faudrait qu'il y eût là un in-
« tendant, et il ferait des envois aux divers corps d'armée
« suivant les circonstances et ce que vous lui prescrirez.
« Il serait sous vos ordres directs, et aurait la faculté né-
« cessaire de juger les événements, afin de mettre les
« fonds en sûreté selon les circonstances. Si cette institu-
« tion avait eu lieu, nous n'aurions pas perdu tant d'argent. Il
« faudrait que tous les paiements de la grande-armée se
« fissent en lettres de change ou mandats sur cette caisse,
« quand même le trésor devrait perdre quelque chose à cela.
« Il vaut mieux que les fournisseurs soient payés sur un point
« central que de traîner l'argent et d'être obligé à payer par-
« tout. Cet individu correspondant tous les jours avec vous et
« n'étant là sous les ordres de personne autre, sa comptabilité
« sera plus en règle. Ce serait une espèce de caisse de la tré-
« sorerie qui paierait sur les crédits que vous ouvrirez aux dif-
« férents payeurs, et pourrait acquitter pour leur compte les
« différentes ordonnances. En effet, comment concevoir qu'un
« payeur général, qui suit le quartier-général d'armée, qui
« tantôt se trouve au milieu d'un camp, tantôt est obligé de
« faire le service sur un territoire de cinq ou six cents lieues,
« puisse y suffire ? Autant vaudrait-il que le ministre du tré-

public, qui ne méritait à cet égard aucun reproche, et qui en aurait encouru de très-graves de sa
part, si les fonds de la solde avaient été retenus
trop loin de l'armée, dont ils étaient la propriété,
et au salut de laquelle ils pouvaient devenir nécessaires, si quelques moyens de salut fussent restés
possibles. Il voulait que je chargeasse de la direc-

« sor suivit mon quartier-général. — Sans doute que Paris
« est trop loin pour faire les paiements, mais Magdebourg
« est un point central ; le payeur-général de l'armée sera
« sous les ordres du directeur de la trésorerie. Il recevra
« les fonds les plus nécessaires pour la solde, et paiera
« sur ses crédits en mandats sur la caisse centrale. Vous
« comprenez ce que je veux dire. L'ancien payeur-général
« ne m'a pas satisfait ; au fait, il faut convenir aussi que
« sa besogne était trop difficile ; bien des millions ont été
« perdus par suite des circonstances ; et aussi parce qu'il
« n'était pas prudent d'avoir à Wilna, qui est une place
« ouverte, jusqu'à 10 millions à la fois ; l'abondance nous
« a nui. En attendant que ceci soit établi, je désire avoir
« dans la semaine le travail que je vous demande, et con-
« naître les dispositions que vous avez faites pour envoyer
« des fonds. J'ai perdu assez d'argent, tâchons de n'en plus
« perdre. Défendez qu'il y ait une caisse à Berlin, cette caisse
« doit être à Spandau qui n'est qu'à trois lieues ; on peut
« avoir aussi des caisses dans les places de Custrin, Stettin
« et Glogau ; mais de petites caisses alimentées au fur et à
« mesure par la caisse centrale de Magdebourg ; qu'il n'y ait
« à Berlin aucune caisse ; qu'il y en ait une à Spandau, mais
« qu'elle ne contienne pas plus de 500,000 francs ; enfin que
« le payeur-général de l'armée fasse le plus possible son ser-
« vice en mandats sur la caisse de Magdebourg, et qu'il n'ait
« pas à sa suite plus d'un million. Beaucoup de généraux,
« d'officiers et d'administrateurs prendront volontiers même
« des mandats payables à Paris par le trésor public, et il n'y

tion des fonds un intendant au lieu d'un comptable : c'était là une nouveauté, mais non pas une garantie ; la seule garantie efficace d'un tel service est dans une judicieuse méthode de comptabilité, dans l'application rigoureuse des fonds à leur destination légale, dans la responsabilité du payeur en chef qui, à la suite de chacun de ses actes, doit voir le tribunal suprême qui doit le juger, le ministère qui doit le récompenser ou le punir ; mais il n'y a pas de garantie pour les caisses d'une ar-

« a pas d'inconvénient à ce que le payeur-général en ait dans
« sa caisse autant que vous le jugerez nécessaire. Je vous prie
« aussi de me rendre compte de toutes les caisses que vous
« avez au delà du Rhin, à 'Hambourg ; dans la 32e division
« militaire, et à Hanovre. Vous me ferez un rapport là-dessus ;
« il faut calculer que des troubles peuvent avoir lieu dans ces
« pays ; il faut donc faire en sorte que, le cas arrivant, nous
« éprouvions le moins de pertes possible ; il faut non-seule-
« ment que vous portiez vos regards sur les caisses qui ne
« dépendent que de votre ministère, mais encore sur les
« caisses des droits-réunis et des douanes, afin que des dispo-
« sitions soient prises pour que ces caisses restent toujours
« peu garnies. Vous devez aussi faire un règlement pour que
« les caisses de la trésorerie soient attelées de huit très-bons
« chevaux, ayant toujours des chevaux haut le pied et qu'il
« y ait des charretiers de choix. Il est nécessaire que vous me
« fassiez bien connaître la situation de votre service au delà
« du Rhin, que vous m'indiquiez ce que vous voulez faire et
« les besoins auxquels vous voulez pourvoir, afin que je rec-
« tifie là-dessus vos idées ; *car les renseignements que vous*
« *pourriez recevoir des bureaux de la guerre seraient fautifs.* Sur
« ce, etc.

« *Fontainebleau, 21 janvier 1813.*   Signé NAPOLÉON. »

mée, là où le climat lui seul peut détruire l'armée tout entière.

Napoléon m'indiquait, dans la même lettre, les places-fortes dans l'enceinte desquelles il supposait que les caisses de la nouvelle armée trouveraient le plus de sûreté en Allemagne, en ajoutant (chose assez remarquable) que son ministre de la guerre ne pourrait me donner à cet égard que des renseignements fautifs : et ce qui ne mérite pas moins d'être remarqué, c'est qu'il comprenait parmi ces places les forteresses même de la Prusse, déjà prête à se soulever tout entière contre lui, malgré la présence de nos garnisons. Comme il était encore maître des plus fortes places de ce royaume, il se regardait comme l'arbitre du théâtre de la guerre ; l'événement n'a pas justifié cette confiance.

Ce qu'il aurait pu prévoir dans son inquiète sagacité, et surtout d'après l'exemple qu'il avait si souvent donné, c'est que, dès ce moment, il était menacé d'une guerre d'invasion de la part de toutes les forces de l'Europe, espèce de guerre qui s'affranchit de toute tactique, qui, dans sa marche, peut avoir l'irrégularité des torrents, comme elle en a l'impétuosité. Or, dans ce système, de nombreuses armées ne craignant pas de laisser sur leurs derrières des places fortes, les garnisons qui les occupent ne sont plus alors que des corps perdus, sans secours pour leur propre pays, et sans danger pour l'ennemi qui l'attaque.

Mais si, sous plusieurs rapports, les dispositions que je viens d'extraire de cette lettre sont susceptibles de critique, elles ne méritent pas moins d'être citées comme présentant une des singularités caractéristiques du génie de Napoléon, qui, au milieu des sujets de préoccupation les plus graves, voulait, dans son inquiétude sur les détails d'exécution, pourvoir seul à tout ; on eût dit que dans les plus petites choses comme dans les plus grandes, il ne connaissait rien d'inaccessible aux calculs de sa prévoyance propre. Osons dire que la pratique de cette éminente qualité provoque d'autant plus de censures, quand elle n'est pas couronnée par le succès.

Au surplus, le trésor public n'avait pas attendu ses ordres pour retirer ses fonds de Berlin. Là où Napoléon semblait n'avoir prévu que des troubles locaux, l'insurrection devint bientôt générale ; et grâce aux soins des agents comptables, on n'eut du moins à regretter en 1813 aucune perte de deniers publics parmi tant d'autres pertes.

Pour refaire à neuf une grande armée, des levées d'hommes ne suffisaient pas seules ; il fallait, comme je l'ai déjà dit, recréer la cavalerie tout entière. Les provinces de France n'avaient pu fournir qu'une partie des chevaux. On a vu que Napoléon avait voulu y suppléer en commandant des

achats dans plusieurs parties de l'Allemagne. La première condition de ces achats était que le prix en
serait payé comptant. Le trésor public, déjà épuisé
par la dépense des préparatifs intérieurs, éprouvait
plus de difficultés encore pour faire trouver des
fonds à point nommé dans les places étrangères où
il n'entretenait pas d'agents ; souvent même il igno-
rait le montant des sommes à payer, les lieux, les
époques. La manière ordinaire de Napoléon [1] pour
prévenir de ce qu'on devait faire était souvent de
reprocher de ne l'avoir pas fait ; il prévoyait qu'on
ne discuterait pas l'injustice du reproche, mais
qu'elle rendrait l'exécution d'autant plus prompte.
Et en effet, quoiqu'il se plaignît de retards, et qu'il
en accusât le trésor public, les achats au dehors
furent faits partout en temps utile.

J'ai dit que, au milieu de tant de soins divers, il
s'occupait quelquefois seul à compulser d'anciens
comptes pour y chercher quelque ressource nouvelle ; et c'était toujours avec son irrésistible tendance à prendre ses désirs pour des espérances, et
ses espérances pour des réalités. Dans l'expédition

---

1. « Veillez à ce qu'il ne manque pas de fonds pour payer les
« chevaux achetés à Hambourg et à Hanovre ; donnez de la lati-
« tude aux payeurs, et écrivez ce soir par l'estafette. Cela est
« de la plus grande importance ; il paraît que le manque de
« fonds m'a déjà fait éprouver des retards considérables. Sur
« ce, etc.

« *Paris*, 8 *février* 1813.   *Signé* NAPOLÉON. »

de Russie, par exemple, il avait imaginé d'établir,
dans le budget des deux ministères de la guerre,
une subdivision pour les dépenses spéciales de la
grande armée, et d'attribuer conséquemment à cette
armée une sorte de budget particulier : les crédits
qu'il lui avait ouverts sous cette forme devaient
être employés d'après ses ordres par l'intendant-
général, sauf les régularisations ultérieures qui devaient avoir lieu entre les deux ministères de la
guerre et le trésor public, pour faire rentrer toutes
ces dépenses dans les comptes généraux de l'État.
Mais au milieu des mouvements d'une pareille expédition, toutes les dépenses faites n'avaient pas pu
même être régularisées par les ordonnances provi-
soires de l'intendant-général : Napoléon se plut
quelque temps à croire que la différence entre les
crédits qu'il avait ouverts pour les différents services de la grande-armée et les ordonnances délivrées par cet administrateur supérieur était une
véritable économie : sur 87 millions de crédits [1].

1. « I. Le budget particulier de la grande-armée pour 1812
« était de 60 millions pour le ministère du personnel de
« la guerre, et de 27 millions pour le ministère du matériel
« (hors de France) ; total, 87 millions. Je suis fondé à pen-
« ser qu'il y a eu là-dessus une économie de 45 millions,
« de laquelle il faut ôter la perte de 10 millions. Il resterait
« donc, une économie de 30 ou 35 millions en faveur du
« budget de l'État. Il est urgent d'avoir sur cela des rensei-
« gnements positifs ; le comte Daru en a quelques-uns qu'il
« faudrait qu'il vous communiquât...... Je suis impatient de voir

il ne connaissait qu'environ 42 millions d'ordonnances ; il en concluait la possibilité d'une réduction de 45 millions, ou tout au moins de 36 millions dans la dépense, et il voulait trouver dans
cette prétendue économie de 1812 un fonds libre
pour 1813. Il n'est que trop vrai qu'il y avait un
déplorable profit à faire sur la solde d'une armée
qui avait acheté, par tant de victimes, ses victoires
et sa retraite ; mais le montant des ordonnances
expédiées au quartier-général d'une armée, qui
n'avait plus conservé d'organisation ni d'administration régulière, était loin de donner la juste mesure de ses dépenses réelles ; les divers détachements épars avaient réclamé et obtenu des secours
sur d'autres caisses que celles qui dépendaient du
payeur-général ; et, toute compensation faite, le

« arriver à Paris le payeur-général de l'armée, afin de régler tout
« ce qui regarde l'année 1812. Sur ce, etc.

« *Paris, 16 février 1813.*   *Signé* Napoléon. »

II. Cette lettre contient huit pages de chiffres ; Napoléon y
passe en revue dans le budget spécial de la grande-armée tous
les services du personnel et du matériel de la guerre ; il conclut
de ce que l'intendant-général n'a pas employé tous ses crédits,
qu'ils excédaient les besoins, et que ce qui n'a pas été exigé
pourrait être regardé comme n'étant pas exigible ; il suppose, par
exemple, que la dépense de la solde, évaluée d'abord, pour les
sept derniers mois de 1812, à 45 millions pour la grande-armée,
pourrait être réduite à 36 millions, et il termine ainsi son
analyse restrictive sur le personnel :

« On voit que, s'il ne restait plus rien à acquitter sur les dé-

sort de ce budget spécial de 87 millions, destiné à
solder toute la dépense de l'expédition active, devait être le même que celui de tous les budgets de
ce temps ; s'il offrait des excédants, c'était dans les
dépenses. Il avait supporté des charges imprévues,
telles que des avances considérables faites aux
troupes autrichiennes, aux Polonais, à divers autres
corps auxiliaires, avances dont Napoléon n'était
pas en mesure de réclamer la restitution en 1813,
et auxquelles plus tard la France a renoncé comme

« penses du personnel pour la grande-armée, exercice de 1812,
« il y aurait un fonds libre de   13,511,119 fr. 11 c.
« et un fonds à recouvrer pour diverses
   « avances de   2.100,000 fr.

« L'économie définitive serait donc sur
   « le personnel de   15,611,119 fr. 11 c.

« La même analyse appliquée au maté-
   « riel lui promettait une réduction de 22,700,155 fr. 82 c.

« Ce qui laissait l'espoir d'une économie
   totale de   38,311,274 fr. 93 c. »

Et après avoir indiqué ce résultat, Napoléon ajoutait :

« Je conçois que ce calcul ne peut mériter une entière con-
« fiance que lorsqu'on se sera assuré de la somme des paie-
« ments qui ont été faits, et qu'on connaîtra, au moins par
« aperçu, ce qui reste à payer; mais il est important de termi-
« ner promptement cette affaire; je désire que vous me met-
« tiez le plus tôt possible à portée de rendre un décret qui
« règle définitivement les fonds qui seront affectés aux dé-
« penses de cette campagne. Sur ce, etc.

«*Paris*, 27 *février* 1813.   *Signé* NAPOLÉON. »

à tant d'autres répétitions. Mais soit que Napoléon fût de bonne foi dans l'illusion qu'il s'était faite, soit que le véritable but de ses calculs hypothétiques fût de provoquer une plus prompte exposition des calculs exacts qui devaient remplacer ses hypothèses par des faits accomplis, c'est une circonstance digne de remarque dans la situation où il se trouvait alors, que ces regards jetés en arrière sur de simples détails de comptabilité, qui ne lui promettaient aucune découverte immédiatement utile, et le singulier scrupule qu'il affectait, en voulant prévenir, dans les comptes de finances, l'incertitude à laquelle il livrait sa fortune et son existence. Je ne cite que par extrait les deux lettres qu'il m'écrivit, à peu de jours de distance, pour m'expliquer ses doutes sur les comptes de la grande armée : je regrette de supprimer les détails de la seconde, qui présentait sur chaque chapitre du budget la comparaison des crédits ouverts et des ordonnances expédiées sous ses yeux ; ce que j'en ai transcrit suffira pour faire apprécier encore une fois la méthode de son argumentation sur cette matière. Napoléon espérait-il affaiblir l'impression pénible de sa dernière campagne en prouvant qu'elle aurait pu coûter 36 millions de plus ? Espérait-il que cette prétendue économie sur 1812 lui laisserait un excédant de 36 millions à appliquer aux dépenses de 1813 ? Enfin lorsque sa politique semblait chercher

encore des illusions, au moins pour les autres,
était-ce plus sérieusement qu'il espérait se créer de
nouvelles ressources par cette décomposition et
cette refonte arbitraire des chiffres de finances? Il y
avait place pour ces motifs contradictoires dans
une tête qui enfantait, presque au même moment,
unes foule d'idées disparates les unes des autres.
Mais les comptes définitifs du trésor public finirent
par dissiper les doutes dans lesquels il semblait se
complaire. Il fut facile de prouver que si l'intendant-général de l'armée n'avait pas épuisé ses crédits sur les lieux, c'était parce que les corps et détachements qui formaient les débris de la grande
armée, étaient rentrés avec un arriéré de plusieurs
mois, dont ils avaient réclamé le paiement sur les
caisses de l'intérieur, et que le trésor y avait pourvu;
que d'ailleurs la prétendue économie que présentait le budget spécial de cette armée était plus
qu'absorbée par les excédants de dépenses du budget général de l'État dans lequel ce budget spécial
venait se fondre. La situation du budget général
avait été vérifiée par Napoléon à son retour; et
c'est même parce qu'il avait reconnu que les paiements effectivement faits par le trésor excédaient de
plus de 120 millions les recouvrements réalisés
alors et de plus de 80 millions ceux qui étaient en
effet réalisables, qu'il y avait affecté un supplément de ressources de 77,500,000 fr. sur le pro-

duit de la vente des biens communaux[1] ? Aussi ce
dernier débat de chiffres n'eut-il pas d'autres suites ;
mais de pareilles controverses étaient pour lui des
délassements ; et ce qui est bien remarquable dans
l'emploi que savait faire de son temps l'homme
alors le plus occupé qui fut au monde, c'est qu'il
en trouvait toujours à perdre.

Cependant à la suite d'un budget sur lequel le trésor public était encore à découvert de plus de 120
millions, indépendamment de l'arriéré antérieur,
les crédits que Napoléon ouvrait chaque mois aux
ministres sur le nouveau budget excédaient habituellement les recouvrements possibles. Il est vrai
qu'il comprenait à l'avance parmi les ressources immédiatement disponibles pour le trésor public, ces
236 millions de nouvelles valeurs à terme qui n'existaient encore que dans son décret, et qui avaient
pour hypothèque des biens communaux dont la
vente commençait à peine. Il voulait qu'on les fît entrer, au moins en partie, dans tous les paiements,
sans en excepter la liste civile ; et que les payeurs des
départements les employassent comme ceux de
Paris ; mais ni la solde de l'armée qui, dans cette
année, devait s'élever à 216 millions, ni cette foule
d'appointements modiques fractionnés par mois qui

1. Indépendamment des 149 millions affectés sur le même
fonds au budget de 1813 à titre de supplément aux ressources
ordinaires.

composaient la plus grande partie des frais administratifs, ni les rentes sur le grand-livre et les pensions au-dessous de 1,000 fr., et elles étaient en
pluralité, ne pouvaient admettre un tel mode de
paiement ; et, dans la crise où se trouvait la France,
pouvaient-elles mieux convenir aux divers entrepreneurs des services qui absorbaient alors plusieurs centaines de millions, ces valeurs, dont
l'échéance la plus courte pouvait encore dépasser
la durée du gouvernement qui s'en constituait le
débiteur ? La création du crédit demande d'autres
temps et d'autres combinaisons ; et appliqué *in
extremis* dans les maladies politiques, loin d'être
un remède, il aggrave tous les maux.

Mais quelque justes que fussent ces raisonnements, leur sort était toujours d'échouer contre le re-
frain habituel de Napoléon : « *Trouvez donc des moyens
meilleurs.* » Et comme une pareille découverte n'é-
tait au pouvoir de personne, il ne restait plus que
l'alternative de suspendre en partie les paiements ou
d'en altérer la régularité par l'alliage d'une nouvelle
espèce de papier-monnaie. Napoléon avait trouvé ce
dernier expédient d'autant meilleur qu'il le dispen-
sait d'avoir recours simultanément à de nouveaux
impôts sur la propriété, pendant que l'impôt de la
conscription, celui des réquisitions en nature, s'ap-
pesantissaient de plus en plus sur chaque famille ;
et, croyant avoir ainsi résolu l'un de ses plus pé-

nibles doutes, il mettait d'autant moins de réserve
dans les dépenses qu'il ordonnait. Il avait bien le
soin d'insérer dans les décrets par lesquels il ouvrait
des crédits qu'une partie des dépenses serait ac-
quittée en bons de la caisse d'amortissement; mais,
comme je l'ai dit déjà, lorsque indépendamment de
la solde, des rentes, des pensions, des frais généraux
d'administration qui composaient la plus grande
partie des dépenses, il prescrivait[1] des envois immédiats de 8 millions aux troupes françaises en Espagne, des paiements de 5 à 6 millions en or en
Allemagne[2] pour des achats de chevaux, de nouveaux achats qui devaient employer une somme
égale en France[3] pour le même service, etc., etc.,
on voit à quelle modique proportion se trouvait restreint l'emploi possible de sa monnaie auxiliaire, et
à quoi se réduisaient le mérite et l'effet réel d'un
tel secours !

C'est un grand sujet de réflexion, dans l'état actuel de l'Europe, au milieu de tant d'intérêts nouveaux que l'industrie, le progrès des lumières, y
développent chaque jour, et qui réagissent conti-
nuellement les uns sur les autres, que cette influence
qu'exerce sur le sort d'un gouvernement le système
de finances dans lequel il s'est engagé. La condition

1. Lettres des 21 janvier et 16 mars 1813.
2. Lettres des 1er et 13 avril 1813, etc.
3. Lettre du 25 mai 1813.

commune des nations modernes est de doter plus
richement leurs chefs, mais aussi de les juger avec
plus d'indépendance. Elles donnent plus de puissance pour faire le bien, elles ont acquis plus de
liberté pour discerner et censurer le mal. Si elles
offrent plus de ressources au fisc, elles ont aussi
plus de moyens de défense contre l'imprudence ou
l'injustice de ses exigences. Quel que soit un système de finances, s'il a des imperfections, elles
sont bientôt mises à découvert, et se montrent surtout à tous les yeux dès les premiers moments d'une
crise politique. La pire de ces imperfections est
celle qui place la trésorerie d'un État en lutte contre
la loi dont la violation déshonorerait un particulier, la loi des contrats. Et c'est quand une crise
éclate, qu'il est d'autant plus difficile d'éviter cette
lutte et que ces dangers sont plus graves.

Si l'on a recours à des ressources que des épreuves
encore récentes ont déjà décréditées ; si l'on hasarde
des essais, des combinaisons qui n'auraient pu
réussir que par l'accord de tous les intérêts et seulement dans les moments calmes, les difficultés se
compliquent ; tout ce que le gouvernement laisse
apercevoir d'incertitude et d'hésitation dans ses
mesures, se convertit en défiance pour l'opinion
publique : chacun s'isole, et cherche bientôt en soi-
même le soin de son avenir, là où le gouvernement
semble douter du sien. On ne croit pas à ses pro-

clamations, on juge ses actes, en augurant toujours
mal de leurs conséquences. Quand il a commencé
à craindre pour lui, il a cessé d'être le centre de la
sécurité commune ; et lorsque la contrainte de la
loi arrache déjà difficilement, sous la forme de
l'impôt, des secours obligés, ce serait certes bien
en vain qu'on demanderait alors au crédit des secours volontaires.

Personne ne contestera que, même au commencement de 1813, Napoléon ne conservât encore un
pouvoir mieux établi, n'en tînt le sceptre d'une
main plus ferme et plus exercée que ces *comités
conventionnels*, et ce *pentarchat directorial*, qui
avaient gouverné la France depuis le mois d'août
1792 jusqu'au mois de novembre 1799. Et pourtant, ce que ces deux gouvernements, si mal af-
fermis, avaient pu faire pour se créer des ressources
dans une période de sept années de désordre, Napoléon, incomparablement plus fort et plus habile,
n'aurait pas pu l'oser, lui dont la volonté était regardée depuis douze ans comme encore plus efficacement absolue que celle de Louis XIV. Ce monstrueux pouvoir, que les *conventionnels* avaient
exercé par les spoliations et les proscriptions, en
plaçant chaque Français entre les échafauds et les
champs de bataille, Napoléon l'avait remplacé par
un gouvernement fondé sur la justice et l'ordre. Il
avait annoncé qu'il apportait avec lui des garanties

pour toutes les propriétés, pour toutes les personnes, pour tous les partis. C'est à cette condition qu'il avait si facilement concentré dans sa
main tous les pouvoirs épars, trop nombreux pour
s'entendre, trop faibles pour protéger ; méprisés
parce qu'ils étaient ridicules, oppresseurs parce
qu'ils étaient méprisés !

Sans doute, à peine proclamé consul, il était
déjà plus qu'un monarque ordinaire ; il allait être
fondateur d'un empire. Mais il avait du pouvoir une
idée trop haute pour ne pas savoir qu'il ne s'orga-
nise et ne s'établit qu'en imposant des règles au
commandement comme à l'obéissance. Quand il
faisait des réquisitions de soldats, cet impôt avait
des limites, et offrait d'ailleurs des compensations
dans les avancements rapides, dans les honneurs,
les moyens de fortune, dont chaque famille pouvait avoir sa part. S'il disposait des revenus publics,
c'était d'après un budget annuel revêtu du caractère de loi ; et il faisait publier chaque année les
comptes de leur emploi. Lorsqu'il avait renversé
le gouvernement populaire dans lequel la dissémi-
nation des pouvoirs publics détruisait toute responsabilité, il avait dû prévoir que, par la forme
du sien, il se rendait en effet seul responsable de
tout ; il ne pouvait pas oublier que, si, d'un côté,
un espace immense semblait séparer ces deux gouvernements, de l'autre, ils se touchaient par un

point : que l'arbitraire les exposerait tous deux aux
mêmes chances ; et malgré le prestige de gloire qui
lui restait, malgré la soumission qu'il trouvait encore, malgré ce dévouement de tant de nouveaux
propriétaires, de tant de familles qui regardaient
leur sort comme lié à sa destinée, il aurait été au-
dessus de son pouvoir de renouveler le système des
réquisitions révolutionnaires ; on ne permet pas au
mal de sortir de la même source que le bien ; il faut
ajouter que jamais il ne se serait servi des moyens
qui avaient fait réussir ces violentes et extrava-
gantes mesures vingt ans plus tôt.

Et c'est encore ce qui rend d'autant plus étonnant ce phénomène d'une nouvelle armée de plus
de deux cent mille fantassins, de plus de quarante
mille cavaliers, de plusieurs milliers d'artilleurs,
qui, dans le troisième mois de l'année 1813, se
trouvait déjà en état d'aller prévenir et défier, au
cœur de l'Allemagne, toutes les forces de l'Europe
réunies contre la France.

En y comprenant les garnisons françaises de
Dantzig, Hambourg, Stettin, Custrin, Magdebourg,
les corps répandus tant en Espagne qu'en Italie, et
les dépôts de l'intérieur, etc., la France avait encore
alors plus de cinq cent mille hommes sous les armes ;
et la surprise des puissances fut telle, lorsqu'elles
apprirent le déploiement de cette armée entre l'Elbe
et le Rhin, que, si alors Napoléon avait fait précé-

der sa marche de quelques propositions concilia-
trices, il était encore temps pour lui d'éviter les
hasards d'une nouvelle campagne: c'était l'avis de
plusieurs hommes de son conseil ; j'ai même lieu
de croire que c'était aussi le vœu de l'Autriche, qui
ne s'était pas encore déclarée pour la coalition,
quoiqu'elle y fût résolue si la guerre éclatait. Le
prince de Schwartzemberg s'en était directement
ouvert à moi pendant un court voyage qu'il fit à
Paris avant le départ de Napoléon. L'Autriche,
assez prudente alors pour ne plus placer sa dignité
dans l'audace qui affronte les hasards, et qu'une
double alliance unissait à Napoléon, voulait sans
doute, comme les autres puissances, profiter de ses
embarras. Mais sa position particulière la condamnait à rencontrer de graves inconvénients partout
où elle cherchait des avantages ; et, si Napoléon
avait saisi ce moment d'irrésolution, il est vraisemblable qu'elle se serait contentée, pour elle, de la
restitution des provinces Illyriennes, dont il ne lui
avait pas ôté l'espérance, et que, sans prétendre à
recouvrer sa domination en Italie, elle se serait
bornée, pour la sûreté de ses anciens États, à demander que ce beau pays, au lieu d'être une province française sous un vice-roi, reçut une forme
de gouvernement plus indépendante, même sous
un prince de la famille de Napoléon.

Le cabinet autrichien, toujours si lent dans ses

déterminations sur les questions les plus simples,
devait en effet d'autant plus hésiter dans cette occur-
rence à prendre parti contre la France qu'il avait
plus d'un problème à résoudre.

Si c'était avec quelque plaisir, ce n'était pas sans
le mélange d'une assez grave inquiétude, que le
gouvernement d'Autriche voyait se manifester dans
toute sa nation, qui avait tant de revers à effacer, le
désir de s'associer enfin, avec plus de probabilité
de succès, aux vengeances de l'Europe entière
contre la France. Il craignait que les peuples, qui
se seraient armés pour l'indépendance de l'Allemagne, ne rapportassent ensuite dans leurs foyers
quelques germes d'indépendance locale.

En même temps, l'Angleterre qui, depuis plusieurs mois, négociait auprès de l'Autriche pour
l'entraîner dans la coalition nouvelle, ne lui laissait que l'alternative des humiliations ; les papiers
anglais proclamaient qu'il n'y avait rien à espérer
en capital et en intérêt sur les emprunts autrichiens
négociés à Londres. On peut juger par là quel nom
était réservé aux secours que le gouvernement
anglais offrait de continuer au gouvernement
autrichien.

Il devenait évident que la Russie promettait, pour
cette campagne, de beaucoup plus grands secours
en soldats que ceux à l'aide desquels l'Autriche
avait, quinze ans auparavant, reconquis pour un

moment l'Italie, et ceux dont la bataille d'Austerlitz
avait, sept ans plus tard, démontré l'insuffisance ;
l'Autriche se trouvait donc réduite à céder en effet
le premier rôle à la Russie ; c'était abdiquer de nouveau l'antique prééminence de son trône sur tous
les trônes de l'Europe ; et un empereur d'Autriche
pouvait-il se résigner, sans quelque scrupule, à
n'intervenir que comme stipendiaire de la puissance
la plus riche, et simple auxiliaire de celle qui se
montrait la plus forte dans une guerre dont le but
devait être de détrôner son gendre ?

Enfin Napoléon, qui disposait encore de toute la
France, pouvait ramener à lui la fortune, qui ne
lui avait été qu'une fois infidèle ; et l'Autriche le
connaissait assez pour savoir que, s'il sortait vainqueur de la nouvelle lutte, le moment serait passé
pour elle d'obtenir de lui quelques concessions.

Or si, dans le conflit d'intérêts entre lesquels se
débattait cette puissance, Napoléon eût pris avantage de sa politique dubitative ; si seulement il en
eût pris exemple pour la sienne ; s'il eût donné à
l'empereur autrichien, comme il pouvait si facilement le faire, de suffisants motifs de préférer ses
nouveaux liens de famille à tout autre ; s'il lui eût
offert la perspective de se relever de ses anciennes
disgrâces, de reprendre, dans l'intérêt même de
l'Europe, au moins nominalement pour un grand
acte, le premier rang parmi les puissances en deve-

nant leur arbitre, le rétablissement en France de l'ancienne dynastie pouvait être ajourné et pour longtemps.

Le continent ne voulait plus supporter la dictature que Napoléon avait exercée par la guerre; mais il avait besoin d'un dictateur pour la paix, et pour que cette paix, qu'on aurait appelée celle de la réforme politique, pût, après une guerre presque aussi longue et plus sanglante encore que celle de la réformation religieuse, se fonder sur un traité aussi solennel que celui de Westphalie. Par son union avec la France, l'Autriche acquérait peut-être le droit et le pouvoir de faire accéder à ce traité l'Angleterre, qui aurait pu croire alors faire un acte politique prudent en s'abstenant de soudoyer une coalition contre l'Autriche et la France réunies; et qui, en ajournant ses ressentiments, aurait imposé un long silence à ceux de la Russie et de la Prusse.

Dans l'accomplissement de ce dessein, une nouvelle espèce de grandeur pouvait s'offrir à Napoléon lui-même, celle de restituer à l'Autriche, par un acte solennel dans l'intérêt de l'humanité, la supériorité dont il l'avait fait déchoir, de donner à un ancien souverain plus d'éclat apparent pour se donner à lui-même plus de stabilité. Mais il n'appréciait pas cette espèce de gloire; il lui semblait qu'il ne se maintiendrait plus au niveau des autres sou-

verains de l'Europe s'il ne savait se maintenir au-
dessus.

Les détachements de cette nouvelle armée, qu'il
venait de créer par miracle, et qui se présentaient
successivement à ses revues, lui montraient tant
d'ardeur, toute novice qu'elle était encore, qu'il ne
doutait pas que son premier exploit ne fût une victoire. Il avait bien pu faire entrer aussi les consi-
dérations qui précèdent relativement à l'Autriche
dans cette foule de combinaisons qu'enfantait son
imagination si féconde ; il avait même toléré quelques insinuations à cet égard dans ses entretiens
particuliers, et c'était alors que l'opinion qui prédominait en lui se décelait à peu près dans ces
termes : « Cette belle armée ne mérite-t-elle pas au
« moins les honneurs d'une victoire ?... On me parle
« sans cesse de la paix ; les puissances qui me con-
« naissent ne croiront jamais que je la fasse
« avec sincérité, si ce n'est pas moi qui la donne !

« L'Angleterre, qui paie à toutes les puissances
« la façon de la guerre, sera plus tôt à son dernier
« écu que la France à son dernier soldat.

« L'Autriche n'a plus rien à craindre de la France ;
« elle a tout à en espérer ; elle n'a rien à espérer de
« la Russie, elle a tout à en craindre. La France n'a
« étendu ses conquêtes que pour enlever des tri-
« butaires à l'Angleterre ; elle n'a plus maintenant
« que des concessions à faire ; seulement, pour

« conserver sa gloire, elle ne doit faire que des con-
« cessions libres. Mais la Russie est forcée, par sa
« population et par son climat, de devenir con-
« quérante ; et elle ne pourra jamais rien rendre
« de ce qu'elle aura conquis : le sort de ses pre-
« miers alliés sur le continent sera d'être ses pre-
« miers vassaux...

« Il faut être bien aveugle pour ne pas voir
« quelle est, depuis un siècle, la tendance de la
« politique russe, et quel est son besoin : on ne
« pouvait que détourner ce torrent des plus belles
« parties de l'Europe. Je l'ai tenté ; j'ai été mal
« secondé par l'Autriche ; j'ai été trompé par la
« Turquie ; l'une et l'autre pourront y perdre plus
« que la France ; elles n'auront pas toujours affaire
« à un empereur tel qu'Alexandre. Je n'ai ébranlé
« que les trônes qui voulaient renverser le mien,
« mais je les ai tous rétablis ; j'ai rendu à tous les
« souverains le service de leur apprendre à con-
« tenir l'esprit du siècle ; c'est un autre torrent
« difficile à modérer ; ils ne se préparent pas une
« petite affaire pour eux-mêmes, en cherchant,
« comme on le dit, à soulever leurs peuples contre
« moi... Je me suis emparé de la Hollande et des
« villes anséatiques, parce qu'elles étaient les vé-
« ritables places fortes de l'Angleterre ; c'est là
« qu'elle fabriquait ses monnaies de subsides, qui
« ont corrompu les cabinets étrangers et jusqu'aux

« agents français qui faisaient si bien leurs af-
« faires et si mal les nôtres [1] ; c'était là qu'étaient
« placées leurs batteries contre l'industrie du con-
« tinent : voilà les envahissements qui me font
« nommer, par les gazetiers de l'Angleterre, un
« second Attila. Il est vrai qu'ils proclament cette
« puissance la bienfaitrice du monde, parce qu'elle
« ruine les manufacturiers du continent au profit
« des siens ; et parce que, sans danger pour elle,
« elle a bombardé Constantinople et Copenhague...
« La politique tortueuse et timide de l'Autriche
« devrait avoir du moins le mérite de la prévoyance ;
« c'est la seule ressource d'une ambition comme la
« sienne ; elle n'est pas avare de protestations de
« bienveillance, mais ce ne sont pas des compli-
« ments de famille que je lui demande. Pour qu'elle
« reste fidèle à son alliance avec moi, je ne lui de-
« mande que d'être prévoyante pour elle. »

Je crois transcrire, comme je les ai entendues,
ces phrases que Napoléon laissait échapper au
mois d'avril 1813 avant son départ pour l'Allemagne, dans les petits comités de ses soirées et
plus souvent dans le tête-à-tête : ceux qui y ont été
admis ont pu en conserver, comme moi, la trace.

Il devait quitter Paris dans la première quinzaine
d'avril ; les divers corps de la nouvelle armée étaient

1. Napoléon les nommait ; je m'en abstiens.

en grande partie organisés entre le Rhin et l'Elbe,
et près d'entrer en campagne. Les maréchaux et
généraux, lieutenants de Napoléon, étaient allés
prendre les commandements qu'il leur avait assignés. Des mesures étaient prises pour assurer successivement à chaque corps des renforts fournis
par les dépôts de l'intérieur, où ils devaient être
remplacés par de nouvelles recrues.

Le trésor public avait eu tant d'efforts à faire
pour la création de cette armée, que Napoléon
avait cru devoir se montrer moins exigeant et
moins pressant pour l'envoi de tous les fonds et
l'organisation définitive des caisses militaires qui
devaient en assurer la solde hors de France. On se
rappelle qu'il avait voulu avoir auprès de lui pour
cette campagne un intendant des fonds indépendamment du payeur-général, et des payeurs particuliers de chaque corps d'armée. Cet intendant
n'était pas encore nommé, et une circonstance si
peu importante offre encore en Napoléon un trait
de caractère que je ne dois pas omettre.

Il avait été suivi en Egypte par un jeune élève du
trésor, nommé *Estève*; il l'avait chargé de la comptabilité de cette expédition. A son retour en France,
il lui avait confié l'administration de sa maison
consulaire ; et, devenu empereur, il l'avait fait trésorier de la liste civile ; M. Estève avait parfaite-
ment justifié cette confiance par sa probité ; mais

quelques symptômes d'une altération grave dans
l'état de sa santé, après plusieurs années d'exercice, avaient inquiété Napoléon. Le mal n'était
que trop réel, M. Estève lui-même avait demandé
sa retraite ; et, sur ma proposition, Napoléon
l'avait remplacé par le baron de Labouillerie,
comptable également exact et fidèle, qui, après
avoir été chargé par Napoléon du recouvrement
des contributions imposées à la Prusse, était devenu
ensuite trésorier de son domaine extraordinaire, et
qui, dans cette circonstance, joignit à beaucoup
d'autres faveurs qu'il avait reçues celle de réunir
ces deux places. Napoléon se souvint, en 1813, de
M. Estève avec l'intention de lui confier l'inten-
dance des fonds de l'armée[1]. Cet ancien serviteur
ne pouvait pas profiter du dédommagement qui
lui était destiné ; mais je cite le premier mouvement de Napoléon en sa faveur, parce que, soit
qu'il vînt du cœur ou de l'esprit, il appartient à
une espèce de mémoire qui sert toujours bien
l'homme qui commande aux autres hommes ; et
l'anecdote de M. Estève n'est pas la seule qui pût

---

1. « Faites-moi connaître quel est l'intendant que vous avez
« nommé pour le trésor de la grande-armée ; le comte Estève
« serait-il bon pour cela ? Toutefois il est nécessaire que vous
« me présentiez la nomination de cet intendant, et qu'il soit
« rendu à Mayence le 12 de ce mois. Sur ce, etc.

   Paris, 6 avril 1813.   *Signé* NAPOLÉON. »

prouver que Napoléon ne négligeait pas de tels souvenirs, si propres à laisser de l'espoir même aux disgraciés.

On demande souvent comment Napoléon s'était fait si puissant ; comment il exerçait un si grand prestige sur tant d'imaginations ! Il faut bien en chercher la cause dans les petites actions comme dans les grandes.

Napoléon nous quitta le 13 avril ; le trésor public ne reçut guère que le 10 ses ordres définitifs pour le service extérieur de l'armée ; il ne les avait heureusement pas attendus ; mais l'empereur, à peine arrivé à Mayence, aurait voulu trouver dans cette place, qui avait été en effet le centre et le canal de toutes les opérations de la trésorerie pour les achats de chevaux faits en Allemagne, pour le paiement de la solde au passage des troupes, pour les envois de fonds à chaque corps, la réunion méthodique de tous les documents relatifs à chaque service ; ils ne purent lui être présentés pour chacun d'eux que sous la forme élémentaire ; et quoiqu'il n'eût pas un moment à perdre pour l'ouverture de la campagne, puisque deux cent cinquante mille Russes et Prussiens en pleine marche avaient eu déjà plusieurs engagements avec le prince Eugène qui avait à peine cinquante mille hommes à leur opposer, Napoléon s'arrêta plusieurs heures à Mayence pour établir lui-même les divers comptes et en

extraire les résultats qu'il aurait voulu trouver tout
préparés ; il prit encore le temps de me reprocher,
dans une assez longue lettre, le retard que lui
causait ce travail. Pour faire apprécier le reproche,
je ne citerai que les deux derniers mots de cette
lettre : *ce ne sont pas les fonds qui manquent ici,
c'est l'ordre ;* or, la première condition de l'ordre,
et certes la plus difficile à cette époque, était la
présence des fonds ; le reste n'était plus qu'une
analyse arithmétique qui avait sa garantie dans
l'intérêt même des comptables.

Napoléon m'écrivait de Mayence le 17 avril, et
le 1ᵉʳ mai il engageait en personne, avec quatre-
vingt-cinq mille hommes de nouvelles levées, la
bataille de Lutzen contre cent sept mille Prussiens
et Russes vieux soldats. Le prince Eugène, dans
les deux mois précédents, avait manœuvré avec
assez d'habileté, contre des forces très-supérieures,
pour préparer sa jonction avec les premiers corps
dirigés vers Lutzen ; et ce n'était qu'ainsi que Napoléon avait pu disposer de quatre-vingt-cinq mille
hommes pour cette première victoire, qui fut longtemps disputée ; elle lui coûta douze mille hommes,
et au moins un cinquième de plus aux alliés, qui
furent forcés dans toutes leurs positions.

Tout en poursuivant l'ennemi dans sa retraite,
Napoléon était parvenu le 20 mai à réunir cent cinquante mille hommes ; et c'était là la force de son

armée, lorsqu'il atteignit à Bautzen l'empereur de
Russie et le roi de Prusse, qui, par la réunion de
plusieurs nouveaux corps, avaient accru pour eux
la supériorité du nombre dans une proportion plus
forte. Les Russes et les Prussiens présentaient plus
de cent quatre-vingt mille hommes sur une double
ligne ; ils s'appuyaient sur les hauteurs de Wurschen, position qui, dans les anciennes guerres, avait
décidé du sort de plus d'une bataille, et que l'empereur Alexandre avait encore fortifiée d'un camp
retranché garni d'artillerie. L'engagement commença à midi ; à huit heures du soir, les Russes et
les Prussiens avaient été forcés sur tous les points
et repliés sur les retranchements de Wurschen, au
pied desquels l'armée française passa la nuit. Une
seconde bataille était inévitable, elle commença le
lendemain ; l'ennemi avait l'avantage du nombre et
du terrain, tous ses retranchements n'en furent pas
moins emportés ; il laissa plus de dix-huit mille
morts ; mais la victoire coûta encore douze mille
hommes à l'armée française.

Après des succès si rapides, plus étonnants peut-
être qu'aucun de ceux qu'il avait longtemps obtenus, et qui devaient, dans toutes les opinions,
rendre à l'ascendant de son génie militaire tout son
éclat et toute sa force, Napoléon ne douta pas que
des avances ne lui fussent faites pour la paix ; il
n'hésita pas à regarder comme un préliminaire la

demande d'un armistice au nom des deux souverains qu'il venait de vaincre trois fois en si peu de
jours. L'armistice fut immédiatement accordé par
lui ; les limites des cantonnements que devaient
occuper les deux armées furent réglées. Il paraît
que, si, à cette époque, Napoléon avait la confiance
qu'une paix honorable lui serait offerte, il était en
même temps plus disposé à l'accepter ; il commençait à comprendre qu'elle était nécessaire à sa position : ce qui ne lui aurait pas suffi ; mais il l'aurait
conquise par la gloire de ses armes ; il aurait donc
atteint son principal but.

A peine son premier succès à Lutzen avait-il été
connu à Vienne, que l'empereur d'Autriche avait
envoyé près de lui le comte de Bubna, pour lui
offrir, en qualité de son plus fidèle allié, son concours à cette grande œuvre. Le ministre autrichien
près de l'empereur Alexandre et du roi de Prusse,
M. le comte de Stadion, écrivait au prince de Neu-
châtel *que ces deux souverains partageaient le vœu
de son auguste maître pour la paix.* Napoléon voulait une paix générale, à laquelle accédât l'Angleterre ; il demandait en conséquence des plénipotentiaires de toutes les puissances à Prague ou à
Vienne. Le choix qu'il faisait de ces deux places
prouve combien était grande sa confiance dans les
dispositions, dans les sentiments de l'empereur
d'Autriche, surtout dans la conformité de leurs

intérêts relativement à la Russie et même à l'Angleterre, toutes deux prêtes à saisir, après lui, aux dépens du continent et conséquemment de l'Autriche, la domination qu'on lui avait tant reprochée.

Un des effets de ces trois victoires si rapides était aussi de retenir dans son alliance quelques-uns des princes de la confédération du Rhin ; les contingents bavarois, wurtembourgeois, badois et saxons, combattaient encore dans les rangs français à Lutzen, Bautzen et Wurschen. Le Danemark s'y était rattaché et avait contribué à la reprise de Hambourg, que les Russes avaient occupé au commencement de l'année. L'influence de Napoléon auprès de ces puissances secondaires, plus que jamais destinées à en subir une, commençait bien à être ébranlée ; mais elle prédominait encore sur les instances de la Russie et de la Prusse, sur les insinuations de l'Autriche, sur les propositions séduisantes de l'Angleterre, sur l'action des sociétés secrètes, enfin sur les souvenirs amers que laissait à tant de familles la perte de la plupart des contingents allemands dans la déroute de Moscou.

En présence de tant d'ennemis déclarés et obstinés, Napoléon ne pouvait pas se dissimuler longtemps que bientôt il ne lui resterait plus que des amis douteux.

A la même époque, le budget anglais de 1813

mettait à découvert un seul article de 1 million sterling de subsides voté en faveur de la Suède ; de
nouveaux crédits indéfinis, mais étrangers aux services de la guerre et de la marine du pays, déce-
laient évidemment d'autres subsides. La déclaration
du ministère anglais de poursuivre à outrance le
dominateur du continent avait retenti dans le parlement. Plusieurs négociants français avaient trouvé
dans leur correspondance l'avis d'une fabrication
extraordinaire d'effets d'équipement militaire dans
les manufactures anglaises. Les fusils et les armes
blanches excédaient de plusieurs centaines de mille
les besoins ordinaires des troupes anglaises. Déjà
des cargaisons considérables en étaient arrivées à
Héligoland, dans les ports de la Suède, et à Hambourg, pendant que cette ville avait été momentanément occupée par les Russes. De tels symptômes,
qui venaient spontanément s'offrir à de simples
négociants, n'auraient pas été négligés par des ambassadeurs anglais, s'ils avaient dû les recueillir
quelque part dans l'intérêt de leur gouvernement ;
ils n'auraient pas été dédaignés par le conseil de
Louis XIV, lorsque Colbert y siégeait ; plus tard,
et d'après la plus grande importance et la publicité plus libre des relations commerciales, ils
auraient dû l'être moins encore.

Notre diplomatie était depuis quelque temps confiée à un homme dont on ne peut soupçonner ni le

zèle ni la droiture [1], et rien, sans doute, de ce qu'il
devait découvrir n'échappait à ses recherches.
Ainsi il devait savoir que deux commissaires anglais étaient au quartier-général de l'empereur
Alexandre et du roi de Prusse, et que ce n'était
pas, certes, avec des pouvoirs pour la paix générale : leur mission était en effet de pourvoir au
paiement des subsides convenus avec la Suède et
conditionnellement promis à la Russie et à la Prusse ;
de négocier avec l'Autriche le prix de son accession à la coalition ; de faire des offres semblables
à tous les princes qui déserteraient l'alliance de
Napoléon ; de surveiller l'emploi des secours pécuniaires offerts par l'Angleterre ; et, d'après un état
publié au commencement de 1814, ces sacrifices
pouvaient s'élever, tant en argent qu'en fournitures
locales, à près de 240 millions [2] (9,500,800 liv. st.),
qui devaient être distribués, dans des proportions
assez égales, entre la Russie, l'Autriche, la Prusse
et la Suède ; la Hollande y avait aussi une petite
part.

Sans définir peut-être assez précisément alors
cette mission des commissaires anglais près de
l'armée combinée, Napoléon avait trop de sagacité

1. M. le duc de Bassano.

2. On a dit dans ce temps, avec quelque raison, que la caisse
de subsides anglais était le véritable généralissime de la coalition de 1813.

pour ne pas reconnaître l'influence secrète qui retardait la réunion qu'il avait convoquée de ce congrès des plénipotentiaires de toutes les puissances ; mais il ne soupçonnait pas l'Autriche de se laisser dominer par elles ; il attribuait à la routine de sa diplomatie l'importance qu'elle paraissait mettre à quelques questions préliminaires, telles que celles de savoir si l'Autriche interviendrait à ce congrès comme médiatrice, et si elle pourrait concilier ce titre avec celui d'alliée de la France, suivant le traité du 14 avril 1812, qui établissait une ligue offensive et défensive entre ces deux puissances.

L'Autriche insistait pour que sa médiation, si elle avait lieu, fût armée ; et elle armait en effet ; elle levait de nouvelles troupes, quoiqu'elle eût assez ménagé son contingent dans l'expédition de 1812 contre la Russie pour n'avoir aucune perte à réparer. Elle ne s'était pas encore engagée explicitement avec l'Angleterre ; mais elle mettait assez d'art dans ses communications avec le cabinet de France et le cabinet de Londres, pour que chacun d'eux pût interpréter ses armements à son avantage. Elle annonçait qu'avant l'ouverture du congrès, elle proposerait à l'examen préparatoire des puissances deux bases pour la paix : dans un de ces systèmes, Napoléon devait se borner à la ligne du Rhin, en donnant aux provinces italiennes, dont il

avait fait un royaume, un roi de sa famille, conséquemment son allié, mais indépendant ; et en rétablissant le même régime pour la Hollande. Dans le
second, Napoléon pouvait conserver dans sa dépendance la confédération rhénane et la Hollande,
conséquemment la ligne de l'Elbe ; mais il devait
renoncer à l'Italie.

Dans l'un et l'autre plan, la faculté de traiter
séparément devait être réservée à l'Angleterre.

De son côté, Napoléon faisait protester contre
cette dernière réserve ; son ambassadeur représentait que, si l'Angleterre ne participait pas au traité,
la nouvelle paix n'aurait pas plus de durée ni plus
de garantie que les précédentes ; que le refus que
ferait cette puissance de son accession décelerait de
sa part un intérêt contraire. Il rappelait que l'Angleterre avait soudoyé la plupart des dernières
guerres faites à la France ; et, analysant ensuite le
mode des subsides qu'elle avait constamment employés pour armer successivement tout le continent
contre la France, il ajoutait que la tranquillité de
l'Europe allait désormais dépendre de la question
de savoir s'il restait encore à l'Angleterre quelque
motif et quelques moyens pour la troubler ; conséquemment, que la première de toutes les questions préliminaires ne pouvait se résoudre que par
la déclaration expresse que ferait l'Angleterre de
dispositions franchement pacifiques.

Quoique les principes administratifs de Napoléon
ne le missent pas sur la route de tous les secrets de
la politique anglaise, il en devinait cependant la
tendance ; il en jugeait les résultats ; et ce n'était
pas se méprendre sur l'Angleterre que de croire que,
dès l'origine, elle avait considéré les troubles du
continent, qui ne pouvaient pas l'atteindre, comme
bien plus favorables à son activité commerciale,
qu'inquiétants pour sa prépondérance politique.
Elle avait paru bien mériter de l'humanité en se-
courant ceux qui s'en trouvaient victimes ; mais ces
troubles, en se prolongeant, devaient paralyser,
loin d'elle, l'industrie, offrir conséquemment plus
de nouveaux débouchés au dehors pour la sienne ;
et elle avait pu espérer qu'ils apporteraient bien
plus de profits à son commerce qu'ils ne pourraien t
coûter de sacrifices à son *échiquier*. Il lui avait été
facile d'augmenter ses taxes locales, lorsque les revenus de son industrieuse population croissaient
dans une proportion tellement plus forte, qu'au delà
du paiement des taxes, les réserves que ses habitants pouvaient faire sur leurs profits commerciaux
fournissaient encore une abondante matière aux emprunts publics, qu'elle renouvelait tous les ans pour
mettre ses *voies et moyens* au niveau de ses besoins
toujours progressifs. Sans doute, lorsque M. Pitt
avait commencé à pervertir ainsi, pour le compte
de la politique extérieure, le système éminemment

moral du crédit intérieur ; lorsqu'il avait cherché,
dans les emprunts, des moyens de subsides pour
des puissances étrangères, il ne prévoyait que les
premiers effets de l'agitation dans laquelle il jetterait
le continent ; il ne prévoyait pas les effets subsé-
quents de cette agitation elle-même sur la tendance
progressive de l'esprit humain, sur les écarts, les
abus qui s'y joindraient, même en Angleterre,
comme aussi sur les rivalités nouvelles que l'industrie continentale finirait par opposer aux fabriques
anglaises : l'instrument dont il avait fait un trop long
usage avait déjà moins de vertu à la mort de cet
habile ministre ; mais son secours pouvait devenir
bien plus hasardeux pour ses successeurs, moins
capables que lui d'en modérer l'action ; car il ne
pouvait plus être dans leurs mains qu'un expédient
de nécessité. Ils étaient plus étonnés, plus inquiets
que ne l'aurait été M. Pitt, de voir, au moment où
l'Angleterre dominait, seule, sur toute les mers,
et exerçait sans rivaux un monopole universel, un
homme de volonté ferme, qui dans les représailles
s'occupait surtout de l'efficacité des moyens, entreprendre, par une exagération d'un autre genre, de
fermer le continent au commerce anglais ; ils redoutaient dans cet homme un éternel obstacle à ce que
l'Angleterre pût exploiter, à son seul profit, la civilisation européenne : leur conclusion était qu'aucune paix ne devait être faite avec lui.

De son côté, Napoléon avait encore plus de raison de croire qu'aussi longtemps que l'Angleterre
pourrait persévérer dans son système d'hostilité
contre la France, il ne pourrait compter sur une
paix durable avec aucune autre puissance. Il s'abusait seulement sur les dispositions des autres souverains qu'il croyait avoir rendus plus sincèrement
pacifiques par ses derniers succès ; car il avait
espéré qu'ils se joindraient à lui pour vaincre
l'obstination du cabinet de Londres. Mais, d'après
les nouveaux engagements que prenait l'Angleterre, ces princes pouvaient se promettre les profits de la guerre, sans avoir à en supporter les
dépenses ; la guerre leur offrait le partage de plusieurs centaines de millions de subsides, la perspective de recouvrer les provinces qu'ils avaient perdues, et l'avantage de se rétablir dans la confiance
de leurs peuples en satisfaisant leur vengeance.
Malgré les pertes que leur avaient coûté les trois
premières batailles qui avaient ouvert cette campagne, leurs armées étaient encore tellement supérieures en nombre, que ce n'était pas pour réparer
ces pertes qu'ils avaient demandé une suspension
d'armes ; leur plan de campagne, tel qu'il avait été
conçu et dicté par l'Angleterre, ne devait être complet que lorsque le prince royal de Suède entrerait
dans la ligue avec ses Suédois ; lorsque le général
Moreau, qu'ils avaient fait venir des États-Unis, au-

rait pu se montrer aux avant-postes français à la tête
d'un corps russe, et lorsque enfin l'Autriche se serait
déterminée à tourner contre la France les anciens
corps et les nouvelles levées qu'elle armait sous
prétexte de donner plus de poids à sa médiation
pacifique. Loin donc d'être un préliminaire de paix,
l'armistice n'était pour eux qu'un moyen de continuer avec plus de succès et d'acharnement la guerre.
Ce n'était pas improprement que l'Angleterre avait
donné le titre *d'argent fédéral* à ses subsides ; elle
avait trouvé le véritable secret des fédérations ; car
elle avait assuré à celle-ci l'unité de la direction, en
prenant à sa charge la solde de toutes les armées
confédérées, et en les tenant ainsi sous la dépendance de sa seule *caisse* : il ne fallait en effet rien
moins qu'un tel lien pour que toutes les haines,
toutes les vengeances, toutes les ambitions, qui se
trouvaient soulevées contre un seul homme, ne se
contrariassent pas entre elles, par le seul effet des
nuances qu'elles recevaient de la diversité de leurs
motifs et de leur origine.

Lors même que l'amour du pays en souffre, il
faut encore reconnaître la supériorité de l'habileté,
là où elle se trouve ; et on doit convenir qu'à cette
époque de la lutte entre l'Angleterre et la France,
la plus grande habileté fut du côté de l'Angleterre,
dans le choix des combinaisons et dans l'emploi des
moyens qui pouvaient prolonger la guerre, et mé-

nager plus de chances à la domination de cette
puissance sur le continent.

Mais ne se laissait-elle pas plus dominer par
l'intérêt du moment que par la prévoyance de son
propre avenir, en appelant parmi ses auxiliaires
une puissance que l'espace d'un seul siècle avait
déjà rendue trop prépondérante en Europe, pour
qu'elle pût s'y résigner à un rôle secondaire?

C'est une question qu'on peut ajourner jusqu'à
l'établissement réel d'un second et autre système
continental ; et nous n'en sommes pas encore là....

Cependant les échanges de notes continuaient
d'avoir lieu entre le premier ministre, comte de
Metternich, et le comte de Bubna pour l'Autriche,
et le duc de Bassano et le comte de Narbonne pour
la France. Mais ce n'était pas un incident sans conséquence que la perte de la bataille de Vittoria en
Espagne ; elle avait été suivie de l'évacuation d'une
partie des troupes françaises : ce nouvel échec augmentait la confiance et l'exigence des cabinets confédérés.

En même temps que des conférences étaient
ouvertes à Prague et dans d'autres lieux, entre l'Autriche et la France, pour la pacification générale ;
d'autres conférences se tenaient à Reichembach,
entre les commissaires anglais et les puissances confédérées, pour régler la distribution définitive des
subsides et concerter le nouveau plan de campagne.

Napoléon, qui savait allier la plus grande activité
pour agir à la plus grande patience pour attendre,
s'était établi à Dresde au milieu des cantonnements
de son armée ; il voulait se persuader encore,
d'après les anciennes confidences qu'il avait reçues
de l'empereur d'Autriche, que ce souverain ne sa-
crifierait jamais son alliance à celle de la Russie ;
et, d'après les accroissements de territoire que les
principaux membres de la confédération rhénane
avaient reçus de lui, que ces princes ne s'expose-
raient pas, par leur défection, à déchoir de la nouvelle position qu'ils lui devaient. Effectivement
jusqu'alors la ligne d'opérations, qu'il avait établie entre son quartier-général et les frontières de
France, n'était pas inquiétée ; chaque jour des détachements nouveaux, des renforts de cavalerie et
d'artillerie venaient grossir son armée ; des revues
multipliées, les manœuvres de tant de jeunes soldats, la visite des différents postes ; la rédaction des
notes et contre-notes qu'il faisait transmettre à la
puissance médiatrice ; celle de ces articles qu'il
faisait insérer dans le *Moniteur*, et par lesquels il
soulageait quelquefois son dépit sur la lenteur des
négociations occupaient une partie de ses journées ;
et il employait le reste à écrire à tous ses ministres,
en France, suivant l'habitude qu'il avait prise de
concentrer en lui, de loin comme de près, tous les
détails de l'administration publique. J'ai déjà donné

assez d'extraits de sa correspondance antérieure ;
on retrouverait le même esprit dans cette foule de
dépêches qu'il m'adressa pendant l'intervalle du
16 mai au 14 août (soit de Dresde, soit de Mayence,
où il était allé passer quelques jours en juillet),
pour combattre mes calculs sur les dépenses militaires de cette campagne ; pour m'annoncer qu'il
venait de créer de nouvelles ressources par des sai-
sies de marchandises anglaises, et par une contribution sur la ville de Hambourg qui avait, disait-il,
reçu les Russes comme des libérateurs ; pour me
recommander le paiement de plusieurs mois de
solde à l'armée qui revenait d'Espagne ; pour m'autoriser à distribuer des secours aux Espagnols et
aux Polonais réfugiés en France ; pour me demander des explications sur une espèce de papier de
crédit qui circulait, sans perte en Allemagne, sous le
nom d'*argent fédéral*, et dont l'origine est indiquée
plus haut. Il expliquait et croyait justifier la sévérité de ses nouvelles mesures à l'égard des villes
anséatiques, en disant qu'elles avaient donné des
secours à ses ennemis pendant qu'ils les avaient
occupées, et qu'elles ne devaient pas faire moins
pour lui que pour eux. Il ajoutait d'ailleurs qu'il
fallait qu'il trouvât des expédients de finances,
puisque je persistais à ne pas faire un suffisant emploi
des moyens de paiement qu'il avait mis à ma disposition par la création des nouveaux bons de la

caisse d'amortissement ; et plusieurs de ses lettres
n'avaient pour objet que de renouveler notre
ancienne controverse sur cette espèce de monnaie.
Celle du 18 juin commençait par ces mots : *Je ne
suis et je n'ai jamais été de votre avis sur les bons de
la caisse d'amortissement, etc., etc.* Il est vrai que
jusqu'à ce que les biens communaux, qui leur
servaient de gages, eussent trouvé de nombreux
acheteurs au prix de l'estimation, et qu'on eût
équitablement réglé l'indemnité des communes qui
en perdaient la propriété, j'avais résisté de mon
mieux à faire entrer dans les paiements cette monnaie forcée, dont le discrédit pouvait devenir tel
que, après avoir vendu tous les nouveaux immeubles qu'il s'appropriait, le trésor public n'aurait
pas, en effet, profité pour sa libération de la moitié
de leur valeur. Je ne me serais pas cru absous par l'indifférence que l'empereur affectait sur ce discrédit.
Jusque là le trésor public parvenait encore à soutenir les différents services, difficilement sans doute,
mais par des moyens moins onéreux ; les difficultés
seraient devenues bien plus grandes, s'il avait im-
prudemment usé des facilités que Napoléon croyait
lui avoir données. Je ne cite pas au surplus ce débat
pour me faire un mérite de la manière dont je
concevais mon devoir, mais comme une indication
des résistances que pouvait tolérer une volonté
éminemment despotique, lorsque ces résistances

prenaient leur principe, de la part de l'opposant, dans sa bonne foi, et dans la conscience de son devoir.

La reprise prochaine des hostilités suspendit cette active correspondance de Napoléon au commencement du mois d'août ; l'armistice devait expirer dans la première quinzaine. Il avait été perdu pour la paix que Napoléon avait paru alors désirer sincèrement. Les conférences de Prague n'avaient pas eu de résultats : celles de Reichembach avaient atteint leur but ; l'Autriche avait signé son traité de subsides avec l'Angleterre, son traité de coalition avec les autres puissances ; et le comte de Narbonne avait reçu sous la date du 12 août, avec ses passe-ports, l'acte par lequel cette puissance déclarait la guerre à la France.

Les deux mois d'armistice avaient ménagé aux souverains confédérés les moyens de réunir toutes leurs forces, ils les avaient doublées, elle présentaient plus de six cent mille hommes sous les armes y compris les Autrichiens qui venaient de s'y joindre ; cette immense armée, composée en partie de vieilles troupes, divisée en plusieurs grands corps, embrassait tout le territoire qui s'étend de Berlin jusqu'au delà de Dresde ; il paraît qu'elle devait manœuvrer de manière à replier les divers corps français qui se trouveraient à sa rencontre, à resserrer sur un point, à envelopper toute l'armée française et à finir la

campagne par une bataille dans laquelle la supériorité du nombre semblait ne devoir pas laisser le
résultat douteux.

C'était avec plus d'efforts que Napoléon était
parvenu à rassembler une armée de près de moitié
moins forte; elle se composait d'environ trois cent
cinquante mille hommes qu'il avait divisés sous
plusieurs commandements ; sa ligne d'opération
était sur l'Elbe, garnie de places fortes qui étaient
toutes mises en état de défense ; il avait assez bien
deviné le plan des confédérés pour gêner plusieurs
de leurs communications, en même temps qu'il
avait assuré les siennes jusqu'aux bords du Rhin.

Je ne sais pas apprécier des combinaisons straté-
giques aussi compliquées : ces Mémoires d'ailleurs
n'ont pas pour objet de les décrire ; je me borne à
rappeler que les écrivains spéciaux, qui ont jugé le
plus sévèrement Napoléon, parlent de ses dispositions comme d'un des plus grands efforts du génie
militaire.

Cependant, malgré tous ses soins, le vaste développement des confédérés, leur cavalerie nombreuse, leurs intelligences dans le pays, exposaient
l'empereur à ne recevoir souvent que des avis trop
tardifs sur les mouvements les plus importants. Il
avait voulu, par exemple, empêcher la jonction des
Autrichiens avec les Prusso-Russes sur les frontières
de la Silésie et de la Bohême ; ce fut là le but du pre-

mier combat que le maréchal Ney engagea avec le général Blücher à Goldberg; l'avantage resta aux Français ; mais la jonction des Autrichiens avait eu lieu
le 13, et Napoléon n'en avait eu la nouvelle que le 20.

Il avait quitté pour peu de jours, et seulement
afin de visiter quelques points de sa ligne, la ville de
Dresde sur laquelle il prévoyait que les confédérés
porteraient leur principale attaque. En y retournant,
il avait appelé près de lui le maréchal Ney, dont le
corps devait passer sous les ordres du maréchal duc
de Tarente. Ce dernier maréchal avait eu à peine le
temps d'en prendre le commandement que le général Blucher, trouvant un moment favorable pour
prendre sa revanche, était venu lui présenter la
bataille à Kalsbach ; le général français pouvait
d'autant moins la refuser que des instructions for-
melles lui prescrivaient de conserver l'offensive ; le
duc de Tarente avait contre lui le désavantage du
terrain, celui du nombre, le débordement subit des
rivières qui avait empêché une partie de ses troupes
de le joindre. A peine arrivant, il n'avait pas pu
éclairer la marche de l'ennemi. La bataille fut perdue ; la perte fut grave en hommes tués ou faits
prisonniers ; elle fut vivement sentie par Napoléon.

Le projet de s'emparer de Dresde, comme l'avait
pressenti Napoléon, entrait si bien dans le plan des
confédérés que, le 26 août, le jour même où il y
arriva, le prince de Schwartzemberg, à la tête de

cent quatre-vingt mille Autrichiens, Russes et Prussiens, attaqua les ouvrages avancés de cette place ;
l'armée qui la défendait n'était que de soixante-cinq.
mille hommes, dont quarante-cinq mille étaient
arrivés dans la journée à la suite de Napoléon ; et cependant le général autrichien fut repoussé par.
Napoléon avec une perte de six mille hommes.

Le prince de Schwartzemberg renouvela l'attaque
le lendemain 27 août avec une réserve de troupes
russes auxquelles devaient encore se joindre le corps.
du général Klenau. Pour profiter de l'avantage du
nombre, il avait disposé ses troupes de manière à
envelopper sur tous les points l'armée française ;
mais il avait laissé un espace vide que devait occuper le corps de Klenau qu'il attendait ; sa faute n'é-
chappa pas à Napoléon, qui se saisit de cet espace
pour couper l'armée ennemie. Napoléon ne laissa
ni au général Klenau le temps d'approcher, ni au
prince de Schwartzemberg le temps de rétablir ses
communications avec les autres corps ; le sort de
cette bataille dépendit ainsi de l'habileté d'un
premier coup d'œil. L'armée confédérée ne con-.
serva ni direction ni ensemble ; elle perdit quarante mille hommes, dont quinze mille prisonniers [1].

1. Le général Moreau arriva précisément pour prendre part à
cette bataille, dans les rangs russes ; il n'y survécut pas : au commencement de l'action, il fut frappé d'un boulet, assez près de
l'empereur de Russie qui le créa maréchal après sa mort.

Au moment où elle pliait de tous côtés et avant
même que le général autrichien eût pu organiser sa
retraite, Napoléon avait chargé le général Van-
damme d'un dernier mouvement qui devait compléter le succès de cette journée ; ce général devait délo-
ger d'une position forte un corps de réserve que le
prince de Schwartzemberg, qui avait la prévoyance
des retraites, avait laissé sur ses derrières ; il y réussit
d'abord ; mais, au lieu de garder la position, il s'engagea dans la poursuite du corps qui la lui avait
cédée : descendu des hauteurs qu'il devait garder
pour en disputer le passage aux débris de l'armée
vaincue, il se trouva dans la plaine entre les colonnes
en retraite et le corps qu'il avait déposté ; il fut fait
prisonnier à Culm après une assez longue résistance avec les dix mille hommes qu'il commandait.

Cet événement n'était pas le seul qui prouvait
que dans cette campagne Napoléon n'était pas
heureux par ses lieutenants, qui tous cependant
avaient et de grands talents et une grande gloire
militaire.

Il entrait dans ses plans de s'emparer de Berlin ;
le maréchal Oudinot dirigeait une armée de soixante
mille hommes sur cette place ; deux armées prussiennes, russes et suédoises, composées de près de
deux cent mille hommes, en défendaient les approches, l'une commandée par le général Blucher,
l'autre par le prince royal de Suède (le maréchal

Bernadotte) ; le maréchal Macdonald devait, par
des manœuvres, occuper ces deux armées ; mais
depuis la perte de la bataille de Kalsbach, il était
lui-même tenu en échec par l'armée très supérieure
du général Blucher. Le maréchal Oudinot s'était
porté sur la ligne qu'occupait, avec plus de cent
mille hommes, le prince royal de Suède ; les corps
que commandait le maréchal Oudinot n'étaient que
de soixante mille hommes, composés pour plus de
moitié d'Italiens, de Piémontais, et du reste du
contingent allemand. La désertion commença à gagner ces corps ; le prince royal de Suède espérait
même qu'elle s'étendrait jusqu'aux bataillons français, dont plusieurs anciens officiers étaient connus
de lui ; il fut trompé dans cette espérance. Mais le
maréchal Oudinot, pressé d'agir, risqua le 23 août
la bataille de Gross-Beeren ; il perdit quelques canons et environ quinze cents prisonniers.

Le 4 septembre, le maréchal Ney avait remplacé
le maréchal Oudinot dans le commandement de
cette armée ; il débuta le 6 par un mouvement habile qui pouvait forcer le prince royal de Suède de
découvrir Berlin, et de se retirer lui-même entre
Wurtemberg et Torgau, deux places qu'occupaient
des garnisons françaises ; les deux armées se joignirent à Juterbogt. Les deux généraux, dignes
rivaux de gloire, y déployèrent tous deux de
grands talents ; le maréchal Ney avait l'avantage

de ne pas se battre contre ses anciens frères d'armes ; mais le prince royal avait le premier des avantages à la guerre quand il est secondé par l'habileté, celui des gros bataillons : la perte du maréchal Ney fut considérable en hommes et en artillerie, celle du prince royal fut de moitié moindre. La ville de Berlin resta à l'abri de toute attaque.

Napoléon, qui semblait tenir encore la victoire enchaînée à sa personne, était contrarié dans tous ceux de ses desseins qu'il ne pouvait pas exécuter lui-même. Et des avantages ainsi balancés l'affaiblissaient plus que ne pouvaient être affaiblis les souverains alliés entourés de tous les moyens de réparer immédiatement leurs pertes. Cependant, tel était encore l'effet qu'avait produit cette grande bataille de Dresde, tel était le prestige que conservait son ascendant militaire, que sur la proposition de l'Autriche, les coalisés consentirent unanimement à la reprise des négociations de Prague. Cette ville fut neutralisée, les plénipotentiaires de toutes les puissances s'y réunirent ; le duc de Vicence (M. de Caulaincourt) y remplaça pour la France le comte L. de Narbonne, que ses amis eurent à regretter vers cette époque. Cette fois il n'était pas seulement question de la paix continentale ; l'Angleterre devait y accéder. On reproduisait, presque sans changement, les deux plans qui avaient été discutés dans les conférences antérieures ; Napo-

léon avait l'option de conserver la ligne de l'Elbe,
le protectorat de la confédération du Rhin, le Piémont et Gênes, et de donner à la Hollande un roi
de son choix; ou bien de prendre la ligne du
Rhin, jusqu'à l'embouchure de ce fleuve en Hollande, telle qu'elle était réglée par le traité de Lu-
néville, et de conserver toute l'Italie. Dans l'une et
l'autre hypothèse, l'Autriche devait reprendre la
possession des provinces Illyriennes et du Tyrol ;
et Joachim restait sur le trône de Naples.

  Beaucoup de motifs portent à penser que l'empereur d'Autriche secondait sincèrement l'adoption
de l'un ou l'autre plan. En s'unissant momentanément aux autres puissances, il avait pu vouloir
prouver à Napoléon que ses liens avec lui n'étaient
pas tellement indissolubles, qu'il crût devoir leur
sacrifier sa politique et son indépendance ; il pouvait donc, en se rapprochant de lui, prendre d'autant mieux ses avantages : il pouvait en même temps
croire que deux années d'épreuves si nouvelles
pour Napoléon, et qui devaient lui avoir appris
qu'il n'était ni infaillible ni invincible, auraient
modéré cette confiance dans sa supériorité, et surtout cet esprit de domination, qui l'avaient rendu
aussi redoutable comme allié que comme ennemi.
Les anciennes inquiétudes qu'avait données à l'Autriche la participation progressive de la Russie aux
affaires du continent, devaient plus que jamais se

renouveler à cette époque. L'empereur François avait besoin d'un allié puissant pour balancer une telle influence ; et l'allié qu'il devait préférer était celui qui disposait de toutes les forces de la France, et qui était en même temps son gendre.

Dans la situation où se trouvaient les affaires, l'Autriche était le poids qui devait faire pencher la balance ; sa retraite aurait coûté à la coalition, sinon sa principale force, au moins son pivot naturel. Elle était donc en mesure de faire prévaloir les conditions de paix, qu'elle proposerait, auprès de la Russie, de la Prusse et de la Suède, et même auprès de l'Angleterre, qui voulait bien soudoyer ces quatre puissances pour perdre Napoléon, mais qui aurait bientôt reconnu qu'elle ne pouvait que perdre ses subsides, si l'Autriche et la France se réunissaient contre les trois autres.

Une circonstance accessoire indique encore que telle devait être, au commencement de septembre, la disposition de l'Autriche à l'égard de Napoléon et de la France. Elle avait repris l'influence du voisinage, et celle de son ancienne suprématie auprès de la Bavière, du Wurtemberg et du pays de Bade, dont les peuples étaient fatigués de la confédération rhénane, par les entraves qu'éprouvait leur commerce, et elle avait cependant permis aux souverains de ces Etats de ne pas rompre ouvertement leur alliance avec Napoléon ; ils laissaient sous ses

drapeaux les cadres des contingents qu'ils devaient
fournir; seulement ils ne lui renvoyaient pas les
déserteurs qui rentraient dans leurs foyers, et ils
ne dissimulaient plus à Napoléon que, si une paix
prochaine ne le réconciliait pas avec l'Europe, ils
seraient eux-mêmes obligés de déserter son alliance.
Or, si l'Autriche n'avait pas regardé la négociation
de la paix comme possible et comme désirable pour
elle, sous quelques rapports; si elle n'avait pas
voulu franchement y concourir, n'aurait-il pas été
en son pouvoir d'accélérer la défection des Etats
secondaires situés entre l'Elbe et le Rhin? aurait-elle
hésité à se faire un mérite auprès de ses autres
alliés d'ouvrir à leurs opérations militaires un territoire dont l'occupation multipliait pour eux les
chances de succès et pour Napoléon la difficulté de
ses mouvements et de ses communications avec la
France?

Les secondes négociations de Prague furent donc
entravées par une autre cause qui serait indéfinis-
sable, si le caractère de Napoléon, qui alliait tant
de contrastes en les portant tous à l'extrême, n'expliquait pas ce qui serait inexplicable dans tout
autre.

La paix qui lui était offerte en septembre était à
peu près la même que celle qu'il avait fait proposer
trois mois auparavant; elle lui devenait bien plus
nécessaire à la seconde époque. Si la victoire lui

était restée fidèle partout où il commandait en personne, chacun de ses succès avait été chèrement
acheté contre des ennemis aguerris et très supérieurs en nombre ; et là où il n'avait combattu que
par ses lieutenants, le désavantage du nombre avait
rendu les pertes encore bien plus grandes. Il savait
que la France désirait le repos du monde et le sien ;
et après une campagne sans résultat, la demande
qu'il aurait faite de nouveaux efforts, de nouveaux
sacrifices, était peut-être plus hasardeuse pour lui
que l'issue de la négociation qu'il pouvait suivre
avec toutes les puissances liguées contre lui. Il ne
pouvait pas ignorer que la démarche que l'impératrice Marie-Louise avait faite auprès du Sénat, par
son ordre, pour dénoncer la défection de l'empereur
d'Autriche, son père, avait été accueillie par un
peu d'étonnement et de froideur dans un pays où
l'on juge si bien les convenances de chaque position
et les vertus de chaque siècle ; que dans la même
séance, le discours véhément du duc de Feltre contre l'Autriche, quoiqu'il eût été suivi d'un sénatus-
consulte qui semblait appeler aux armes la France
entière, avait été entendu avec défaveur par la
plupart des sénateurs eux-mêmes. Mais Napoléon
avait une telle conscience de la supériorité que ses
conceptions militaires lui donnaient sur des armées
trois fois plus nombreuses, qu'il ne doutait pas
qu'en concentrant ses troupes et en les dirigeant

seul, il ne disposât encore du sort de toutes les nouvelles batailles. Il se montrait peut-être un peu sévère, quand il disait que ses lieutenants n'avaient
été battus à Kalsbach, à Gros-Beeren, à Juterbogt,
à Culm, que parce qu'ils n'avaient pas su comprendre et exécuter ses ordres. Des lieutenants tels que
les maréchaux Macdonald, Oudinot et Ney, réclamaient plus d'égards : mais il était de bonne foi
avec lui-même quand il voulait persuader que, s'il
eût été là, chacune de ces actions aurait pu avoir
une issue différente ; et ce qu'il ne disait pas, c'est
qu'il se serait réservé la faculté, qu'il ne laissait pas
à ses généraux, de changer ses plans sur le terrain.

Il s'abusait sur les dispositions et la situation de
l'Autriche, quand il croyait que la politique de
cette puissance la rattacherait invinciblement à son
alliance. Tous les cabinets se trouvaient alors réduits à la politique du moment ; l'influence de l'empereur de Russie commençait à remplacer celle
qu'il avait exercée sur toute l'Allemagne ; l'Autriche subissait une nécessité contraire à celle qui
l'avait rendue son alliée ; d'ailleurs, par la pénurie
de ses finances, cette puissance était tombée dans
la dépendance des subsides de l'Angleterre ; il
aurait fallu, pour l'y soustraire, qu'il lui offrît des
secours égaux, et surtout qu'il n'affectât pas de
conserver envers elle la supériorité du vainqueur.
Or, dans un entretien qu'il eut à cette époque avec

le premier ministre de ce cabinet, il avait, dit-on, poussé le sarcasme jusqu'à lui demander quel prix l'Angleterre avait mis à ses complaisances. Enfin il était dans cet état d'aigreur et de dépit dédaigneux, fécond en illusions de vengeance pour les imaginations fortes, et qui conseille toujours mal ; mais, plus de toutes parts les dangers croissaient, plus il semblait leur opposer de mépris; et on eût dit que les difficultés qui le pressaient exaltaient encore sa confiance en lui-même.

C'est ainsi que ces mêmes conditions de paix qu'il aurait admises au commencement de juillet, il les repoussait au mois de septembre, parce qu'alors elles auraient paru lui être *imposées*. Le trentième jour de ce dernier mois devait être le terme des secondes négociations de Prague, si les bases n'étaient pas acceptées par Napoléon. Le duc de Vicence, son plénipotentiaire, était venu, quelques jours avant l'expiration de ce délai, prendre ses derniers ordres. Napoléon ne le laissa pas retourner à Prague, et les hostilités recommencèrent avec le mois d'octobre.

Dans les premiers jours du même mois, la défection imminente de la Bavière et du Wurtemberg, que le traité de Ried faisait entrer dans la coalition, apportait encore un nouveau mécompte dans les calculs de Napoléon ; la retraite de leurs troupes allait être pour son armée une perte double.

puisqu'elles passaient dans les rangs ennemis.

Quel changement un espace de quelques mois avait opéré !

De tant d'alliés, de tant d'armées étrangères réunies, en 1812, sous ses drapeaux, il ne conservait plus que quelques Polonais, et pour peu de jours encore quelques Saxons. Cependant les chroniques étrangères s'accordent elles-mêmes à reconnaître que, si pendant cette année 1813, Napoléon porta l'inflexibilité de son caractère dans sa politique qui fut souvent surprise et déçue, on retrouve, dans la première partie de cette campagne, toute la supériorité de ses talents militaires ; et que, malgré ses désastreux résultats, la seconde partie elle-même, dont je vais rappeler quelques circonstances, n'est pas, sous ce rapport, inférieure à la première.

Au mois d'octobre, le séjour des troupes françaises avait épuisé toutes les ressources de la Saxe ; Napoléon ne perdait rien en abandonnant ce territoire aux troupes confédérées. Il s'était borné à laisser, à Dresde et au camp de Pyrna, quelques troupes sous le commandement du maréchal Gouvion Saint-Cyr, renommé surtout pour la direction des manœuvres, qui suppléent au nombre et à l'aide desquelles un seul corps d'armée fait face à plusieurs, et les tient en échec sans s'engager avec aucun.

Il était encore parvenu à réunir auprès de lui
environ cent quarante mille hommes; et il paraît
que de sa personne il voulait se porter sur Berlin,
établir son quartier-général dans cette ville, s'appuyer sur les forteresses prussiennes encore occupées par le reste des garnisons françaises [1], et tenir
entre l'Elbe et l'Oder la ligne militaire qu'avait
tracée sur ce point, vers le milieu du dernier
siècle, le grand Frédéric, celui des capitaines modernes qu'il honorait le plus.

L'armée confédérée était forte de trois cent quarante-huit mille hommes divisés en trois corps : le
premier, de cent soixante-douze mille hommes
sous le prince de Schwartzemberg; le second,
de quatre-vingt-quatorze mille hommes sous le
général Blucher; le troisième, de quatre-vingt-
deux mille hommes sous le prince royal de
Suède.

Le premier corps que rencontra Napoléon, le
9 octobre, fut celui du général Blucher qu'il surprit
et battit ; mais le mouvement rétrograde de ce
corps opéra d'autant plus promptement sa jonction
avec les deux autres ; et l'armée confédérée s'étant
mise alors tout entière en marche, ce mouvement
dut obliger Napoléon à renoncer à son premier
plan et à se diriger sur Leipzig où il arriva le 15.
Tout ce qui lui restait de forces disponibles était

1. Glogau, Custrin et Stettin.

campé en avant de cette ville ; sa nouvelle position
ne valait pas, dit-on, celle qu'il aurait pu prendre
entre l'Elbe et l'Oder, et qui, outre qu'elle aurait
été appuyée sur des forteresses, dont il disposait
encore, aurait pu lui ménager les moyens de dé-
bloquer Dantzig, Thorn et Modlin, et de se fortifier
de leurs garnisons ; mais elle était commandée par
la direction concentrique de l'armée confédérée
sur lui, et aussi par la défection récente de la Bavière qui livrait à de nouvelles incertitudes ses
communications avec la France, surtout depuis
que le maréchal Augereau avait abandonné Franc-
fort-sur-le-Mein, et laissé ainsi la ligne du Rhin
sans défense.

Napoléon, qui ne pouvait pas se méprendre sur
l'intention des chefs de l'armée confédérée, se disposait à recevoir son attaque ; il avait fait observer
ses mouvements par le maréchal Ney et le roi de
Naples (le maréchal Murat), pour connaître d'a-
vance l'ordre de bataille qu'elle lui présenterait, et
pour compenser, autant que possible, par celui
qu'il opposerait, l'immense désavantage du nombre.
La seule ressource de l'armée française était de
multiplier sur tous les points la résistance par la
vitesse et l'à-propos de ses manœuvres. Elle était
en avant de Leipzig, s'appuyant sur quelques vil-
lages et quelques positions militaires qui couvraient
cette ville, lorsque l'armée confédérée se déploya

dans la nuit du 16 au 17 octobre, et engagea à
neuf heures du matin une action générale ; il ne
m'appartient pas de la décrire ; je me bornerai à
dire qu'elle ne pouvait pas avoir l'ensemble d'une
bataille ordinaire d'après l'étendue des développements de cette armée, et la simultanéité de ses
attaques. Elle fut un composé de plusieurs combats
distincts dans lesquels les corps français eurent souvent à soutenir l'effort de troupes trois fois plus
nombreuses ; la bataille prit son nom du plateau du
Vachau qu'occupait le centre de l'armée française ; ce
plateau fut attaqué six fois dans la journée par les
colonnes des alliés, qui furent autant de fois repoussées ; l'armée française conserva presque partout ses
positions ; l'armée combinée se replia à cinq heures
du soir sur les siennes, après avoir perdu beaucoup plus de monde ; et, après même que la mêlée
avait cessé, l'artillerie continuait encore, de l'un
et de l'autre côté, le combat et le carnage entre les
deux armées immobiles.

On a reproché à Napoléon d'avoir accepté cette
bataille. Sans doute comme chef de gouvernement,
il peut paraître reprochable d'avoir livré à un tel
hasard, et avec tant de chances contraires, la vie
de tant de braves et la destinée de la nation qui
les lui avait confiés ; mais il fallait ou combattre ou
reculer, et ce n'était pas pour prendre ce dernier
parti que cette brave armée avait été recomposée

à si grands frais, et, sans l'absoudre entièrement,
il est permis de ne voir en lui que le capitaine, en
considérant qu'avec une armée formée en partie de
nouvelles levées, il a lutté, dans cette sanglante
journée, contre une armée presque triple en nombre,
composée de vieilles troupes commandées par de
très habiles généraux, animée par la présence de
l'empereur de Russie, pourvue de tous les genres
de munitions, et contre une artillerie plus forte de
quatre cents pièces de canon que la sienne ; que,
par le choix de ses positions, par la savante distribution de ses moyens de défense, et par la bravoure supérieure de ses troupes, il avait enlevé à
l'armée combinée l'avantage si facile à saisir. pour
elle de le cerner de toutes parts, de pénétrer dans
Leipzig avant qu'il eût pu s'y replier, et de rendre
peut-être sur tous les points sa retraite impossible ;
que, malgré l'acharnement de tant d'attaques, de
tant de charges que renouvelaient chaque fois des
troupes fraîches contre les mêmes corps, l'armée
française resta maîtresse du terrain ; et qu'enfin, par
le résultat de la bataille, il parvint à compenser la
si grande inégalité du nombre, puisque l'armée
française conservait encore à la fin de cette lutte de
géants, cent dix mille hommes sous les armes, et
que l'armée combinée était affaiblie de plus de cent
mille hommes tués ou blessés ; il est impossible de
n'être pas frappé d'étonnement et d'admiration de-

vant cette extraordinaire et si prodigieuse puissance concentrée dans un seul homme.

Napoléon, qui ne se persuadait pas que la victoire pût lui être contestée, et qui la regardait même
comme décisive d'après les pertes qu'elle coûtait
aux alliés, se crut replacé dans la position qui lui
convenait pour proposer la paix. Parmi les prisonniers qu'il avait faits, se trouvait le général autrichien comte de Merfeld; il le renvoya sur sa parole
au quartier-général des souverains alliés, pour leur
déclarer qu'il acceptait une des deux propositions
qui avaient été faites à son plénipotentiaire à
Dresde. Il offrait d'abandonner ses conquêtes en
Allemagne jusqu'au Rhin, en gardant l'Italie. Mais
la journée de Vachau, qui avait coûté tant de sang,
avait encore augmenté l'exaspération de ces princes
contre Napoléon; plus il venait de se montrer terrible, plus ils étaient animés à sa perte. Ils savaient
que les munitions de l'armée française s'épuisaient;
ils avaient reçu dans la nuit de nouveaux renforts;
la désertion des derniers corps wurtembourgeois
et saxons, qui se trouvaient encore dans les camps
français, leur était promise pour le lendemain; ils
avaient mis dans leurs intérêts, par l'espérance
d'une paix séparée, ce malheureux Murat, qui venait de prendre une part si glorieuse à la journée de
Vachau, et qui devait finir si tragiquement son rêve
de roi de Naples; ils ne répondirent à la démarche

pacifique de Napoléon que par les dispositions
qu'ils firent pour recommencer leurs attaques le 18.

Ce que Napoléon savait le moins, c'était refuser
une bataille, et, dans cette circonstance, on peut
dire qu'il ne le pouvait pas. Pour la recevoir, il ne
fit d'autre changement à son premier plan que de
concentrer ses forces. Sa droite et son centre repous-
sèrent, sans être entamés, tous les efforts de l'armée combinée; avec seulement trente-six mille
hommes, le maréchal Ney, secondé par le maréchal
Marmont, soutint longtemps les attaques de près
de cent cinquante mille hommes; mais, au milieu
de l'action, le reste des Wurtembourgeois passa
dans les rangs ennemis; et tandis que le prince royal
de Suède dirigeait une attaque incertaine, faute d'artillerie, les Saxons vinrent se joindre à lui avec
leurs canons, qu'ils pointèrent aussitôt contre le
corps français dont ils avaient fait partie; la gauche
française fut battue.

L'armée française commença vers la nuit du 19
octobre sa retraite en bon ordre. Napoléon se replia sur Leipzig.

Un résultat, qui n'est contredit par aucun rapport étranger, établit que l'armée combinée comptait alors moins de cent quatre-vingt mille hommes,
et que l'armée française conservait encore en bataille quatre-vingt-quinze mille hommes.

Voilà donc où vient aboutir, en la résumant par

les faits, la gloire d'un grand capitaine ; et l'histoire le proclamera le plus habile, parce qu'il n'aura perdu, par exemple, que trente mille de ses compagnons d'armes, pour causer à ses adversaires une perte six fois plus forte, et pour rester quelques heures de plus que leurs chefs sur ce champ de carnage !

Napoléon n'eut pas même cette fois ce triste honneur ; à peine rentré dans Leipzig pour y faire déposer ses blessés dont le nombre excédait vingt-trois mille, il faisait évacuer cette ville, parce que les corps de l'armée combinée y pénétraient déjà. L'arrière-garde française eut à soutenir dans les rues de nouvelles attaques qu'elle repoussa. Un pont, qui avait été miné sur la rivière de la Pleisse, sauta pendant le passage de nos troupes ; cet accident augmenta encore les difficultés et les pertes de la retraite ; c'est là que le brave prince Poniatowski périt en passant la rivière à la nage. Les vingt-trois mille blessés français restèrent dans la ville, et firent partie de trente mille prisonniers que coûtèrent à l'armée les journées des 17, 18 et 19, outre vingt mille morts et plus de trois cent pièces de canon perdues.

Le sort des revers est d'appeler toute espèce de critique, de provoquer même des reproches contraires. On avait accusé Napoléon d'avoir fait une faute politique en acceptant la bataille de Vachau, on l'a aussi blâmé, parce qu'avec quatre-vingt-quinze mille hommes, qui lui restaient le 19 contre cent quatre-vingt mille hommes, il n'avait pas hasardé une troisième bataille. Mais les provisions de poudre avaient été épuisées par les deux cent cinquante mille coups de canon que l'artillerie française avait tirés dans les deux précédentes journées; il ne lui restait pas plus de seize mille charges dans ses différents parcs.

Un autre reproche fut fait aussi aux coalisés, celui de ne s'être pas mis immédiatement à la poursuite de Napoléon dans sa retraite. Mais l'armée combinée avait besoin de repos ; elle avait laissé plus de cinquante mille hommes sur les deux derniers champs de bataille, outre plus de cent mille hommes hors de combat. Il paraît, au surplus que le général bavarois de Wredde avait brigué l'honneur d'être chargé seul de cette expédition ; il avait cru sans doute pouvoir illustrer sa défection récente par un exploit facile contre une armée épuisée de fatigue. Cinquante-cinq mille hommes de troupes fraîches furent mis à sa disposition le 16 octobre. Il fit d'abord des marches forcées ; puis, au lieu de tourner Wurtzbourg, où un détachement français peu nombreux était en garnison, il s'arrêta pour bombarder cette place ; il n'arriva que le 29 octobre à Hanau, dont il voulait disputer le passage à Napoléon ; et il paraît qu'il fit encore la faute de mal choisir son terrain dans un pays où, depuis plus

d'un siècle, les bonnes positions avaient été mar-
quées par tant d'habiles généraux. Les diverses
attaques qu'il hasarda furent repoussées par les
corps français que commandaient les généraux
Charpentier, Dubreton, Curial, Sébastiani, Nansouty et Friant ; il perdit dix mille hommes pour
n'être que le témoin de la marche de l'armée française ; il fut grièvement blessé dans la dernière action, à laquelle il prit part, et se retira, laissant le
commandement de ses troupes au général autrichien Fresnelles, et sans avoir pu déposter de
Hanau le maréchal Marmont, qui occupait cette
place avec un corps peu nombreux pour couvrir
les derrières de l'armée française.

Napoléon se dirigea, sans autre obstacle, sur
Mayence. Un nouveau malheur l'attendait dans
cette place ; elle fut le tombeau de la moitié des
soldats qui l'y suivirent. Une espèce de maladie
contagieuse se déclara après les premiers jours de
repos dans ces débris d'armée qui avaient survécu
à des combats si meurtriers, et ce fléau ne vint
que trop à l'aide de tous les princes ligués alors
contre la France.

Que de motifs d'abattement pour tout autre ! Et,
au milieu de tant de ruines qui présageaient la
sienne, Napoléon paraissait encore impassible ; il
cherchait à imposer à la confiance des autres par
celle qu'il affectait de prendre en lui-même. Dans

une lettre qu'il m'écrivit de Mayence, le 3 novembre, il répondait à un long mémoire dans lequel je
reproduisais sous ses yeux l'épuisement des finances. Je me trouvais autorisé par leur situation
à lui donner ainsi des conseils sérieux sur la
sienne. Les communications avec Napoléon étaient
devenues si incertaines depuis sa retraite de Dresde,
que j'avais cru devoir faire traduire ce mémoire en
chiffres. Voici textuellement un des paragraphes de
sa réponse, qui commençait par des calculs sur des
doublements et des tiercements d'impôts, dont il
espérait un secours extraordinaire de 500 millions.

« Je reçois votre lettre sans date, dont le déchif-
« frement n'a pu m'être remis qu'en ce moment...
     « Je désire que les ministres montrent du calme
« et de la confiance. Mon infanterie, mon artillerie,
« ma grosse cavalerie, ont une telle supériorité sur
« celles de l'ennemi, que je ne suis pas en peine de
« dissoudre cette coalition aussitôt que les autres.
« Le principal est de connaître à qui j'ai affaire, de
« n'avoir pas d'ennemis dans les rangs, et de ne
« plus craindre des coups de jarnac au milieu d'une
« bataille ; c'est dans ce sens qu'il faut s'exprimer.
     « J'ai convoqué le corps-législatif pour le 2 dé-
« cembre, etc., etc. Sur ce, je prie Dieu, etc.
     « Mayence, 3 novembre 1813.

                              « *Signé* NAPOLÉON. »

Quel usage pouvais-je faire de cette lettre? Ce
n'était ni en partageant ni en propageant les illusions de l'empereur que je pouvais servir ses intérêts, auxquels mon devoir m'attachait ; et il m'est
permis de dire que je n'en avais jamais séparé
ceux de la France. Je voyais combien les uns et les
autres devaient être compromis par cette imminente et irrésistible invasion que préparaient les
puissances coalisées, encore bien qu'elles décla-
rassent, dans tous leurs manifestes, qu'elles n'é-
taient armées que contre un seul homme ! Cet
homme était celui à qui la victoire avait ouvert
toutes les capitales du continent, et qui n'avait pas
résisté à l'orgueil d'y entrer en vainqueur. Il était,
dès ce moment, facile de prévoir que des représailles seraient inévitables, et que ce serait sur le
territoire de la France que tous les rois confédérés
de l'Europe essaieraient de venger leurs défaites
et leurs humiliations.

J'avais remarqué, dans le change entre l'Angleterre et l'Allemagne et même l'Espagne, des variations qui ne pouvaient pas avoir seulement pour
cause de simples opérations de commerce. J'eus
l'occasion de consulter de nouveau les correspondances de quelques-unes de nos anciennes maisons
de banque, dont les relations au dehors pouvaient
mériter confiance. Voici ce que cette correspondance révélait sur les intentions et les moyens de

la coalition de toute l'Europe contre la France, et
les comptes officiels publiés plus tard n'ont pas
trop contredit ces indications.

L'Angleterre devait assurer aux rois coalisés un
nouveau subside de 115 millions pour 1814, indépendamment d'un grand approvisionnement d'armes et d'équipements militaires : une taxe de 225
millions, qui pesait principalement sur les États de
la confédération rhénane formée par Napoléon, devait être levée en Allemagne, et c'était par ce sacrifice et par une prompte accession à la coalition que
ces États se rachèteraient de la confiscation qu'il
avait d'abord été question de prononcer contre
eux. L'Angleterre s'était de plus chargée de répartir plus de 100 millions de subsides entre l'Espagne, le Portugal, la Suède, le Danemark, la
Sicile, le Hanovre.

Et tandis que les disciples du baron de Stein exaltaient en Allemagne tous les jeunes courages pour
l'affranchissement de leur pays, les émissaires
anglais répandaient aussi en Espagne et en Portugal des idées de liberté nouvelles pour ces deux
pays. Tout moyen était en action pour abattre
l'ennemi.

Ainsi la caisse militaire de la coalition devait
avoir à sa disposition plus de 400 millions pour la
campagne de 1814.

A la même époque, le général Wellington, avec

cent quatre-vingt mille hommes, dont soixante mille
Anglais et cent vingt mille Espagnols et Portugais
soldés, était maître du passage des Pyrénées, depuis
la journée de Vittoria qui avait rejeté Joseph Bonaparte en France[1].

La Bavière ouvrait les passages du Tyrol ; et l'invasion de l'Autriche en Italie se trouvait encore
facilitée par la défection du prince Murat, qui, en
se déclarant contre Napoléon, espérait légitimer sa
royauté de Naples ;

On ne pouvait pas espérer que la Suisse essayât
de défendre sa neutralité ; l'insurrection éclatait en
Hollande ; il n'était plus temps de rappeler les
garnisons françaises de Dantzik, Hambourg et
des autres forteresses qu'elles occupaient en Allemagne ;

Il fallait donc s'attendre à voir prochainement la
France attaquée, au Midi par plus de cent cinquante
mille hommes sous les ordres d'un général habile,
auquel venait d'être opposé trop tard un digne ad-
versaire dans le maréchal Soult, mais avec une
armée fatiguée, et de plus de moitié plus faible ; à
l'Est en même temps qu'au Nord, par sept à huit

1. Le maréchal Suchet se maintenait encore avec avantage
dans le royaume espagnol de Valence ; il avait battu les trois
généraux anglais qui l'avaient attaqué ; il se faisait respecter
des Espagnols autant par son administration que par ses succès
militaires ; mais il allait bientôt être obligé de rentrer en
France avec sa faible armée.

cent mille hommes y compris cette espèce de corps
franc des Tugent-Bund, ainsi que les nouvelles levées des Landsturm et Landwerts ;

Et tout était à créer pour la défense de cette vaste
étendue des frontières françaises !

Ce qui est digne d'être remarqué c'est que dans
cette combinaison d'attaque générale dont l'Angleterre était l'âme, cette puissance n'avait pas essayé
de retrouver sur nos frontières de l'Ouest ses anciens auxiliaires ; et comme on ne pouvait la supposer retenue par aucun scrupule, son inaction à
cet égard devenait une preuve de plus de la volonté
de la France, encore à cette époque, de conserver
son gouvernement et son chef ; rien n'était tenté
parce que rien n'eût réussi.

Parmi les conquérants qui avaient précédé ce
prince, aucun n'avait vu se former sous ses yeux
un plus grand nombre de ces vastes cimetières
qu'on nomme des champs de bataille ; il avait
trouvé un spectacle plus terrible encore à Mayence ;
les hôpitaux, les églises, les établissements publics,
ne suffisaient plus au refuge des soldats malades
qui rentraient chaque jour ; les rues, les places
publiques se trouvèrent bientôt encombrées de
mourants et de morts. Napoléon ne s'arrêta que
trois jours dans cette ville, il ne pouvait conjurer
le typhus !

Il arriva à Saint-Cloud le 9 novembre ; je ne le

vis que quelques heures après ; on m'a dit que ses
premiers mots à l'impératrice Marie-Louise avaient
été ceux-ci : *Si l'empereur d'Autriche est bien con-
seillé, il reviendra à moi ; c'est son intérêt comme
le mien :* il est certain qu'à cette époque cette
princesse écrivait souvent à l'empereur son père ;
et fidèle comme elle l'était alors aux devoirs de sa
position, elle n'avait sûrement pas de correspondance qui fût secrète pour Napoléon.

Lorsqu'il appela près de lui les ministres, je
trouvai sa contenance sérieuse, mais calme sans
affectation. Je m'attendais à le voir impatient de
connaître la situation et les ressources de chaque
ministère, presser de questions chacun de nous ;
il parla peu des événements de la campagne ; il
indiqua divers conseils pour les jours suivants sans
leur assigner d'objet spécial, sans insister sur l'urgence de nouveaux préparatifs militaires ; il dit
seulement que cette campage pourrait être la dernière si l'on proposait à la France une paix digne
d'elle. Il parla des nombreux malades qu'il avait
laissés à Mayence, en prescrivant pour eux des
envois de secours en officiers de santé et en remèdes ; et malgré les avis contraires, que je recevais des payeurs sur la marche des troupes étrangères, je restai persuadé à la fin de cette première
entrevue, qu'il ne s'attendait à aucune entreprise
des puissances confédérées contre la France avant

le printemps prochain. Je crois encore qu'il s'en
flattait d'abord. Il voulut que l'impératrice reprît
ses habitudes ordinaires pour les soirées, les cercles, les spectacles ; toutefois dès le 11 novembre,
en même temps qu'on lui faisait espérer la reprise
des négociations pour la paix, de nouveaux avis
avaient éveillé son attention sur la possibilité d'une
campagne d'hiver. Avec des troupes si nombreuses
accoutumées aux rigueurs d'un climat septentrio-
nal, la coalition, qui comptait sur l'épuisement de
la France, ne pouvait pas négliger l'occasion d'une
brusque attaque générale, qui devait immanqua-
blement trouver une foule de points sans résistance.

Alors l'activité de Napoléon reparut tout entière ; en peu de jours tous les ministères reçurent
leurs instructions pour préparer, sans délai, tous
les moyens de défense qui pouvaient les concerner. Je citerai rapidement celles qui me parvinrent,
pour ne pas revenir sur les détails de la tâche que
j'avais personnellement à remplir. Le 11 novembre
il me prescrivait [1] de faire acquitter dans vingt-
quatre heures toutes les dépenses relatives aux fa-

---

1. « Prenez des mesures efficaces pour que dans vingt-quatre
« heures toutes les ordonnances pour fusils et manufactures
« d'armes soient soldées, ainsi que toutes les dépenses pour
« les réparations des places du Rhin ; rien n'est plus important
« que cela. Sur ce, etc.

« *Saint-Cloud, 12 novembre 1813.*   *Signé* NAPOLÉON. »

brications d'armes et aux travaux du génie pour
réparations des places du Rhin. Et, comme il connaissait bien la détresse du trésor public, il se dé-
terminait enfin le même jour [1] à m'offrir, par quelques virements entre les fonds de son domaine
extraordinaire et le trésor public, un faible secours
de 12 à 15 millions. Je n'ai pas besoin de dire que
ce n'était pas par un motif de vanité vulgaire qu'il
voulait faire supposer ce trésor privé beaucoup plus
riche. Le 12 et le 18 [2], il m'ordonnait de faire solder
5 millions que les corps de la garde impériale ré-
clameraient pour leur arriéré. Ces dépenses étaient
indépendantes de celles qu'exigeaient la levée et

1. « J'ai chargé le baron de Labouillerie de se rendre près de
« vous... Je désire qu'il soit remis au trésor public 12 à 15 mil-
« lions des fonds du domaine extraordinaire à prendre, soit à
« Paris, soit à Mayence, soit en Italie. Mon intention est que l'ar-
« gent retiré de Paris le soit avec appareil, et que l'on croie que
« des sommes bien plus considérables sont tirées des caves des
« Tuileries pour le service du trésor; et que cependant il y reste
« encore plus de 200 millions... Sur ce, etc.

« *Saint-Cloud, 11 novembre 1813.*   Signé : Napoléon. »

2. « Je vous envoie un état que me remet le général Caffarelli,
« de ce qui est dû à la garde ; faites-moi connaître ce qui reste
« de crédit pour ce service au budget...

« *Saint-Cloud, 12 novembre 1813.*   *Signé* Napoléon. »

« J'ai ordonné qu'un crédit de 5 millions fût ouvert à la garde ;
« faites un rapport pour me proposer de solder ces 5 millions...
« Sur ce, etc.

« *Paris, 18 novembre 1813.*   *Signé* Napoléon. »

l'équipement de trois cent mille conscrits qu'un
sénatus-consulte avait mis à sa disposition. Le 16[1] il
réclamait la priorité du paiement pour tous les
services de la guerre. Toutes les ressources, dont
pouvait disposer le trésor public, étaient déjà in-
suffisantes pour ce seul service qui demandait alors
en un seul mois presque autant de fonds que dans
un temps ordinaire il aurait pu consommer dans la
moitié de l'année. Cependant, même dans l'intérêt
personnel du chef de l'État, il n'était pas possible de
refuser quelque assistance aux autres services, sous
peine d'arrêter partout l'action du gouvernement ;
et le trésor public faisait ce qu'il devait à l'avenir
de la France en persistant à se refuser à l'emploi
de ces expédients ruineux qui remplacent si dé-
sastreusement un crédit régulier. C'était bien
assez qu'il fût condamné par son impuissance à
voir se former, sur quelques parties, cet arriéré
qu'on a tant exagéré après la chute de l'Empire.

Par une autre lettre du 17, Napoléon insistait
plus fortement encore pour qu'avant tous autres

1. « Je pense que dans ces circonstances vous ne donnez pas
« assez de préférence au service militaire, qui doit passer avant
« les rentes et les autres parties du service civil. Un retard de
« quelques jours pour le paiement de l'habillement, ou autres
« dépenses de ce genre, peut exposer aux plus grands malheurs...
« Sur ce, etc.

« *Saint-Cloud*, 16 novembre 1813.   *Signé* NAPOLÉON. »

besoins publics, ceux de la guerre fussent satis-
faits ; et il devait lui être bien démontré que, même
avec cette condition, ils ne pouvaient pas l'être.
On a écrit que, dans ces temps de crise, il avait
été mal servi ; il s'est souvent plaint lui-même de
n'être pas obéi ; mais il connaissait chaque jour,
comme moi-même, la situation et les efforts du
trésor public : il n'en était pas de l'appel qu'il lui
faisait comme de celui qu'il venait de faire au courage. Les limites du trésor public étaient fixées par
les ressources mêmes dont il l'avait pourvu. Je dois
cette justice au caractère de Napoléon, qu'on a
présenté comme si terrible, c'est qu'en même temps
qu'il se montrait si impatient, si exigeant, si pressant par sa correspondance, je le trouvais alors,
dans mes autres rapports, habituellement disposé à
condescendre à mes embarras ; il m'avouait un
jour, en souriant, *que l'imagination perdait son empire en finance*. Cette lettre du 17 [1] contenait au
surplus un paragraphe bien remarquable ; il y réduisait à 10 millions les 15 millions que me pro-

1. « Le service du trésor, dans des temps de pénurie comme
« ceux-ci, ne peut pas se faire par les mêmes principes et de la
« même manière que dans des temps d'abondance, comme on l'a
« fait jusqu'à cette heure. Toutes les ordonnances de l'adminis-
« tration de la guerre pour l'approvisionnement des places; l'é-
« quipement des troupes ; toutes celles du ministre de la guerre
« pour les dépenses du génie, de l'artillerie et du réarmement
« des places, ne sont pas exactement payées ; de là les résultats
« les plus funestes pour la défense de l'État. C'est un malheur

mettait sa lettre du 11. Et il déclarait qu'au lieu de
200 millions, il n'en restait plus en effet que 30
dans la caisse de son domaine extraordinaire ; il
est vrai qu'il ne comprenait pas dans son calcul
les 140 millions d'obligations payables par la Prusse,
qui alors en effet n'avaient plus de valeur pour lui,
et une somme peut-être supérieure en effets publics,
et même en actions de la Banque, qu'il y avait admises comme placement, mais dont la réalisation
immédiate eût été difficile.

Je ne ferai pas mention d'une foule d'autres lettres de cette époque qui rentrent dans le même
cercle ; elles n'apprendraient rien de nouveau, en
prouvant que, même alors et au milieu de tant de
motifs de préoccupation plus graves, il portait
encore, souvent au delà du besoin, la surveillance
sur tous les détails et sur les recherches de la prévoyance. Je m'étonnais, par exemple, qu'il mit une
si grande importance à la restauration militaire des
places que pourraient rencontrer sur leurs routes

« que la dette publique, les pensions, les traitements, etc.,
« éprouvent des retards ; mais ce malheur n'est nullement com-
« parable à celui qui résulterait du moindre retard dans les
« ordonnances militaires. Je n'ai plus que 30 millions d'argent
« dans le trésor de la couronne. Je vous en donne 10, et j'éprouve
« une grande répugnance à cela : si cet argent était employé à
« des dépenses civiles, ce serait perdre cette dernière res-
« source, etc., etc.

« *Saint-Cloud,* 17 novembre 1813. *Signé* NAPOLÉON. »

des armées de plusieurs centaines de mille hommes.
Il avait mieux prouvé qu'aucun autre capitaine que,
dans la guerre d'invasion, on peut négliger la précaution de ne pas laisser sur ses derrières des forteresses, quand on avance avec des corps d'armée
dix fois plus forts que ne peut l'être chaque garnison ; et surtout lorsque le but de l'invasion est
d'arriver à la capitale de l'État, place dont l'occupation fait tomber toutes les autres. Mais je citerai
une disposition dont il esquissait le projet le 7 janvier 1814 [1], parce qu'encore bien que trop tardive
pour lui elle soit restée sans exécution, elle peut
avec quelque avantage être mise en œuvre à toute
autre époque. Les amis du pouvoir seront encore
plus disposés que les amis de l'ordre à chercher des

1. « Depuis longtemps j'entends porter des plaintes contre les
« quartiers-maîtres de la garde ; mon intention est de profiter du
« commencement de l'année pour établir des auditeurs en place
« des quartiers-maîtres ; il en faudrait un pour les grenadiers à
« pied, un pour les chasseurs à pied, un pour les grenadiers à
« cheval, un pour les chasseurs à cheval, un pour les dragons,
« un pour le premier régiment de lanciers, un pour le second
« de lanciers, un pour l'artillerie ; présentez-moi huit audi-
« teurs d'une probité reconnue, jouissant d'une certaine indé-
« pendance de fortune; et ayant déjà des connaissances de comp-
« tabilité ; alors, par un décret, je chargerai les quartiers-
« maîtres de réunir et de mettre en règle la comptabilité de
« l'arriéré ; et, à dater du 1er de ce mois, les huit auditeurs les
« remplaceront dans les fonctions de quartiers-maîtres pour
« le service courant. Sur ce, etc.

« Paris, 7 janvier 1814.   Signé NAPOLÉON. »

leçons dans son gouvernement ; dans ce cas, du
moins, son opinion pourra faire autorité pour les
uns et pour les autres. Il avait voulu munir le trésor public de plusieurs moyens de contrôle sur les
dépenses ministérielles, et il était toujours porté à
grandir ces moyens.

Dans les deux campagnes de 1812 et de 1813, il
soupçonna des abus graves dans la comptabilité de
la solde et des dépenses accessoires qui était confiée
aux quartiers-maîtres de chaque régiment. Frappé
de la fortune un peu subite de quelques-uns d'entre
eux, il avait, en instituant en 1813 les nouveaux
corps des gardes d'honneur, préposé à la comptabilité de ces corps des auditeurs de son conseil
d'État, directement comptables envers le trésor
public ; et ces jeunes gens, tous bien nés, qui tous
avaient une autre fortune à faire que de simples
quartiers-maîtres, avaient rempli avec la plus
grande régularité une mission qu'honorait le choix
du prince. Il voulait, en 1814, introduire le même
régime dans les corps militaires, en commençant
par la garde impériale, où les abus étaient plus
graves et plus difficiles à attaquer, et dans une
autre lettre du même jour, il m'annonçait l'intention d'étendre la même mesure sur toute l'armée
qu'il s'occupait de créer. Le temps lui manqua ; les
événements se pressaient contre son attente ; il
n'avait plus que quelques jours à rester à Paris.

Je vais rappeler quelques-unes des autres circonstances qui précédèrent son départ.

Les armées coalisées s'étaient remises en marche peu de jours après les journées de Vachau et de Leipzig ; elles s'étaient renforcées de cette nombreuse jeunesse des écoles allemandes, enrôlée au nom de l'*indépendance nationale*. La Suisse n'avait fait aucun effort pour maintenir la sienne ; elle avait confirmé le jugement qu'avaient porté les princes alliés, en disant que, quand une nation prétend garder la neutralité, elle doit avoir le pouvoir et la volonté de la défendre. Une partie des troupes confédérées l'avait traversée sans résistance dans tous les sens, depuis la source du Rhin jusqu'à son embouchure ; et, sur la ligne du Rhône, tous les passages étaient restés ouverts aux autres colonnes. Quelques faibles corps français, qui devaient défendre les défilés des Vosges, avaient été tournés ; Lyon était menacée. Cependant ce n'était qu'avec une grande circonspection que plus de six cent mille hommes, divisés en trois grandes armées, s'avançaient sur le territoire de la France. Mais la coalition inondait ces provinces de proclamations, dans lesquelles elle annonçait textuellement *qu'elle ne faisait pas la guerre à la France, qui devait rester grande et forte, et conserver un territoire plus étendu que sous ses rois ; que c'était à l'empereur seul qu'elle faisait la guerre, ou plutôt à la prépondérance qu'il avait trop longtemps exercée hors des limites de son empire, pour le malheur de l'Europe et de la France.* Et cependant elle faisait annoncer à Napoléon que de nouvelles conférences étaient ouvertes à Manheim pour la négociation de la paix ; qu'il ne tenait qu'à lui d'empêcher une nouvelle effusion de sang. Or, déjà les bases de ces négociations n'étaient plus les mêmes qu'à Dresde et à Prague. L'Angleterre annonçait l'intention de replacer la Hollande sous la domination de la maison d'Orange, avec une extension de territoire ; d'agrandir aussi le Hanovre, qui serait érigé en royaume. L'Autriche renouvelait ses anciennes prétentions sur l'Italie ; la Prusse réclamait les provinces qu'elle avait cédées par les traités antérieurs. L'empereur Alexandre insistait seul sur l'exécution fidèle des promesses du manifeste que les puissances venaient de publier. Sa politique devait en effet lui faire désirer que la France restât puissante, et il lui convenait qu'elle le dût à son influence. Les autres cabinets ne voulaient plus même alors garantir à la France la possession de la ligne du Rhin jusqu'à la Hollande. On conçoit que le cabinet anglais avait la principale influence ; il en avait acheté le droit par ses subsides ; il cherchait à éloigner encore la paix. parce que la France ne lui paraissait pas assez affaiblie, assez épuisée ; mais il voulait que le tort de la refuser retombât sur Napoléon. Or, d'après le

caractère de ce prince, il n'était pas difficile d'en
rendre les conditions inacceptables pour lui ; et
comme cependant il n'était pas non plus impossible
que cet homme extraordinaire parvînt encore à
s'élever au-dessus de l'abîme préparé pour l'engloutir, les ministres anglais jugeaient qu'il était prudent de tenir toujours les négociations ouvertes,
pour l'enchaîner par de premières conventions, s'il
lui survenait un retour de fortune.

   En analysant les motifs des quatre puissances, il
semble qu'on pourrait les définir ainsi ; dans leur
for intérieur, l'Autriche et la Prusse ne désiraient
que la restitution de ce qu'elles avaient perdu,
assez indifférentes d'ailleurs sur le sort de Napoléon et sur celui de la France. L'empereur de
Russie, par des motifs de politique et de ressentiment personnel, désirait la chute de Napoléon ;
mais il ne désirait pas l'affaiblissement de la France.
Les ministres britanniques voulaient invariable-
ment atteindre l'un et l'autre but, et ils usaient, dans
ces débats, de ce droit de direction suprême qu'a-
chetait un peu chèrement l'Angleterre[1]. Ils sentaient
le besoin de justifier auprès d'elle, par quelque
grand résultat, les sacrifices qu'elle faisait depuis
si longtemps pour soudoyer sur le continent la

---

1. L'Angleterre laissait volontiers dire que *son échiquier*
était le généralissime de la coalition dans les camps, et le
président prépondérant dans les conseils.

guerre contre la France, et qui, jusqu'alors, n'a-
vaient eu d'autres effets que de doubler son énorme
dette. Napoléon était parvenu par des moyens, sans
doute étranges, mais qu'ils avaient encore trouvés
trop efficaces, à empêcher le commerce de l'Angleterre d'exploiter à son seul profit ce qu'ils appelaient
la civilisation européenne ; ils redoutaient une autre
rivalité, l'essor de l'industrie française dans la
paix, si la France acquérait sa prépondérance naturelle.

Et si, déjà, quoiqu'ils n'eussent fait à cet
égard aucune ouverture aux autres cours, ils am-
bitionnaient l'honneur que n'avait pas pu obtenir
Louis XIV auprès de l'Angleterre, de rétablir un
prince légitime sur son trône, était-ce sans le mélange d'aucune autre vue qu'ils devenaient alors
si zélés pour le dogme de la légitimité ?

Le cabinet anglais est condamné à une politique
si complexe ; il a tant d'intérêts divers à concilier,
tant de rivalités à prévoir et à prévenir, qu'à son
égard les conjectures ordinaires peuvent bien ne
pas atteindre tous les calculs que sa position sus-
cite en lui.

Parmi les clauses du nouveau traité qui se discu-
tait si éventuellement à Manheim, les plénipotentiaires étrangers en avaient inséré une relative au
rétablissement sur le trône d'Espagne de Ferdi-
nand VII, et à celui du pape Pie VII dans tous ses

droits à Rome. Napoléon, qui n'aimait pas qu'on
lui dictât des conditions, s'était pressé de prévenir
cette demande ; le comte de La Forêt et le duc de
San-Carlos avaient signé le traité en vertu duquel le
roi d'Espagne rentrait dans ses États. Il est inutile
de dire que ce fut la seule des clauses de ce traité
qui eut son effet !

Le pape retourna aussi à Rome, et reçut sur les
terres de France les honneurs dus à son rang et à
son caractère.

A la même époque, les administrations françaises
avaient quitté Rome. Murat, encore roi de Naples,
y était entré avec ses troupes, *comme auxiliaire des
Autrichiens*, qui devaient combattre, dans le Mila-
nais, l'armée française commandée par le prince
Eugène de Beauharnais. Un autre corps de troupes
allemandes envahissait le Piémont, et se rappro-
chait de l'armée autrichienne qui menaçait Lyon.
D'après le plan de campagne concerté entre les souverains à l'ouverture de l'an 1814, leurs armées
divisées en fortes colonnes avaient franchi nos frontières, et toutes s'avançaient concentriquement,
quoique avec prudence, en faisant retentir leurs
rangs du nom de la *capitale*, comme de leur rendez-
vous commun.

Napoléon, comme je l'ai déjà dit, s'était d'abord
flatté que l'irruption ne serait pas si subite, et surtout qu'elle ne s'opérerait pas avec un tel ensemble.

Mais les puissances coalisées avaient mis à profit les
leçons du malheur, leçons auxquelles résistait encore Napoléon. Cependant il n'avait pas négligé ses
moyens de défense. Son activité avait même encore
étendu sa sphère ; des ateliers avaient été subitement
établis partout dans les grandes villes, et principalement à Paris, pour les fabrications d'armes, d'habillements militaires, d'objets d'équipement de
toute espèce nécessaires à cette foule de conscrits qui
devaient, pour la troisième fois en quinze mois, res-
susciter l'armée française. Ces nouveaux soldats se
rendaient avec zèle dans les divers dépôts qui leur
étaient assignés. L'ardeur guerrière des écoles allemandes était aussi passée dans les écoles françaises ;
beaucoup d'élèves, appartenant à des familles
riches, demandaient à marcher à l'ennemi. Napoléon avait encore agrandi les cadres de la garde
impériale et de plusieurs régiments de la ligne. Des
suppléments d'impôt devenaient nécessaires ; cinquante centimes étaient ajoutées au principal de la
contribution foncière, et la taxe sur le sel allait subir
une augmentation dont le gouvernement impérial
ne devait pas profiter ; enfin, quoique un peu tard,
et après de longues hésitations, il s'était déterminé
à convoquer l'arrière-ban de cette époque par le rétablissement de la garde nationale ; mais il lui restait de telles préventions sur le rôle qu'elle avait
joué en 1789, et il était toujours si disposé à voir

en elle l'appui de l'esprit révolutionnaire contre le
pouvoir monarchique, qu'il avait atténué, par une
foule de restrictions, le service qu'il pouvait en
attendre.

Il avait aussi envoyé dans les départements des
sénateurs, des conseillers d'État, pour seconder et
presser l'exécution de toutes les mesures qu'il avait
prescrites. Sur le refus fait par M. de Talleyrand de
reprendre le ministère des affaires étrangères, il
avait confié ce département au négociateur le plus
agréable à l'empereur de Russie, au duc de Vicence, digne en effet de sa confiance comme de l'estime de ce prince. Il continuait de correspondre
directement lui-même avec l'empereur d'Autriche,
se montrant également préparé pour la guerre et
pour la paix. Mais en même temps il donnait chaque
jour de nouveaux avantages contre lui aux ministres anglais, et à leurs objections contre la paix,
par des articles de journaux qui accusaient d'ingratitude les princes qu'il avait créés ou relevés après
leur chute. Il avait permis qu'un de ses conseillers
d'État rappelât en plein sénat l'*ancien partage de la
Pologne comme une leçon terrible et vivante pour la
France, menacée par les mêmes puissances*, et un tel
danger n'étant jamais à craindre, l'exagération qui
le supposait possible atteignait d'autant moins son
but. Napoléon accusait l'esprit public de n'avoir
plus cette ardeur qui l'avait longtemps si bien servi.

Il voulait toujours trouver en lui un instrument
docile, et ne savait pas user envers lui des ménagements nécessaires.

Elle fut, par exemple, bien imprudente, bien in-
tempestive, bien peu nationale, la résolution qu'il
prit, à la fin de 1813, de dissoudre le corps législatif qu'il avait appelé pour voter les nouveaux impôts, et cela parce que, dans la réponse de ce corps
à son message, on parlait des leçons que l'adversité doit donner aux princes; et de la paix comme
du premier besoin de la France. Il disait, il faisait
dire que, pour avoir la paix, il fallait que la France
se montrât résolue à se lever tout entière pour la
guerre, et comment pouvoir mettre toute la nation
dans le secret d'un pareil stratagème ! Il était, surtout alors, au-dessus de son influence de persuader
au pays qu'il devait dissimuler ce qu'il désirait,
et manifester, pour l'obtenir, un sentiment contraire !

Cependant la coalition poursuivait son système
d'invasion sur le territoire français. Les vingt premiers jours de janvier 1814 étaient à peine expirés,
que déjà leurs colonnes se déployaient dans la
Champagne. Les souverains, qui étaient à leur tête,
allaient établir leur quartier-général au château de
Brienne. Napoléon ne pouvait plus différer d'aller à
leur rencontre. L'avantage des manœuvres purement défensives lui était refusé, puisque la ligne

des places fortes était franchie ; il fallait qu'il pût
attaquer et battre séparément trois grandes armées
qui réunissaient plus de quatre cent cinquante mille
hommes. Il ne pouvait encore disposer que d'environ soixante-dix mille hommes en état de se mettre
en ligne de bataille. Ces débris des vieux corps
avaient été conservés par les soins des maréchaux
Mortier, Macdonald, Marmont, Victor et Ney.

L'avant-veille de son départ, il convoqua les dignitaires de l'empire et les ministres pour remettre
devant eux la régence à l'impératrice Marie-Louise.
Le matin du même jour, il avait confié à la garde
nationale de Paris la défense de cette princesse et
celle de son fils qu'il tenait dans ses bras. Cette première scène avait eu quelque chose d'attendrissant;
celle du soir avait eu une teinte lugubre. L'impératrice s'étant retirée, il avait retenu les ministres,
auxquels il voulait, disait-il, faire connaître ses dernières dispositions. Ses premières paroles eurent en
effet la gravité de déclarations testamentaires; mais
après qu'il eut pendant quelques instants parlé de
la faiblesse des moyens dont il pouvait disposer,
malgré leurs efforts, auxquels il rendait justice, de
la fermeté qu'ils devaient conserver, son regard,
porté comme par hasard sur un des dignitaires présents, s'alluma, et, comme par une inspiration subite, il ajouta qu'il savait bien qu'il laissait à Paris
d'autres ennemis que ceux qu'il allait combattre ;

que son absence allait leur laisser le champ plus
libre..... Ces insinuations n'étaient qu'indirectes ;
mais personne ne put s'y méprendre. La violence
des accusations s'accrut encore lorsqu'il vit que ce
dignitaire continuait avec sang-froid, dans un coin
du cabinet, une conversation entamée avec le roi
Joseph. Il avait seul sans doute le moyen de connaître et d'apprécier les torts que pouvait avoir envers lui l'homme d'État qu'il accusait ainsi, et qui
certes avait eu celui de n'avoir pas approuvé les
actes des deux dernières années ; mais par cette véhémence il n'entrait pas dans une voie de réconci-
liation. Je revis encore Napoléon le lendemain ; il
n'avait pas répondu à plusieurs notes dans lesquelles
je lui exposais que le trésor public perdait chaque
jour quelques-unes de ses communications avec les
caisses des départements, et qu'un parti de Cosaques
pourrait suffire bientôt pour lui enlever celles qui
lui restaient encore. Je lui proposais, dans mon devoir, les mesures qui pouvaient prévenir une pénurie complète de ressources. Voici sa réponse : *Mon
cher, si l'ennemi arrive aux portes de Paris,* IL N'Y
A PLUS D'EMPIRE.... Ce peu de mots peut être fécond
en réflexions. Ce sont là les derniers que m'adressa
Napoléon, il partit le lendemain, 25 janvier, pour
aller au-devant de celle des armées confédérées qui
avait pénétré le plus avant dans la Champagne.

Les faits de cette campagne si courte et si déci-

sive sont nombreux ; ils sont trop récents, trop
immédiats pour n'être pas présents à toutes les
mémoires ; ils sont si précipités, que l'imagination
court avec eux au résultat, et je me bornerai à leur
simple énumération ; mais, avant de la commencer,
je vais, d'après des états qui paraissent authentiques, mettre en présence, dans les tableaux ci-
dessous, les forces effectives de la France et des
princes confédérés.

ARMÉES FRANÇAISES.

Les restes de la grande armée commandée par Napoléon, y com-
pris le corps du maréchal Macdonald, qui ne l'avait pas encore
  joint le 16. . . . .   70,731 h•
Armée de Belgique   15,943
Armée du Rhône, y compris les garnisons qu'elle en-
. . tretenait . . . .   27,158 .
Armée d'Aragon, *idem.* 36.925
Armée d'Espagne, rentrée sous le nom d'armée des
  Pyrénées, *idem.*   54,947
Armée d'Italie, *idem.*   70,645

                          Total.   276,349
              A déduire les garnisons   65,572

                  Reste en ligne. . . . . . .   210,777 h.

ARMÉES CONFÉDÉRÉES.

Grande armée austro-russe . . . .   194,190 h
Armée de Silésie.   117,800
Armée du Nord   155,880
Armée de Hollande . . . .   16,200 .
Armées combinées des frontières du Midi   196,146
Armée d'Italie   136,070

                  Total en ligne. . . . . . .   816,286 h.

Sur les 210,777 combattants dont se composaient les forces disponibles de la France, les cinq
dernières armées du tableau ci-dessus n'étaient pas
plus disponibles pour Napoléon que les garnisons
des places sur le Rhin, qui ne consistaient qu'en
gardes urbaines et en conscrits, et celles de Hambourg, Dantzig, etc., etc.

L'armée de Belgique, sous les ordres du général
Maison, manœuvrait habilement, mais loin de lui ;
l'armée du Rhône était contenue et tournée par des
forces supérieures ; l'armée d'Aragon obéissait à regret à l'ordre qui la retenait en Espagne ; l'armée
des Pyrénées ne pouvait que retarder, sur les frontières du Midi, l'armée plus que triple en force que
commandait le duc de Wellington. En Italie, le roi
de Naples, Joachim Murat, venait de joindre ses
troupes aux Autrichiens, qui avaient pénétré par
le Tyrol. Cette indigne et dernière défection, qui
devait achever de ruiner le parti de Napoléon
dans ce beau pays, ne permettait pas à l'armée
d'Italie de s'éloigner ; si, au contraire, Joachim
avait employé ses forces à contenir les Autrichiens,
le prince Eugène Beauharnais aurait pu descendre
par le Piémont en France, y tenir longtemps en
échec la grande armée que commandait le prince
de Schwartzemberg, et Napoléon n'aurait pas eu
à soutenir seul, au moins si promptement, l'effort
de trois armées, dont la moins nombreuse était

plus que double de la sienne. Murat n'avait voulu servir que lui-même, sans se rendre compte de l'immense service qu'il rendait à la coalition. Il ne savait pas que ce service était un de ceux que des souverains ne peuvent jamais payer. Voilà pourquoi celui qui n'en rend de pareils que pour en recevoir le prix, fait toujours un marché de dupe.

Cependant Napoléon, réduit à des moyens de défense si disproportionnés, paraissait donc encore bien imposant à toute l'Europe armée, qui s'avançait vers la capitale de la France, puisque la marche de tant de soldats devenait si lente et si timide sur le sol français, et que les souverains qui avaient juré sa perte, qui avaient réuni contre lui tant d'efforts, auraient cru cependant faire assez pour leur gloire, s'ils étaient seulement parvenus à amoindrir la puissance qu'ils lui laisseraient. En effet, au milieu même d'une invasion dont le succès passait déjà leurs espérances, ils furent les premiers à proposer la reprise d'une négociation pour la paix générale. Un nouveau congrès s'établit à Châtillon ; les conditions étaient sans doute bien différentes de celles que Napoléon avait refusées six mois auparavant à Dresde ; on demandait sa renonciation à la Belgique, aux quatre départements du Rhin, et à toute influence sur l'Italie ; mais enfin la France devait lui rester telle que l'avait

possédée Louis XIV [1] ; et l'Angleterre elle-même
souscrivait à cette paix. Ce dernier fait, du moins,
m'a été affirmé par un homme d'État qui, dès lors,
s'occupait de fonder le repos de l'Europe sur une
autre combinaison. Mais, après des succès balancés
à l'ouverture de la campagne, Napoléon avait eu
quelques avantages plus décisifs, lorsque cet ultimatum lui était proposé; ils ranimaient ses espérances, et il est permis de croire aussi que des
révélations, qu'il évitait de rendre publiques, lui
donnaient peu de confiance dans la sincérité de ces
propositions ; il les rejeta, et l'on sait que le congrès de Châtillon eut le sort de tous les autres.

J'ai dit que Napoléon n'avait pu rallier près de
lui qu'environ soixante-dix mille hommes contre
les trois armées du prince de Schwartzemberg, du
feld-maréchal Blucher et du prince royal de Suède ;
il n'en avait même que quarante-six mille lorsqu'il
se porta à la rencontre du feld-maréchal Blucher
qui avait quelques marches d'avance sur les deux
autres ; mais il ne voulait pas perdre l'occasion de
l'attaquer avant leur jonction; il n'avait d'autre
ressource que celle de combattre séparément et
successivement ces trois armées. Il parvint, le
28 janvier, à déposter le maréchal Blucher du
château de Brienne où il s'était établi : le 1er fé-

1. Et même plus grande d'une province.

vrier, attaqué à la Rothière par toutes les forces
du général ennemi, triples de celles qui lui restaient, il perdit une partie de son artillerie. Toutefois, comme il ne fut point inquiété dans sa retraite,
il eut le temps de prendre une position qui lui permettait d'observer avec sécurité tous les mouvements du maréchal Blucher et de profiter de ses
moindres fautes. Il remarqua bientôt en effet que
ce général, dans la confiance d'un premier succès,
continuait plus négligemment sa marche sur Paris,
en divisant son armée par colonnes de huit à dix
mille hommes. Le 10 février il attaqua, à Champ-
Aubert, celle que commandait le général russe
Alzecfiew : il mit deux mille hommes hors de combat, et enleva vingt et une pièces de canon, environ
deux mille prisonniers, au nombre desquels se
trouva ce général ; le 11, il surprend, à Montmirail,
les corps des généraux Sacken et Yorck, et les met
en déroute après une perte de quatre mille morts
ou prisonniers, et de vingt-huit pièces de canon. Le
12, il poursuit les débris de ce corps qui s'étaient
réfugiés en désordre vers le point qu'occupait une
autre colonne de la même armée, commandée par
le général prussien Katzler. Ce nouveau corps est
encore enfoncé, et laisse sur le champ de bataille
trois mille morts, dix-huit cents prisonniers et une
partie de son artillerie. Enfin, le 13, le maréchal
Blucher se présente avec celles de ces colonnes qui

n'avaient pas encore combattu ; le 14, il offre la
bataille ; il la perd, plus malencontreux encore que
ses trois lieutenants, et laisse dans sa retraite, que
la nuit favorise, sept à huit mille hommes hors de
combat, quatre mille prisonniers et quinze pièces
de canon. On doit au surplus à ce vieux général,
dont la longue carrière militaire n'est certainement
pas sans gloire, la justice de reconnaître qu'il avait
la modestie de ne pas se croire assez fort contre
Napoléon avec le seul avantage du nombre ; car,
malgré le succès qu'il avait obtenu le 1er février,
il envoyait courrier sur courrier pour presser la
jonction de la grande armée du prince de Schwartzemberg à la sienne ; celle-ci aurait eu en effet
bien besoin d'être soutenue, puisque cinq jours
avaient suffi pour la dissoudre[1]. Ces succès vinrent
consoler les derniers moments de ce règne si
brillant qui n'avait plus que quelques jours d'existence.

Après le combat de la Rothière dans lequel le
maréchal Blucher avait lutté seul et avec honneur
contre Napoléon en personne, les souverains avaient
fait déclarer au plénipotentiaire de France, le duc

---

1. Ces mouvements que Napoléon dirigeait en personne, dans
un court espace de cinq jours, furent exécutés par les maréchaux
Macdonald, Ney, Mortier, Marmont, Oudinot et Victor (qui y fut
blessé), et par les généraux Sébastiani, Grouchy, Nansouty,
Friant, Ricard, Pajol, et plusieurs capitaines de ce mérite. De
telles opérations demandaient en effet de tels lieutenants.

de Vicence, que les conférences de Châtillon
étaient suspendues.

Après la dernière défaite du maréchal Blucher,
ils avaient provoqué la reprise des conférences.
Elles se prolongèrent jusqu'au milieu du mois de
mars, avec quelques variantes dans les conditions,
suivant que les opérations militaires des armées
confédérées avaient plus ou moins de succès.

Il est bien vrai que dans ces derniers moments les
souverains ne dissimulaient plus l'intention de ré-
duire la France aux limites de 1792. Mais à moins
d'accuser la sincérité des communications officielles
de leurs plénipotentiaires et des lettres de l'empereur d'Autriche à Napoléon, on ne peut pas douter
que jusque-là il n'y eût unanimité de la part de
tous les cabinets pour traiter avec Napoléon, conséquemment pour le reconnaître comme possesseur
du trône de France. Louis XVIII était retenu par sa
santé à Hartwell ; le comte d'Artois avait paru en
Franche-Comté. Il y trouvait les sentiments, il y
recueillait les respects dûs à ses malheurs et aux
droits de sa naissance ; mais cette province, envahie
par les troupes étrangères, était d'autant moins en
mesure de communiquer son élan aux autres provinces de France. M. le duc d'Angoulême s'était
rendu comme simple volontaire à l'armée du duc
de Wellington. Il était arrivé ensuite avec une faible
escorte à Bordeaux pour y faire proclamer le roi

Louis XVIII ; mais, lorsque le duc de Wellington
s'était plus tard porté sur cette ville, c'était au nom
du roi d'Angleterre que ce général anglais en avait
pris possession.

Toutefois, à Paris, les judicieux appréciateurs
de la situation de la France ne s'étaient pas fait illusion sur les succès des cinq brillantes journées
des 10, 11, 12, 13 et 14 février ; il fallait un autre
genre de prodiges pour le salut de Napoléon, et
pour que la France pût trouver le sien avec lui.

La France ne pouvait plus accepter qu'un gouvernement monarchique ; la paix était la première
de ses nécessités, et après avoir épuisé toutes les
conséquences de la gloire et du régime militaire,
son besoin naturel devait lui faire désirer une monarchie plus tempérée et plus pacifique ; la famille
des Bourbons pouvait assez naturellement alors
devenir son refuge ; telle fut l'opinion qu'exprima
plus tard Napoléon lui-même ; et il aurait été même
difficile d'expliquer autrement celle qu'il m'avait
fait pressentir le 24 janvier par ces mots que j'ai
déjà cités : *Si l'ennemi arrive aux portes de Paris, il
il n'y a plus d'empire.* Cependant à côté du vœu qui
pouvait rappeler les Bourbons, et qui fermentait
avec de mystérieuses espérances chez ceux qui,
au 31 mars, montrèrent le plus de zèle, un parti
plus nombreux, mais moins actif, se manifestait en
faveur du fils de Napoléon, et pour la régence de

l'impératrice : et une telle combinaison, dont il
serait superflu aujourd'hui de développer les diverses et graves conséquences, pouvait parler bien
haut à cette foule d'intérêts personnels engagés
dans la cause de Napoléon, à cette masse de la population, qui ne connaissait que l'empereur et l'empire ; mais les ministres de Napoléon n'avaient pas
à se prononcer sur cette question ; ils crurent avoir
rempli leur dernier devoir envers ce prince lorsque,
délibérant par son ordre, sous les yeux de l'impératrice Marie-Louise, qui les présidait, sur la question de savoir si les propositions du congrès de
Châtillon devaient être acceptées, tous, à l'exception d'un seul, se déclarèrent pour l'affirmative.
C'était déclarer qu'il ne lui restait plus, dans leur
pensée, que cette chance pour conserver le pouvoir. Lorsqu'ils furent consultés sur cette question
si grave, le maréchal de Bellune, secondé par le
général Digeon, avait remporté un nouvel avantage à Montereau sur les Wurtembergeois. Les maréchaux Macdonald et Oudinot avaient préparé ce
succès par un autre avantage sur les Bavarois ; les
confédérés avaient encore perdu dans ces deux
actions huit ou dix mille hommes et dix-sept pièces
de canon. De tels faits d'armes auraient, dans toute
autre circonstance, décidé du sort de la campagne ; mais les sept batailles gagnées dans le
courant de février ne devenaient plus que des

combats particuliers des espèces d'escarmouches, devant cette masse de confédérés dont les trois armées recevaient le lendemain plus de renforts qu'ils n'avaient essuyé de pertes la veille.

Le maréchal Blucher avait recomposé la sienne. Le prince Schwartzemberg occupait Troyes et les villes voisines avec toutes ses troupes. Le prince royal de Suède [1] s'avançait vers le nord de Paris. Les diverses colonnes de ces armées reprenaient leur mouvement concentrique sur la capitale. Napoléon ne pouvait plus que disputer et retarder chaque marche ; ce fut l'objet de la bataille de Craone, de l'attaque qu'il dirigea sur Laon, de celles qu'il renouvela chaque jour, profitant avec une admirable habileté de toutes les fautes de l'ennemi, le frappant à l'improviste sur chaque point vulnérable ; partout inférieur en nombre, et partout multipliant la force par l'à-propos et la promptitude des mouvements ; mais s'affaiblissant encore plus que l'ennemi, lors même qu'il lui faisait essuyer des pertes décuples des siennes. Les conférences de Châtillon étaient rompues ; conférences dans lesquelles le duc de Vicence avait développé autant de talents que de nobles sentiments ; et cependant lorsque Napoléon fut parvenu à accomplir le projet qu'il avait formé de couper les

1. Le maréchal Bernadotte.

derrières des armées confédérées, de rompre leurs
communications avec le Rhin, il redevint encore
assez redoutable pendant un moment, pour que les
colonnes confédérées suspendissent leur marche. Il
paraît même que l'empereur Alexandre, quoique
déjà il eût accueilli le baron de Vitrolles envoyé de
Paris près de ce prince par les partisans de l'ancienne dynastie qui s'étaient déclarés les premiers,
et qu'il eût connu par lui quelques-uns des vœux
secrets qui rappelaient les Bourbons, fut un moment tenté de renouveler les négociations pour la
paix, d'après les dernières conditions proposées
par le duc de Vicence. De son côté, l'empereur
d'Autriche venait de courir le risque d'être fait prisonnier à Dijon ; mais, vers le même temps, le
maréchal Augereau, qui commandait à Lyon, avait
perdu la bataille de Limones.

Pendant que Napoléon s'occupait de couper les
communications des confédérés avec l'Allemagne, il
était lui-même sans communications avec les maréchaux Mortier et Marmont ; plusieurs de ses
ordres avaient été interceptés ; tout son plan était
dévoilé ; il eut alors un moment d'hésitation, ne pouvant plus concerter ses mouvements avec ceux que
ces deux maréchaux devaient faire pour couvrir
Paris et pour tenir tête aux colonnes confédérées,
tandis qu'il harcelait leurs derrières. Il résolut donc
de revenir sur ses pas ; mais ce mouvement rétro-

grade lui offrait encore des corps ennemis à combattre, des postes à reprendre, des passages à forcer ; et malgré la rapidité de sa marche, il ne put
revenir sur Fontainebleau, qui lui offrait une position favorable pour y rallier ses débris, que lorsque
la capitulation de Paris était signée, et que déjà
Louis XVIII y était proclamé.

Il avait expressément ordonné que l'impératrice
Marie-Louise et son fils quittassent la capitale avant
l'entrée des troupes confédérées, et que les ministres
suivissent cette princesse. Deux ou trois membres
du conseil voulaient que l'impératrice attendît à
Paris les souverains qui devaient s'y rendre ; mais,
quoi qu'on eût fait et qu'on tentât, le sort de la
France était décidé par ce mot de Napoléon, que
j'ai rappelé. Il acquérait, à cette époque, une autorité testamentaire.

Lorsque Napoléon m'avait dit : *Si l'ennemi arrive
à Paris, il n'y a plus d'empire*, il m'avait paru annoncer sa résolution d'abdiquer, si la France ne
conservait pas ses limites naturelles. Or, depuis le
passage du Rhin, même depuis les conférences de
Manheim et de Francfort, il me paraissait évident
que les puissances ne voulaient plus laisser, dans
les mains de Napoléon, la France telle qu'il l'avait
trouvée lorsqu'il s'en était fait le premier consul ;
en un mot, cette France par les ressources de laquelle il était parvenu à la domination du monde.

Ma conclusion était que, si préoccupées de la
crainte de ne pouvoir pas renverser, du premier
coup, le colosse, elles avaient constamment entre-
tenu des négociations pour la paix; c'était avec
l'intention que la paix avec lui ne fût qu'une trève,
et qu'il fût assez affaibli pour ne pas résister à une
nouvelle et prochaine attaque. J'ai lieu de croire
que c'était aussi la pensée de Napoléon et qu'elle
eut une grande influence sur ses derniers actes. En
effet, les princes coalisés n'auraient pas désarmé.
Et qu'eût-ce été pour la France refoulée dans
ses anciennes frontières et découverte de tous
côtés qu'une paix qui doublait pour elle les sacrifices de la guerre (si, avec moins de ressources, elle devait continuer les mêmes efforts militaires), ou qui la tenait sans cesse sous la menace
de l'invasion, si elle réduisait ses moyens de défense?

La seconde question était celle de savoir si l'impératrice, restant à Paris, n'aurait pas pu conserver
le trône à son fils encore enfant, après l'abdication
de Napoléon. Mais quelles auraient pu être alors les
garanties de la sincérité de cette abdication? Comment auraient-elles pu se concilier avec l'indépendance du gouvernement de la France? Quelle époque d'ailleurs pour une régence! Quelle est la
régence, sans en excepter la plus glorieuse de
toutes, qui n'ait été funeste pour la France? Le 25

janvier, lorsque Napoléon attachait le sort de l'empire à celui de la capitale, j'avais achevé sa pensée en prévoyant qu'il abdiquerait, si Paris était pris. Plus tard, je n'étais pas moins fondé à conclure que l'abdication du fondateur d'une dynastie si nouvelle déshériterait inévitablement son fils. Telles étaient les réflexions qui m'occupaient le 30 mars. Je réglai d'après elles ma conduite, et, peu de jours après, Napoléon lui-même prit soin de les justifier. Je devais un dernier acte d'obéissance à l'impératrice, je me dirigeai à sa suite sur Blois. Ma femme, quoiqu'elle ne fût pas appelée par son tour de service auprès de cette princesse, se proposait aussi de s'y rendre ; elle fut retenue à vingt lieues de Paris par la difficulté des communications ultérieures. Au moment même de mon départ, je regardai ma carrière publique comme terminée : j'avais atteint ma cinquante-sixième année ; je soupirais depuis longtemps après la retraite. Je n'avais rien à demander au nouveau pouvoir qui allait survenir ; et, quel qu'il fût, il m'était permis de penser que je n'en avais rien à craindre.

En partant pour Blois, j'avais confié la direction du trésor public à M. Louis qu'anciennement j'avais fait nommer l'un des trois administrateurs de ce ministère. C'était celui qui pouvait le mieux maintenir l'ordre que j'étais parvenu à établir dans les finances.

J'avais confiance dans les services qu'il pouvait rendre à la France ; je ne lui laissais pas des finances sans ressources [1].

Ce fut à Orléans que j'appris que le roi Louis XVIII venait d'être proclamé à Paris, et reconnu par tous les souverains coalisés ; que le comte d'Artois y était attendu comme lieutenant-général du royaume ; qu'un gouvernement provisoire, ayant le prince de Talleyrand pour chef, était organisé ; que le baron Louis était un des ministres de ce gouvernement. Arrivé à Blois, je me trouvai au milieu de personnes qui parlaient encore à l'impératrice Marie-Louise de résistance. Cependant quelques-unes d'elles s'occupaient déjà de donner *ailleurs* une autre opinion de leurs sentiments. L'abdication de Napoléon était prononcée ; je n'attendais du gouvernement qui remplaçait le sien que ma part de repos dans celui qu'il promettait à la France. Le maintien de la régularité dans tous les actes du trésor public n'était pas la moindre sauvegarde de la paix publique dans un tel état de choses ; et je pressai le départ de quelques chefs de division qui m'avaient suivi à

1. Les comptes du trésor public, au 1er avril 1814, qui sont dans mes mains en duplicata, constatent qu'il restait dans la caisse centrale, en toute nature de bonnes valeurs, à longues échéance il est vrai, et qui par conséquent n'avaient pu me fournir les ressources journalières dont j'avais besoin, plus de 400 millions ; indépendamment des ressources que laissait le domaine extraordinaire.

Blois pour qu'ils pussent se rendre auprès du nouveau ministre, mon successeur.

En arrivant à Blois, j'avais trouvé les troupes qui avaient escorté l'impératrice dans un grand état de fermentation ; un détachement de la garde impériale, cantonné à Tours, était dans le même esprit. Leurs chefs s'étaient rendus près de moi ; leurs menaces étaient violentes ; aux inquiétudes sur l'avenir, ils joignaient des plaintes sur l'arriéré de leur solde. Je crus que le moyen de modérer les unes était de leur donner satisfaction sur les autres. Le dernier acte de la régence de l'impératrice fut l'ordre de prélever le montant de cette solde et de quelques dépenses strictement analogues sur la caisse du domaine extraordinaire, que le baron de Labouillerie avait conduite à Blois, et pour laquelle nous pouvions craindre la main-mise des cosaques. Ce prélèvement laissa encore dans cette caisse une très-forte somme en espèces et une somme plus forte en diverses valeurs. Ce n'était plus qu'au gouvernement du nouveau roi qu'il appartenait d'en régler l'emploi ; et je ne suis pas chargé de dire comment il y a été pourvu !

Quant aux comptes de mon ministère, je n'avais aucune précaution à prendre à cet égard. Il suffisait à ma sécurité que tous mes actes fussent à découvert par le seul effet des nouvelles formes de comptabilité que j'avais introduites. Je n'avais pas besoin de retrouver un ami dans le nouveau ministre des finances, je n'aurais pas craint d'y trouver un censeur, mais je ne pouvais pas le supposer. Placé par mon choix, et depuis longtemps à mes côtés, il avait été le témoin le plus immédiat de toute ma vie; souvent le confident de mes pensées ; je devais croire qu'il ne l'oublierait pas.

Après avoir assisté, avec l'émotion que devait causer une telle scène, aux derniers adieux que l'impératrice fit à la France, délié de mes devoirs publics, je quittai Blois, non pour revenir à Paris ; le premier de mes intérêts était de rejoindre ma femme, dont je n'avais aucune nouvelle depuis dix jours ; notre correspondance de chaque jour avait été interceptée ; j'allai la retrouver à Évreux, où elle s'était rendue avec sa famille en quittant Paris. Quelques notions sur le nouveau gouvernement que la France allait devoir à Louis XVIII transpiraient déjà ; je rentrai presque immédiatement à Paris, me retrouvant une seconde fois *solutus omni curâ* dans la carrière publique.

L'époque qui m'a rendu à ma vie privée devait être naturellement le terme de cet écrit. Ils peuvent n'être pas tout à fait inutiles pour leurs survivants, les souvenirs des contemporains d'une période si féconde en événements. *Testis opportunus, qui vidit sua tempora ; melior testis, qui vidit et pars aliqua fuit* [1].

1. Salluste.

Je n'avais pas ambitionné la part qui m'y est
échue. Je n'avais pas remercié le sort qui, en 1800,
m'avait enlevé à ma première retraite de huit années ; j'étais également loin de me plaindre de
celui qui m'y ramenait en 1814.

L'illusion des t-mps nouveaux ne m'avait laissé
aucun prestige. La nature même de mes devoirs publics m'avait accoutumé à juger les événements
plutôt par leur résultat que par leur éclat. L'homme
extraordinaire, près duquel je m'étais trouvé placé,
avait bien mérité de la France lorsqu'il avait relevé
le pouvoir public et apaisé les tempêtes de l'intérieur ; mais il avait eu le tort d'en élever au dehors
de violentes, et dont il n'était pas seul la victime.
J'avais admiré ses hautes qualités sans m'aveugler
sur ses fautes. Je l'avais servi avec droiture et fidélité. Je devais rester aussi loin de ses détracteurs
dans leurs excès que je l'avais été de ses enthousiastes dans l'emportement de leur zèle. Le passé
était pour moi sans regrets, comme l'avenir était
exempt de prétentions et d'inquiétudes. Aucun acte
de ma vie ne m'interdisait l'espoir de jouir, dans
la solitude, du repos que depuis si longtemps mes
vœux appelaient pour la France. Et devait-elle en
effet être moins unanime alors dans le désir de se
reposer tout entière des agitations brillantes auxquelles elle était livrée depuis quatorze ans, qu'elle
ne l'avait été en 1800, lorsqu'à la suite des commo-

tions révolutionnaires, et après tant de discordes
sanglantes, l'avénement de Napoléon au pouvoir
avait si promptement rallié, autour de lui, tous les
partis qui l'avaient divisée. Dans cette période, et
pendant toute sa durée, les anciens et les nouveaux
guerriers, les nobles et les plébéiens, les parlemen-
taires, les constituants, les conventionnels, les émi-
grés, confondus dans les conseils, dans les administrations, dans les armées, avaient tous mis
spontanément en pratique la belle maxime de *l'u-
nion* et de *l'oubli*. Elle se trouvait alors dans l'intérêt de tous. La France avait semblé renaître le
même jour dans un ordre de choses nouveau pour
elle sous un chef aussi nouveau, mais qui devenait
le centre d'espérances égales pour tous, et ne laissait espérer qu'en lui seul. C'est ainsi que, avant de
s'appeler monarque, il avait rétabli dans le corps
politique cette puissance et cette action concentrique qui constituent la monarchie. Mais il faut reconnaître qu'une grande différence caractérise l'é-
poque qui révéla à Napoléon le secret du pouvoir
et celle qui ramena Louis XVIII. Sans doute, à son
retour, le spectacle qu'offrait la France était moins
alarmant qu'au moment où il avait été forcé de s'en
exiler ; toutefois ce prince devait trouver des changements bien plus graves dans les hommes et dans
les choses ; c'était, par exemple, une nouveauté fâcheuse pour la comparaison des temps et d'un bien

sombre augure que l'assistance de quelques cent
mille soldats étrangers à la prise de possession du
trône de France par celui que l'Europe en déclarait
l'*héritier naturel*. Le trône avait besoin d'appuis
plus naturels eux-mêmes ; et c'était parmi tant
d'hommes nouveaux qu'avait élevés à ses côtés dans
la carrière de la gloire, et que laissait debout après
sa chute celui qui s'était élevé si haut, que
Louis XVIII devait chercher ces appuis. L'avis en
avait été donné à propos à ce prince ; il ne l'avait
pas entièrement négligé, et sa cour avait bientôt
admis le mélange des anciens et des nouveaux nobles ; aussi d'abord, lorsqu'il lui arriva de disposer
des principaux ministères de son gouvernement en
faveur des trois hommes qui avaient autrefois ap-
partenu aux deux premiers ordres de l'État quand
ces ordres existaient, quoiqu'il parût par de tels
choix céder à d'anciens souvenirs, on n'en prit pas
ombrage. On avait aimé à supposer, dans chacun
de ses trois ministres, une qualité spéciale. Le premier, M. de Talleyrand, était nécessaire comme
l'homme qui connaissait le mieux l'Europe, et qui,
pour l'époque, pouvait manier le plus habilement
les intérêts et les esprits. Le second, M. Louis, s'é-
tait fait, au parlement de Paris où il était conseiller
clerc, la réputation d'homme propre aux affaires ; il
avait voyagé au dehors dans les mauvais temps, et
surtout avec assez de fruit en Angleterre ; tous deux

avaient évité de prendre part à ce que la révolution avait fait de mal, et avaient accepté ce qu'elle
avait pu faire de bien. Le troisième, l'abbé de Montesquiou, le seul des trois qui eût conservé son
titre clérical, était un prêtre vertueux : seulement
il était implacable pour la révolution qui avait dé-
pouillé, de ses honneurs et de ses riches revenus, le
culte dans lequel il avait mis toutes les espérances
de son avenir pour ce monde et pour l'autre. Il ne
pardonnait pas non plus à la période impériale l'é-
clat qu'elle avait jeté sur la France. La part qu'il
venait d'être appelé à prendre aux affaires lui avait
bien fait comprendre que la disparition d'un homme
tel que Napoléon laissait, dans le gouvernement de
la France, un vide difficile à remplir; et il craignait
les retours de l'opinion publique : aussi avait-il essayé de l'en distraire en déclarant que le seul vide
désastreux était celui que Napoléon avait creusé
dans les finances. Et c'est dans cette intention que,
rompé par un homme qui s'était mis au service de
sa passion, il fit publier et qu'il dit hautement lui-
même que le gouvernement impérial laisserait
peut-être après lui un déficit de 1 600 millions. Or,
les comptes authentiques du trésor public, dont j'ai
encore les doubles, constataient qu'au moment où
je quittais Paris, je laissais en caisse à la trésorerie,
à la disposition du nouveau ministère, les budgets
antérieurs à celui de 1814 se balançant en recettes

et en dépenses, plus de 400 millions de valeurs à
terme [1], outre beaucoup de créances recouvrables,
ailleurs même qu'à Paris, outre les fonds libres de
la caisse d'amortissement et des dépôts que le ministère des finances s'appropriait *pour régénérer
d'autant mieux* (disait-on) *cet établissement*, outre
aussi les fonds qui restaient dans la caisse du domaine extraordinaire sous la garde de M. de Labouillerie. Définitivement, dans cette menace d'un
déficit de plus de 1600 millions, il y avait une exagération de treize quatorzièmes au moins [2].

Une note, que je joins à ce chapitre, donnera la
solution arithmétique de cette question de chiffres,
et réduira l'accusation à sa juste valeur.

Ni M. de Talleyrand, ni M. Louis, n'avaient pu
partager les illusions dans lesquelles se complaisait
à cet égard l'abbé de Montesquiou ; ce qu'aurait
voulu ce dernier ministre, c'eût été de voir la France
redevenir ce qu'elle ne pouvait plus être ; et tout
raisonnable qu'était Louis XVIII, il pardonnait à
l'abbé de Montesquiou ses rancunes qui raisonnaient si mal ; mais elles éveillèrent à l'île d'Elbe
de premières espérances.

Celles de la France depuis longtemps n'avaient
que la paix pour but. La paix devait finir tous les
maux, c'était d'elle qu'on attendait tous les biens.
Mais la France avait voulu la conquérir et c'était la

1. Voir l'état n° II, dans les pièces annexées. — 2. *Ibid.*

France qui était conquise ; la paix était ramenée sur le sol français par les troupes étrangères ; la nation tout entière le sentait avec humiliation et elle se trouvait par ce seul fait en état d'hostilité sourde et concentrée contre ceux qui faisaient de la présence de ces troupes un sujet de triomphe pour eux.

La famille royale, après vingt-cinq ans d'absence, retrouvait cette France renouvelée presque en entier par une génération qui lui était inconnue. Ce n'était pas en la servant que les noms nouveaux pour elle avaient acquis leur éclat. Elle revenait avec quelques amis fidèles à ses malheurs, à son exil, et tellement attachés aux mœurs, aux habitudes, aux traditions anciennes, qu'ils avaient tout quitté pour ne pas les perdre. Ce n'était pas pour la cause des Bourbons que la France avait remporté tant de victoires ; cette cause ne devait rien aux vainqueurs de Valmy, de Fleurus, de Zurich, de Marengo, d'Austerlitz, d'Iéna, de Wagram, de Dresde, etc. Son triomphe était dû aux derniers efforts de toutes les puissances de l'Europe, qui, après de constants revers, venaient enfin de former une ligue toute puissante contre celui qui, seul contre tous en 1813 et 1814, était cependant parvenu à rendre la victoire tant de fois encore douteuse dans cette dernière campagne.

Il était difficile que les premières préférences du roi et des princes ne fussent pas surtout pour les

serviteurs qui s'étaient résignés avec eux à vingt-
cinq ans d'exil ; tous autres n'étaient en effet que
de *nouveaux convertis*, auxiliaires qu'ils s'imposaient par nécessité.

Il était naturel que les Français qui n'avaient eux-
mêmes que le mérite d'une émigration momentanée, ou qui avaient pris part aux insurrections
royales de la Vendée, encore bien que presque tous
ils se fussent plus tard attachés au char de Napoléon, se prévalussent avec quelque avantage de
leurs premiers services envers la *légitimité*.

En même temps il était impossible qu'une autre
classe, plus nombreuse encore, qui, dans les temps
révolutionnaires, a perfectionné l'art de survivre
aux naufrages, négligeât, dans une telle occasion,
les ressources de sa tactique ordinaire. Et celle qui
lui avait le mieux réussi avait été de censurer avec
amertume tous les événements passés, en expia-
tion de ses propres antécédents.

Il était impossible que d'autres hommes, moins
souples et moins adroits, dont la vanité s'était d'autant plus exaltée que leur illustration avait été plus
rapide, qui étaient partis de loin pour arriver aux
premiers rangs, trouvassent leur nouvelle position commode entre des détracteurs qu'ils avaient
comptés parmi leurs flatteurs, et d'anciens illustrés
devant lesquels tous les nouveaux noms, toutes les
distinctions récentes, devaient perdre un peu de leur

éclat, ne fût-ce que par la nécessité du partage.

Il était impossible que soixante mille officiers survivant aux armées, dont beaucoup avaient formé les derniers cadres, conservassent leurs grades et leurs emplois, que tous les services fussent récompensés aussi chèrement qu'ils s'estimaient; que l'onéreux héritage que l'empire laissait à la royauté, dans son luxe militaire, administratif et magistral, ne dût pas augmenter beaucoup les charges publiques et les mécontentements; et que dans ce conflit d'élévations et de chutes, le titre même des préférences ne rappelât pas aux rivaux d'autres combats plus sérieux, dont les chances avaient été bien différentes.

Il était également impossible que tant de familles, qui, en voyant se dissiper devant elles toutes les vapeurs de l'orgueil, devaient être d'autant plus avides d'un *air libre,* et auxquelles la paix et la liberté étaient promises en échange des émotions et des illusions de la gloire, ne montrassent pas d'autant plus d'exigence pour l'accomplissement de cette double promesse, qu'un tel régime lui-même aurait été plus nouveau pour elle.

Enfin, quoique les princes cherchassent à tenir, en apparence, la balance à peu près égale entre tous les partis, dans cette profusion de grâces honorifiques qui suivit la Restauration, il était encore plus impossible que l'ancienne fidélité renonçât à

son droit d'aînesse, et que celle qui venait seulement de se promettre, mais qui croyait mériter
qu'on l'achetât aussi cher, ne se plaignît pas des
préférences ; que la lutte des intérêts ne produisît
pas celle des opinions, bientôt la lutte des opinions
celle des passions ; et que les écrivains, les hommes
diserts, qui n'avaient eu qu'un seul style sous Napoléon, ne profitassent pas de cette division pour
varier leurs rôles, et de la liberté de la presse
ou de la tribune pour se rendre les vifs interprètes
des accusations comme des récriminations réciproques, et pour distribuer l'éloge ou le blâme, au
gré des prétentions dont ils devenaient les organes.

Il y avait donc quelque chose de l'*ineluctabile
fatum* des anciens dans ce concours d'influences
qui faisaient qu'au moment où l'on obtenait la paix
désirée depuis si longtemps ; où la seule conscience
des besoins de la France devait rendre les sentiments assez unanimes en faveur des princes qu'elle
retrouvait ; où la position du pays paraissait fixée
et de la seule manière qui pût alors promettre quelque durée, presque personne cependant ne se montrait content de la sienne ; les uns, parce qu'ils
trouvaient qu'ils n'obtenaient jamais assez ; les autres, parce qu'ils croyaient déchoir depuis qu'ils
ne croyaient plus pouvoir s'élever plus haut. Et
déjà, dans cette grande inquiétude publique, le

premier sentiment de chacun était de s'occuper
avant tout de soi.

Les fortunes que Napoléon avait créées pour
tant de familles nouvelles, et qui s'évanouissaient en
grande partie par la perte des dotations sur les domaines étrangers, étaient, même dans leur ruine,
un objet de jalousie pour ceux qui s'appelaient royalistes par excellence. Ils se demandaient entre eux
si le roi ne devait pas faire pour ses premiers défenseurs au moins autant *qu'un soldat parvenu* avait
fait pour ses compagnons d'armes, etc., etc., etc.

De leur côté, ceux-ci prétendaient que la Charte
de Louis XVIII garantissait le maintien des récompenses et des distinctions à tous les services ; et ils
auraient voulu ne rien perdre de celles qu'ils
avaient reçues ; quelques-uns même allaient jusqu'à
demander qu'un gouvernement, qui ne leur devait
rien, leur conservât des faveurs qui ne dépendaient
pas de lui, et qu'il obtînt pour eux, des souverains
qui venaient de vaincre, la continuation en leur
faveur des charges auxquelles ces souverains s'é-
taient soumis lorsqu'ils étaient vaincus ; ils concluaient de ce que leurs noms nouveaux étaient
ennoblis, comme les plus anciens, par des faits
d'armes, que leur noblesse n'était pas moins re-
commandable que celle dont l'origine se perd dans
les siècles ; une gloire récente et personnelle leur
paraissait mériter autant d'égards, appeler autant

d'honneur, qu'en obtenaient les héritiers, parfois indignes, d'une gloire ancienne; il était difficile et dangereux, peut-être, de les désabuser.

Quand ceux-là s'appelaient *seuls royalistes* qui avaient fait, dans l'intervalle de 1794 à 1798, quelques malheureuses campagnes en Allemagne ou dans la Vendée, ils faisaient une faute grave : ils séparaient d'eux une trop immense partie de la France, et il n'était pas prudent d'introduire dans ce débat le rapport du nombre ; de plus encore la meilleure manière d'honorer ses revers n'était pas de réclamer pour eux le salaire des succès.

Mais, d'une autre part, les soldats qui, pour une autre cause que la cause royale, avaient si long-temps fatigué l'Europe et la renommée de con-quêtes dont le résultat était de laisser la France ré-duite à ses anciennes limites, ces guerriers faisaient une autre faute en poursuivant encore du récit de leurs exploits ceux auxquels ils rappelaient d'an-ciennes défaites.... Eh ! que restait-il en effet de tant de victoires ? l'étranger occupait nos provinces, qu'ils n'avaient pas pu défendre ! Ils prenaient donc mal leur moment pour réveiller les inquiétudes et les jalousies sur leur gloire.

Le résultat du grand changement qui venait de s'opérer devait être de substituer pour tous le définitif au provisoire ; mais le fait des révolutions

est toujours d'exalter toutes les prétentions sans
jamais pouvoir les satisfaire, et cette exagération
de prétentions non satisfaites se transforme bien
vite en plaintes. Personne ne prend l'esprit de sa
position ; chacun veut avoir plus que sa juste part ;
les mécontents se cherchent pour se communiquer
leurs griefs et l'on appelle homme de son parti celui
qu'on peut entretenir longuement de *ses droits mé-*
connus. On ne s'occupait pas encore alors de théo-
ries politiques ; je le répète, on ne pensait qu'à soi,
et ceux qui croyaient pouvoir tout reconquérir,
comme ceux qui venaient de tout perdre, repro-
chaient au nouveau gouvernement de ne pas y
penser assez. Il y a toutefois cet avantage dans les
partis qui ne se composent que de vanités blessées
et de prétentions déçues, c'est que, du moins à leur
naissance, ils ne créent pas de fanatiques ; les calculs de l'intérêt personnel y restent surtout individuels ; ils n'étendent pas leurs racines dans le pays ;
les *masses*, sans lesquelles il n'y a pas de partis
redoutables, y demeurent étrangères. Les adversaires se bornent d'abord à des épigrammes, des
récriminations, des rapprochements malins ; on se
fait ce qui s'appelle, dans la langue de l'intrigue,
la petite guerre des noirceurs ; mais l'homme d'un
parti croit avoir assez abattu son rival d'un autre
parti, quand il lui a été préféré, et il lui pardonne
même le murmure.

Je crois rendre un compte fidèle de l'état des
esprits à cette première époque. Il est malheureuse--
ment de l'essence des sentiments humains d'épuiser
leurs progressions avant de devenir rétrogrades ;
toutefois cette disposition était encore facile à diriger. Je l'observais avec autant d'impartialité pour
les autres que de désintéressement pour moi. Je
me rappelle que, dans une des courtes apparitions
que je faisais à Paris[1], j'eus la visite de quelques
officiers supérieurs d'état-major, que Napoléon
avait distingués, quoique jeunes encore. Je connais-
saïs seulement leurs noms ; ils ne voulaient que me
consulter sur la nouvelle carrière qu'ils pourraient
s'ouvrir. Je citerai entre autres cette phrase de l'un
d'eux : — Nous vous demandons conseil, parce
que vous êtes un homme modéré ; nous le sommes
aussi, quoi qu'on dise. Le nouveau gouvernement
n'a plus besoin de nos services ; nous serions fort
embarrassés de notre oisiveté ; le gouvernement le
serait peut-être aussi lui-même. Le métier de la
guerre nous quitte ; nous voulons trouver un autre
métier dans la paix ; nous désirons être aidés par
vous dans cette recherche. — Il y a loin d'un tel
langage à celui de factieux.

En applaudissant à leurs sentiments, je répondis

1. Je m'étais retiré à quelques lieues de Paris dans une ha-
bitation de campagne que depuis longtemps j'avais destinée à
être le lieu de ma retraite.

que je n'étais guère en état de fixer leur choix. Trois
d'entre eux me dirent qu'ils possédaient quelques
biens immeubles. Je fis observer à ceux-ci que leur
nouvel état était tout trouvé ; que, sous le gouvernement représentatif qui nous était promis, on avait
déjà un fort bel état quand on était propriétaire.
C'était peut-être un idée nouvelle pour eux ; quelques explications suffirent pour la leur faire trouver
juste. Deux autres avaient suivi les cours de l'École
polytechnique ; ils avaient du goût pour les travaux industriels ; on leur proposait un intérêt
dans une grande manufacture ; ils ont pris ce parti.
Depuis ce temps, aucun d'eux n'a fait parler de
lui, et je persiste d'autant plus à bien penser de
tous.

Je me rappelle encore que plusieurs généraux,
qui n'avaient pas la réputation d'être aussi résignés, obtinrent inopinément, vers le même temps,
quelques grâces. De mécontents qu'ils étaient, ils
se montrèrent bientôt aussi bien disposés en faveur
du nouveau pouvoir, qu'ils avaient pu paraître
dévoués à celui de Napoléon. Ce qui n'est pas
moins remarquable, c'est que ces faveurs ne firent
pas de jaloux dans leur classe. Il suffisait à leurs
anciens camarades qu'elles fussent accordées à la
supériorité notoire du mérite.

C'est une des qualités des bons chefs militaires
de notre âge, que de savoir s'apprécier entre eux.

Une promotion équitable laisse espérer à chacun
que son tour viendra, et ils l'attendent. Ceux qui
ont traversé tous les rangs de l'armée ont appris à
supporter leur mauvaise fortune et la bonne fortune d'autrui ; des murmures leur échappent contre
les passe-droits, et souvent dans des expressions
peu mesurées, sous des formes peu respectueuses.
Napoléon les avait accoutumés à mettre tout en
dehors ; ils ne savaient pas avoir de secrets ; toujours pressés de tout dire, ils étaient d'autant moins
capables de méditer des complots. Et celui qui ne
s'offensait pas d'être appelé par eux le *petit caporal*
leur avait laissé prendre l'habitude des saillies et
des boutades, parce que c'était là son meilleur
moyen de police envers eux. Dans leur nouvelle
position, ces chefs étaient assez généralement résignés à se contenter provisoirement de leur demi-
solde, d'un bon accueil à la cour et chez les ministres, et de la liberté de parler d'eux encore quelquefois ; mais le choix de mesures à prendre envers
les militaires d'un ordre inférieur était plus délicat.
Ils étaient encore imposants ces grands débris de
l'armée française composés d'officiers qui avaient
commencé la plupart par le dernier grade, et de
soldats appartenant à toutes les classes, et que
tant d'exemples autorisaient à ne se refuser aucune
espérance.

Peu de temps après le retour des Bourbons en

France le bruit s'était répandu que le projet de la
dissolution de l'armée avait été agité dans le conseil des ministres. On nommait même celui d'entre
eux qui avait proposé un tel moyen d'économie. Ce
bruit était absurde; mais il avait fait trop de che-
min pour être méprisé; il avait agité les esprits; et,
sans le démentir, on avait assez légèrement donné
l'ordre à tous les régiments de se rendre à Paris.
Quoique, dans le premier trimestre de 1814, plus de
40 millions par mois eussent été employés au seul
entretien de l'armée, quelques corps pouvaient
avoir un faible arriéré de solde à réclamer; ils s'en
plaignaient. Or, au lieu de satisfaire chacun d'eux
dans leur garnison, suivant la plus grande convenance du trésor royal et la leur, on avait attaché
je ne sais quelle importance à l'idée de leur faire
payer à Paris la totalité de la solde échue et de
quelques fractions d'entretien arriérées; et ils devaient ensuite être présentés aux revues du roi et
des princes. La seconde intention était bonne; la
première était juste, son effet devait précéder l'autre. Mais il aurait fallu que toutes deux pussent
s'accomplir simultanément dans le même lieu;
et on ne parut pas même soupçonner la difficulté
de faire payer subitement dans la même ville, par
une seule caisse, une armée tout entière [1].

1. L'armée se trouvait augmentée de toutes les garnisons fran-

La marche des troupes n'avait pas été mieux cal-
culée que le mode de paiement. Elles arrivaient
avec peu d'ordre toujours à une autre époque que
celle à laquelle elles étaient attendues ; et à peine
étaient-elles entrées dans Paris, qu'on aurait voulu
les en voir repartir. Les vieux soldats ne retrou-
vaient plus là l'accueil accoutumé. On pressait les
ordonnateurs militaires d'expédier les mandats de
paiement ; le temps manquait à ceux-ci pour faire
une liquidation exacte ; il paraît que (sauf révision)
ils attribuaient aux corps plus que moins ; l'embarras devenait d'autant plus grand pour le trésor
royal qui, n'ayant pas le temps d'escompter ses
valeurs à terme, ne pouvait approvisionner chaque
jour la caisse de paiement que d'une somme fort
inférieure aux mandats ; et on s'apercevait toujours
trop tard que le montant des mandats excédait
l'évaluation approximative qui avait été faite de
cette dépense. Au milieu donc des délais de la liquidation et des lenteurs du paiement, il fallait se résoudre à laisser livrés à toutes les tentations du dé-
sœuvrement, dans une ville où la discipline la
plus exacte aurait déjà trouvé tant d'écueils, des
soldats, dont la discipline commençait à se relâ-
cher ; et l'on peut juger, par les lieux qu'ils pouvaient fréquenter, par la classe d'habitants qu'ils

çaises qui évacuaient les places fortes de la Prusse et autres
parties de l'Allemagne.

devaient associer à leurs ébats, de l'échange d'impressions qui résultaient d'un tel mélange. Ils avaient eu l'habitude de lire les journaux à une époque où les journaux étaient précisément faits pour qu'ils les lussent, et où ils y trouvaient écrite la gloire de l'armée ; ils les recherchaient d'autant plus à Paris, qu'on commençait à en interdire la lecture dans les garnisons ; et ils prenaient en assez mauvaise part le ridicule que la plupart de ces feuilles jetaient sur le gouvernement impérial.

Le jour où le roi et les princes les passaient en revue, touchés de leur affabilité, ils étaient de bonne foi dans les élans du dévouement qu'ils leur promettaient : ils recevaient de leur munificence une gratification de plusieurs jours de solde. Une telle largesse, au milieu de Paris, était promptement et mal dissipée ; elle ne dédommageait pas d'ailleurs les corps d'un autre mécompte qui les attendait. Quand les mandats des ordonnateurs, pour l'arriéré de la solde, étaient délivrés au quartier-maître d'un corps, et immédiatement après la revue du roi, le ministre de la guerre pressait le départ de ce corps. Mais, comme le paiement des mandats éprouvait des retards, les quartiers-maîtres cherchaient à escompter les titres de créance de leurs corps, et l'on vit bientôt se placer, entre les ordonnateurs et le trésor royal, un essaim d'agioteurs qui s'appropriaient peut-être en profits le tiers des arrérages

que devaient recevoir surtout les officiers. En peu
de temps, ce honteux abus avait fait de tel progrès,
que les mesures tardives prises pour le réprimer ne
firent qu'en augmenter le scandale par l'impunité
des auteurs. Les efforts qu'on fit pour en effacer la
trace furent vains ; elle resta dans toute l'armée.

Ce fut ainsi que, par une suite d'idées incomplè-
tes, par un défaut d'accord et de prévoyance, une
bonne intention manqua son but, et une belle occasion fut perdue. On fut mécontent de l'armée, et
c'était ce que demandaient bien des gens qui voulaient une armée nouvelle. On la fit mécontente elle-
même, et peut-être par la seule contagion de ce sentiment. On compta pour beaucoup ce qu'elle ne
comptait elle-même pour rien, cette débauche de
l'esprit soldatesque, qu'il faut toujours pardonner
à des Français. Il est malheureusement des temps
qui ne pardonnent rien à ceux qui gouvernent !

Les hommes, qui se mettent à la tête des affaires
publiques, manquent rarement de *bonnes intentions*;
mais cette condition demande le concours de beaucoup d'autres, et, par-dessus tout, une juste appréciation du sentiment qui domine, de l'esprit public,
des besoins, des mœurs du temps, même des fantaisies, qui ont quelque vogue, et dont on fait bientôt des passions quand on les heurte [1].

1. Il ne s'est trouvé qu'un seul des Bourbons qui ait bien
connu son siècle, et ait mérité d'en faire le sien. Ce Bourbon

C'était peut-être aussi avec une bonne intention, avec celle de faire mieux ressortir les avantages d'un gouvernement pacifique et qui promettait d'être économe, que le ministre chargé du portefeuille de l'intérieur était venu déclarer aux chambres que le gouvernement impérial laissait à la monarchie restaurée les terribles conséquences d'un *vide* supérieur peut-être aux revenus ordinaires de deux années. Mais la forme énigmatique de la dénonciation et l'invraisemblance du fait dénoncé avaient donné aux mécontents le prétexte d'accuser tout le ministère de vouloir tromper ou de s'être trompé lui-même ; alternative fâcheuse pour un début ! Ce triste et vague énoncé était devenu en même temps, pour quelques autres, l'occasion de rappeler les déficits plus réels qui avaient suivi les règnes de Louis XIV et de Louis XV ; comme aussi pour tous ceux qui se trouvaient en contact avec le trésor public, en qualité de prêteurs ou de fournisseurs, celle de chercher d'autant plus leurs sûretés à ses dépens.

Personne toutefois ne croyait sérieusement à ce monstrueux arriéré : on interprétait et on commentait en général dans un meilleur sens les paroles de M. Talleyrand, qui, lors de la présentation du budget de 1814 à la chambre des pairs, avait dit *que*

n'est ni Charles X, ni même Louis XVIII... Ses efforts ont-ils tout le succès qu'ils méritent ! — (1845.)

cette fois du moins les plus difficiles ne pourraient
plus reprocher au budget d'atténuer les charges et
d'exagérer les ressources.

Ce que demandait la France, si chèrement désa-
busée de ses illusions de domination universelle et
de toute espèce de prestiges, c'était que la différence des deux époques se marquât surtout par les
garanties qu'elle trouverait contre toute surprise,
tout mécompte, tout arbitraire.

Or, au milieu même des dernières convulsions de
l'empire, le trésor public était parvenu à maintenir
à jour, et munis de tous les contrôles et des justifica-
tions nécessaires, les comptes de tous les paiements
et de tous les recouvrements que l'invasion ennemie n'avait pas localement suspendus. Il conservait
en bon ordre, et par le seul effet de la méthode qui
mettait, dans chaque lieu, les ressources en rapport avec les exigences de chaque service, des
moyens plus qu'approximatifs de l'évaluation de
l'arriéré local de quelques parties de recettes et dépenses publiques ; elles se balançaient à peu près
partout [1]. Mais, à cette époque, toute vérité n'était

1. La situation du budget de 1814 au 1er avril, et celles des
budgets antérieurs, dont les recouvrements avaient couvert ou
devaient couvrir les dépenses, sont résumées dans un compte
du trésor public arrêté au 31 mars 1814, époque où je quittai
le ministère, et dont le double est dans mes mains. Ce double
en manuscrit devenait ma propriété bien légitime, puisqu'il
était la garantie de ma responsabilité.

pas opportune à dire, surtout en l'honneur d'un
empire qui s'écroulait ; en même temps que le gouvernement, qui le remplaçait, était facile à s'alarmer, il devait surtout être sobre d'actes de vigueur ;
et il ne fallait pas encore l'exposer à faire essai de
la sienne.

Des contrastes, dans les rapports et dans les
goûts, sont les conséquences assez ordinaires de
grands événements politiques ; c'est ce qui explique
pourquoi l'abbé de Montesquiou, qui avait trouvé
bon que sa famille fût bien traitée par Napoléon [1],
avait cru cependant, en devenant ministre de
Louis XVIII, devoir à son nouveau titre d'accueillir
avec faveur, de rechercher même tous ceux qui
pourraient lui apporter des censures bien amères
contre ces quatorze années qu'il affectait alors de
nommer l'*interrègne de l'usurpateur* ; ce qui put
étonner davantage de la part d'un homme naturellement très-circonspect et ami des bienséances, ce
fut la subite âpreté qu'il manifesta contre le gouvernement impérial, à l'ouverture des chambres,
ainsi que cette accusation de dilapidation de plus de
1600 millions, dans lesquels il comprenait le seul
arriéré des ministères pour près de 600 millions,
outre beaucoup d'autres remboursements exigibles :

1. L'Empereur avait nommé M. le comte de Montesquiou son
grand-chambellan, et il avait très-dignement choisi madame
la comtesse de Montesquiou pour être la gouvernante de son fils.

il avait promptement laissé paraître son penchant à
préférer, pour ses affidés, ceux qui ne lui disaient
que ce qu'il voulait entendre : quand on lui dénonçait quelque mauvais emploi de deniers publics sous
l'empire, les chiffres les plus élevés étaient ceux
que sa mémoire accueillait le plus avidement,
comme plus accusateurs. Sans doute, s'il n'avait
cherché que la vérité, les plus simples notions auraient suffi pour lui faire concevoir qu'un désordre,
tel que celui qu'il croyait découvrir, était impossible
avec une comptabilité qui ne pouvait, par son mécanisme même, tolérer aucune réticence, et qui,
jusque-là, n'avait révélé aucun grave symptôme
d'arriéré en maintenant tous les comptes à jour.
Mais les hommes passionnés s'épargnent les lenteurs
du doute et de l'examen ; ils ne trouvent rien d'in-
vraisemblable dans ce qu'ils aiment à croire, et la
crédulité d'un ministre aussi novice avait été d'autant plus facilement séduite, que c'était le chef
même du bureau central dans lequel se résumaient
les principales opérations du trésor public, qui,
pour être mieux écouté, exagérait les conséquences
des abus que censurait le ministre, et qui, quand
il traduisait ces abus en chiffres, employait alors
les plus gros. Ce même chef de bureau, qui avait
pu observer de près mon administration, prétendait
ne pas m'attaquer en affirmant dans un libelle que la
trésorerie française, à l'époque de ma retraite, pré-

sentait un déficit de plus de 1600 millions. Cet agent avait bien jugé les moyens de succès qui pouvaient prévaloir alors, puisqu'en effet il se recommanda par une telle manœuvre. Mais le dernier devoir qu'il avait rempli envers moi avait été de me remettre, comme il le devait, un double des états de situation du trésor public, arrêté au 31 mars 1814, jour de mon départ de Paris ; or, les chiffres de ces comptes, qu'il n'avait pas pu altérer, donnaient le démenti le plus arithmétique aux calculs erronés qu'il espérait faire momentanément prévaloir ; car ces mêmes comptes prouvaient :

1° Qu'il ne pouvait pas exister d'arriéré grave sur les deux budgets de 1812 et 1813 (et moins encore dans les budgets antérieurs), puisque ces deux budgets avaient pu léguer, à celui de 1814, un fonds libre de près de 80 millions, qui se trouvait en excédant dans les ressources qui leur avaient été destinées[1] ;

2° Qu'il ne pouvait pas y avoir plus d'arriéré sur le service de la guerre en 1814, puisque, dans le premier trimestre seulement et indépendamment de quelques avances faites à la fin de 1813, le trésor public avait payé plus de 122 millions pour le seul

---

1. La réalisation des secours promis aux budgets de 1812 et 1813, sur le produit de la vente des biens communaux, était déjà assurée alors. Ce fonds laissait même un excédant de près de 80 millions libre pour le budget de 1814, ...

service de la guerre, somme de moitié supérieure à la dépense de la solde et de l'entretien des hommes qui restaient sous les drapeaux.

3° Que le trésor public, en même temps, était loin d'être épuisé, puisqu'à la même date du 31 mars, la caisse générale seule contenait plus de 400 millions de bonnes valeurs négociables, dont les sept huitièmes avaient pour gage les contributions directes recouvrables dans l'année, indépendamment encore de cette subvention de près de 80 millions dont 1812 et 1813 gratifiaient 1814, indépendamment enfin des fonds considérables que le nouveau ministre des finances avait repompés à la caisse d'amortissement, dont il suspendait l'action. Les fonds du domaine extraordinaire devaient encore être à sa disposition ; il avait en outre d'anciennes et fortes créances à réclamer : aussi la Bourse était-elle en pleine confiance dans les mesures de crédit que voulait surabondamment employer le ministre ; elle n'élevait aucun doute sur la solvabilité du trésor public, quoiqu'il eût à pourvoir à beaucoup d'exigences nouvelles que n'avait pas prévues le budget.

La Bourse avait pris goût aux derniers modes des petits emprunts du gouvernement impérial, qui consistaient dans une émission de valeurs à terme portant intérêt à 5 pour 100, sous le nom de bons de la caisse d'amortissement ; elle désirait retrouver

l'activité qu'elle avait due à la présence de ces
effets d'un placement facile : le ministre des finances n'avait donc besoin que de changer le nom
de valeurs de même nature, dont il voudrait se
donner le secours ; il en changea aussi l'intérêt, et
de nouveaux effets parurent à la Bourse sous le titre
de *bons royaux* ou *obligations du trésor royal*, auxquelles un intérêt de 8 pour cent fut attribué.

Dans cette arène ouverte à la lutte de tant de
calculs privés, l'apparition d'un nouvel effet public
n'est jamais un fait indifférent ; tout ce qui se fait
sur ce marché public y est observé, commenté, interprété par l'esprit de rivalité. On peut donc regarder assez justement la Bourse comme un lieu d'é-
preuve pour les réputations, non-seulement des
hommes qui cherchent du profit dans les variations
des cours, mais même des hommes publics qui préparent la matière des ventes et achats qui s'y font ;
et ces derniers, en général, n'y sont pas les plus
ménagés. Cependant il arriva que cette fois les habitués de la Bourse (qui à la vérité ne voyaient pas
sans intérêt se préparer un grand mouvement de
négociations, conséquemment plus de chances de
profits pour eux) mirent plus de réserve dans leur
jugement sur les personnes. Et quoique les chiffres
si légèrement adoptés par l'abbé de Montesquiou,
y eussent d'abord causé beaucoup d'émoi ; quoique
les doutes qui s'élevèrent bientôt sur l'exactitude

de ces chiffres, eussent pu faire naître une foule de
conjectures diverses, dont le résultat commun était
qu'il y avait du luxe, et un luxe un peu cher, dans
les nouvelles ressources qu'on voulait créer pour le
trésor public, on ne se permit pas à l'égard de ce
ministre le moindre soupçon d'une manœuvre d'intérêt personnel ; l'austère probité de l'abbé de Montesquiou devait suffire pour le défendre, et l'opinion
publique le maintint au dessus d'une pareille atteinte. Son inexpérience en finances l'excusait de ne
pas s'être mieux éclairé sur la situation réelle du
trésor par les comptes mêmes qui constataient la
présence dans les caisses de plus de 400 millions de
bonnes valeurs au 1er avril 1814, et d'avoir été
trompé par des calculs inexacts et de mauvaise foi.

Toutefois, quelque garantie que le nouveau budget trouvât dans ses ressources pour les charges
qui lui étaient imposées, quelque habiles que fussent les dernières mesures de crédit, quelque bien
appropriées qu'elles parussent être aux convenances
de la Bourse de Paris, les nouveaux effets émis
trouvaient dans les départements, et surtout dans
les grandes villes, des juges plus soupçonneux et
plus inquiets ; là on avait moins de zèle pour les
nouveautés du 31 mars, que n'en montrait une
classe d'habitants de la capitale. Les fournisseurs,
qui pouvaient avoir encore quelques appoints à réclamer pour solde de leurs marchés, ne résidaient

pas tous à Paris ; et c'était au paiement de ces fractions de dettes que le ministre destinait, par préférence, les bons royaux qu'il venait de créer. Il désirait prudemment que ces valeurs ne fussent pas
trop abondantes sur chaque point, et qu'en même
temps, en leur qualité de monnaie de crédit, on pût
en prendre l'habitude et le goût dans beaucoup de
lieux. Mais chaque fournisseur des départements,
qui se trouvait encore créancier, témoignait hautement sa surprise de ne trouver pour lui, dans
le mode de paiement consacré par la nouvelle loi
du budget, que les mêmes chances contre lesquelles
ses consorts avaient tant de fois réclamé sous l'empire, et ce qui n'était pas arrivé précédemment,
déjà les provinces étaient parcourues par une foule
de spéculateurs qui, sous prétexte de venir au secours des plus pressés, offraient de prendre à leur
charge les risques et les lenteurs de la liquidation
et des recouvrements, et parvenaient à persuader à
quelques propriétaires de créances sur l'État qu'ils
étaient fort généreux envers eux en achetant à 50
pour 100 de perte la cession de leurs droits et le
transfert de leurs titres.

Par suite de manœuvres, que le ministère ne
soupçonnait probablement pas, et du désappointe-
ment qu'elles produisaient, le mérite d'un grand
sacrifice était perdu ; et le public oubliait le tort du
gouvernement qui avait disparu sans avoir payé,

disait-on, toutes ses dettes, pour se plaindre du
nouveau gouvernement, qui les payait mal.

Ces divers mécontentements faisaient d'autant
plus de progrès. Les gens instruits, qui sont habituellement les plus modérés, ont en général peu de
crédit sur les mécontents. Les malveillants abusaient
de l'état équivoque des esprits pour insinuer que
l'on voulait faire entrer dans le déficit bien d'autres
dettes que celles du précédent gouvernement ; et,
d'un autre côté, ceux qui croyaient avoir droit à
des indemnités murmuraient de ce qu'une forte
somme allait être distribuée entre des créanciers
moins anciens, et qu'ils regardaient comme moins
privilégiés qu'eux.

Ce fut de l'époque de la présentation du budget
et du conflit le plus animé entre les espérances
déçues, les prétentions nouvelles, les souvenirs rivaux, les diverses spéculations de Bourse, que data
surtout le changement plus défavorable qui se manifesta dans les opinions ; les pamphlets se multipliaient ; les ministres laissaient un libre cours à
cette petite guerre. Il ne me convenait pas d'y
prendre part ; le silence m'a toujours paru le
parti le plus digne ; je résistai aux invitations des
censeurs qui accusaient le mien, au défi des appro-
bateurs qui s'en prévalaient ; ceux-ci étaient en
petit nombre. Le jugement du public n'était déjà
que trop sévère, et il n'avertissait pas le gouverne-

ment ! Je pensais que plus ce gouvernement était faible, plus on devait craindre de l'ébranler ; car il en fallait un à la France.

Le mécontentement, lors même qu'il ne procède d'abord que d'une seule cause, est habile à s'en créer beaucoup d'autres.

Ce système de dénigrement obstiné contre tous les principes, tous les actes d'un gouvernement auquel on ne laissait plus d'autre mérite que l'abus des victoires, n'avait fait que rappeler vers lui plus de souvenirs ; et cependant, sauf les petites ambitions qui s'agitaient à sa surface, la France n'était pas factieuse ; elle n'aspirait pas à redevenir dominante ; elle ne prétendait qu'à reprendre avec dignité son rang parmi les nations indépendantes ; ce qui lui manquait, c'était un assez grand homme d'État, un chef assez imposant pour apprendre aux corps politiques qu'elle instituait que chacun d'eux devait se contenter de sa part, de sa juste part dans l'indépendance commune, que chacun d'eux avait sa limite et qu'aucun n'en devait sortir. Or, personne, en 1814, n'était prêt pour un tel rôle ; aussi, chaque jour, avait-on plus de motifs de dire que le gouvernement de la France avait disparu tout entier avec Napoléon, et que c'était ailleurs que dans les finances qu'il avait laissé en effet un grande vide, que ne remplissaient ni des princes qui n'avaient pas pu accomplir leurs promesses de dégrèvement

sur l'impôt, ni des ministres qui, au lieu de confiance et de concours, ne trouvaient partout que
résistance et censure.

L'impôt de la conscription était aboli, et c'était
un grand bienfait ; mais dans le nouveau mode de
recrutement qu'on devait y substituer, l'armée
croyait apercevoir l'intention de la renouveler tout
entière.

Était-il donc si difficile de gagner cette armée
par la confiance? Et parce qu'elle offrait encore
quelques vieux soldats, restes de ceux qui avaient
été si longtemps la terreur de l'Europe, fallait-il
leur apprendre qu'on les trouvait encore trop redoutables?

Le Roi avait cru être généreux envers la noblesse
nouvelle en la reconnaissant par la charte, et n'être
que juste en rétablissant dans ses titres la noblesse
ancienne, dont une partie avait payé assez chèrement son dévouement à sa cause. Mais ce qui con-
stitue et fonde la noblesse, c'est moins la distinction
nominale dont elle se décore, et même la longue
possession des titres, que les prérogatives dont elle
jouit, le pouvoir dont elle use, l'influence qu'elle
exerce. Et si, sous la nouvelle loi qui plaçait tous
les droits réels sous le même niveau, la résurrection
des titres rappelait l'idéal de l'antique supériorité,
elle devait réveiller d'autant plus vivement les regrets sur la déchéance des vieux priviléges. En

même temps les nobles de l'empire se plaignaient
de devenir, à la suite des anciens nobles, de simples
anoblis : ils s'étaient crus les aînés de la gloire,
parce qu'ils avaient concouru à celle de la France et
de l'homme prodigieux dont les entreprises auraient
rempli plusieurs siècles ; et ils s'étaient crus trop
haut montés pour qu'on pût les abattre. La restauration les désabusait ; et, si leur susceptibilité se
montrait facile à l'émoi, elle en avait bien quelques
motifs : l'ancienne noblesse se rétablissait tout naturellement, sinon dans ses droits et dans ses priviléges, du moins dans sa prééminence. Les noms
illustres de la monarchie avaient toujours obtenu
les égards des illustrations de l'empire ; mais maintenant ces égards étaient exigés : l'hommage avait
commencé par être libre, et il finissait par être un
devoir : le Français, généreux quand il donne, se
montre quelquefois avare quand on l'impose. Les
titres donnés par Napoléon avaient généralement
un grand prix aux yeux de leurs possesseurs, qui
ne les devaient pour la plupart qu'à quelque action
d'éclat où à d'utiles services publics ; ils disaient
qu'ils avaient été trop bien acquis pour être jamais
contestés ou avilis ; et, quoiqu'on ne les leur dis-
putât pas, ils comprenaient bien qu'ils ne leur étaient
pas sérieusement accordés par ceux auxquels ils
semblaient les assimiler. Puissants et parfois protecteurs sous Napoléon, ils ne se sentaient plus que

tolérés, lorsqu'ils voulaient prendre rang parmi les nobles d'autrefois. Une autre circonstance venait encore accroître leur disposition à l'irritation, effet inévitable d'une situation déchue, ils voyaient pulluler de tous côtés une foule de nobles encore plus récents qu'eux, se créant à eux-mêmes des services et des titres : et de la complaisance avec laquelle le nouveau pouvoir accueillait toutes ces fantaisies de vanité, peut-être uniquement comme un moyen de répandre des grâces qui ne lui coûtaient rien, ils concluaient qu'on ne multipliait ainsi cette distinction, que pour l'amoindrir dans leurs personnes.

Ce n'était pas l'entourage le mieux choisi pour un trône qui tâchait de se relever d'un long abaissement, que cette noblesse divisée en trois classes aussi distinctes que son origine. Il y avait là des prétentions irréconciliables, et le roi ne pouvait que multiplier les mécontents, même en tâchant de tenir la balance égale.

La première classe s'était trop bien trouvée des temps antérieurs à la révolution, pour ne pas conserver sa tendance à y revenir ; ce n'eût été pour elle qu'obéir à l'instinct de sa nature ; elle en était soupçonnée du moins, et c'en était assez pour exciter la méfiance ; la troisième, qui était un abus exagéré du temps passé, devait naturellement appeler à son secours le retour des abus ; et son

langage était d'autant plus hautain et absolu, qu'elle
croyait ainsi mieux singer le *vieux gentilhomme*.
Peu de sympathie existait entre ces deux classes ;
il y en avait encore moins dans la seconde pour
l'une et pour l'autre. Ces hommes nouveaux, qui
étaient sortis des rangs et s'étaient placés à la tête
du pays depuis 1797 jusqu'en 1814, avaient senti
de bonne heure que leur accord ferait leur force.
Dans les habitudes de la vie privée, auxquelles une
première aurore de paix semblait les rappeler, ils
se sentaient le besoin d'une alliance qui leur fût
propre ; et ils se trouvèrent spontanément disposés,
puisqu'il leur fallait un refuge, à le réclamer dans
cette immense majorité bourgeoise et industrielle,
qui se tenait alors hors du débat des vanités, et
qui plaçait la sûreté de ses droits réels dans la garantie de la charte donnée par le roi. C'était aussi
dans cet acte que la noblesse impériale se flattait
de trouver un appui contre la déchéance et les
humiliations, dont elle s'exagérait la menace ; en
se rapprochant de ses anciens pairs, elle se donnait
le mérite de n'avoir pas oublié son berceau ; et son
orgueil n'avait rien à y perdre : les élus de Napoléon avaient donc été dirigés par l'instinct qui révèle à chaque corps le secret de sa conservation,
en rentrant d'eux-mêmes dans les rangs plébéiens.
Ils étaient sûrs de conserver là les titres dont ils
aimaient à se faire honneur, de rester les plus dis-

tingués dans le parti le plus imposant par sa richesse et sa masse ; d'avoir les honneurs et les
profits de l'alliance, en formant cependant une
classe à part, et la première au milieu de leurs
égaux, qui se trouvaient ainsi associés à toutes
leurs rancunes, peut-être aussi à tous leurs rêves
d'espérance.

Elle était nombreuse la noblesse instituée par
l'Empereur, qui avait intéressé tant d'amours-
propres dans les divers degrés dont elle se composait ; elle avait jeté des racines dans chaque famille
qu'un seul de ses membres pouvait tirer de l'obscu-
rité ; mais à sa suite et sans son aveu, on voyait
s'agiter un essaim d'hommes à imagination vague
et inquiète, féconde en souvenirs inopportuns, en
comparaisons inapplicables, ne sachant se placer
nulle part qu'au delà ou en deçà du possible ; avides de changements et d'aventures, quelles qu'en
pussent être les conséquences ; avides surtout des
applaudissements de la multitude, confondant la
licence des censures avec la liberté des opinions,
et justifiant le gouvernement qui les avait con-
damnés à un long silence, par leurs attaques immo-
dérées contre le gouvernement qui les en affranchissait. Ils se disaient et se faisaient proclamer
les seuls défenseurs des libertés publiques ; ils
cherchaient surtout à établir leur influence sur
cette portion si considérable de la nation qu'on

désigne ordinairement sous le nom de *classe moyenne.*

Cette classe moyenne montrait alors une grande modération ; sa force n'avait plus besoin d'être prouvée ; mais en consentant à attendre du temps, et, comme l'avait dit Louis XVIII, des lumières du siècle, une union plus intime entre ses intérêts et ceux du pouvoir, elle pensait, et peut-être avec un peu d'orgueil, que tout gouvernement ne pouvait pas plus se passer d'elle, qu'elle ne pouvait elle-même se passer d'un gouvernement. Les malheurs d'une seule campagne n'avaient pas pu effacer dans ses souvenirs tant de victoires dont elle avait pris sa part de gloire : et ce n'était pas dans ceux qui ne devaient leur rentrée en France qu'aux armées étrangères, qu'elle voulait reconnaître le droit de la traiter en nation vaincue.

Sans doute elle ne devait pas craindre que cette multitude de nouveaux propriétaires pris dans son sein, qui avaient acheté et divisé entre eux les terres auxquelles la loi d'alors ne reconnaissait plus de maîtres, pussent en être violemment expulsés ; mais des hommes mêmes qui n'y croyaient pas, en répandaient la menace, comme moyen de désordre. La liberté de tout dire était encore trop nouvelle pour qu'on eût appris à s'en défier ; et de tels bruits qu'on supposait tolérés au moins par le gouvernement royal, indisposaient assez générale-

ment contre lui ceux mêmes qui n'en redoutaient
pas l'effet.

Ce n'était donc pas, malgré le besoin de repos
qu'avait toute l'Europe, une époque de sécurité
que la fin de 1814 et le commencement de 1815.
Cette époque n'était à proprement parler qu'une
nouvelle épreuve; elle me paraissait jugée telle
partout. Dans cet état, l'ancienne et haute noblesse
n'était peut-être pas la classe la plus difficile à contenter ; elle retrouvait assez généralement les respects ou du moins les égards de la ville, les honneurs et les grâces de la cour; on voyait reparaître
avec elle ce noble et gracieux *savoir-vivre* qui ne
fait rien perdre de la supériorité ; et elle se montrait généralement plus tolérante qu'une portion
nombreuse des nobles de province. Ceux-ci étaient
impatients de ressaisir partout l'influence locale ;
ils voulaient se persuader que le roi n'avait pu
abandonner aucune de ses anciennes prérogatives,
et que les leurs en étaient inséparables ; qu'il n'avait
retrouvé des sujets que pour leur rendre des vassaux ; que tout ce qui s'était fait depuis 1789, en
législation, en politique, en traités, en contrats,
n'était qu'un songe qui s'évanouissait au réveil de
la royauté ; et que la charte n'était qu'une transac-
tion momentanée : hommes généralement estima-
bles, mais peu préparés à se créer une autre supériorité que celle qu'ils avaient perdue sans retour.

Ils contribuaient beaucoup dans les provinces et les campagnes à accroître les préventions contre le gouvernement du roi ; leurs propos inconsidérés étaient recueillis comme la révélation des intentions secrètes et des projets de la cour. Ils répandaient sur l'avenir le doute et l'inquiétude.

Napoléon avait donné à la France jusqu'à satiété les jouissances du triomphe ; elle lui savait gré d'avoir aussi pleinement satisfait sa fierté nationale. Le retour des Bourbons lui enlevait le sentiment de sa gloire : car c'est parce qu'on avait été vaincu qu'ils étaient rétablis sur le trône. La nouvelle génération ne les connaissait guère que par l'histoire de la révolution, et, quoique le pays presque entier eût détesté les horreurs de 93, il comprenait pourtant que vis-à-vis du souverain actuel il n'était plus qu'amnistié et pardonné. Un grand peuple ne supporte qu'avec peine une semblable position, et l'on est inévitablement en méfiance contre ceux auxquels on suppose de la rancune : or, ce fut dans cette disposition des esprits que la France eut à soutenir la crise du 20 mars, qui laisse après elle une si grande leçon.

L'homme extraordinaire, qui avait pesé d'un si grand poids sur l'Europe entière, qui avait gouverné pendant quatorze ans la France, mais qui avait été abandonné par la fortune qu'il avait las-

sée, reparut tout à coup au commencement de
mars sur les côtes de Provence, accompagné seulement de quelques soldats ; il avait franchi. sans
obstacle l'escadre qui devait l'observer dans son
île d'exil. La première garnison française à laquelle
il se présente refuse de faire feu sur son ancien général ; quelques détachements de ses vieux compagnons d'armes, irrésistiblement entraînés, se préci-
pitent au-devant de lui pour se ranger immédiatement à sa suite ; les chefs des troupes envoyées
contre lui oublient à son aspect leurs nouveaux
serments, ou lui en font hommage. La seconde ville
du royaume lui ouvre ses portes et le reçoit avec
les honneurs de la souveraineté. Il pouvait trouver
autant d'opposants qu'il rencontrait d'agents du
pouvoir ; ceux-là seuls échappent au prestige de sa
présence qui ont eu la prudence de fuir. Après une
marche toute pacifique de dix-neuf jours, il a traversé, dans le plus grand rayon de son territoire,
une nation qui restait muette d'étonnement devant
cette nouvelle audace couronnée d'un si miraculeux
succès. Le 19 mars, il s'arrête à quatorze lieues de
Paris, dans le palais qui avait reçu son adieu à la
France, comme pour rétracter son abdication dans
le lieu même où il l'avait prononcée. Le lendemain,
il vient se rasseoir sur ce trône que Louis XVIII
avait abandonné quelques heures auparavant, en
se dirigeant vers la frontière la plus voisine ; et la

SITUATION DU BUDGET DE L'ANNÉE 1812[1].

EN JANVIER 1813

ÉVALUATION DES DÉPENSES.		ÉVALUATION DES RECETTES.	
Dette publique	148,000,000	Contributions directes	335,088,000
Liste civile	28,300,000	Enregistrement, domaines et timbre	200,900,000
Ministère de la justice	29,820,000	Produit des coupes de bois dans les forêts de l'État	
— des relations extérieures	8,500,000	⎰ Droits ordinaires	80,000,000
— de l'intérieur	50,480,000	Douanes . . . . . . ⎨ Droits sur les sels	70,000,000
— du commerce	10,400,000	⎱ Produits extraordinaires	40,000,000
— des finances	20,935,000	Droits réunis . ⎰ Droits sur les boissons, etc	107,000,000
— du trésor public	9,190,000	⎱ Vente des tabacs	40,000,000
— de la guerre	320,000,000	Loterie	12,000,000
— de l'administration de la guerre	238,000,000	Postes	13,000,000
— de la marine	164,000,000	Sels et tabacs au-delà des Alpes	9,000,000
— des cultes	18,235,000	Salines de l'Est, monnaies, poudres et salpêtres	5,000,000
— de la police générale	2,000,000	Produits d'Illyrie	11,000,000
Frais de négociation, service du trésor public	8,500,000	Recettes accidentelles	6,812,000
Fonds de réserve	4,620,000	Contribution annuelle du royaume d'Italie	30,000,000
Dépenses communes à tous les ministères sur les fonds spéciaux	98,000,000	Prélèvement à faire sur le produit de la vente des domaines dans les États de Rome, et des biens communaux en France	123,300,000
		Fonds spéciaux, provenant en partie des taxes locales dans les pays et villes nouvellement réunies	105,000,000
Total	1,168,000,000[2]	Total	1,168,000,000[2]

1. Un *budget* n'était alors, comme aujourd'hui, qu'un aperçu provisoire et estimatif des dépenses et des recettes probables de l'année qui allait s'ouvrir.

2. Au 1er janvier 1813, il avait été payé sur cette somme plus de 900 millions y compris les avances qui n'étaient pas encore portées dans les comptes.

2. Au 1er janvier 1813, il n'avait été recouvré sur cette somme que 854 millions; d'inévitables valeurs se manifestaient sur les anciens impôts, et le titre seul des nouvelles ressources ne révélait que trop les incertitudes et les lenteurs dont leur réalisation était susceptible.

(Tome III, en regard de la page 188).

France assiste en silence à ce changement de domination qui s'opère à l'aspect d'un seul homme, devant lequel on ne sait plus que céder ou se cacher.

Accoutumé sous Napoléon à apprécier tout ce que le pouvoir, encore debout, peut employer de ressources, et trouve de défenseurs quand il sait les choisir, j'avais commencé par regarder sa dernière entreprise comme devant devenir pour lui-même la plus funeste ; et c'était avec une vive douleur que je prévoyais le sort qui pouvait l'atteindre, la fin obscure qu'il pouvait rencontrer sur un rocher des Alpes françaises.

Mais lorsque je vis l'esprit de vertige et de trouble qui se manifestait par le contraste des proclamations qu'on publiait et des mesures qu'on négligeait, la faiblesse des actes répondant si peu à la véhémence des paroles, le découragement se trahissant de tous côtés par l'irrésolution dans les moyens de résistance ; lorsque je vis ceux qui se prétendaient à cette époque les meilleurs serviteurs du trône, ne s'occupant déjà plus que de leurs intérêts et de leur sûreté personnelle, je reconnus que Napoléon avait mieux jugé que moi le pouvoir qu'il allait braver, et ma douleur se porta sur l'avenir de la France.

J'étais à la campagne le jour même de la rentrée de Napoléon à Paris. J'aurais voulu fuir, non sa

personne, mais sa confiance, et toute fonction à
laquelle il pouvait vouloir me rappeler. Dans la
journée, je reçus successivement deux courriers de
ma famille, qui me pressait de revenir, et j'appris,
en arrivant chez moi, que déjà Napoléon m'avait
envoyé chercher trois fois. La nuit était avancée
lorsque je pus me rendre aux Tuileries ; les bruyan-
tes acclamations, qui, de la cour du Carrousel et
pendant toute la soirée, avaient proclamé sa présence dans le palais longtemps habité par lui,
étaient calmées ; la ville était paisible, les rues soli-
taires. Il n'en était pas ainsi dans les salons des Tuileries : ils étaient remplis de presque tous les anciens habitués et d'un assez grand nombre de candi-
dats plus récents, qui semblaient n'attendre que la
permission d'y rester. Dans la pièce qui précédait
le cabinet de Napoléon étaient rassemblés les ministres qui avaient été mes collègues ; je sus qu'il
avait déjà disposé de moi, et qu'il me demanderait
de reprendre le ministère que j'avais exercé pendant
près de neuf ans ; mes objections étaient préparées,
et je crois que j'aurais pu résister à des ordres ;
mais, en ayant l'air de reconnaître lui-même que ce
qu'il demandait était un sacrifice et un acte de dévouement, il rendait le refus plus difficile. Lorsque
je l'abordai il était seul, il m'embrassa, ne fit aucune réflexion sur mon peu d'empressement, et en
me prenant les mains, son premier mot fut : « Dans

« ce moment de crise vous ne me refuserez pas de
« reprendre votre place au ministère. » J'étais pro-
fondément ému, et avant de lui répondre, je lui par-
lai de lui, de son retour miraculeux, et je lui témoi-
gnai tout mon étonnement de la manière dont il
venait presque seul de reconquérir la France. « Mon
« cher, me dit-il, le temps des compliments est
« passé : ils m'ont laissé arriver comme ils les ont
« laissés partir. » Parole caractéristique qui prouve
que, s'il cherchait à recréer des illusions autour
de lui, il ne s'en faisait aucune à lui-même ; et
que, sans se tromper sur l'état moral du pays, il
appréciait à leur juste valeur, et la facilité qu'il
avait rencontrée dans sa gigantesque entreprise,
et les démonstrations dont il avait été salué sur
son passage ; elle indiquait peut-être aussi les pressentiments qui dès lors l'agitaient. Il me parla ensuite du très-prochain retour de l'impératrice et de
son fils, en ajoutant quelques réflexions sur l'esprit
de famille de la maison d'Autriche ; et il en revint à
la question qui m'était personnelle. Je ne crains pas
de dire que l'espèce de prestige qu'il exerçait, était
irrésistible lorsqu'il y joignait le langage de l'affection. Je n'étais pourtant pas convaincu, mais quelle
que fût mon opinion, étais-je aussi libre dans mon
choix que je l'avais cru d'abord ? La France était
abandonnée par le roi, par les princes, par les ministres ; je pouvais, du moins pour ma part, dimi-

nuer les inconvénients d'un tel abandon, en pré-
venant quelque désordre là où les conséquences
du désordre sont plus graves et laissent plus de
traces. N'avais-je pas à me défier de moi-même ?
Ne serais-je pas trop dominé, en résistant, par ce
désir, ce besoin de repos qui me poussaient vers
la retraite ? et puis n'y avait-il pas une sorte de
lâcheté à refuser sa part de danger ; une sorte d'ingratitude à déserter, dans un pareil moment, celui auquel on avait voué ses services pendant tant
d'années ? Je ne sais, mais je sentis qu'il pouvait
y avoir quelque mérite à céder, et je cédai.

Le ministère du trésor avait été réuni à celui des
finances en 1814 par M. Louis ; et en effet, la France,
refoulée dans ses anciennes limites et un peu en
deçà, n'avait pas besoin de deux ministres des
finances. Mais l'espèce de contrôle que le ministre
du trésor exerçait sur tous les autres ministres,
plaisait à Napoléon ; accoutumé d'ailleurs à cette
forme d'administration il n'avait pas le temps de
se façonner à un autre genre de travail ; et de nouveau, le ministère des finances fut divisé entre le
duc de Gaëte et moi.

La fonction qu'il me fallait reprendre, ne différait, dans ce bouleversement, de ce qu'elle devait
être dans tous les temps et sous tous les règnes,
que parce que le maintien de l'ordre, qui est son
principal but, était alors et plus difficile et plus né-

cessaire ; c'était là son privilège et la seule compensation qu'elle pût m'offrir. Mais depuis cette réunion des recettes et des dépenses de l'État dans un
seul ministère, la part faite à l'exercice de la surveillance n'avait pas été toujours favorable à l'ordre, dans le trésor public. On avait cessé d'y
observer deux règles que j'y avais établies, dont
l'une soumettant la caisse générale à deux contrôles
quotidiens, contradictoires entre eux et mis chaque
jour sous les yeux du ministre ; l'autre faisant
opérer tous les trois mois la formation d'un bilan
complet pour tous les budgets encore ouverts,
maintenaient l'ordre et la clarté dans la comptabilité la plus compliquée. Avant 1814, la trésorerie
était constamment si fidèle à ce devoir, que, quelque grand que fût l'Empire français, ce bilan, aussi
exact que celui du capitaliste le plus consciencieux,
pouvait être rendu public sans redouter aucune critique. En même temps j'acquérais la triste con-
viction que d'autres changements s'étaient effectués
dans les idées et les pratiques de quelques-uns de
mes plus utiles coopérateurs. Les embarras qui devaient résulter de ces diverses circonstances, étaient
pourtant encore les moindres : les fonds disponibles restés au trésor royal n'excédaient guère le
montant des derniers engagements pris par le gouvernement du roi. Ces engagements devaient être
respectés. Les bons royaux de 1814 avaient sans

doute rendu les services qu'on attendait d'eux;
mais ce n'était plus la monnaie du jour. Il n'y avait
d'autre ressource libre pour les dépenses dont la
nécessité allait surgir, que les recouvrements, possibles alors, sur les impôts et quelques engagements,
à long terme, qui n'avaient pu trouver d'escomp-
teurs. Les versements que les receveurs-généraux
s'étaient accoutumés à faire d'avance, étaient suspendus depuis le départ de l'île d'Elbe ; le recouvrement des deniers publics se ralentissait partout ;
et la confiance, qui donne du crédit, n'était nulle
part. La situation du trésor était donc bien différente de ce qu'elle était au 1er avril 1814. Or, c'est
avec une telle infériorité dans les moyens d'exécution, que de grandes et promptes ressources devaient être créées ; car, malgré la confiance que
Napoléon affectait de montrer en public et qu'il
cherchait surtout à inspirer dans ses intelligences au
dehors, il était difficile de croire que l'Europe su-
birait silencieusement, comme la France, une révolution, par le résultat de laquelle l'œuvre de tous
les souverains et de toutes les armées combinées
s'évanouissait à l'apparition d'un seul homme : et
lui-même n'y croyait pas. Il avait quitté l'île d'Elbe
sur le bruit, qui s'était répandu, de la dissolution
du congrès de Vienne ; mais la confédération européenne était encore tout entière. L'Angleterre, qui
seule avait été invulnérable pour lui, qui avait re-

levé ses ennemis autant de fois qu'il les avait abattus ; l'Angleterre qui, après avoir balancé sa puissance, avait fini par hériter seule de la domination
réelle du monde, s'en faisait d'autant plus le pivot.
La guerre était donc inévitable, et encore une fois
contre toute l'Europe formant un seul faisceau. Ce
n'était qu'en arrivant à Lyon que Napoléon avait
appris que les souverains et les plénipotentiaires
étaient encore réunis. Il ne rencontrait pas de résistance en France, mais il n'y trouvait pas d'enthousiasme ; il aurait voulu réveiller en elle l'énergie
qu'elle avait montrée vingt-trois ans auparavant
contre la première coalition ; et ce fut dans cette
vue, que, par ces malheureux décrets de Lyon, il
sembla avoir fait appel aux idées révolutionnaires
si contraires à ses principes de gouvernement, et si
complétement domptées pendant tout le temps de
son règne ; ces décrets restèrent sans effet, ne cau-
sèrent que de l'agitation chez quelques-uns, et du
mécontentement chez quelques autres, sans aplanir
aucune des difficultés de la situation. Elles étaient
grandes ces difficultés ; il fallait, qu'à la veille d'une
seconde invasion des troupes étrangères, Napoléon
entreprît de compléter subitement, par d'énormes
levées d'hommes, tous les cadres de l'ancienne
armée ; d'approvisionner toutes les places fortes ;
d'équiper des régiments entiers de nouveaux soldats ; de former une cavalerie ; de faire fabriquer

des armes pour quelques centaines de mille hommes, etc., etc., etc. Les besoins étaient urgents, les
ressources régulières ne pouvaient être que lentes ;
l'impatience de Napoléon était extrême : et il lui
arriva parfois de s'affranchir de la coopération de
ses ministres, dans le double but peut-être d'atteindre plus tôt le résultat qu'il voulait obtenir, et
d'écarter de lui des remontrances auxquelles il était
résolu de ne point se soumettre : il sentait qu'il
jouait sa dernière partie ; et, soit qu'elle fût perdue
ou gagnée, il ne craignait pas d'engager l'avenir et
ne ménageait pas les enjeux. Dans un tel état, et
en face d'une semblable disposition, ce que devaient
à la France et à Napoléon lui-même ceux que la
fatalité condamnait à prendre part aux affaires publiques, c'était surtout de prémunir et défendre,
contre toute mesure réquisitionnaire, les propriétés
particulières, les ateliers des manufactures, les
magasins du commerce, la banque, qui était le
dépôt de tant de fortunes privées : je ne veux pas
faire au gouvernement des cent-jours un mérite d'y
être parvenu ; mais je veux constater que nul oubli
de tels devoirs ne peut lui être reproché : et si pour
ma part j'ai pu contribuer à maintenir l'ordre dans
ce temps de désorganisation, j'ai eu encore à me
féliciter, après la défaite de Waterloo, d'avoir pu
préserver Paris du danger de la mauvaise humeur
des troupes, qui revenaient en désordre, et dont

les exigences s'exprimaient avec exaspération et
menaces. Enfin, lorsque le nouveau dénouement de
ce mémorable drame me rendit une seconde fois ma
liberté, je pus emporter dans ma retraite cette con-
solante pensée, c'est que telle avait été pour moi
l'heureuse influence des principes et des règles qui
avaient dirigé ma vie publique et ma vie privée, que
si, dans le choc d'événements si contraires, j'avais
pu trouver des occasions de regrets, il n'était du
moins aucun de mes actes sur lesquels j'eusse des
reproches à craindre ou à me faire.

Je n'entrerai pas dans le détail de tous les pénibles efforts du ministère des cent-jours ; ils avaient
leur utilité de chaque jour ; mais ils n'ont pu laisser
de traces dans l'administration ; je termine ici le
compte que j'ai voulu rendre de moi à moi-même
et à mes amis. Si j'ai des ennemis, c'est avec la
même confiance que je leur adresse cet écrit.

Mes rapports directs, pendant près de quatorze années, avec l'homme le plus extraordinaire
des temps modernes, tiennent nécessairement une
grande place dans une vie comme la mienne, et ils
peuvent bien être les moins saillants de son histoire.
Mais un tel caractère, dans la position qu'il s'était
faite, offre tant de surfaces, que l'observateur qui
veut en saisir l'ensemble, sait se résigner à l'étude
des moindres détails.

La France avait semblé attendre que l'Egypte lui

eût rendu Napoléon, pour que la bataille de Marengo lui rouvrît la carrière des victoires ; alors la
plus utile des victoires de Napoléon avait été celle
que la France avait obtenue, à son seul aspect, sur
la honteuse et dissolvante anarchie qui la dévorait
depuis sept ans ; son imposant commandement avait
suffi pour que le pouvoir public retrouvât partout
le *respect* perdu avec ce pouvoir lui-même sous une
tyrannie qui se faisait presque autant mépriser
qu'elle se faisait craindre. Il refit la société française ;
il rétablit le culte et l'ordre ; il releva la force et la
dignité des lois : ses codes sont devenus et restent un
acte d'alliance entre les temps anciens et les temps
nouveaux. Ils ont replacé l'ordre social sur des bases
appropriées aux mœurs de ce siècle. Napoléon
législateur est aussi grand que Napoléon conquérant.

Le gouvernement métis des cent-jours ne fut
qu'un mélange indigeste de ce grand pouvoir qui
s'était écroulé en 1814, et d'un nouveau régime
qui n'était encore bien compris, ni par la France,
ni par la dynastie, qui le lui avait apporté, quoique seul alors il pût être la sauve-garde de l'une et
de l'autre. La révolution des cent-jours ne convenait
ni à la France fatiguée de révolutions comme de
conquêtes, ni à l'Europe qui tendait à se rasseoir
sur ses anciennes bases, ni à la quinzième année d'un
siècle, qui, plus véritablement philosophique que le

précédent, voit dans la civilisation la première de
ses gloires, et préfère surtout la civilisation pour
tous les peuples à la gloire des armes pour un
seul.

Napoléon sembla en effet n'apparaître en 1815
que pour que le dernier acte d'une vie aussi extraordinaire frappât peut-être encore le monde d'un
plus grand étonnement. Toutefois, et le succès prodigieux quoique éphémère qu'il obtint, en restera
d'autant plus remarquable, déjà tout était tellement
changé que, touchant à peine le sol français, il ne
reconnaissait pas la France et ne s'y retrouvait pas
lui-même. Ce qu'il y a de plus raisonnable à penser
sur ce drame des cent-jours, dont la France a si
chèrement payé le spectacle, c'est que, à cette malheureuse époque, l'opinion vraiment nationale
n'était judicieusement appréciée, ni par les princes
qui quittaient la France, ni par le conquérant qui
espérait y reforger son sceptre de quatorze années.
Napoléon ne s'y méprit pas longtemps : il voyait
(comme quelques lettres avaient pu le lui apprendre
à l'île d'Elbe, et comme sa sagacité avait pu le
lui faire deviner) que le gouvernement royal de 1814,
qui cependant avait donné la Charte, n'avait pas
fait de suffisants progrès dans la confiance de la
France, parce qu'elle le croyait toujours prêt à
reprendre son bienfait, ou du moins à en retenir
quelque chose ; et, pour son propre compte, il

pouvait remarquer, dès les premiers moments de
son retour, qu'aucune classe ne manifestait cet
enthousiasme auquel il avait dû tant d'efforts, tant
de sacrifices et de si immenses succès. Aussi son
coup d'œil, autrefois si confiant et si rapide, et que
si souvent les événements avaient prouvé si juste,
devenait-il plus circonspect : ses plans paraissaient
moins arrêtés, ses commandements moins absolus
et moins énergiques. Dans les conseils, au lieu de
notifier ses résolutions en style de *consigne*, il proposait des doutes, présentait des questions, et prolongeait assez les délibérations pour que la décision
qui intervenait parût être l'œuvre de tous. C'était
cependant encore sans déchoir qu'il abandonnait le
point élevé, où dans un autre temps aucune rivalité
ne prétendait l'atteindre : car on retrouvait le caractère de sagacité, de persévérance et d'activité, qui
lui était propre, dans sa promptitude et son habileté
à combiner, avec les formes nouvelles qu'il trouvait introduites, les moyens de défense qu'il avait
besoin d'improviser.

Il paraît, je l'ai déjà dit, que, mal renseigné à
l'île d'Elbe, il croyait, en quittant cette île, que le
congrès de Vienne était dissous ; que les souverains
qui avaient ramené les Bourbons en France, étaient
retournés dans leurs États, et que les divers corps
d'armée de cette grande confédération européenne
étaient tous rentrés dans leurs foyers. Ce ne fut

guère qu'à Paris qu'il fut complétement désabusé. Il
y vit qu'il avait à se préparer à la plus sérieuse des
luttes qu'il eût encore eu à soutenir, et qu'il man-
quaît de temps et de moyens pour proportionner la
défense à l'attaque[1]. Il ne retrouvait plus dans les
Français cette ardeur qu'il avait tant exaltée et dont
il avait tant usé : et il avait à leur demander autre
chose que *l'hospitalité*. L'accueil calme, qu'ils venaient de lui faire, n'était plus un dévouement
exclusif, et il sentait toute la difficulté de leur persuader que leur salut, à cette époque, dépendît
encore du sien ; il rencontrait une sorte d'inertie
nouvelle pour lui dans les hommes et dans les choses,
et une telle situation avait naturellement dû faire
de lui-même un homme tout nouveau pour ceux
qui l'avaient connu dans d'autres temps : au lieu de
ces emportements, de ces irritations, de ces sar-
casmes qui avaient rendu quelquefois toute controverse si peu commode avec lui, il couvrait ses agitations intérieures d'une mansuétude apparente,
que ses familiers regardaient comme une nouveauté. On le voyait, sinon rechercher, au moins ne
plus repousser les personnes à l'égard desquelles il
avait manifesté antérieurement le plus de répu-

1. L'armée nouvelle qui se développa dans les plaines de
Waterloo, quoique inférieure de plus de moitié sans doute
aux armées ennemies, n'en balança pas moins la victoire, et
dignement pour la France.

gnance; il ne rejetait aucune offre de service de quelque part qu'elle lui vînt: en même temps il ne désap-
prouvait pas que ses conseillers officiels combatis-
sent divers plans qu'il était disposé à admettre; et
quand il lui arrivait d'en adopter plusieurs contre
leur avis, c'était sans s'irriter de leur opposition: il
paraissait habituellement calme, était pensif, et conservait sans affectation une dignité sérieuse; on retrouvait peu de traces de cette audace de ses premiers
temps, de cette confiance en lui-même, qui n'avaient
jamais connu d'obstacles invincibles: mais dans ces
autres temps, le destin s'était montré à son égard
aussi soumis que les hommes. Dans les cent-jours, il
était le premier à dire que le destin était changé pour
lui, et qu'il perdait là un auxiliaire que rien ne rem-
place. Comme sa pensée, au lieu de ce vaste horizon
de pouvoir, sur lequel elle avait librement plané, se
trouvait resserrée dans un espace étroit bordé de
précipices, et sur lequel des intérêts nouveaux se
trouvaient en conflit avec le sien, ses méditations
étaient devenues laborieuses et pénibles; il supportait moins bien la contention d'esprit, dont il n'était
plus dédommagé par l'unité d'impulsion qu'opé-
raient dans d'autres temps ses divers commandements, et par l'uniformité d'obéissance immédiate
qu'ils trouvaient partout. Une espèce de lassitude,
qu'il n'avait jamais connue, le surprenait en 1815,
après quelques heures de travail; il n'avait d'autre

distraction, ni d'autre moyen de repos, que des
entretiens particuliers ; il les recherchait, et ce qui
est assez remarquable, il y appelait par préférence
ceux qui, en le servant précédemment, se laissaient
toutefois moins surprendre aux fascinations dont
son imagination avait été si souvent prodigue pour
les autres et pour lui-même.

Il avait toujours si présent le jugement qu'il m'a-
vait exprimé dans sa première entrevue, et que j'ai
cité sur les dispositions de la France, tant à son égard
qu'à l'égard des princes qui s'étaient retirés à son
approche, qu'il répondait souvent aux félicitations
sur son miraculeux retour : « Messieurs, c'est le
« temps qui nous apprendra si la France veut me
« conserver mieux qu'elle n'a conservé les Bour-
« bons. »

Il avait beaucoup regretté de ne pas retrouver à
Paris le maréchal Berthier qu'il avait fait prince de
Neuchatel, puis de Wagram, etc., etc. Il répétait
souvent sur lui qu'il était le meilleur des majors-
généraux ; qu'il saisissait, mieux que tout autre,
toutes ses pensées, tous ses plans, et les faisait mieux
comprendre aux chefs de corps, auxquels il les
transmettait ; ce regret n'était accompagné d'aucune
plainte amère, d'aucun reproche ; il lui arriva seulement un jour de dire en souriant : « Je voudrais
« bien revoir Berthier en habit de capitaine des
« gardes de Louis XVIII. »

Parmi tous les personnages avec qui Napoléon avait eu des rapports suivis, M. de Talleyrand était peut-être celui dont il aurait le plus désiré la présence pendant les cent-jours, celui dont le nom revenait le plus souvent dans ses entretiens, je dirai même dans ses regrets : il disait de lui : « C'est encore l'homme qui connaît le mieux ce siècle et « le monde, les cabinets et les peuples. Il m'a « quitté ; je l'avais assez brusquement quitté « moi-même ; il s'est souvenu de mes adieux de 1814. »

Il avait dit une autre fois : « Nous n'étions pas « toujours du même avis, Talleyrand et moi; il lui « est arrivé plus d'une fois de m'en donner de « bons. » Quelques tentatives furent faites auprès de M. de Talleyrand, qui était alors à Vienne, pour l'engager à revenir à Paris; mais lors même qu'il y eût consenti, ses talents, tout supérieurs qu'ils étaient, n'auraient rien changé à l'issue et aux conséquences de la bataille de Waterloo.

Napoléon avait bien jugé les Français, car ceux de ses commandements qui imposaient le plus de sacrifices et réclamaient le plus d'efforts, étaient aussi ceux qui promettaient le plus de gloire: presque tous avaient un but élevé ; c'était toujours l'honneur du pays qui semblait être celui de son ambition personnelle ; jamais le pouvoir n'avait autant demandé à la France, et jamais elle n'avait

mieux obéi. Il avait su persuader à tous les Français que leur destinée grandissait avec la sienne.
Certes, c'est bien sous son sceptre que la France a
prouvé qu'elle n'était pas ingouvernable.

Elle veut toujours rester grande, et ce n'est plus
par des envahissements sur les autres peuples qu'elle
doit et qu'elle peut grandir ; puisque Napoléon
a succombé sous l'épreuve, il est interdit à tout autre
de la tenter de nouveau ; bien gouvernée, la France
a de bien meilleures conquêtes à faire, et pour elle
et pour les autres pays, dans les arts utiles. On a
longtemps donné à la guerre le premier rang parmi
les arts. Tous les peuples ont commencé par là :
pour conserver son rang, il faut que la guerre ne
serve plus qu'à protéger et à défendre tous les autres arts, qui n'en doivent pas moins chercher à
se défendre assez bien eux-mêmes dans chaque
pays pour n'avoir plus de rivaux à craindre au
dehors.

Dans l'œuvre immense de Napoléon, tout n'était
pas fait pour lui survivre ; le monde, et la France
même qu'il avait rendue trop redoutable, devaient
reculer devant une partie de son héritage. Son rapide passage sur le globe n'y laisse pas moins des
traces ineffaçables. Aucune époque de notre histoire n'atteste mieux que ses quatorze années
de règne, les actes de courage, les efforts, les
sacrifices dont la France est capable, et l'entraî-

nement qu'un grand homme peut exercer sur elle.

Napoléon a fait des fautes ; plus qu'un autre peut-être, j'en ai gémi, parce qu'aussi, plus qu'un autre, j'aurais voulu être entièrement à mon aise dans mon admiration et mon attachement pour lui.

PIÈCES ANNEXÉES.

NOTE.

Les six pièces qui suivent demandent quelque commentaire, elles révèlent une première faute de la Restauration
de 1814, lorsqu'un de ses ministres accusa le gouvernement
impérial de lui laisser à réparer *plus de seize cents millions de
malversations !*

La première de ces six pièces est le budget de 1813,
qui sur 1,263,802,679 fr. de dépenses, qu'il avait à solder,
avait en effet payé, au 31 mars 1814, 1,153,722,673 fr.,
quoiqu'il n'eût recouvré qu'à peu près un milliard sur les
revenus publics qui lui étaient attribués. — Les budgets antérieurs ne présentaient, en 1814, qu'un très-faible arriéré
sur leurs dépenses : et cet arriéré provenait principalement
du fait même des créanciers, qui avaient négligé de remplir
envers le trésor public les conditions préalables de tout paiement régulier.

La seconde de ces pièces rend compte de la situation
réelle de la trésorerie, au 1ᵉʳ avril 1814, à l'époque de
l'avènement de Louis XVIII. Il en résulte que le nouveau
gouvernement trouvait alors à sa disposition, dans la
seule caisse du trésor public, 407,768,663 fr. de ressources disponibles, outre les recouvrements qui restaient à

faire dans les neuf derniers mois de 1814 sur tous les impôts de consommation ; outre tous les fonds et les autres
valeurs de la caisse d'amortissement et de celle des dépôts ;
outre enfin d'assez gros fonds du domaine extraordinaire de
Napoléon que leur caissier avait livrés.

La troisième pièce offre dans sa première colonne la
série des chiffres, dont l'abbé de Montesquiou, alors ministre de l'intérieur, faisait autant de chefs d'accusation
contre le gouvernement impérial ; il présentait ces chiffres
à la chambre des députés comme révélant, 1° plus de
onze cents millions de malversations dans l'emploi que
le gouvernement impérial avait fait des deniers publics.
2° Un besoin probable de *cinq cents millions* de nouvelles
ressources pour combler le vide qui se trouvait dans les
finances.... La seule énormité des deux sommes aurait
dû donner au moins des doutes au ministre, quelque novice
qu'il fût en finances : mais l'esprit de parti est si crédule !
Je n'étais pas nommé dans la dénonciation du ministre de
l'intérieur, mais des malversations ne pouvaient pas avoir
eu lieu sans que j'en eusse été complice ; je devais donc
me faire à moi-même ma part dans l'accusation : le jour
où cette dénonciation me parvint dans le lieu de ma
retraite, je fis sur chaque article les réponses qui forment
la seconde colonne de la pièce n° 3 : et je me rendis à
Paris pour remettre en personne ces réponses au ministre
accusateur, en lui déclarant que je lui en épargnais,
ainsi qu'au nouveau gouvernement, la publication, dont je
n'avais pas besoin pour moi-même.

J'ai été fidèle à cette déclaration ; car je n'ai donné
copie de ma réfutation qu'au seul duc de la Rochefoucauld,
à la vieille et honorable amitié duquel je devais une telle
confidence. C'est à cette communication que répond sa
première lettre qui est la quatrième pièce. Dans son affec-

tion pour moi, le duc de la Rochefoucauld aurait voulu
que j'eusse profité de tous mes avantages dans cette lutte ;
et en même temps il me faisait part d'un entretien qu'il
venait d'avoir avec M. de Talleyrand, alors ministre de
Louis XVIII.

Quel besoin avais-je de repousser avec éclat des calom-
nies auxquelles personne ne croyait ? Toutefois il était assez
triste pour moi d'être obligé d'employer les premiers loisirs de ma retraite à me justifier de mécomptes et d'irrégu-
larités que rendaient arithmétiquement impossibles les
moyens de contrôle et le mode de comptabilité que j'avais
établis, et qui étaient peut-être un des principaux mérites
de mon administration ; mais comme on répétait alors
plus que jamais que Napoléon avait régné en *maître
absolu*, il serait encore possible que l'abbé de Montesquiou
lui-même eût cru qu'on pouvait médire de son gouvernement, sans inculper ses ministres.

La cinquième pièce est une lettre par laquelle le com-
mis du trésor public, qui avait fourni à l'abbé de Montesquiou des chiffres si absurdement calomnieux, essaie de
s'en excuser, ou plutôt ose s'en accuser auprès de moi.

Enfin la sixième et dernière pièce est une seconde lettre
du duc de la Rochefoucauld, qui m'avait demandé quelques nouveaux renseignements sur le budget que discu-
taient les chambres : il s'y plaignait encore du silence que
je gardais : mais il finissait par reconnaître que j'avais pris
le parti le meilleur et le plus digne, comme l'avait jugé
M. de Talleyrand.

BUDGET DE L'ANNÉE 1813.

DÉPENSES ET CRÉDITS OUVERTS.		RESSOURCES ATTRIBUÉES A CES DÉPENSES.	
Dette publique et pensions	429,500,000	Contributions directes	334,600,000
Liste civile y compris la famille	28,300,000	Enregistrement, timbre, domaines et bois	200,000,000
Ministère de la justice	28,364,000	Douanes et sels	167,000,000
— des affaires étrangères	14,000,000	Loterie	14,000,000
— de l'intérieur	58,440,780	Postes	40,000,000
— des manufactures et du commerce	7,795,776	Contributions indirectes, tabac, y compris les sels et tabacs	
— des finances	20,839,721	au-delà des Alpes	189,000,000
— du trésor public y compris les fonds de négociation .	22,000,000	Salines de l'Est	3,000,000
— de la guerre (personnel)	342,000,000	Subside d'Italie	20,000,000
— de guerre (matériel)	331,000,000	Recettes diverses et accidentelles	5,040,000
— de la marine	143,000,000	Illyrie	8,000,000
— des cultes	46,716,710	Contributions de Hambourg et Lubeck	20,000,000
— de la police	1,988,236	Vente des immeubles des communes, et autres ressources ex-	
Fonds de réserve	5,498,621	traordinaires	178,460,000
Dépenses locales, en grande partie effectuées sur des crédits		Fonds spéciaux de diverse origine, mais principalement com-	
ouverts aux ministres à des travaux de routes ou fortifica-		posés de produits extraordinaires de douanes dans les pro-	
tions dans les provinces et villes nouvellement réunies . .	113,802,079	vinces nouvellement réunies	113,802,079
Total	1,263,802,079¹	Total	1,263,802,079²

1. Sur cette somme de 1,263,802,079 fr., les ministres avaient disposé, avant le 31 mars 1814, de 1.153,782,473 francs.
On remarquera que dans cette année 1813, les dépenses de la guerre et de la marine s'élevaient à plus de 700,000,000 francs.

2. Sur cette somme le trésor n'aurait guère recouvré sur 1813 qu'environ un milliard au 31 mars 1814 ; mais il lui restait au commencement de 1813 des recouvrements à faire sur les années antérieures.

NOTE SUR LE BUDGET PROJETÉ EN DÉCEMBRE 1813 POUR L'ANNÉE 1814.

On ne reproduit pas ici le budget qui avait été préparé à la fin de 1813, pour 1814, et d'après lequel les hommes et les ressources étaient évalués à 1,176,800,000 francs. Le budget ne pouvait être que fort incertain même pour le premier trimestre, le seul auquel il ait pu s'appliquer. Le sort de cette année 1814 était d'être fertile en mécomptes, ainsi que l'a prouvé la rectification même de ce budget dans le mois de septembre suivant.

[Tome III, après la page 438].

III.

TABLEAU des prétendues malversations du gouvernement impérial dénoncées en juillet 1814, et réfutation sur chaque article [1].

NATURE des prétendus méfaits	SOMMES.	OBSERVATIONS.
Prélèvements sur les fonds spéciaux.	fr. 53,580,000	Quand, en quatorze années, des fonds spéciaux, après avoir satisfait à leur spécialité, ont laissé un excédant disponible de 53,580,000 fr., cela prouve au moins que les dépenses auxquelles ils étaient applicables, étaient restées au-dessous de la première évaluation, chose assez rare. Dans ce cas, la loi avait-elle rien de mieux à faire que d'affecter à d'autres dépenses publiques l'excédant libre des fonds spéciaux?
Prélèvements sur les caisses et revenus de la couronne	236,550,000	Le trésor personnel que Napoléon nommait *son domaine extraordinaire*, et qui provenait des contributions imposées aux princes vaincus, a en effet aidé d'une somme à peu près pareille, répartie sur plusieurs époques, le trésor public qui avait aussi des efforts extraordinaires à faire : un tel emploi a diminué d'autant les charges qui auraient pesé de plus sur la France ; comment *pourrait-il être blâmable ?*
Avances par la caisse de service du trésor public	162,014,000	La caisse de service, instituée en 1806, pour être le contrôle de la caisse générale, était-elle autre chose qu'une caisse du trésor public ? Un des mérites de cette caisse était d'avoir assez heureusement modifié le
A reporter.	452,144,000	

1. Je remis immédiatement à l'abbé de Montesquiou cette réfutation que je m'abstins de rendre publique par les motifs que j'ai déjà expliqués.

NATURE des prétendus méfaits.	SOMMES.	OBSERVATIONS.
Report.	452,144,000	traité fait avec les comptables, pour qu'ils missent à la disposition du trésor, en douze mois, les recouvrements qu'un traité antérieur les autorisait à ne verser qu'en dix-sept ou dix-huit mois au moins. Cette combinaison, certes, était loin de pouvoir être censurée.
Détournements des fonds de la caisse d'amortissement.	275,825,000	Qu'avait fait le gouvernement impérial dans les premières années du siècle? Après avoir décidé que les divers cautionnements qu'il demandait à plusieurs classes d'agents publics seraient déposés à la caisse d'amortissement, il avait trouvé bon que les lois de finances fissent de ces fonds une des ressources des budgets. Qu'a fait le gouvernement royal en 1814? Sous prétexte de régénérer la caisse d'amortissement et des dépôts, il a *repompé* tous les fonds libres de cette caisse au trésor public, quelle qu'en fut l'origine. L'exemple n'était donc pas si mauvais.
Capital des rentes en 5 pour 100 créées sous l'empire.	340,000,000	Il est vrai que sous l'empire, la dette publique en 5 pour 100 s'est accrue de 17 millions de rentes, au capital de 340 millions, dont la moitié était destinée à solder des dettes antérieures à l'empire : ce qui est encore vrai, c'est que notre dette totale ne s'élevait à la chute de l'empire, en charge annuelle, qu'à 63,367.637 fr.
A reporter.	1.067,969,000	

NATURE des prétendus méfaits.	SOMMES.	OBSERVATIONS.
Report.	1,067,969,000	Ce ministère ne pouvait éprouver d'arriéré que sur le paiement des rentes qu'il ordonnançait ; et dans l'agonie de l'empire, il pouvait bien arriver que les rentiers ne fussent pas les créanciers les mieux traités; cependant il n'aurait pu être dû, au plus, qu'une année d'arrérages, c'est-à-dire 63,367,607 fr., et non pas 77,500,000 fr.
Arriéré du ministère des finances.	77,500,000	Et comme les comptes du trésor public constataient alors que dix millions avaient été payés sur le semestre qui expirait le 22 mars 1814, il ne pouvait encore être dû sur ce semestre que 21,500,000 fr. ; on ne pouvait pas reprocher au trésor public de n'avoir pas soldé le 31 mars tout le semestre qui ne venait de s'ouvrir que le 22 du même mois : il y a donc dans le chiffre de 77,500,000 fr. erreur de 56 millions.
Arriéré des autres ministères.	500,000,000	Par les chiffres dont le ministre de l'intérieur s'est rendu l'écho auprès de la chambre des députés, l'arriéré de tous les ministères est évalué à une somme ronde de 500 millions, sur laquelle il est dû, dit-on, au seul service de la guerre, 300 millions. Telle serait dans ce calcul la dette arriérée que les nouvelles mesures de crédit auraient à combattre. Celui qui a imaginé cet arriéré de 577,500,000 fr. (y compris le prétendu arriéré de la dette publique) savait bien, mais il avait laissé ignorer au ministre de l'intérieur, 1° que le trésor public avait payé dans les derniers jours de 1813 et le premier trimestre de 1814 142,754,000 fr. y compris la solde militaire mise à jour partout, pour le seul service de la guerre sur 1814 ; conséquem-
A reporter.	1,645,469,000	

NATURE des prétendus méfaits.	SOMMES.	OBSERVATIONS.
Report.	1,645,469.000	ment une somme qui aurait suffi à un état militaire double de celui qui nous restait. 2° Que pour que l'arriéré des autres ministères pût s'élever à 200 millions, il aurait fallu que le trésor public eût été fermé depuis plus d'un an à toute demande de leur part ; or, *des comptes authentiques* constatent qu'au 1er décembre 1813, ces ministères n'avaient plus à réclamer sur leurs crédits qu'environ 50 millions, et qu'ils avaient reçu près de 20 millions d'à-compte sur cette somme, outre 25 millions dont ils ont disposé dans les trois premiers mois de 1814, sur le budget de cette nouvelle année. On voit à quoi se réduit l'arriéré possible
Total.	1,645,469,000	et réel.

C'est du rapport fait aux deux Chambres par le ministre de l'intérieur que j'extrais les chiffres dont il composait son accusation, de plus de seize cents millions de dilapidation, imputée par lui au gouvernement impérial ; et c'est dans les comptes réguliers du trésor public, tels qu'ils ont été jugés et admis par la cour des comptes, qu'ont été puisés les chiffres que j'ai opposés à ce ministre, par une lettre à laquelle il n'a pas essayé de répondre.

Mais ce qui fait peu d'honneur à la morale de cette époque, c'est que le chef de bureau, qui avait fourni au ministre de l'intérieur les chiffres erronés de son rapport aux deux Chambres, et qui, en renouvelant sous une autre forme les mêmes mensonges dans un libelle anonyme, proposait pour le paiement d'un arriéré total, qu'il évaluait à plus de 600 millions, une émission de bons royaux, à 8 pour 100 d'intérêt, dont la Trésorerie pouvait régler à son gré le cours à la Bourse ; c'est, dis-je, que ce chef de bureau était le même homme qui avait concouru à la rédaction des comptes généraux du Trésor, d'où étaient extraits les résultats si différents que j'avais fait connaître au ministre de l'intérieur.

On trouvera sous le n° 5 la lettre par laquelle cet homme s'accuse et veut s'excuser auprès de moi de sa faute envers moi, faute bien moindre que celle qu'il commettait contre le nouveau gouvernement auquel il se rattachait : il commença son élan vers la fortune après le 31 mars 1814 ; il a, plus tard, été revêtu d'un emploi très-lucratif ; il a cherché les grands et prompts profits, il a fini par être un comptable infidèle et par mourir insolvable.

IV.

Première lettre de M. le duc de La Rochefoucauld.

Je n'ai pas besoin de vous dire, mon cher monsieur Mollien, combien j'ai été contrarié des visites avortées que nous nous sommes réciproquement faites le jour de votre départ de Paris.

J'ai reçu et lu, trois ou quatre fois, votre excellent mémoire ; j'en ai moi-même fait, pour moi, un travail particulier. Je trouve ces notes excellentes. Le seul point sur lequel je me permettrais une observation serait cette somme de 187 millions que vous retranchez à la dette de la guerre : non que je ne croie cette dette horriblement exagérée, non que cette exagération ne soit positivement prouvée par les raisonnements qui précèdent votre réduction ; mais parce que la somme de la réduction ainsi précisée ne me semble pas assez appuyée de faits qui motivent *précisément* cette réduction de 187 millions, et que, peut-être encore, ils sont fort au-dessous de la réalité : l'auteur du rapport, qui met par écrit tant d'annonce de bonne foi, en eût fait preuve en appelant les anciens administrateurs à l'apurement de leurs comptes ; d'où serait résultée la confiance publique, dont il ne peut pas ignorer le besoin pour obtenir les efforts nécessaires.

Vous ne voulez pas donner de publicité à vos notes. Vous me les avez remises sous le secret. Jusqu'ici, j'ai été très-fidèle à votre intimation, mais c'est à regret ; il ne s'agit pas seulement de ma tendre amitié pour vous, qui jouirait du succès que ces notes auraient à votre avantage, à l'avantage de votre adminis-

·tration, que l'auteur du rapport cherche à décrier par un silence
perfide sur votre nom : ce motif serait bien suffisant pour me faire
enrager de la discrétion que je vous ai vouée ; mais le parti généreux et noble que vous avez pris, dans lequel je vous ai peut-être
maintenu moi-même par mon opinion, parce qu'on s'empresse
d'épouser tous les beaux et nobles sentiments : ce parti est-il
réellement bon ? est-il utile pour l'État ? est-il utile pour la confiance publique? Je n'en suis pas si sûr. De qui que vienne le
rapport sur la situation des finances, sur la fixation de l'arriéré ;
que ce soit d'un homme élevé par vous et qui veuille vous nuire,
cela ne fait que pour vous-même. C'est peut-être, pour votre
disposition, une cause de l'épargner ; mais il n'est pas question
de l'attaquer. C'est la chose publique qu'il faut servir. Si vos notes
portaient à aggraver le mal annoncé, peut-être pourriez-vous être
retenu par la crainte de l'effroi qu'elles donneraient, etc., etc, ;
mais il s'agit de diminuer le mal, de le montrer moins grand, en
disant vrai : vous serviriez ainsi la chose publique. Je ne verrais
d'objections à la publication ou au moins à la communication
de ces notes, que l'engagement que vous avez peut-être pris
en les remettant à l'autre personne[1] à laquelle vous les avez
remises : voyez, pensez, réfléchissez-y. Il paraît une petite brochure en observation sur ce rapport que je n'ai pu encore me
procurer, et qui probablement est dans vos mains. ·

On l'attribue à M. Gaudin ou à un ami qui aura écrit sous ses
yeux. On le dit bien fait, même indépendamment du bien qui
y est dit de vous.

Je vais encore vous dire que, le jour de votre départ, j'ai été
voir M. de Talleyrand, qui m'a demandé : Avez-vous vu M. M.... ?
— Il y a quelque temps : avant la publication du rapport sur
les finances. — Je voudrais bien voir M. M...— Je ne sais pas
s'il est à Paris ; mais je pense que si vous voulez le voir, vous en
prendrez les moyens en le lui faisant dire. — Voulez-vous vous
en charger[2]? C'est un bien digne homme, un homme très-habile !
c'est un homme d'ailleurs d'un caractère bien sociable que
M. M... ! j'en ai toujours fait un cas particulier. Savez-vous ce
qu'il.pense du rapport de l'abbé de M... ? — Non, je n'en sais

1. L'abbé de Montesquiou, ministre de l'intérieur.
2. Je ne répondis pas à cet appel, mon désir étant sincère et ma
volonté bien arrêtée de rester paisible dans ma retraite.

rien ; mais, s'il ne l'approuve pas, son opinion ne sera pas guidée
par le mécontentement qu'il doit avoir de la légèreté avec laquelle son ancienne administration est traitée... — Ah ! oui,
j'en suis sûr. C'est un homme rare que M. M...!

Et puis la conversation finit là. Je vous la rapporte sans la
croire importante, mais enfin la voilà.

J'ai toujours le désir et le projet d'aller à *Jeurs*. Dans ce moment, je suis retenu ici pour affaires ; et puis vous reviendrez
dans cette semaine, n'est-ce pas ?... Mes hommages à votre
incomparable compagne ; vous savez combien je vous aime ten-
drement et pour la vie.

Signé : LE DUC DE LA ROCHEFOUCAULD.

Le 1er août 1814.

V.

Lettre du sieur Bricogne.

Monsieur le comte,

Je suis désolé. Le devoir et un peu l'intérêt m'ont mis la plume
à la main, et, une fois lancé dans la polémique, le besoin de la
défense, celui de faire des phrases et l'ardeur de mon caractère,
m'ont quelquefois, peut-être, emporté trop loin ; mais ce dont
je vous prie d'être persuadé, c'est que je ne vous ai jamais eu en
vue que lorsque je parle avec éloge des anciens ministres ; et je
vous conjure de vous regarder comme désintéressé dans cette
querelle. Il eût été à désirer qu'on ne l'eût pas élevée ; je désire
fort qu'elle n'ait pas de suite ; mais je suis, nous sommes peu
disposés à avoir le dernier. Cependant, dussé-je en paraître plus
blâmable, je dois vous dire que cet opuscule[1] ne m'a pas été
commandé, et que je ne l'ai montré qu'imprimé ; il sera même
publié aujourd'hui, avant que M. Louis ait lu les treize dernières
pages. C'est un coup de ma tête. Je vous prie de me le pardonner
et de me faire dire s'il me serait permis de me présenter samedi

---

1. Ce pamphlet était une réponse à une brochure que M. Gaudin
venait de faire paraître.

ou dimanche prochain à Jeurs ; car, actuellement, je suis au-
dessus du soupçon d'aider au parti de l'opposition.

, J'ai l'honneur d'être, avec respect, monsieur le comte,

     Votre très-dévoué et très-reconnaissant serviteur,

                Signé : BRICOGNE aîné.

Paris, le samedi 31 août 1814.

VI.

Seconde lettre de M. le duc de la Rochefoucauld.

J'ai reçu votre lettre que m'a fidèlement apportée M. D. L. Je
l'ai lue, étudiée : il me semble que je suis digne de l'entendre ; je
m'en suis assez bien approprié le contenu, comme celui des notes
dont elle est une explication et une conséquence. J'ai entendu le
sens de votre lettre ; vous persistez dans votre noble résolution de ne pas imprimer sous votre nom, par des motifs hono-
rables, et de ne pas laisser imprimer sans votre nom par une
estimable fierté. N'en parlons donc plus ; mais vous me per-
mettez que je me fortifie de cet arsenal d'arguments, et qu'ils
puissent être employés à la défense d'une cause dans laquelle
il est de l'intérêt de tous de triompher. Je ferai donc de tous
ces documents un usage utile et prudent. L'abbé Louis est
venu hier au comité central de la chambre, chargé d'examiner
le budget ; et on lui a demandé de signer les états : il est entré
en une violente colère ; il s'est refusé à aucune signature, en
disant qu'on voulait le perdre, qu'on voulait le déplacer, etc. ;
et il est parti furieux. Le comité lui a demandé par écrit, ce
à quoi il s'était refusé verbalement. J'ignore sa réponse. Le public a les yeux ouverts. Le petit écrit de Gaudin n'a pas
laissé que de produire un bon effet. Tout le monde voit une
exagération évidente dans les besoins et dans les suppléments
demandés ; mais on cherche des lumières positives. Beaucoup
de gens vous blâment de ne pas écrire ; on dit que vous pouvez
sacrifier votre cause et votre amour-propre, mais que vous ne
devez pas autoriser des mensonges par votre silence, et des
mensonges nuisibles à la chose publique. Je vous blâme aussi,
avec les autres ; mais on finit par admirer votre délicatesse,

et d'autant plus que l'on est plus persuadé des mensonges.
Le ministère aura fort à faire, et ne se tirera pas de là. M. de
Blacas a porté hier à la chambre en comité secret le budget
explicatif de la liste civile et des produits utiles des domaines
réservés par le roi, des fonds provenant des sénatoreries ; ce
qui compose une addition au budget de quelque importance.

La chambre des députés est dans la bonne et juste disposition d'accéder unanimement à ces propositions. Elle veut
(comme tout ce qui est raisonnable) que le roi soit grandement
et richement doté ; qu'il puisse faire du bien autour de lui.
Toute autre conduite de la chambre eût été, selon moi, mauvaise et répréhensible. Mais elle ne sera pas si facile à passer
les chiffres enflés de M. Louis, qui d'ailleurs paraît assez mal
avec tous les autres ministres.

Cette désunion du ministère est le grand mal du moment,
et elle paraît bien prononcée ; tout cela est affligeant, quand
nous aurions tous besoin d'union dans une ligne droite.

Je crois que je vais demain à Liancourt, où ma belle-fille est
allée s'établir. Paris me déplaît ; j'y travaille beaucoup moins ;
je mène une vie d'ours. Vous me demandez si je crois que
vous devez hâter votre retour : je ne sais pas assez le dessous
des cartes ; mais il me semble dans mon gros bon sens qu'il
n'y a pas d'inconvénient à suivre votre pensée de ne venir que
vers la semaine prochaine. Bonjour, mon cher ami ; j'ai tant
mal à la tête, par l'effet, je crois, de cette accablante chaleur,
que je ne sais pas ce que j'écris ; je sais cependant bien que
je vous aime de tout mon cœur.

Signé : LE DUC DE LA ROCHEFOUCAULD.

Vendredi, 25 août 1814.

FIN DES MÉMOIRES.

POSTSCRIPTUM.

A l'époque appelée la Restauration de 1814 je perdais, comme beaucoup d'autres, la plus grande partie des dons que j'avais reçus de Napoléon, et par exemple toute celle qui se composait de dotations au dehors. C'était encore à lui que je devais cependant, presque tout entière, la modique fortune que je conservais. Mais le plus grand bien me restait dans ma vertueuse et excellente femme. C'est à elle, à tout ce qu'elle a de dignité et de charme dans le caractère comme aussi d'élévation dans l'esprit, c'est à ses tendres soins, à sa constante affection pour moi, que me rendait encore plus chère la grande inégalité de nos âges. en l'honorant davantage elle-même, que j'aurai dû tout entier ce bonheur intérieur, si bien nommé le plus grand comme le plus rare des biens que l'homme puisse obtenir dans ce monde : elle m'a donné de nouveaux parents, tous dignes d'elle. Je demande si, dans un tel état, ma préférence pour la retraite et la vie solitaire peut avoir eu quelque mérite. Fort jeune j'avais obtenu des fonctions de confiance; quelques témoignages de distinction avaient été accordés à mes services avant 1789. J'avais échappé aux dangers de la révolution, sans la servir ; je

n'avais pas cherché l'éclat ; surtout je n'avais pas désiré
devenir ministre ; et nul ministère n'était moins désirable
que celui auquel j'ai été appelé au commencement de
1806 : je l'ai laissé, en 1814, en meilleur état que je ne
l'avais pris. On conçoit qu'après la chute de l'Empire,
des motifs d'une autre nature encore devaient m'éloigner
des affaires publiques : et, si je ne m'attendais pas à y
être rappelé, je le désirais encore moins. Il arriva cependant que, dans les premières années de la Restauration,
le ministère des finances me fut deux fois offert. La première proposition m'avait été faite par M. de Richelieu
que je n'avais pas encore vu jusque là et M. de Villèle
entrait dans ce plan comme devant être ministre de la
marine. La seconde proposition avait été postérieure à la
retraite de M. de Richelieu. Je n'ai pas besoin de dire
que mes objections et les motifs de mes refus définitifs
n'eurent rien d'offensant pour le gouvernement du roi :
mais ce fut un honneur qu'en 1819 j'acceptai avec empressement et reconnaissance, que celui d'être appelé à
la *pairie*. Je m'y trouvais associé à de nombreux et fidèles
amis de l'ordre public, par des devoirs très-conciliables
avec mon goût pour la retraite, et avec les doux loisirs
de mon intérieur qui me fait trouver, sans sortir de chez
moi, ce qu'il y a de meilleur au monde. J'avais déjà employé quelques-uns de ces loisirs à la revue consciencieuse de ma vie, afin que ceux qui prendraient quelque
intérêt à ma mémoire, eussent le moyen de la défendre,
si, après ma mort, ma qualité d'homme public m'exposait à quelque attaque. C'est là la seule intention des mémoires que je laisserai. Ils ne sont destinés qu'à quelques
amis, qui seraient mes défenseurs si j'en avais besoin.

Quelques-uns de mes rapports à la chambre des pairs
et quelques-unes des opinions que j'y ai prononcées com-

plèteront le compte-rendu de ma vie politique. J'y joins quelques notes sur les sujets qui ont le plus appelé mes réflexions et l'éloge funèbre du duc de la Rochefoucauld. C'est le témoignage de ma vénération pour ses vertus et l'hommage d'une vieille amitié.

Tout homme qui, surtout à certaines époques, s'est trouvé engagé dans les affaires publiques, reste, longtemps après sa retraite, responsable de ses opinions comme de ses actes : la droiture de mes intentions a obtenu quelque indulgence pour ma longue et pénible administration. Je n'en demande pas pour mes opinions qui me sont encore plus personnelles ; j'expose mes jugements comme j'ai exposé mes actes. Ces jugements seront un moyen de plus de me juger moi-même.

NOTES DIVERSES[1].

On aurait trop à dire, si l'on voulait définir le mot *argent* dans toutes les acceptions qu'admet la langue française.

On ne considère ici l'argent que sous le rapport du service qu'il rend dans son office de monnaie ; on se demande si, à cet égard, il ne nous fait pas payer un peu trop cher ce service ; et ce sera une occasion naturelle de définir la monnaie elle-même dans les divers éléments qu'elle admet, dans les matières dont elle peut se composer, et dans les combinaisons qui peuvent rendre son emploi à la fois plus commode et moins coûteux.

Pour remplir dans chaque pays la première condition de toute monnaie, et y devenir un *type* de valeur qui pût être à la fois la mesure et l'équivalent de toute autre valeur transmissible, l'or et l'argent ont dû être justement préférés, d'abord, parmi les métaux :

Comme plus propres à trouver en tous lieux, et à s'y conserver à eux-mêmes, un prix vénal à peu près uniforme ;

Comme contenant plus de valeur dans un moindre volume ;

---

1. Ces notes ont été écrites avant 1819. Elles traitent principalement de l'argent dans son office de la monnaie et de quelques intérêts et devoirs sociaux.

Comme plus susceptibles d'un affinage bien réglé, et
pouvant en même temps se prêter mieux aux divisions que
requiert le détail des paiements applicables aux besoins
individuels :

Comme plus aptes, sous la forme monétaire, à transmettre immédiatement à tout vendeur le prix réel de ce qu'il
avait livré à l'acheteur ;

Comme devant, en un mot, entre des États voisins ainsi
qu'entre les cités du même État, surtout entre les différentes industries de la même ville, favoriser et multiplier les
échanges, les marchés, par la facilité de les solder en les
concluant.

Quoique ces attributs soient à peu près communs aux
deux métaux, l'*argent*, par l'infériorité même de sa valeur
qui, comparativement à celle de l'*or*, est dans le rapport
de 15 à 1, se prêtant mieux aux diverses fractions usuelles,
ce métal fut assez naturellement adopté, comme principal
type monétaire, par plusieurs États, particulièrement par
la France ; et l'or, comme monnaie, n'y devint plus qu'un
auxiliaire de luxe.

Mais il arriva aussi que, dans les États où l'or fut préféré, comme le haut prix de la matière conseillait d'autant
plus l'économie dans son emploi, ce fut là qu'une plus judicieuse appréciation de la fonction des métaux dans la
monnaie, mit quelques bons esprits sur la voie des moyens
supplétifs qui, sans altérer, sans dénaturer la monnaie,
sans amoindrir ni son titre ni son crédit, peuvent avec
autant de sûreté et plus de commodité pour les preneurs,
remplacer, en très-grande partie, les métaux dans leur
office monétaire : il devait même arriver encore que le
nouveau genre d'alliage, que la monnaie d'or admettrait
sous cette forme, avertirait d'autant mieux le commun des
habitants que tout ce qui faisait office de monnaie, quelle

qu'en fût la matière, se trouvait dans cet état séparé et
distinct de la richesse proprement dite, de celle qui sert à
la reproduction ou à la conservation comme *principe et
cause ;* et que toute monnaie, quelle que fût sa matière, ne
faisait que concourir au seul mouvement de la richesse,
comme simple instrument des échanges réciproques entre les
divers besoins.

En France c'était bien par motif d'économie, c'était
pour se donner un système monétaire moins coûteux,
qu'on avait pris l'argent pour base de la monnaie ; et,
jusque là, la préférence pouvait se justifier, puisque, pour
le prix d'une livre d'or, on pouvait avoir un peu plus de
quinze livres d'argent.

Mais on n'avait encore que des données peu exactes sur
la proportion que la monnaie d'argent devait observer pour
être en juste rapport avec le besoin des divers échanges.
C'était un état si nouveau pour la France que le régime
sous lequel tout compte, tout achat, tout paiement ne pouvait plus se solder régulièrement qu'en *espèces sonnantes,
droites de titre et de poids*, qu'on crut ne pouvoir jamais
trop accroître les garanties d'une telle sécurité. Aussi ceux-
là ne furent-ils alors contredits par personne, qui provo-
quèrent la multiplication des *espèces monétaires*, l'importation la plus abondante sur le sol français, du métal qui
devait les produire : on regardait les *espèces* comme l'é-
lément de toute prospérité ; ni les lenteurs du comptage,
ni les embarras du transport, ni le déchet de valeur qu'a-
vec le temps le seul *frai* devait opérer, ni la perte plus
grande des intérêts sur les avances employées à l'achat du
métal au dehors, n'entrèrent dans les premiers calculs. On
aurait regardé comme un blasphème l'assimilation de la
monnaie d'argent à *un simple outil* ; celle de sa fonction
dans les échanges à un acte purement mécanique : et le

préjugé, qui place dans la monnaie métallique la substance
de la richesse, conserve encore aujourd'hui de profondes
racines.

On a bien eu l'ingénuité de croire que l'industrie française devant être, pour des Français, préférable à toute
autre, il valait beaucoup mieux payer éternellement plus
cher les produits indigènes qu'acheter les analogues meilleurs, à moindre prix au dehors ; et, quoique cette croyance
commence à s'ébranler, elle trouve encore des défenseurs.
Il ne faut donc pas s'étonner de voir nos anciennes lois
contre la sortie des espèces monétaires avoir de la popu-
larité malgré leur constante impuissance ; il faut même
pardonner au *vulgaire* de regarder les *espèces* comme
l'emblème de la fortune publique. De ce qu'une bourse
particulière reste d'autant mieux garnie qu'il n'en sort rien,
le vulgaire conclut que, pour que le pays reste riche, il
faut qu'il n'en sorte jamais un écu.

Ceux qui, aujourd'hui encore, craignent tant l'émigration de l'argent, n'auraient besoin que de regarder d'un
peu plus près autour d'eux, pour s'assurer que, dans l'approvisionnement monétaire de la France, il y a bien plutôt surabondance que disette : et, quoique la France soit
encore le pays dans lequel les prêts à intérêts en espèces
métalliques sont le plus nombreux, elle est aussi celui
dans lequel il se trouve le plus d'argent monnayé réduit à
un état complet d'inaction et d'inertie ; le goût du *pécule*
privé y est très-répandu : c'est un trait de ressemblance
qu'il garde avec des pays auxquels il ne voudrait pas être
comparé.

Il est officiellement notoire que le montant de la fabrication de la seule monnaie en France a excédé 3 milliards ;
ce qui n'est que conjectural, mais n'est pas contesté, c'est
l'approximation qui porte à 7 ou 8 milliards la reproduc-

tion annuelle des diverses valeurs consommables que produit ou dont dispose la France ; ce qui n'est pas plus contestable, c'est que la même pièce de monnaie peut et doit changer beaucoup plus de dix fois de propriétaire dans le cours d'une année. Ces deux seuls rapprochements suffisent donc pour prouver que 2 milliards de monnaie, avec l'accessoire des lettres-de-change, des comptes courants, des compensations habituelles, placés entre les producteurs et les consommateurs, sont plus que suffisants pour solder, complètement et en temps utile, l'universalité de leurs divers comptes respectifs ; et ne pourrait-on pas aller jusqu'à dire que ces 2 milliards eux-mêmes pourraient être mieux composés qu'en espèces métalliques, plus économiquement pour le pays, et plus commodément pour la circulation ? Or, la conclusion définitive ne serait-elle pas alors que notre système monétaire s'embarrasse depuis longues années d'une superfétation de bien plus de un milliard ; et qu'il y a eu une grande prodigalité dans l'économie qui a porté nos aïeux à préférer la monnaie d'argent ?

Examinons, en effet, à quelles conditions la France a pu se donner la disponibilité de 3 milliards de métal d'argent, et ce qu'elle a perdu, seulement en intérêts, par le résultat des échanges, qui ont mis une telle masse de métal en son pouvoir.

Pour de tels achats, la France avait un double désavantage à subir relativement au prix et au mode de paiement, l'acheteur était à la merci du propriétaire du métal ; et ce métal, trop différent de toute autre matière première, dont la mise en œuvre aurait augmenté la valeur, dans beaucoup de cas, de plus de 50 pour 100, ne pouvait, étant converti en monnaie, valoir rien de plus que lorsqu'il était lingot. Sa destination le rendait même inhabile à produire le plus petit intérêt quand il ne sortait de la main de l'acheteur que pour passer dans celle du vendeur ; et ce devait être là son principal emploi. Or, que le moindre arithméticien traduise en chiffres la valeur dont aurait pu et dû s'accroître dans un seul siècle ce milliard de superfétation (qui reste captif depuis plus d'un siècle dans notre monnaie), s'il eût librement profité, chaque année, de l'accroissement de valeur qu'il aurait trouvé, sous toute autre forme et dans tout autre emploi : le résultat de ce calcul fera bientôt voir combien nous avons payé chèrement notre luxe monétaire actuel, qui satisfait moins notre vanité que tout autre luxe, et accuse davantage encore notre raisonnement.

Le but de cette Note n'est assurément pas de déprécier l'esprit français, ni de faire le procès au temps passé ; mais de disposer la France, qui, vis-à-vis des autres pays a eu souvent le mérite des bons exemples, à se donner aussi celui des imitations salutaires, et à s'approprier ce qu'on fait mieux ailleurs ; surtout à bien discerner quels sont en effet les capitaux réels dans tous pays ; à bien comprendre comment ils se forment.

Jusqu'à présent, c'est l'Angleterre qui semble avoir le mieux manœuvré ce grand levier de l'état social : et parmi les causes de sa prédominance en capitaux, il faut placer la combinaison par laquelle, après avoir choisi pour le type de sa monnaie l'*or*, le métal le plus cher, en se maintenant en possession du premier crédit de commerce, et ayant constamment à pourvoir à plus de paiements, à solder plus de comptes qu'il ne peut s'en trouver dans aucun autre État, l'Angleterre a pu n'employer à l'avance, à la *mise-hors* qu'elle a dû faire pour fonder sa monnaie, qu'une somme moindre peut-être des deux tiers que celle que la France y a sacrifiée.

La véritable fabrique de monnaie pour l'Angleterre a été sa banque ; mais là on a eu la sagesse d'attendre, pour donner à la monnaie réelle un auxiliaire dans la monnaie de banque, qu'une progression parallèle entre les créations du travail et les demandes de la consommation appelât naturellement dans le canal de la circulation le concours simultané des deux espèces de monnaie à égalité de nécessité.

C'était bien comprendre l'office de la monnaie que de définir avec justesse les divers devoirs auxquels la monnaie peut suffire, quelles que soient sa matière et sa forme. Et par exemple, alors, à l'égard des banques de circulation, la théorie, quoiqu'elle ne fût encore que spéculative dans ces deux lieux, était très-différente à Londres et à Édimbourg : cette dernière ville désirait aussi des banques de circulation pour toute l'Écosse [1], mais c'était dans l'espoir vague d'y trouver des secours presque gratuits pour

---

1. Ce fut en 1695, un an après la fondation authentique de la banque d'Angleterre, que la première des banques d'Écosse fut établie à Édimbourg, et depuis ce début, le nombre des banques s'est tellement accru en Écosse, qu'on en compte aujourd'hui trente-neuf, dont le quart à peu près date du XIXᵉ siècle : il y en a cinq à Édimbourg, sept à Glascow, quatre à Dundee, trois à Aberdeen, trois à Perth, une au moins dans toutes les autres villes ; ainsi les instruments d'échange abondent plus en Écosse que la matière échangeable ; ainsi on pourrait dire métaphoriquement qu'on a peut-être créé dans ce pays plus de moyens de transport qu'il n'y a d'objets à transporter ; mais (comme on l'a déjà dit) le privilège des banques ne va pas jusqu'à créer la richesse.

Le système des banques se soutient en Écosse, parce que les entrepreneurs y trouvent quelque profit aux dépens des nécessiteux qui ont besoin d'emprunter, et dont le nombre diminue d'autant moins.

Suivant la condition commune à toutes les banques, celles d'Écosse acquièrent sur les emprunteurs une créance supérieure en somme à l'avance qu'elles leur font. La différence est seulement un peu plus forte en faveur des banques en Écosse, mais elles ont aussi plus de frais à faire et plus de risques à courir.

L'escompte des bons effets de commerce n'est pas leur opération la

tous les genres d'industrie nés et à naître, et jusqu'à des moyens directs d'amélioration pour la culture des terres !

Une banque de circulation est une machine dont le mécanisme et l'emploi spécial ne peuvent être compris que par la raison droite, capable de bien apprécier toute demande d'escompte dans sa cause, toute émission de billets dans ses conséquences ; l'imagination n'a rien à y faire.

L'Angleterre ne s'était pas laissé séduire par les prestiges que présentèrent aux imaginations d'Écosse, avides de secours et de profits, des spéculateurs aventureux tels que ce *Law*, qui, plus tard, importa d'Écosse en France le ridicule et le désastre de son système. La situation de l'Angleterre était bien différente, malgré les ressentiments que conservaient encore plusieurs puissances de l'Europe contre la révolution qui avait placé Guillaume III sur le trône anglais ; tous les arts utiles avaient repris dans le pays, à la fin du XVIIᵉ siècle, leur mouvement progressif. Déjà la ville de Londres devenait pour l'Europe, plus qu'Amsterdam même, le centre des approvisionnements

---

plus ordinaire ; leur mode plus habituel de prêter, est d'ouvrir par compte courant, à chaque emprunteur, un crédit déterminé : l'emprunteur est admis à user de ce crédit par fractions, sans toutefois pouvoir en dépasser la limite ; il a aussi la faculté des remboursements partiels, et comme, indépendamment de l'intérêt qui se règle sur la durée de l'avance faite par la Banque, les versements donnent lieu à quelques modiques commissions pour elle, la balance du compte lui laisse toujours quelque profit, sauf le cas de l'insolvabilité.

Quoique ces banques prêtent, en général, à un taux supérieur à l'intérêt commun, elles ne s'enrichissent pas. Croirait-on que, pendant plus d'un siècle, les coupures des billets émis par elles aient descendu jusqu'à la livre sterling, et il n'a fallu rien moins qu'un acte du parlement d'Angleterre pour forcer les banques d'Écosse d'adopter cinq livres sterling, pour minimum de la coupure de leurs billets au porteur.

Ce n'est qu'en 1828 que l'injonction parlementaire leur en a été faite.

en matières premières qui provenaient des régions lointaines ; elle était naturellement aussi le principal dépôt
des produits industriels du pays, et c'était dans cette capitale que se réglaient et se soldaient les comptes du commerce anglais avec ses divers correspondants au dehors.
L'or et l'argent y affluaient comme marchandises. C'était
la rareté des métaux précieux qui faisait désirer en Écosse
une monnaie supplétive ; en Angleterre, ces métaux y
étaient apportés par des débiteurs du dehors qui avaient
des comptes à solder, et leur abondance inspira mieux les
banquiers de Londres ; ils avaient compris de bonne heure
que la surabondance de la monnaie réelle ne pouvait être
qu'un luxe onéreux ; qu'en cet état la meilleure monnaie
d'or ou d'argent prendrait, au moins inutilement, la place
de capitaux plus productifs, et qu'elle serait aussi pour
eux-mêmes d'une conservation plus laborieuse ; et les
principaux eurent alors la pensée de mettre en dépôt, sous
un gardien commun, les métaux en monnaie ou en lingot
qui leur appartenaient : or bientôt une seconde pensée
plus féconde vint se joindre à la première, ce fut l'espoir
judicieux de pouvoir fonder, sur un tel dépôt, la création
et l'émission d'un papier-monnaie dont la moindre coupure ne descendrait pas toutefois au-dessous de dix livres
sterling, ce qui laissait à la monnaie réelle un large espace
dont elle aurait seule le privilège. Le dépôt commun d'espèces qu'ils avaient formé devait opérer dans la circulation un vide à combler ; il ne pouvait l'être que plus commodément jusqu'à concurrence du montant de ce dépôt,
par des billets au porteur réalisables en espèces, au dépôt
même, à présentation : mais, en outre, ces billets ne devaient naturellement être émis qu'en échange et pour l'escompte de lettres-de-change voisines de leur échéance,
prises sur la masse de celles que tiraient sur Londres tous

les pourvoyeurs de ce grand marché ; et les auteurs du plan avaient justement calculé, qu'au moment où l'escompte aurait lieu, les débiteurs des lettres-de-change en prépareraient successivement le paiement en retirant de la circulation une somme égale à celle que l'escompte y aurait versée ; or, comme, dans ce cas, l'émission faite par la Banque ne devait que remplir un vide, il ne pouvait y avoir aucune différence de valeur entre le papier-monnaie que la Banque émettait ainsi, et la monnaie réelle elle-même, puisque toutes deux n'entraient dans la circulation que dans la proportion réclamée par le besoin des échanges et comme partie intégrante du *medium* nécessaire entre l'acheteur et le vendeur.

Le plan ne s'arrêtait pas même là ; l'association avait cru pouvoir l'étendre jusqu'à proposer au gouvernement anglais de se charger du recouvrement d'une partie des revenus publics, tels, par exemple, que la contribution foncière de Londres, la taxe sur la bière, etc., etc., de mettre ainsi l'échiquier plus tôt en jouissance de leur produit : et pour un tel service, ses avances ou ses escomptes, ne pouvaient pas compromettre davantage le crédit de ses billets ; ses recouvrements journaliers sur les contribuables devant lui restituer promptement l'avance qu'elle aura faite, en même temps que l'échiquier s'épargnait par cet arrangement les soins et frais de la perception.

Tel a été le plan conçu par la compagnie d'actionnaires qu'en 1694 une charte du grand sceau a érigée en corporation, sous le nom de *banque d'Angleterre* en lui conférant, par privilége exclusif, les attributions exposées ci-dessus. Les calculs sur lesquels ce plan a été fondé tiraient, de leurs éléments mêmes, leur justification et leurs preuves : à proprement parler, la banque ne créait rien, elle ne faisait que donner une direction meilleure,

un supplément de secours analogues à des rapports, qui
demandaient à s'étendre : dans ce système, les intérêts
du crédit commercial et ceux du crédit public se trouvaient si bien conciliés, si convenablement assortis, et
sur chaque service, dès l'origine, les moyens balançaient
si bien les engagements, les devoirs, que ce fut sans restreindre
aucun des secours dont elle ouvrait la source au commerce,
que la nouvelle banque put encore, dans sa première année,
mettre à la disposition du gouvernement qui l'instituait, la
moitié de 60 millions qui formaient son premier capital,
lequel s'est fort accru depuis cette époque, ainsi que ses
avances au gouvernement.

On n'entreprendra pas d'énumérer et de définir tous les
services, que, depuis près d'un siècle et demi, la banque
d'Angleterre a pu rendre au commerce du monde entier
et au gouvernement anglais avec lequel elle a su s'iden-
tifier si bien, sans compromettre jamais un seul des intérêts privés qui sont en rapport avec elle : on a principalement voulu prouver que ce n'est pas le moindre des services de cette banque, que d'avoir su entrer, avec assez
de discernement, dans le système monétaire du pays pour
lui avoir épargné l'énorme avance qu'il lui aurait fallu faire
(avec une perte non moins grande d'intérêts) pour le prix
d'achat des métaux précieux qui lui auraient été nécessaires,
si la place que les billets de banque tiennent dans la circulation, avait dû être réellement et matériellement occupée
par des espèces d'or et d'argent.

Il ne peut rester douteux pour personne que si, en
Angleterre, le canal de la circulation a depuis si longtemps admis avec égalité de confiance les billets de la
banque, faisant office de monnaie réelle, c'est parce qu'ils
s'y sont présentés avec égalité de nécessité. La place qu'ils
devaient y prendre était préparée par le besoin : la mon-

naie de banque a aussi son titre ; son titre est sa nécessité, elle peut se le conférer à elle-même en ne paraissant que là où elle est nécessaire ; elle tire son titre
monétaire du motif de ses émissions. En Écosse, c'était
l'imagination qui avait enfanté les banques qu'on n'a pas,
certes, rendues plus solides en les multipliant ; c'est
la connaissance exacte du mécanisme de la circulation
qui a fondé la banque d'Angleterre et qui en fait le
levier des principaux intérêts du pays. Il était dans la
nature et la destinée de ce grand établissement d'avoir,
comme le gouvernement anglais lui-même, ses moments
de crise, c'est le sort de toute œuvre humaine ; mais,
comme l'a dit le meilleur juge en pareille matière (Adam
Smith), la banque de l'Angleterre est aussi solide que
son gouvernement ; il ne faut pas demander plus à une
banque.

Le XIXᵉ siècle a vu s'élever à Paris un comptoir
d'escompte qui a pris le nom de Banque de France :
cette banque ne prétend pas à une aussi grande part
dans les affaires de notre gouvernement, que celle que
la Banque d'Angleterre s'est faite dans le sien ; mais, en
ne faisant que ce qu'il est en son pouvoir de faire, la
Banque de France pourra, sans courir de risques, s'assurer de grands profits dans la capitale de la France,
et y rendre d'utiles services ; ses billets obtiennent, au
delà de la capitale, la même confiance que la monnaie
réelle, et elle a déjà bien mérité du pays tout entier,
puisque la portion de monnaie réelle que ces billets remplacent dans les paiements divers, rend disponibles, pour
tout meilleur emploi, même hors de France, plusieurs dizaines de millions de valeurs métalliques ; mais cette
somme n'est encore qu'une bien faible partie de notre superflu en ce genre. Nous n'avons pas de luxe plus cher

ni plus stérile ; c'est ce qu'on a tâché de faire entrevoir par
cette Note.

Ce n'est pas une question indifférente que celle de savoir
quelle est la nature d'assistance et de secours qu'un gouvernement peut utilement donner à chaque industrie.

Sans doute, toute industrie nouvelle mérite d'être pro-
tégée ; c'est là partout le droit de l'enfance ; mais ce ne
serait rien moins qu'un privilège protecteur pour une industrie que d'être indéfiniment affranchie de la concurrence de
tout produit analogue au sien, venant du dehors : rien ne
serait plus propre à étouffer en elle le meilleur terme d'émulation, à empêcher conséquemment d'acquérir toute sa valeur.

L'acte de navigation de Cromwell a pu avoir son moment d'à-propos ; mais, certes, ce n'est pas à cet acte (qui fut
principalement dirigé contre la Hollande) que la marine anglaise a dû ses progrès et ses succès.

Et c'est peut-être parce que la France a imité plus tard
et moins opportunément cette mesure, qu'elle est encore
maintenant réduite à naviguer plus chèrement qu'aucune
autre puissance.

On ne citerait pas un seul des travaux humains qui ait
acquis tout le perfectionnement dont il était susceptible, sous
la tutelle d'une loi de douane, qui, pour affranchir ses produits de toute rivalité étrangère, aurait écarté tous les produits de même nature venant du dehors par une taxe de 25
pour cent, de 50 pour cent, et quelquefois de 100 pour cent
de leur valeur.

On en nommerait plus d'un dont l'essor reste encore
comprimé par l'effet de ce système soi-disant protecteur.

Et, par exemple, quels établissements industriels peuvent
en fournir une preuve plus péremptoire que nos *usines de
fer* ? Comme, parmi nos autres industries, il n'en est
aucune qui ne fasse un emploi quelconque du fer, toutes
devaient naturellement être tributaires des usines françaises qui avaient déjà le premier avantage du voisinage ;
mais on n'a pas jugé ce privilège suffisant ; on a voulu le
fortifier par un tarif qui a rendu (surtout depuis décembre 1816) le fer étranger passible, à son entrée en
France, d'un droit souvent plus que double de la valeur de
ce fer, qui, conséquemment, a maintenu habituellement
le prix du fer en France de 100 pour cent au-dessus
des prix anglais, et c'est avec [1] de tels moyens de protection que cette fabrication reste (sauf quelques exceptions) précaire, languissante en France, en même temps
que les autres industries françaises qu'elle approvisionne
subissent un sacrifice égal à la différence du prix local entre
le fer étranger et le fer français : en même temps aussi
que la consommation de son fer coûte annuellement à la
France 30 ou 40 millions de plus que ne coûte à l'Angleterre la consommation d'une égale quantité du sien ; en
même temps enfin que, dans un tel état, la France a de
moins chaque année à capitaliser, à livrer à l'encourage-
ment d'autres travaux, tout ce que lui coûte en plus maintenant la consommation de son fer indigène, c'est-à-dire
30 ou 40 millions !

L'effet est donc bien loin d'avoir répondu à l'intention ;

---

1. *Deux ou trois usines* seulement ont pu rapidement enrichir leurs
entrepreneurs, parce que, mieux pourvues de combustible meilleur et
employant de meilleurs procédés, elles peuvent, à l'aide du tarif des
douanes, vendre aussi chèrement que les autres leur fer, qu'elles fabri-
quent à beaucoup meilleur marché. La consommation française n'y gagne
rien.

le mécompte est grave : et, sans accuser le motif, on ne
peut pas s'empêcher de dire que de telles conséquences
étaient faciles à prévoir bien avant qu'elles eussent acquis
l'autorité d'un fait accompli.

Et, ce qui est bien remarquable, c'est qu'en 1736 un
des ministres les plus éclairés de Louis XV [1] consignait
des scrupules et des regrets analogues sur tout notre système de protection commerciale dans ses souvenirs qui
remontaient jusqu'à Colbert : voici le développement de
quelques-unes de ses notes sur ces matières ; à l'époque
qu'il rappelle, il n'était pas spécialement question de fers,
mais d'entreprises lointaines, et d'expéditions maritimes
qu'on voulait protéger en armant nos douanes contre les
rivalités du dehors.

Dans le temps où les deux derniers Stuarts (1670), qui
auraient voulu abolir tous les actes du gouvernement de
Cromwel, toutes les traces de son passage, étaient cependant obligés de confirmer et de maintenir son acte de navigation et ses tarifs prohibitifs, parce qu'alors le commerce anglais lui attribuait ses nouvelles prospérités ; où
l'industrie encore novice et timide de la France attendait
le commencement des siennes d'un système à peu près
semblable(qu'un ministre comme Colbert ne pouvait adopter que comme étant momentanément convenable pour
l'enfance des arts utiles qui nous manquaient) ; où cependant le commerce de l'Europe, qui n'avait fait encore sur
le terrain natal que quelques pas mal assurés, ambition-
nait, dans ses désirs vagues, des conquêtes éloignées ;
déjà il se trouvait à Paris quelques esprits méditatifs
qui, sans intriguer contre les ministres, analysaient leurs
actes quelquefois mieux que les ministres, eux-mêmes,

[1] M. Orry.

et qui se faisaient entre eux les questions suivantes :

Est-il de l'intérêt de la France d'imiter l'Angleterre et la Hollande dans l'établissement des colonies lointaines que ces deux puissances essentiellement maritimes vont fonder en Amérique, en Afrique et dans l'Inde ?

Sous un prince auquel on répète sans cesse qu'il doit imposer à toute chose le caractère de sa propre grandeur, la fondation de pareilles colonies ne pourrait-elle pas coûter à la France le double, le triple de ce qu'ont coûté à l'Angleterre et à la Hollande des établissements de ce genre, qui ont en outre l'avantage de la priorité ?

L'intérêt du capital nécessaire pour mettre leur territoire en valeur, et les frais de leur administration par le gouvernement, comme de leur exploitation par de nouveaux habitants, n'élèveront-ils pas le prix de leurs productions fort au-dessus de celui des productions pareilles provenant des colonies étrangères ? Et cependant n'imposera-t-on pas à la métropole, envers les colons, l'onéreuse obligation de n'admettre dans sa consommation que ce qu'auront produit ses colonies, à quelque prix que ce soit ?

D'un autre côté, la France devant compensativement imposer à ses colonies la condition de ne recevoir d'Europe que des marchandises françaises, ne doit-il pas arriver que nos armateurs cherchent naturellement à tirer parti de ce monopole, en faisant payer le plus cher possible aux colons les fournitures qu'ils leur feront ; en même temps que les colons, aussi par réciprocité et par nécessité, mettront un prix d'autant plus élevé aux objets d'échange qu'ils livreront ?

La condition des divers intérêts engagés dans ce cercle vicieux ne sera-t-elle pas alors :

Que notre gouvernement aura, sans augmenter ses ressources, créé divers genres de gênes et de charges

nouvelles pour les consommateurs français, et n'aura accru la marine militaire et marchande que pour préparer une
meilleure proie aux puissances maritimes :

Que les colons propriétaires seront réduits bientôt, pour
couvrir leurs frais démesurés de premier établissement, à des
emprunts qui, en peu d'années, feront passer entre les mains
de prêteurs usuriers leur propriété dégradée ;

Que les armateurs français éprouveront indépendamment
des chances de la guerre et des risques de la mer, tous les
mécomptes qui sont la conséquence et la peine de l'appétit
des profits exagérés ;

Qu'enfin les consommateurs régnicoles achèteront et
paieront 12 ou 15 millions au-dessus du prix naturel leur
consommation en café et en sucre récoltés par des colons
ruinés sur un territoire dont la garde aura coûté au gouvernement dix ou douze fois plus que les taxes locales n'auront
pu produire.

Les mêmes raisonneurs disaient encore à la même époque (1670) : Si quelque extension de territoire est désirable pour la France, au lieu de l'acheter si chèrement et
si loin, ne serait-il pas préférable pour elle de porter ses vues
sur la Lorraine [1], par exemple, qui lui est si homogène, comme sur la Belgique [2], terre classique de toutes les
industries déjà cultivées en France ?

La France est appelée par son climat, par la nature de
son sol, à perfectionner la culture des céréales, l'éducation
des diverses races de bestiaux, la fabrication de toute
espèce d'étoffes ; elle a maintenant des avances sur tous les

1 La Lorraine n'a été réunie à la France que dans le règne suivant.

2 Il paraît qu'en 1670 cette réunion n'aurait pu être contrariée par
aucune grande puissance, et n'aurait pas contrarié elle-même alors
quelques industries qui ne se sont formées en France que dans le
xviiie siècle.

autres peuples par ses beaux tissus de soie. Elle peut acquérir et conserver une supériorité semblable pour tous les
autres tissus : elle est en même temps en possession des
vignobles les plus productifs et les plus estimés de l'Europe. Pour disposer des richesses des quatre parties du
monde, il ne lui faut que mettre judicieusement en valeur
les siennes propres. Les véritables richesses ne sont-elles
pas celles qui assurent pleine et   salutaire satisfaction à
tous les besoins réels de l'humanité? Et quelle nation peut
être mieux placée pour tous les genres d'échanges, que
celle à laquelle toutes les autres doivent avoir recours pour
diverses nécessités, tandis que la plupart ne peuvent lui
offrir que quelques superfluités !

Mais, pour conserver tous ses avantages, il faut que la
France se contente de ses privilèges naturels, sans prétendre à s'approprier précairement, à force d'artifices et
d'efforts coûteux, ceux dont l'équitable nature a doté d'autres
climats envers lesquels elle a été bien moins généreuse que
pour la France.

Et, par exemple, sur la foi de ces hommes toujours
dupes de la première apparence, qui ne connaissent d'autre signe de la prospérité que la présence et le son du numéraire, de l'argent, et qui pensent que tout est au mieux
quand l'argent ne sort pas du pays, et quand il ne va que
d'une bourse dans l'autre, sans jamais passer la frontière,
il ne faudrait pas, si quelque imprudent spéculateur entreprenait de fabriquer en France telle chose dont la matière
et la main-d'œuvre, pour être mise en valeur, coûteraient
moitié plus qu'ailleurs, que le gouvernement prohibât un
produit pareil de fabrication étrangère, en faveur de la
fabrication, nationalisée de force, qui ferait payer son produit 100 pour 100 de plus, sans qu'il fût meilleur ; car,
quand on achète le travail de son concitoyen beaucoup

plus cher que ne coûterait le même travail provenant d'une
main étrangère, encore bien que l'argent ne paraisse pas
sortir du pays, il n'en résulte pas moins que le consommateur, qui a supporté une dépense plus forte, a perdu l'occasion, soit de faire une utile économie, soit de satisfaire
un autre besoin avec ce qui lui serait resté disponible. L'industrie qui se montre la plus habile est celle qui ménage le
mieux la dépense du consommateur.

Toute industrie ne peut jeter de profondes racines et les
étendre que dans un pays riche : or, ce n'est pas en payant
plus cher sa propre œuvre qu'un pays s'enrichit ; c'est par
les réserves qu'il peut faire après avoir satisfait à ses besoins. Les capitaux proprement dits, qui, dans tous pays,
sont si utiles au développement progressif de toute industrie, ne sont que le résultat des économies lentement obtenues chaque année sur les revenus.

S'il arrive jamais qu'un travailleur s'enrichisse, parce
que des lois prohibitives l'auront laissé sans rivaux, on
peut être sûr qu'il aura fait perdre aux consommateurs ap-
provisionnés par lui, conséquemment à tout son pays,
beaucoup plus qu'il n'aura gagné lui-même.

Il faut sans doute accorder à cet instrument d'échange,
qu'on nomme l'argent, une petite place parmi les capitaux,
et une part de service utile dans ce mouvement continuel
de marchés, qui est la vie du corps social, mais déjà
aujourd'hui on a tellement multiplié, dans notre langue,
les diverses acceptions du mot argent, qu'il deviendra
chaque jour plus difficile à ce médiateur de remplir également bien tous les rôles qu'on veut lui faire jouer [1], etc.

---

[1]. On ne trompe que les imaginations faibles par les attributs fictifs
dont on gratifie ce métal, qui, sous la forme de monnaie, n'est en effet
qu'un instrument ; et dont la valeur, comme instrument, n'est qu'en raison
des services réels et actifs qu'il rend dans cet état.

Ces réflexions sont extraites de diverses notes laissées par un homme d'État du xviiiᵉ siècle, qui, jeune encore, avait pu consulter avec fruit quelques contemporains de Colbert ; et elles révèlent même mieux que les préambules d'ordonnances, dans lesquels ce grand ministre ne pouvait pas tout dire, les motifs de la législation qui a rétabli l'ordre dans les finances, et donné la vie au commerce français : l'empreinte de ce double intérêt se remarque dans le tarif de 1664 comme dans ceux qui l'ont suivi : chaque taxe sur son approvisionnement réclamé par les besoins de la vie ou du travail, y était combinée dans une proportion telle, qu'à mérite égal, les produits français restaient assurés de la préférence : que les produits étrangers ne pouvaient y suppléer qu'en cas d'insuffisance, sans que leur renchérissement pût aggraver les effets de la disette ; et que, dans cet état, l'impôt modéré, qui atteignait la consommation, secourait efficacement le fisc, en même temps que chaque contribuable semblait rester en possession de régler la mesure de sa contribution par celle de sa consommation.

Colbert n'a pas toujours été compris par ceux qui ont voulu se faire appeler ses continuateurs. Certes, le ministre, qui mettait tant de prix à ce que l'industrie ne fût jamais *stationnaire*, ne voulait pas rendre immuables après lui les taxes dont il entourait son berceau. Jamais surtout il ne lui serait venu dans la pensée d'accoler, dans ses tarifs, à des taxes modérées, recouvrables par le trésor public, d'autres taxes qui n'auraient été établies que pour qu'elles ne fussent pas recouvrées par l'État ; telles, par exemple, que celles que notre législation, et particulièrement les lois de décembre 1814 et juillet 1822, tiennent suspendues sur le fer étranger ; l'effet de ces taxes est bien d'écarter de la consommation de la France le fer fabriqué au dehors ;

mais elles maintiennent le prix du fer indigène de plus de
100 pour 100 au-dessus du prix du fer étranger ; elles ont
occasionné une augmentation de plus de 20 pour 100 dans
le prix de tout le bois qui se consomme en France. On a
créé ainsi et l'on maintient, au-delà des autres impôts,
une surcharge très-réelle, quoique inaperçue, de plusieurs
dizaines de millions sur tout le pays, au seul profit d'une
industrie qui reste d'autant plus dans son infériorité et
d'une espèce de propriété qui n'a acheté par aucun nouveau
sacrifice celui qu'elle a imposé au consommateur.

On ne cite que ces deux substances ; et, sans doute, elles
sont très-utiles ; mais elles le deviendraient bien plus en se
faisant payer moins cher.

Ce qui aggrave surtout le mal sur le fer, sur le bois et
sur quelques autres matières, c'est que, tout nécessaire
qu'il est, le remède ne peut être que lent, veut être admi-
nistré avec circonspection, et doit être longtemps prévu
d'avance.

Un ministre comme Colbert n'était pas un homme qu'on
pût facilement recommencer ni surtout qu'on pût imiter,
quand on n'était capable que de le copier ; on n'a fait alors
qu'appliquer inopportunément à d'autres temps ce qui n'était
bon que pour le sien.

On ne pouvait se rendre utilement propre le bien que ce
grand ministre avait fait, qu'en s'en servant comme d'un
point d'appui pour s'élever plus haut et faire mieux ; il en
avait ouvert la route.

Ce n'est pas un homme tel que Colbert, qui aurait pu
regarder comme éminemment protectrice, pour quelque
industrie que ce fût, une mesure qui, d'un côté, aurait indéfiniment prolongé son enfance en éloignant d'elle les
meilleurs moyens d'émulation et de perfectionnement, et
qui, de l'autre, en l'autorisant à faire payer plus cher son

travail; aurait diminué d'autant la consommation possible de
ses produits.

L'industrie la plus habile n'a pas besoin qu'une loi commande la préférence qui lui est due: loin de vouloir faire
payer ses services plus cher qu'on ne les achèterait ailleurs,
et de s'ériger ainsi en un impôt de plus, elle s'honore de
tout ce qu'elle épargne à ceux qui l'emploient ; elle sait
que le travail qui, par des procédés plus intelligents, parvient à modérer son salaire, n'a pas seulement le mérite d'introduire dans le pays le meilleur élément de prospérité, mais
qu'il se crée à lui-même par les économies qu'il opère,
par les fonds de réserve qu'il rend libres dans les fortunes
privées, les moyens les plus constants d'activité et de richesse.

Deux conditions suffisent à toute industrie pour s'élever
à ce degré de supériorité. Les voici : *faire mieux et à
meilleur marché*. Hors de ces deux conditions, il n'y aura
plus, bientôt, de succès durable pour aucun travail humain !

La première des nécessités pour toutes les sociétés humaines, c'est un gouvernement ; il doit être pour toutes les
familles ce que leur chef est pour chacune d'elles ; de
toutes les querelles de famille, la plus funeste est celle des
gouvernants et des gouvernés. Il est possible qu'un gouvernement ne puisse pas la prévenir ; il est presque impossible
qu'il en puisse détourner de lui la conséquence.

Les générations, que le temps entraîne dans sa marche,
ne se reproduisent qu'avec des nuances, dont chaque génération nouvelle porte l'empreinte dans ses besoins, dans

ses moyens d'y pourvoir, dans les procédés de l'industrie, dans les développements de l'intelligence, dans les divers rapports sociaux : ces nuances sont sensibles pour tout œil attentif. Les gouvernements sages et prévoyants les observent ; ils y conforment à propos les règlements d'ordre public ; et, pour de tels gouvernements, les révolutions sont rarement à craindre. Ils ont étudié le vœu commun, qui devient, quand il est constant, la meilleure expression des intérêts réels du pays ; ils concentrent en eux-mêmes alors la puissance des *masses*, et peuvent la diriger.

C'est naturellement Montesquieu qui revient le premier à la pensée, quand on veut nommer le publiciste qui a le plus cherché à fonder sa doctrine sur des faits consciencieusement et judicieusement observés. Il a eu en même temps la sagesse de ne jamais présenter ses opinions et ses jugements comme des règles applicables à tous les temps, à tous les lieux, à toutes les formes de gouvernement, à toutes les situations de l'industrie humaine.

Quand Montesquieu composait son grand ouvrage, et promenait sur la législation du monde ses doutes qui portent avec eux une instruction si profonde et si variée, la majeure partie de la France n'était encore possédée que par quelques anciennes familles, et les produits des grandes terres étaient alors la principale partie de la richesse française.

Ce philosophe avait aussi en regard un autre gouvernement, dont les principes et les formes lui convenaient mieux, et où, malgré une plus grande diversité dans les éléments de la richesse, la force de l'habitude avait également maintenu quelques familles, seulement, en possession d'une grande partie du territoire : mais un esprit de cette hauteur, dirigé par une conscience toute magistrale, appréciait chaque fait suivant sa valeur éprouvée : et, par

exemple, quoique l'influence du droit d'aînesse sur la propriété héréditaire des terres n'eût pas empêché, dans les
deux derniers siècles, la France et surtout l'Angleterre,
de prospérer et de bien se défendre contre des ennemis du
dehors, il n'en concluait pas, en thèse générale, qu'un grand
pays pût être d'autant plus prospère et d'autant mieux défendu que la propriété de son territoire n'appartiendrait qu'à
quelques familles.

A une époque où la doctrine de la formation des richesses se développait et s'éclaircissait à peine, Montesquieu pouvait être assez enclin par sa théorie propre à
penser que le propriétaire d'une plus grande étendue de
terre, ayant plus d'intérêts privés à conserver, devait être
d'autant plus actif pour la défense des intérêts publics.
Mais il avait la bonne foi de reconnaître que, dans les ré-
publiques de Sparte, d'Athènes et de Rome, les temps où
les lois furent le mieux observées et la patrie le mieux défendue, ont été ceux où la propriété du sol était tellement
divisée et fractionnée, que chaque citoyen avait, comme
propriétaire, une partie du territoire à garder, et où, conséquemment, le salut de l'État était surtout garanti par
l'intérêt que chacun avait de défendre aussi comme soldat,
contre toute attaque étrangère, le champ qu'il cultivait et
qui le faisait vivre.

Sans doute ils comprenaient la propriété et la liberté
autrement que nous, ces républicains si fiers d'être libres,
et qui, par l'effet des lois qu'ils s'étaient faites, ne pouvaient disposer ni de leurs personnes ni de leurs biens. En
effet, au milieu des rivalités qui menaçaient leur berceau,
la liberté, pour les Spartiates et pour les Romains, par
exemple, n'était autre chose que l'indépendance de la
cité : car, si la cité eût succombé sous l'effort de leurs voisins, l'alternative n'aurait été pour eux qu'entre l'escla-

vage ou la mort. Ainsi, pour la sûreté de sa propre vie, il fallait bien que chaque citoyen se résignât au sacrifice de quelques-unes des jouissances de la liberté individuelle : ils avaient d'ailleurs des dédommagements ; la communauté de leurs efforts, pour l'indépendance de la cité, leur assurait la victoire sur leurs voisins ; ils se partageaient leurs dépouilles ; et chacun croyait retrouver, dans sa part de domination sur des étrangers, ce qu'il perdait sur sa liberté propre. Très-différente est aujourd'hui la condition des grands peuples : chaque membre de ces immenses familles peut, à prix convenu, se rédimer des pertes de la guerre, et de plusieurs autres hasards de la vie humaine, sans déshonneur pour soi, sans préjudice pour le pays. Il résulte même de la spécialité que tout citoyen peut donner à son intelligence, que chaque fonction est mieux exercée et que chaque devoir peut être mieux rempli, par ceux qui préparent les lois ; par ceux qui les font exécuter ; par les organes de la justice ; par les dépositaires de la force publique ; par les défenseurs des frontières ; et surtout par ces masses actives, dont l'industrie et la prévoyance créent pour le pouvoir public ses moyens de puissance, et pour toute la population les soutiens et les agréments de la vie. On ne peut pas mettre en question si celui qui, par les impôts qu'il paie, pourvoit à l'entretien de vingt guerriers, ne sert pas mieux son pays, que s'il allait combattre lui-même. Mais n'est-il pas juste que celui qui a satisfait ainsi à tous les devoirs publics, à toutes les convenances sociales, puisse ensuite, sans avoir à redouter ni opposition, ni contrôle, disposer, selon sa convenance propre, de sa personne, de ses facultés et de ce qui lui reste de revenu libre ? Hé bien ! c'est là le privilège de la liberté individuelle dans l'ordre social ; et, pour sa propre sûreté, il faut qu'elle s'en contente.

Dans les sociétés naissantes on dut regarder la vertu
guerrière comme la première de toutes les vertus. Le premier rang devait appartenir aux citoyens qui se dévouaient
à la défense des autres. On nommait aussi alors l'agriculture le premier des arts ; c'était à peu près le seul qu'on
exerçât, et on lui devait la création d'une nourriture plus
abondante et meilleure. Dans les sociétés plus avancées,
l'une et l'autre ont conservé cette primauté qui n'est plus
en réalité qu'un droit d'aînesse. L'agriculture reste encore
le plus nécessaire des arts, mais il est loin d'être le plus
difficile ; il n'a plus qu'un succès d'estime. La vertu
guerrière ne peut plus être considérée comme la première
des nécessités politiques, depuis que l'état de guerre n'est
plus qu'un état d'exception : et il est beaucoup de vertus
civiles plus utiles et plus difficiles à acquérir. Cependant
encore aujourd'hui nous continuons à attacher plus d'éclat
aux actions d'un grand capitaine qu'à celles d'un grand
homme d'État, et il ne faut pas se récrier contre cette
vieille habitude ; il est juste de conserver un reste de l'ancien prestige à une profession qui impose des mœurs particulières, qui expose souvent à des privations pénibles,
qui commande à tous l'obéissance passive, et dont la condition pour ceux qui s'y consacrent est d'être toujours prêts
pour le plus grand des sacrifices. Il ne serait pas judicieux
de chercher à désenchanter de la gloire militaire quelques
milliers d'hommes qu'elle retient sous les armes pour la
défense du pays, et qui consentent à l'admettre pour principal salaire dans un métier où il y a tant à perdre.

L'esprit de civilisation, dont le but est de conserver
l'espèce humaine, a été le meilleur correctif de l'esprit militaire, dont le but est si différent. Lorsque l'industrie et
la prévoyance eurent créé des garanties pour les premiers
besoins de la vie, le goût des entreprises hasardeuses di-

minua ; on devint moins prompt à l'attaque ; et le système
de la défense prévalut dans les sociétés qui avaient déjà
quelque chose à perdre. Leurs membres trouvant diverses
fonctions à se partager, la profession des armes n'appela
plus que ceux qui avaient négligé l'apprentissage de tout
autre ; et ces derniers furent soumis à des règles qui, même
en leur laissant quelque empreinte des mœurs primitives,
en atténuèrent le danger pour les citoyens paisibles. C'est
une distinction heureuse que celle qui parvint ainsi à s'établir entre le civil et le militaire ; mais quelle que soit la
prépondérance apparente de l'une ou de l'autre de ces deux
conditions de la vie humaine dans nos contrées civilisées, la
majorité qui reste véritablement prépondérante est celle des
intérêts réels.

La conséquence à tirer n'est pas seulement qu'on peut
être un très-bon citoyen, bien observer les lois de son pays
et en bien défendre les intérêts, soit qu'on possède une
grande partie du territoire, soit qu'on n'en possède qu'une
petite. Une autre conclusion moins directe, mais non moins
juste et plus grave, est que le législateur le plus prévoyant
ne peut jamais avoir pressenti et deviné tout ce que la succession des âges, dans les empires comme dans les générations, peut amener de nouveaux besoins et ouvrir de voies
nouvelles à l'intelligence humaine ;

Qu'il importe donc que cette intelligence ne rencontre rien
dans la constitution qui puisse contrarier son essor vers des
innovations qui seraient nécessaires, et sa tendance à amé-
liorer la situation de tous dans l'intérêt et par la coopération
meilleure de chacun ;

Que le temps présent, quelque content qu'il soit de lui-
même, ne doit jamais imposer au temps à venir une con_
dition qui pourrait éventuellement l'empêcher de se rendre
encore meilleur.

En un mot, qu'il ne peut y avoir rien ici-bas qui puisse être absolument bon pour tous les temps et pour toutes les parties de notre monde.

———

Quel est le sentiment qu'apporte chaque homme en naissant? La personnalité. Quel est celui que la société lui impose? La réciprocité. Le second sentiment détruit-il le premier? Non, la réciprocité n'est encore que la personnalité éclairée et rectifiée.

Certains mots portent avec eux une grande magie: le mot *liberté* est de ce nombre. Il n'en est aucun qui sonne mieux à l'oreille humaine, qui éveille plus de désirs, plus d'espérances. C'est surtout dans un sens indéfini que certains hommes réclament la liberté comme une propriété primitive; ils oublient qu'il n'est pas de propriété sans limites. Dans quelle situation l'homme est-il indéfiniment libre (et nous ne parlons pas de la vie sauvage dans laquelle il succombe si souvent sous la tyrannie des besoins)? Est-ce sur le trône? dans les premiers rangs de la société? dans les derniers? Quelle que soit la position de l'homme social, il n'y a généralement pour lui de liberté que dans le choix du contrat; et c'est uniquement par la manière plus ou moins exacte dont il en remplit les conditions onéreuses qu'il rend ce contrat plus ou moins profitable pour lui.

Tous les hommes n'ont pas même le droit de choisir leur contrat; c'est par le hasard de la naissance qu'il est imposé aux premiers rangs; et, il faut le dire, c'est aussi au même titre qu'il est imposé aux derniers. Les princes, les héritiers d'un grand nom, n'ont pas la faculté de choisir un autre état; et, d'un autre côté, le fils du prolé-

taire n'entre dans le monde que pour y vendre, comme
son père, son temps et ses forces pour un modique
salaire.

Un champ plus vaste est ouvert à ceux qui ont le bonheur de naître dans cette masse qu'on appelle la classe
intermédiaire; ils admettent des supériorités sans perdre
leur indépendance et ne connaissent pas le joug des premiers besoins; ils ont le choix des services qu'ils peuvent
rendre et de ceux qu'ils veulent recevoir. Leurs contrats
sont libres; ils ne sont du moins soumis qu'à une seule
règle, sans laquelle il n'y a pas de liberté possible : cette
règle est la RÉCIPROCITÉ. Mais, quoiqu'elle soit devenue
aussi commune qu'elle est nécessaire dans la classe intermédiaire, la réciprocité reste rare dans les deux autres.
Serait-ce parce qu'elle est la sauvegarde de la liberté,
comme elle en est la limite, que la réciprocité est généralement assez mal pratiquée et par ceux qui sont avares
de liberté pour les autres, et par ceux qui en veulent toujours trop pour eux-mêmes?

Depuis les plus hautes combinaisons du commerce jusqu'au traité privé qui se solde par le salaire d'une journée
de travail, la loi écrite, soit dans ce qu'elle commande,
soit dans ce qu'elle défend, ne parvient pas à régler la
millième partie des rapports mutuels; la morale y supplée,
en révélant au discernement humain le dogme de la réciprocité au nom de l'intérêt personnel; elle apprend à
chaque homme que c'est avec la liberté du choix qu'il
entre dans ce grand mouvement des échanges, mais que,
par chaque marché convenu, la liberté des contractants
se trouve engagée jusqu'à ce que chacun d'eux ait donné
l'*équivalent* de ce qu'il a reçu; que celui-là n'est pas
libre, qui craint la présence de son créancier ou de son
bienfaiteur; que celui qui est réduit à chercher des dupes

dans l'une ou l'autre classe se condamne, quel que soit son
rang, à la pire des humiliations, au pire des esclavages,
puisque ses dupes sont en effet des créanciers qui pourront quelque jour en réclamer et en exercer les droits.
C'est donc là où la liberté serait compromise, que la réciprocité la limite : c'est ainsi que par elle la liberté de
l'homme social a, comme la propriété, ses dieux *Termes* qui
la conservent parce qu'ils la bornent.

Le mérite de la réciprocité est de maintenir aussi bien
l'harmonie entre les sentiments qu'entre les intérêts. Elle
fait mieux que réparer le mal : elle le prévient : sans doute
elle ne prémunit pas contre tous les abus possibles du
pouvoir ; mais partout où elle a pu pénétrer dans les mœurs
publiques, elle entretient parmi les hommes une telle habitude de régularité, un tel respect pour les engagements,
une telle conscience des devoirs, que le pouvoir, sans inquiétude et sans défiance, n'a ni le besoin d'être sévère ni
le prétexte d'être injuste.

On pourrait d'ailleurs dire du pouvoir qu'il n'est jamais
mieux garanti, que lorsqu'il entre lui-même de bonne foi
dans le système de la réciprocité.

Pour concevoir comment la réciprocité sert de garantie
et de limite à la liberté dans l'état social, il suffit de considérer qu'il n'y a pas un seul de ses membres, à quelque
rang qu'il soit élevé, ou à quelque dénuement qu'il soit
condamné, qui n'ait des rapports inévitables avec beaucoup d'autres. Or, il n'existe pas de rapport sans dépendance réciproque ; et il ne faut pas que l'orgueil s'effa-
rouche de ce mot : tout est échange dans la société. Plus
la société se développe, plus la sphère des échanges s'a-
grandit. Cette sphère embrasse les sentiments moraux,
comme les objets matériels, qui s'appliquent aux besoins
physiques : tout en un mot, depuis les respects jusqu'à la

pitié, depuis les fonctions les plus éminentes jusqu'aux
moindres offices. C'est encore un des devoirs de la réciprocité que d'assortir assez bien les égards personnels, dans
ses divers rapports, pour que chacun puisse y trouver sa juste
part ; mais il faut alors que les plus exigeants s'en con-
tentent.

La réciprocité procède avec l'exactitude de l'équation qui
n'admet ni le plus ni le moins. Elle ne veut ni excès, ni insuffisance.

Dans les dettes légales, elle règle avec précision le devoir
respectif du créancier et du débiteur.

Dans les dettes morales, elle n'exclut pas la générosité,
elle laisse même à l'obligé le moyen d'être généreux envers
le bienfaiteur par la façon dont il reconnaît le bienfait,
mais le mérite de la générosité est de ne pas compter
ce qu'elle donne de plus. Ainsi elle se croit elle-même
alors dans la limite de la réciprocité, et elle s'y com-
plaît.

Les anciens avaient élevé des autels à la bonne foi ; la
réciprocité est la bonne foi appliquée à tous les rapports
des hommes entre eux. La morale publique, qui semble se
résumer tout entière dans la maxime suivante : *sois pour
les autres ce que tu voudrais que les autres soient pour toi*,
a besoin que la réciprocité intervienne pour mettre en œuvre
ce beau précepte ; et elle ne peut jamais égarer ceux qui
la pratiquent avec sincérité ; il y a entre la réciprocité et les
représailles la même distance qu'entre la justice et la vengeance.

Les sociétés humaines sont, dit-on, une grande loterie,
soumise aux conditions du hasard. Je pense, au contraire, qu'elles se règlent par la loi de la réciprocité et que
chacun peut à peu près choisir et composer son lot ; tel
homme qui ne fait rien ne parvient à rien ; et il se plaint !

Il a obtenu le lot qu'il avait choisi ; il a subi le joug de la réciprocité.

Les relations sociales lui empruntent leur plus grand charme : la politesse, qui n'est pas une vertu, orne et embellit cependant toutes les vertus dont se compose la morale publique, et l'on sait que la réciprocité est un sentiment délicat qui n'obéit jamais mieux que quand la politesse l'appelle.

Les contrats que font entre eux les habitants d'un même pays varient suivant les divers besoins et les diverses convenances ; celui qu'ils font avec leur gouvernement est le même pour tous. Ils achètent de lui, moyennant l'impôt qu'ils lui paient, la distribution de la justice, la sûreté de l'intérieur, la défense extérieure. Quel que soit le montant de l'impôt, ils paieraient bien plus cher leur sécurité si chaque citoyen était obligé de se protéger lui-même. La réciprocité intervient encore dans ce contrat pour le rendre durable, si elle se retire il est brisé.

Il faut donc que la réciprocité ait virtuellement une bien grande force. Chaque homme est porté par son instinct naturel à rendre sa condition meilleure aux dépens des autres, et c'est par l'effet de cette tendance même que, toute compensation faite, chacun finit par ne recevoir que *l'équivalent* de ce qu'il donne.

TABLE DES MATIÈRES

TROISIÈME PARTIE

TABLE 485

FIN DE LA TABLE DU TOME TROISIÈME

Imp. DESTENAY, Bussière frères. — Saint-Amand (Cher).

www.ingramcontent.com/pod-product-compliance
Lightning Source LLC
Chambersburg PA
CBHW050549270326
41926CB00012B/1980